2013—2014年

厦门市经济社会发展与预测

蓝皮书

主　编：周　旻

副主编：陈怀群　黄碧珊　王　琰　李　桢

厦门市社会科学界联合会
厦门市社会科学院 编著

厦门大学出版社 国家一级出版社
XIAMEN UNIVERSITY PRESS 全国百佳图书出版单位

前　言

本书是厦门市社科联、厦门市社科院组织全市社科界专家、学者撰写的第5本蓝皮书。分为"经济篇"、"社会篇"、"区域篇"和"专题篇"四个部分。根据厦门市经济社会发展的新形势,"经济篇"新增加了"厦门市两岸区域性金融服务中心建设情况分析及建议"、"厦门市东南国际航运中心建设情况分析及建议"等内容。"专题篇"围绕我市城市化建设和服务型政府建设展开研究,提出具有较强针对性、操作性和前瞻性的对策建议。希望本书能够更好地服务于领导决策,为公共政策选择提供理性参照,为理论工作者和社会公众提供资讯参考。

本年度的蓝皮书在原来的基础上有所改进。从今年开始,"年度"计时为上年的10月初至本年的9月底,是完整的12个月,所以,本书"经济篇"、"社会篇"、"区域篇"各篇文章的第一部分,增加了2012年第四季度的情况回顾,使蓝皮书的参考数据更加完整。同时,"区域篇"各篇原来是"经济运行情况分析及预测",现在改为"经济社会运行情况分析及预测",文章的内容更加充实丰富。

当前,我市经济社会进入了转型发展的新阶段。为了贯彻落实党的十八大精神,市委市政府提出了"美丽厦门战略规划",提出要把厦门建成展现中国梦的样板城市、美丽中国的典范城市。我们将以党的十八大、十八届三中全会精神为指导,紧紧围绕中央、省委、市委做出的决策部署,认真总结经验,继续做好每年编纂蓝皮书的工作,为全面深化我市改革发展、扎实推动美丽厦门建设提供理论与智力支持。

编者
2013 年 12 月

目　录

经济篇

厦门市国民经济运行情况分析及预测 …………………………………… 3
城乡一体化发展下厦门农村经济形势分析与预测 …………………… 11
厦门市工业经济运行与结构调整状况分析及预测 …………………… 19
厦门市服务业发展情况分析及预测 …………………………………… 27
厦门市对外经贸发展情况分析及预测 ………………………………… 36
厦门市财政形势分析及预测 …………………………………………… 45
厦门市文化产业运行情况分析及预测 ………………………………… 54
厦门市旅游业形势分析及预测 ………………………………………… 60
厦门市居民消费价格总水平走势分析及预测 ………………………… 67
厦门市社会消费情况分析及预测 ……………………………………… 76
厦门市房地产市场发展情况分析及预测 ……………………………… 87
厦门市两岸区域性金融服务中心建设情况分析及建议 …………… 104
厦门市东南国际航运中心建设情况分析及建议 …………………… 111
厦门市 2013 年综合配套改革实施情况综述 ……………………… 120

社会篇

厦门市社会事业发展形势分析及预测 ………………………………… 129
厦门市教育事业发展情况分析与预测 ………………………………… 137
厦门市科技发展情况分析及预测 ……………………………………… 144
厦门市文化体育发展情况分析及建议 ………………………………… 151
厦门市卫生发展情况分析及预测 ……………………………………… 157
厦门市就业与社会保障形势分析及预测 ……………………………… 164
厦门市城市信息化建设发展情况分析及预测 ………………………… 172
厦门生态文明建设的情况分析及预测 ………………………………… 179

厦门市社会稳定态势情况分析及预测…………………………………… 186

厦门市精神文明建设情况分析及预测…………………………………… 193

区域篇

思明区经济社会运行情况分析及预测…………………………………… 203

湖里区经济社会运行情况分析及预测…………………………………… 210

集美区经济社会运行情况分析及预测…………………………………… 218

海沧区经济社会运行情况分析及预测…………………………………… 226

同安区经济社会运行情况分析及预测…………………………………… 233

翔安区经济社会运行情况分析及预测…………………………………… 241

专题篇

厦门市的适度人口规模与城市发展……………………………………… 251

厦门市人口规模的历史演变及增长预测………………………………… 271

厦门市城市化与人口规模的关系研究…………………………………… 290

人口扩张背景下的厦门市政府公共服务供给研究……………………… 319

经济社会转型与厦门市服务型政府建设………………………………… 343

厦门市服务型政府建设的路径和绩效…………………………………… 360

深化厦门市服务型政府建设的对策……………………………………… 387

后　记……………………………………………………………………… 409

经济篇

厦门市国民经济运行情况分析及预测

2013 年以来,厦门市认真贯彻党中央、国务院和省委、省政府的重大决策部署,积极应对国内外错综复杂的宏观环境,努力转变经济发展方式,以缔造美丽厦门为重要抓手,积极做好服务,出台和落实了一系列稳增长的政策措施,全市经济运行总体呈现稳中有进、平稳发展的良好态势。

一、经济运行总体情况回顾[①]

(一)2012 年厦门经济运行回顾

2012 年,在国内外经济下行压力增大的形势下,厦门经济保持稳中有进,持续向好的良好发展态势,全年完成地区生产总值(GDP)2 815.17 亿元,同比增长 12.1%,增速在 15 个副省级城市中处于领先水平,在 5 个计划单列市中居首位。主要经济指标呈现良好的上升态势(详见表 1)。

从季度看,第四季度虽面临市场需求不足、企业产能利用率不高、盈利水平下降等困难,但供给和需求运行基本平稳,仍延续了前三季度发展态势,经济运行稳中有进迹象增强,工业、服务业、外贸、财政收入等部分主要指标持续平稳增长。与前三季度相比,第四季度 GDP 增幅提高 0.9 个百分点,三次产业结构更加优化,第三产业比重提高 1.5 个百分点,规模以上工业总产值提高 1.1 个百分点,外贸进出口总额提高 2.4 个百分点,财政总收入提高 0.8 个百分点,物价保持低位运行。第四季度经济运行质量和效益的提升,为全年及 2013 年全市经济的平稳增长起到了积极作用。

---

① 资料来源:《厦门经济特区年鉴—2013》,厦门市人民政府网站,厦门统计信息网。

表1 2012年厦门市主要经济指标完成情况表

指标名称	单位	实际	增长%
地区生产总值（GDP）	亿元	2 815.17	12.1
第一产业	亿元	25.30	0.5
第二产业	亿元	1 363.85	13.3
第三产业	亿元	1 426.02	11.0
三次产业结构	0.9：48.4：50.7		
财政总收入	亿元	739.46	13.4
地方级财政收入	亿元	422.91	14.1
社会消费品零售总额	亿元	881.91	10.2
全社会固定资产投资额	亿元	1 332.64	18.1
外贸进出口总额	亿美元	744.91	6.2
出口总额	亿美元	454.02	6.5
进口总额	亿美元	290.89	5.7
港口货物吞吐量	万吨	17 227.32	10.1
集装箱吞吐量	万标箱	720.17	11.4
城镇居民人均可支配收入	元	37 576	11.9
农民年人均纯收入	元	13 455	12.8
居民消费价格指数（CPI）	%	102.1	—

数据来源：《厦门经济特区年鉴—2013》。

（二）2013年1—9月厦门经济运行情况

1—9月，全市实现地区生产总值2 056.26亿元，同比增长10.4%，三次产业的比重为0.9：48.1：51。虽经济运行面临着较大下行压力，但总体仍保持逐季平稳趋缓的发展走势，GDP增幅比1—2月提高0.4个百分点，工业、服务业、外贸、消费等部分主要指标平稳增长，经济发展的质量和效益明显提升。

1. 工业依然是支撑全市经济增长的主导产业

工业经济延续平稳增长的运行态势，工业增加值和工业用电等主要指标都保持了较为稳定的增长速度。1—9月，全市规模以上工业累计完成工业总产值3 434.28亿元，同比增长14.3%；累计实现工业增加值842.39亿元，同比增长12.9%，增速在15个副省级城市中居第3位。1—9月，全市工业用电

82.77亿度,同比增长7.6%,比一季度多1.3个百分点。工业依然是经济增长的主导产业。1—9月,电子、机械两大支柱行业累计完成工业总产值2 226.86亿元,占全市规模以上工业产值的64.8%;火炬高新区创造了占全市42%的工业总产值,对全市GDP增长的拉动达到4个百分点。以工业经济为主体的第二产业占全市GDP的比重接近50%。

同时,工业对全市经济的间接拉动作用也很大,全市仅规模以上工业企业从业人数就达63.71万人,是拉动消费的主力之一。此外,工业品出口也是拉动三产外贸出口的主要部分。1—9月,全市规模工业出口交货值占全市销售产值44.4%。

2. 服务业平稳增长

1—9月,全市第三产业完成增加值1 048.05亿元,增长9.1%。

(1)航运物流增势平稳。1—9月,全港货物吞吐量累计完成1.41亿吨,同比增长11.8%;集装箱吞吐量累计完成583.72万标箱,同比增长13.8%,增幅继续保持沿海干线港前列。

(2)旅游会展拉动作用增强。1—9月,全市共接待国内外游客3 517.71万人次,同比增长13.17%,实现旅游总收入447.84亿元人民币,同比增长15.22%;会展业快速发展,1—9月全市共举办展览128场,展览面积98.6万平方米,分别增长39.2%和9.9%。

(3)金融业增长良好。截至9月末,全市中外资金融机构本外币存款余额6 191.35亿元,同比增长18.2%;中外资金融机构本外币贷款余额5 659.06亿元,同比增长14.8%。

(4)软件和信息服务业快速发展。1—9月,软件和信息服务业实现收入403.4亿元,增长26%。软件园(二期)保持平稳增长,园区企业实现销售额221.03亿元,同比增长23.49%。软件园三期建设加快推进,已吸引了大批央企、台企、名企、中国软件百强企业入驻,产业集聚效应不断放大。

(5)消费品市场进一步回暖。1—9月,全市实现社会消费品零售总额715.70亿元,同比增长9.5%。其中,电子商务拉动作用明显,万翔、名鞋库、乐麦等19家电商企业增长势头强劲,拉动全市限额以上零售额增长3.9个百分点;汽车销售回暖,汽车类消费对限额以上零售额增长拉动作用增强。同时,信息消费呈现快速增长态势。

3. 服务业投资呈现良好态势

(1)金融业投资成倍增长。随着两岸金融中心部分大项目的开工建设,金融业投资出现较快增长。1—9月,全市金融业累计完成投资8.99亿元,增长7.22倍。园区内鼎泰和金融中心、众赢国际金融中心、海西金融广场、鼎丰国际广场等成为拉动投资快速增长的龙头项目。

（2）现代物流业投资较快增长。1—9月，全市仓储物流业累计完成投资19.59亿元，增长51.6%。

（3）商贸业大项目拉动作用明显。在万禹国际广场、嘉庚体育馆商业配套、圣果院商业中心、蔡塘社区发展中心、中埔蔬菜农副产品批发市场、大嶝对台小额商品交易市场、诚毅书城等项目的拉动下，1—9月，全市批发零售业完成投资16.2亿元，增长36.1%。

4. 外经贸形势总体较好

（1）贸易进出口较快增长。1—9月，实现外贸进出口总额631.89亿美元，同比增长16.6%。其中出口395.78亿美元、进口236.11亿美元，分别增长20.2%和11.2%。

（2）利用外资结构继续优化。1—9月，厦门合同利用外资三产比重超过二产。制造业吸收合同利用外资4.9亿美元，占全市合同外资总量40.8%；第三产业合同利用外资占全市合同外资总量58.7%。利用外资结构呈现继续优化态势。

5. 经济运行质量良好

（1）财政收入较快增长。1—9月，实现财政总收入626.70亿元，同比增长13.4%。其中地方级财政收入370.73亿元，同比增长18.6%，增幅居15个副省级城市前列。

（2）城乡居民收入不断增加。1—9月，城镇居民人均可支配收入为31 367元，同比增长9.8%，高于全省水平；农民人均现金收入为13 876元，同比增长12.1%。

（3）物价涨幅继续收窄。1—9月，厦门居民消费价格总指数为101.8%，物价持续保持低位运行。

从1—9月厦门经济运行情况看，2013年厦门后续经济增长压力仍然很大，面临的国内外宏观环境依然复杂多变，但最新公布的经济数据显示，我国宏观经济运行部分先行指标呈现稳中向好态势，2013年10月，中国制造业采购经理指数（PMI）为51.4%，连续四个月回升，为18个月以来新高，这表明我国制造业继续稳中向好。而且，随着美丽厦门发展战略的实施，重大基础设施和产业性项目的建设和启动，厦门经济保持平稳较快增长的有利条件和积极因素正在逐步增多，预计第四季度厦门经济增长仍将继续保持稳中向上态势。初步预测厦门全年地区生产总值（GDP）增长11%左右。

二、2013 年厦门经济运行中存在的困难与问题

1. 经济增长的支撑动力不足

2013 年以来,厦门新的经济增长点少,主导支撑全市经济增长的工业缺乏新增长点,工业经济发展后劲不足。同时,工业投资规模偏小、新建大项目不多等问题日益凸显,制约了工业规模的扩张潜力。服务业方面,一是交通运输业增长持续放缓,二是消费市场仍然低迷,三是房地产市场存在较大不确定因素。

2. 投资后劲不足问题凸显

2013 年以来,厦门大项目投资和新开工面积出现下滑。在投资项目中,1—9 月,全市新开工大项目的平均规模偏小,投资完成情况较差,对投资增长的拉动力度有限,负面影响日益显现。

3. 投资结构亟须优化

一是工业投资总量小,占比低。1—9 月,厦门工业投资总量仅为 196.88 亿元,增长 4.9%,低于全省平均增速 17 个百分点。二是房地产投资占比偏高。1—9 月,全市房地产投资占固定资产投资的比重为 42.1%,高于全省平均水平 17.2 个百分点。

4. 外贸增长基础尚不牢固

一是欧洲、新兴市场经济增长放缓,外部市场需求仍然存在不确定因素。二是外贸企业出口利润率下降,尤其是占全市出口约 1/4 的电子类产品更新换代快,价格提升难。三是资金成本持续上升,银行银根紧缩,贷款利率上浮,小微企业融资难问题仍然突出。

三、对策和建议

1. 着力保持工业持续较快增长

(1)力促存量企业增长。针对全市重点企业,特别是产值下降较多的重点企业,强化专人跟踪服务措施,采取"一企一策"办法,协调解决企业生产中存在的问题。同时,密切关注银行"钱荒"和金融"国十条"对我市企业的影响,引导银行加强流动性管理,推动银行加大对先进制造业、战略性新兴产业等实体领

域和小微企业等薄弱环节的信贷支持。

（2）努力挖掘工业新增长点。及时服务好天马微电子、开发晶等35个新投产项目，力促早投产、多贡献；加快推进中盛粮油、正新橡胶等57个技改项目顺利投达产；加快软件园三期、火炬高新区战略性新兴产业同安基地等产业平台建设，力争落地动建一批产业提升项目。同时，加大招商力度，促进一批项目尽快建设、落地、洽谈。

（3）提升规上工业企业创新能力。一是制定完善的创新政策制度。坚持"自主创新、重点跨越、支撑发展、引领未来"的指导方针，制定并完善企业创新相关政策制度，进一步优化创新环境。二是建立高效的创新投入体系。提高科技管理部门的工作效率和资源配置效率，加强政府投入资金的使用效率。鼓励民间资本进入风险投资与担保领域。切实用好国家关于研发费用税前加计扣除政策及各项高新技术发展鼓励政策，引导企业加大创新投入。

2. 确保投资稳定增长

（1）努力破解征地拆迁难题。建议市委、市政府不定期召开专题会议研究征地拆迁问题，各区、各相关部门抓紧研究提出影响征拆工作问题的解决方案。各区要加强组织领导和工作力度，切实加快征拆进度。同时，加强工业用地的统筹规划管理，避免盲目圈地，各自为政，影响投资效率。

（2）加快推进已开工项目投资进度。继续加大力气推动项目前期工作，将其作为项目带动工作的关键，保证开工条件成熟的项目尽快开工建设。同时大力推进已开工项目的建设进度，不断强化亿元重大项目和重点项目的融资支持和资金、土地等要素保障，充分发挥好重大投资项目对全市投资增长的引领、带动和支撑作用。

（3）着力优化投资结构。要把提升第二产业投资，尤其是提升工业投资作为当前工作的重点，坚持以市场需求为导向，以基础产业为依托，以高新技术产业为龙头，加快推进资源整合，在实现结构优化升级的基础上推动工业投资快速提升。同时要大力发展战略性新兴产业以及以生产性服务业为重点的现代服务业，进一步优化投资结构。

3. 力促服务业较快发展

（1）加大政策扶持和引导力度。一是进一步细化、落实促进电子商务、总部经济、信息消费发展等服务业政策，研究出台住宿餐饮企业用水用电价格优惠等方面扶持政策；二是用好服务业引导资金，重点扶持服务业关键领域、薄弱环节和新兴产业发展，发挥引导资金的带动作用。

（2）加快商贸业转型升级。通过科学合理的规划和设计，积极引导新开设的商贸节点进行准确定位，如在交通枢纽沿途及周边增加商贸节点数量和专门的特色市场，提升购物和休闲的便捷性；积极引进高端消费业态，加快推动磐基二期、SM 三期等高端消费项目和特色消费品市场建设,优化商贸结构。

(3)力促消费市场较快增长。一是加大促销力度。要善于以节造市,筹划开展一系列节假日促销活动,做大"厦门购物节"、"购物嘉年华"等品牌。二是深度挖掘汽车销售潜在市场。三是加快发展电子商务。培育壮大电子商务龙头企业,建设一批电子商务公共服务平台,办好"网络购物节"等活动,推动网络消费发展。四是催生新的消费热点。要适应市场需求变化,改变传统消费理念,转向如老年群体的健康养生消费、富裕人群的奢侈品消费等领域。同时,大力培育信息消费、环保消费和社区消费等新的消费增长点,推动消费结构升级。

4. 推动外贸转型升级

要适应经济全球化新形势,加快转变对外经济发展方式,推动开放朝着优化结构、拓展深度、提高效益方向转变。加大对外贸公共服务平台、出口基地和大宗商品交易平台建设的扶持力度;支持外贸服务型企业加大产品设计研发投入,延伸出口产业链和供应链,鼓励企业参加德国红点工业设计展;支持企业开展品牌基础建设,鼓励和扶持企业在境外开展产权注册和保护以及国际通行认证。

9

四、2014 年发展预测与展望

展望 2014 年宏观环境,世界经济形势依然复杂多变,国际金融危机后的遗留问题依然存在,而且很可能再次浮现出来。世界经济已进入另一个转变过程,新兴市场经济体的增长已经减缓。国际货币基金组织(IMF)预测,全球经济增长仍处于低速,而且经济活动的驱动因素不断变化,下行风险持续存在,有可能对经济复苏带来负面冲击,2014 年全球经济预计增长 3.6%。

从国内看,十八届三中全会推出的系列改革将促使我国宏观经济呈现回升态势,采购经理指数(PMI)、用电量、货运量等经济先行指标将逐步趋好;消费增速总体将呈稳定态势,国家新近出台的扩大信息消费、扩大老年消费、扩大健康消费以及旅游休闲等一系列消费促进政策措施将逐步发挥作用。同时,新型商品的消费、生活服务的消费、网络消费以及假日消费等新的消费热点和新型消费模式也将进一步带动消费市场增长。虽然投资后续增长动力不足以及出口仍将面临较多困难和不确定性,经济增长依然乏力,但基本可以预计,2014 年中国宏观经济运行基本稳定。据 IMF 预测,2014 年中国经济增长率为 7.3%。中国社会科学院经济学部预测,2014 年中国 GDP 将增长 7.5%左右。

综上,2014 年厦门经济社会发展仍将面临着国内外错综复杂的宏观环境,经济增长下行压力依然存在,但总体上看,在不出现大的突发性因素的前提下,厦门经济运行仍将继续保持平稳增长态势。根据当前经济运行的基本态势,综合供给和需求等各种因素,借助宏观经济预测模型的定量分析,初步预测,2014 年厦门地区生产总值(GDP)增长 11.2%左右。

厦门市发展研究中心 高级经济师 欧阳元生

城乡一体化发展下厦门农村经济
形势分析与预测①

　　2013年,厦门"三农"工作的总体思路是:深入贯彻党的十八大和今年中央一号文件的精神,按照省委九届六次和市委十一届五次全会的要求,紧紧围绕"推进城乡发展一体化,增强农村发展活力"的中心主题,始终坚持城乡规划一体化、基础设施建设一体化和基本公共服务一体化的基本原则;大力发展农村社会事业,有序推进农业转移人口市民化;加快发展都市现代农业,不断提高农业附加值;深化农村制度改革和体制机制创新,在新的起点上全面推行跨岛发展战略;确保农民收入增长幅度高于城镇居民,逐步缩小城乡居民收入差别,为率先全面建成高水平小康社会作出新的贡献。

　　厦门的城镇化率超过全国30个百分点,农村居民收入80%以上来自非农业收入,已进入"全域城市化"阶段,完全有条件也必须加快推进城乡发展一体化,全方位增强和最大限度激发农村发展活力。随着跨岛发展战略的进一步实施和《美丽厦门战略规划》的出炉,厦门农村发展形势更加喜人,发展前景也将更加美好。

一、2012 年 10 月至 2013 年 9 月厦门农业
农村经济发展情况

（一）厦门农业农村经济发展简要回顾

　　2012年10—12月,厦门市农民增收继续保持良好态势,都市型现代农业依然保持快速发展势头。

　　2012年10—12月,厦门农民人均现金收入约为 3 100 元,累计 2012 年全年

　　①　本文的数据均来源于厦门统计局;一些资料和分析来自厦门市农业局综合处和农村经济发展处。本蓝皮书得到厦门大学经济学院许经勇教授的悉心指导,在此一并致谢。

厦门农民人均现金收入为 15 478.87 元,总量和增量继续上升。该季度全市农林牧渔业总产值(按可比价)估算约为 12.94 亿元,累计 2012 年全年全市农林牧渔业总产值(按可比价)为 40.44 亿元,比增 0.7%,其中:农业产值 18.08 亿元,林业产值 0.18 亿元,牧业产值 12.7 亿元,渔业产值 6 亿元,农林牧渔服务业产值 3.48 亿元。该季度全市龙头企业实现总产值 84.67 亿元,上缴税金 3.48 亿元,实现出口创汇 0.94 亿美元。累计 2012 年全年全市龙头企业实现总产值 299.90 亿元,比增 9.4%,上缴税金 14.3 亿元,实现出口创汇 3.7 亿美元,带动本地农户数 21.5 万户,比增 4.1%。农民专业合作社得到进一步发展。截至 2012 年年底,农民专业合作社达 1003 家,合作社社员增至 23 143 人,带动周边农户 7.3 万户,合作社申请注册商标增至 108 个。新增三个村镇入选全国"一村一品"示范村镇。该季度生态休闲观光农业旅游也得到进一步拓展。农村一、二、三产业的联动和渗透融合,进一步提升了都市型现代农业发展的层次和水平。

(二)2013 年 1 月至 9 月厦门农业农村经济发展情况

1. 各项指标总体向好

2013 年 1—9 月,厦门农民人均现金收入约为 13 876 元,比增 12.1%,依然位居福建省首位。农村居民人均生活消费支出 8 161 元,比增 11.9%。全市农林牧渔业总产值(按可比价)为 29.86 亿元,比增 0.58%。其中,农业产值 14.26 亿元,增长 0.32%;林业产值 0.0801 亿元,比增 0.02%,变化不大;牧业产值 9.07 亿元,比降 0.26%;渔业产值 3.93 亿元,比增 3.46%;农林牧渔服务业产值 2.52 亿元,增长 0.78%。除牧业外,总体稳中略升,其中渔业增幅较大。

2013 年 1—9 月,全市龙头企业实现总产值 240.52 亿元,增长 11.75%;销售收入 229.75 亿元,下降 4.39%;上缴税金 10.73 亿元,下降 0.82%;出口创汇 2.46 亿美元,下降 11.07%;带动农户数 40.39 万户,增长 4.88%。农业产业化组织化水平进一步提高。目前厦门有农业产业化重点龙头企业国家级 12 家,省级 24 家,市级 33 家。与此同时,农民专业合作社也获得迅速发展,新成立农民专业合作社 230 家,总数达到 1 224 家,合作社社员 28 174 人,带动 7.6 万农户,占全市农户数的 28.57%。现有 2 家国家级、11 家省级和 45 家市级"示范社"。

2. 扬长避短发展高优特色农业

厦门可用于农业的土地极为有限。为了在极其有限的土地上取得最大的效益,就必须发展高优农业、精细农业、特色农业,走集约化经营的道路。至目前为止,厦门高优特色农业的面积已达 8 万亩,占种植面积 20% 以上,初步形成了具有区域特色的农业优势产区。已完成 38 个特色农业基础设施项目建设,建成简易大棚 4 328 亩,高标准温室大棚 275 亩,完善农田灌水、排水、节水灌溉等农业基础设施建设 5 355 亩。目前厦门已有 7 个村镇被确定为"一村一品"示范村镇。

3. 积极开展美丽乡村建设

按照城乡一体化标准,将农村环境卫生保洁费用全额纳入财政扶持,由各区财政统筹解决,市级财政给予适当补助。把农村供水、污水治理、垃圾处理、生态建设等逐步纳入城市建设体系,基本形成城乡一体化的供水、供电、供气联网保障体系。推进岛内外公交、路灯、园林绿化、垃圾污水、环卫保洁等市政管理、保障标准一体化。将"村改居"的基础设施建设纳入市政建设范围。继续实施"农村家园清洁行动",将市容卫生考评向农村延伸,加大旧村改造后村容卫生保洁的后续管理力度,初步建立了长效管理机制。不断提升旧村改造、老区山区发展和移民造福工程水平,立足农业基本功能,发展农村新型业态,开发农村生态功能,提高生态文明水平。

4. 建设国家农业科技园区,推动现代农业发展

总规划面积 33.5 平方公里的同安国家农业科技园区,已于 2013 年 3 月顺利通过国家科技部、财政部联合组织的专家评估。园区将建成"一园五区一院"的格局。"一园"即食品工业园;"五区"即对台农业示范区、无公害蔬菜生产示范区、无公害茶叶生产示范区、休闲农业示范区、生态养殖畜禽生产示范区;"一院"即海峡现代农业发展研究院。该科技园区将立足于强化"核心区—示范区—辐射区"的技术传播和产业辐射模式,引导和带动周边地区现代农业和农村经济结构及产业升级,带动农民增收致富。

5. 以发展休闲农业带动都市农业转型

都市农业转型是把现代农业生产、农副产品加工业和休闲消费等商业服务业有机协调起来,拓展都市农业功能,增加农业产业附加值,促进农民就业增收。建设国家级、省级、市级乡村旅游示范点是其重要举措。厦门乡村旅游业的重点在休闲农业,它是把农业和旅游结合在一起,利用田园景观的农业生产活动以及农业(农村)的自然环境吸引人们进行观赏、休闲、度假等一系列活动的新型农业经营方式。近年来厦门岛外四个区都很重视发展休闲农业等乡村旅游,已建成天竺山森林公园、莲花国家森林公园等一批 4A 级国家旅游景区;培育了同安五峰村德安古堡和翔安小嶝休闲渔村等一批乡村旅游重点村;发展了同安金光湖等一批森林人家、农家乐休闲项目。翔安小嶝休闲渔村、海沧青龙寨和同安德安古堡生态庄园、丽田园农家乐被评为"全国休闲农业与乡村旅游示范点";集美区龙谷山庄、海沧区京口岩凤泉山庄、翔安区妙高山生态休闲农业等被评为"福建省休闲农业示范点"。

6. 全力推动农民创业园发展

截至 2013 年 9 月,翔安区的"省级农民创业园"和同安的"省级农民创

13

业示范基地",已经完成项目规划和专家评审,目前正在积极申报项目。市财政每年安排 700 万元专项资金支持农民创业园发展创新。前不久国家出台了新的政策,降低了企业注册资本金,也就是降低了创业的门槛,对农民创业园的发展无疑又是一个推动。

7. 深化对台农业交流合作

目前,已形成《对台农业交流合作(厦门)基地建设实施方案》;举办了"两岸特色乡村对接暨农民合作组织发展"交流会,有 4 个农民专业合作社成功与台湾畜禽养殖专业合作社签署合作交流协议;通过邀请台湾专家系统介绍台湾农业经营体制及政策、台湾农民合作社、家庭农场等的运作与功能、台湾休闲农业思路等,学习如何将农业集约化、专业化、组织化与社会化相结合;加快了以翔安"厦门海峡农业高新技术园"为代表的合作平台建设。这些举措力在促进两岸农业高科技种苗、农副产品和食品加工、生态休闲农业等的对接合作。

二、2013 年发展中面临的问题与挑战

(一)城乡二元结构体制尚未根本破除

厦门是福建省乃至全国少有的大中城市外来人口(即农民工)超过本地人口的城市。如果按常住人口测算,厦门的城市化率只有 50% 左右。虽然按户籍人口测算,厦门的城市化率已经超过 88%,但该统计口径下的城镇人口包括"村改居"的居民,他们绝大多数仍然保留原来的生产生活方式,本质上还是属于农民的范畴。目前厦门市农村人口为 36.4 万人,如果加上"村改居"后尚未向二、三产业转移的 15 万被征地农民和退养渔民,农村总人口超过 50 万人,占全市户籍人口比例超过 26%,由此推算厦门的城市化率是 74%,而不是 88%。城乡二元结构体制由一系列城乡有别的、复杂的、系统的制度体系所组成,在这种制度体系下,社会资源的分配与再分配,在城乡之间实行两种不同的制度,这是导致厦门城乡差别较为悬殊的重要原因。厦门城乡一体化的进程,取决于城乡二元结构体制改革的力度。

(二)海边渔(盐)民和山边农民转产转业依然较困难

厦门市先后实施了环西海域整治和环东海域开发,沿海约 15 万渔(盐)民退出赖以生存的海上养殖和晒盐,由于年龄偏大、综合素质较低而期望值

又较高,转产转业难度大,加上一些区域开发进度相对迟缓、产业带动力弱,加大了这一难度。这部分人增收困难,给农村的和谐稳定带来了极为不利的影响。而山区则因为实施水源保护、生态保护,对畜牧养殖业、工业有所限制,农民退出这些相对高收益的产业后,缺乏新的就业创业机会,收入增长受到限制。

(三)郊区小城镇和农村新型社区发育程度较低

城乡发展一体化的一个重要载体,就是在农村发展小城镇和新型社区,并通过小城镇和新型社区的辐射作用,带动农村经济社会的发展。导致厦门郊区小城镇和新型社区发育程度低的重要原因,是经济特区的特殊优惠政策和城乡二元结构体制。20 世纪 80 年代中期,中央决定把厦门经济特区扩大到全岛,借助于经济特区所享有的特殊优惠政策,带动了岛内经济的迅速发展。与此同时,城乡二元结构体制驱使岛外大量生产要素(土地、劳力、资金等)以不等价的途径涌入岛内,上述两种不平等制度的叠加,给岛外带来持续边缘化的效应,使岛内外的差距急剧扩大。目前岛内以不到全市 9% 的土地面积集中了全市 55% 的 GDP,岛外以占全市 91% 的土地面积仅提供了 45% 的GDP。地处岛外的原同安县(现同安、翔安两区),虽然地理位置相当优越,但其经济总量却长期排在福建省沿海县末位。加快岛外 14 个小城镇的发展,并以此带动广大农村社区的发展,是实现城乡发展一体化的重要环节。

(四)"城中村"与"乡村空心化"仍然是城乡发展不协调的重要方面

厦门湖里区有"城中村"22 处,思明区有"城中村"12 处,全市"城中村"超过 100 处。"城中村"村民建设的住房,没有土地证和房产证,不能公开出售,其价格和租金较为便宜,是进城农民工首选居住地,为工业化、城镇化提供低成本优势。与"城中村"相联系的"小产权房",为大量进城农民工提供廉价的居住条件和生活条件。但是,"城中村"的存在,意味着城市与农村二元管理体制并存,这与城市化是背道而驰的。其表现出来的无序建筑、违章建筑、管理混乱、公共卫生较差、社会治安较乱等,不仅严重损害着美丽厦门的形象,而且不利于城市文明的普及,是城市化质量不高的表现。除了"城中村","乡村空心化"也是城乡发展不协调的表现。在城市化过程中,城乡关系没有协调好,不仅会带来"城市病",而且会带来"乡村病",即出现"乡村空心化"。"乡村空心化"是在城乡转型发展过程中,由于农村人口非农化、城镇化引起的"人走屋空"以及宅基地普遍"建新不拆旧",新建住宅逐渐向村外扩张,出现一户多宅,导致村庄建设用地规模迅速扩大、闲置废弃宅基地加剧的一种外扩内空的蜕化过程。"乡村空心化"包括农村住宅空心化、人口空心化、产业空心化和基础设施空心化等,而其本质则是农村地域经济社会功能的整体退化,必须引起高度重视。

(五)城乡社会事业不均衡分布依然严重

具体表现在优质的教育资源、医疗资源、文化资源以及其他公共服务资源大多集中在岛内,农村地区教育、卫生、文化、水利等专业技术人才仍然较为缺乏。社会事业发展难以满足岛外城镇和广大农民群众日益增长的公共服务需求。要从根本上改变人口过度集中于岛内的状况,必须把优质的公共服务资源重点配置到岛外。岛外二级城区和小城镇的人口密度之所以远远低于岛内,很重要的原因就是公共服务资源分布不合理。

三、解决困难和问题的对策和建议

(一)建立促进城乡发展一体化的制度体系

这个制度体系集中在"五个统筹"。(1)统筹城乡发展规划。具体包括城镇建设、村落布局、农田保护、产业集聚、生态涵养五个方面的规划。(2)统筹城乡产业发展。着力优化农村产业结构,构建现代农业产业体系,发展农业产业化经营,发展乡镇企业和农村服务业,积极引导城市资金、技术、人才、管理等生产要素向农村流动。(3)统筹城乡基础设施建设和公共服务配置。大幅度增加公共财政对农村基础设施建设和社会事业发展的投入,逐步建立城乡统一的公共服务制度,建立覆盖全程、综合配套、便捷高效的社会化服务体系。(4)统筹城乡劳动就业。加快建立和完善城乡统一的人力资源市场,鼓励农民就地就近转移就业以及扶持农民工返乡创业,加强农民工权益保护,逐步实现农民工劳动报酬、子女就学、公共卫生、住房租购等与城镇居民享有同等待遇。(5)统筹城乡社会管理。深化户籍制度改革,放宽二级城区和小城镇落户条件,使在二级城区和小城镇有稳定职业和居住场所的农民工有序地转变为城镇居民。

(二)加快小城镇改革与发展步伐,夯实城乡一体化发展的基础

从发展战略的视野看,没有小城镇的发展,厦门二级城市乃至中心城市的发展就没有坚实的基础。小城镇的发展必须建立在农村经济繁荣的基础上,只有全面繁荣农村经济,才能加快城镇化进程。因此必须把小城镇建设摆在

十分重要的位置,使之逐渐成为厦门可持续发展新的增长点。要加快厦门小城镇的改革与发展,不断探索体制机制创新。

(三)下大力气推动转产就业,解决失地退渔养农民难题

探索"三管齐下",推动转产转业。一是加强技能培训。专门针对失地农民、退养渔民、山边农民,结合市场用工需求,由财政支持职业院校和职业培训机构重点实施专业性强、市场需求大的职业(工种)培训;二是拓展公益性岗位。把年龄大、学历低、技能弱的农渔民作为工作重点,对其加大公益性就业岗位开发安置力度;三是鼓励自主创业,以最大的财政支持、最可能的优惠力度鼓励他们自主创业。

(四)大力推进农村新型社区建设

农村新型社区建设是统筹城乡发展、促进城乡发展一体化的重要组成部分。厦门城镇化应当走"以中心城区为核心,以二级城区为支撑,以小城镇和农村新型社区为基础"的道路,把农村新型社区纳入城镇化体系,为农民共享城镇化成果提供重要载体。要按照就地城镇化的要求,选择区位条件好、经济基础较雄厚、规模较大的中心村,大力发展村域经济,强化农村基础设施和公共服务建设,改善农村人居环境和经济发展环境,培育建设"人口集中、产业集聚、要素集约、功能集成"的新型农村社区。新型农村社区初步具备城镇功能,有利于吸引农民到社区集中居住,可以节省大量土地。建好新型社区还有利于吸引外出高素质劳动力回流,对发展现代农业大有裨益。

(五)深入改革城乡二元土地制度

在土地资源高度紧缺的情况下,厦门广大农村还存在着大量闲置废弃宅基地,形成"乡村空心化"现象,其根本原因就是城乡二元的土地制度严格禁止了农村集体土地进入市场。而随着城市化的迅速发展,农村集体建设用地的资本属性逐渐凸现出来。沿海经济发达地区(如珠三角)自发流转集体土地的现象也屡见不鲜。正是在这种背景下,2008 年的十七届三中全会就明确提出:"逐步建立城乡统一的建设用地市场,对依法取得的农村集体经营性建设用地,必须通过统一有形的土地市场,以公开规范的方式转让土地使用权,在符合规划的前提下与国有土地享有平等权益。"刚刚召开的十八届三中全会更加关注土地问题,强调"要建立城乡统一的建设用地市场"。如何根据这一基本原则,有计划地使厦门农村那部分闲置废弃宅基地流转起来,是很有现实意义的。这既有利于解决厦门工业化、城镇化过程中建设用地紧张的问题,又有利于增加厦门农民的财产性收入,进一步缩小城乡差别。当前厦门农村正在

执行的土地确权颁证工作,就是为了明晰农民土地和房屋的产权,为进入市场交易做好前期准备。

(六)实现从家庭均田承包到家庭农场的演变

2013年中央一号文件指出,要进一步增强农村发展活力,加快发展现代农业,就必须创新农业生产经营体制。与以往的家庭均田承包制相比较,家庭农场的一个重要特点,就是规模化、集约化、商品化经营,能够从经营中获得较为理想的经济效益。这就有利于吸引一批素质较好的年轻人留在农村务农,并逐步演变成为职业农民,以便在其发展中自动实现代际传承和新老交替。现代农业的组织形式,包括农业产业化龙头企业、农民专业合作社和家庭农场。厦门农业产业化龙头企业和农民专业合作社的发育程度较高,但家庭农场则发育相当迟缓。扶持家庭农场的发育,才能提高厦门现代农业的发展速度与发展高度。

四、2014年厦门农村经济形势展望

随着《美丽厦门战略规划》的进一步实施,厦门农村将迎来更好更广阔的发展前景。而对2014年厦门农村发展影响最重要的因素,当属2013年11月9日到12日召开的十八届三中全会,此次全会上推出了在新的起点上实施综合配套改革的方案。厦门农村经济社会发展之所以明显滞后于城市,最根本的原因是存在着城乡二元结构体制,而如何破除城乡二元结构体制,正是十八届三中全会的重要内容。厦门农村、农民和农业将会伴随着改革的向前推进,享受以往所没有的制度红利,厦门的城乡一体化将迈进更高的阶段。

厦门市委党校副教授　黄爱东　何逸英

厦门市工业经济运行与结构调整状况分析及预测

一、2012年10月至2013年9月厦门市工业经济运行与结构调整状况

（一）2012年10月至12月厦门市工业经济运行状况简要回顾

1. 工业产值等经济指标逐步企稳回升

具体表现在：一是季度月平均工业产值稳步回升。由一季度月平均产值358亿元，增加到二季度360亿元，三季度375亿元，四季度399亿元，12月份工业产值再创新高，达到430亿元。二是工业产值累计增速逐季加快。由1月份工业产值增长4.7%逐步加快到一季度的10.9%，上半年的11.9%，三季度的12.0%，全年的产值增速达13.1%。三是工业企业用工数量逐步增加。全市规模以上工业企业从业人数年初为59.25万人，上半年增加到61.87万人，年底用工数达到62.07万人，企业用工需求增加，表明企业生产经营趋稳趋好。

2. 工业企业生产经营稳定，竞争力增强

工业经济呈现出较强的竞争力，一是全市1 503家规模企业，除了个别企业因自身生产转移和风险监控不足而停产外，其余企业均保持比较良好的生产态势。二是部分企业重视技改，重视研发，生产经营比危机之前发展得更好。三是高新技术企业发展较快。2012年1—11月份，火炬高新区完成产值1 593.26亿元，增长27.7%，增速高出全市平均水平14.9个百分点；全市333家高新技术企业实现产值1 758.36亿元，增长20.6%，占全市工业产值的43.9%，增速高出全市平均水平7.8个百分点。

(二)2013年1—9月厦门市工业经济运行状况

1. 工业增长较快,增幅缓慢回落

1—9月,厦门规模以上工业增加值842.39①亿元,同比增长12.9%,9月份完成99.6亿元。规模工业产值9月份完成409.77亿元,累计完成3 434.28亿元,同比增长14.3%。前9个月,工业增加值增速保持在12.9%～13.3%之间窄幅波动,符合年初的预期,符合中央稳增长的基调。工业依然是经济增长的主导产业。一是从直接贡献分析,以工业经济为主体的第二产业占全市GDP的比重接近50%,规模以上工业增加值增速比全市GDP和三产都快。二是从间接拉动分析,全市仅规模以上工业企业从业人数就达到63.71万人,比去年同期(61.42万人)净增2.29万人,这部分员工也是拉动消费的重要一部分,同时,工业品出口是拉动三产外贸出口的主要部分。因此,当前的经济增长依然需要工业的支撑。1—9月,工业用电总量82.77亿千瓦时,同比增长7.6%,工业用电占全社会总用电量148.67亿千瓦时的55.7%。

2. 工业销售与出口相对稳定

前三季度,厦门规模以上工业累计完成工业销售产值3 399.32亿元,累计产销率98.9%,较去年同期下降0.17个百分点,下降的主要原因是企业为国庆长假进行库存储备;前3季度,全市规模工业完成出口交货值1 509.74亿元,同比增长4.0%(按现价比)。出口交货值占全市销售产值的44.4%,占比较去年同期回落0.4个百分点,出口占比回落主要是由于少数大企业出口订单大幅度减少导致的。

3. 亿元工业企业对全市工业增长发挥重要作用

1—9月厦门470家产值上亿元的工业企业累计完成工业总产值3 023.83亿元,占全市规模以上工业总产值的88.0%。这470家工业企业对全市规模以上工业增长的贡献率达83.1%,拉动规模以上工业增长11.9个百分点,对全市工业增长起到了重要的推动作用。

1—9月,全市规模以上工业企业共新增4家(合计4.22亿),全市规模以上工业企业已达1 662家。与去年同期相比,产值增长或持平的企业有881家,占全部企业数的53.0%,实现产值增量415.00亿元。其中,产值增量上亿元的企业有52家,合计实现增量295.8亿元。

4. 十三条产业链中有五条产值超百亿元

1—9月,厦门市十三条主要产业链共完成工业总产值2 365.34亿元,占

---

① 文中所用数据来自厦门统计信息网、厦门工业经济网和厦门市统计局《简明统计资料》。

全市规模以上工业的68.9%,现价同比增长7.0%。十三条产业链中,平板显示产业链、计算机与通讯设备产业链、汽车产业链、农副产品与食品加工产业链和输配电及控制设备产业链等5条产业链产值突破百亿。产业链增幅排名前三的分别为:船舶产业链现价同比增长30.5%,完成产值14.25亿元;水暖及厨卫产业链现价同比增长15.7%,完成产值67.19亿元;生物与新医药产业链现价同比增长14.0%,完成产值51.64亿元。

5. 四季度及全年工业产值预测

面对国内外复杂的经济形势,厦门市企业家仍保持对宏观经济整体乐观态势,三季度企业家信心指数稳定。受国际经济复苏缓慢、原材料价格上涨、生产成本增加、货币政策紧缩等因素影响,企业景气指数小幅回落。三季度,厦门市工业企业景气指数为122.2,仍处于"中度景气"区间。预计第四季度厦门工业经济总体将保持平稳发展态势,但是厦门工业经济仍将面临较大的下行压力。全年预计完成产值4 620亿元,增长13.5%,预计完成增加值1 130亿元,增长12%。

(三)厦门市工业经济结构调整状况

2012年10月以来,厦门市工业发展不断向海峡西岸高端制造业基地、自主创新基地的目标发展,逐步实现了产业结构优化和产业规模壮大的有机结合,电子行业和高新技术企业两大领域迅速发展,引领我市工业向高层次发展。

1. 电子行业在工业经济发展中的主导作用进一步增强

电子行业作为我市两大主要支柱行业之一,近年来不断引进产业链上下游企业,行业结构不断完善,行业竞争力不断提升,成为我市工业经济的绝对主导行业。从1—8月分行业的累计产值情况看,电子行业完成产值1 206.25亿元,占全市规模以上工业总产值的39.9%;电气机械和器材制造业、橡胶和塑料制品业、化学原料和化学制品制造业、汽车制造业、农副食品加工业等行业产值处在100亿～200亿元之间;其他行业累计产值均不足百亿元。

电子行业产销衔接、出口稳定,保持了较高的增长趋势,对我市工业经济发展的主导作用进一步增强。1—8月电子行业可比价同比增长34.5%,高出全市平均水平20个百分点;产销率达99.8%,高出全市平均水平0.8个百分点;实现出口交货值776.15亿元,出口交货值率为64.5%,高出全市平均水平19.8个百分点。截至8月底,全市规模以上工业累计产值超百亿元的企业有4家,均属该行业,分别是宸鸿科技、戴尔(中国)、友达光电和联想移动通信。

2. 高新技术企业快速优质发展

在产业结构调整和发展方式转变的进程中,自主创新成为企业应对市场变化、保持可持续发展的有效途径,科技转化生产力、科技产生高效益,高新技术企业快速发展,有力地推动了我市工业产业结构的转型升级。

2013年全市有高新技术规模以上工业企业382家,占全市规模以上企业总数23％,1—8月累计完成工业产值1 254.90亿元,占全市规模以上工业总产值的41.5％,比去年同期增长17.5％,高出全市规模以上工业增幅3个百分点,对全市规模以上工业增长的贡献率为46.4％,拉动规模以上工业增长6.7个百分点。高新技术企业不仅具有较高的增速水平,而且整体经济效益水平较高。1—7月规模以上高新技术企业累计实现主营业务收入1 152.31亿元,占全市规模以上工业主营业务收入的44％,户均主营业务收入超3亿元,是全市规模以上工业平均水平的1.9倍;累计创造利润70.26亿元,占全市规模以上工业利润总额的63％。

二、厦门工业经济运行与结构调整存在的困难与问题

工业经济强势开局后平稳上行,生产和销售仍然保持较高增长水平,但同时面临产业结构层次不高、工业投入不足、能源消耗上升和企业生产成本上升、融资难等问题,这些问题将会对第四季度乃至2014年厦门市工业生产造成一定影响。

(一)厦门工业经济运行存在的问题与困难

1. 工业投资增速回落,工业投资乏力

2013年以来,厦门市工业项目推进相对缓慢,工业投资规模偏小、新建大项目不多等问题日益凸现。工业投资的低迷从总量上制约了工业规模的扩张潜力,将一定程度影响我市经济发展后劲。从相关数据显示,前三季度我市工业投资总量仅为196.88亿元,增长4.9％,低于福建省平均增速17个百分点。工业投资总量及增速均位于福建省末位,工业投资占比21.1％,远远低于全省37％的平均水平。

1—9月,高新技术投资大幅下降,完成投资106.21亿元,增长5.8％,增速较上月回落19个百分点,其中电子行业投资明显回落,完成投资81.05亿元,下降4.2％,增幅较1—8月回落21.5个百分点。

2. 工业发展缺乏新增长点

预计2013年投产并达产的企业由于各种原因实际未投产严重影响我市规模以上工业的增长。根据经发局提供的《2013年新投产且当年产值达2 000万以上项目表》来看,原计划全市有35家企业2013年能投产并达到2 000万以上产值规模,预计全年新增产值49.5亿元,而实际到9月份为止只有6家企

业(开发晶照明、保沣实业、新阳纸业、高利宝、保视丽、和丰利)符合统计制度规定纳入规模以上工业统计报表中,这 6 家企业 1—9 月累计完成工业总产值只有 6.73 亿元,与计划相差 30.4 亿元,影响厦门规模以上工业产值增长速度 2.5 个百分点。特别是厦门天马微电子项目虽然 2013 年已投产,但由于前期企业生产良品率太低,主营业务收入达不到统计制度规定纳入规模以上工业企业的标准,只能等年报再据实核定。由于新增能力不足,将严重影响到全市工业经济发展后劲。

3. 工业经济运行效益不佳

2013 年 1—8 月全市规模以上工业经济效益综合指数只有 196.31,比去年同期下降 6.95。工业经济效益综合指数在全省九地市位列最后一名,与排名第一的宁德市相差 115.78,与倒数第二的南平市相差 17.72。企业利润下滑较大,规模以上工业企业 1—8 月利润总额同比下降 13.5%,利润总额净减 20.19 亿元。其中利润总额同比下降超五千万的企业就有 22 家,有 5 家企业因投资收益减少影响利润下降超 7 亿元,电子企业 8 家,利润下降 19.28 亿元;若按控股情况分,外商及港澳台商控股企业 18 家,利润下降 33.87 亿元。利润下降的主要原因:一是各种成本上升,销售和管理等费用增长较多(销售费用、管理费用分别同比增长 9.3%、14.5%)影响企业盈利;二是受市场需求减少导致企业产品的出厂价格持续下降;三是人民币升值挤占了厦门工业企业的利润,因为厦门市工业出口比重为 45% 左右。

(二)厦门工业结构调整存在的困难与问题

产业结构优化升级离不开科技创新和技术进步,从目前厦门工业情况来看,在科技创新方面存在以下问题:

1. 创新投入强度较低

厦门规模以上工业企业创新投入呈现逐年上升的趋势,但投入强度仍然偏低,与深圳相比存在一定差距。2012 年,厦门规模以上工业企业研发投入强度(R&D 经费内部支出与主营业务收入之比)为 1.5%,新产品开发投入强度(新产品开发经费与主营业务收入之比)为 1.6%,分别比深圳低 0.7 个和 0.8 个百分点。

2. 单个企业创新能力较弱

厦门 1 658 家规模以上工业企业有 392 家开展了研发活动,研发活动开展面(有 R&D 活动单位数与规模以上工业企业单位数之比)为 23.6%,比深圳高出 7.7 个百分点。但是从单个企业的层面来看,厦门规模以上工业企业创新能力较为薄弱。厦门开展研发活动的规模以上工业企业中,2012 年平均每个企业拥有 R&D 人员折合全时人员为 74 人年,投入企业内部 R&D 经费 0.18 亿元,开展 R&D 项目 6.23 项;与深圳 190 人年、0.50 亿元、12.30 项的平均水平相比,存在明显的差距。

三、促进厦门工业平稳运行及转型升级的对策与建议

(一)密切关注宏观经济环境变化,准确把握工业经济走势

当前宏观经济环境有诸多不确定因素,国内通胀压力凸显,国际经济复苏前景不明,要确保工业经济在稳定中持续快速健康发展,一要密切关注国内外经济环境的变化和国家宏观政策的动向,努力提高应对措施的针对性和灵活性,加强对工业经济运行中重大问题、突发问题的研究和协调工作,特别要做好煤、电、油等主要生产资料的价格监测和供求平衡,推进工业经济统筹发展。二要从宏观、微观两方面做好工业经济运行的监测分析,提高对运行走势判断的能力和对运行特点分析的能力,关注通胀特别是生产要素价格波动、人民币汇率变化等给企业生产经营带来的影响。

(二)加快工业结构调整,促进产业优化升级

"调结构、促转型"是"十二五"工业经济发展的目标任务,也是提升工业经济发展质量和效益的必由之路。一要进一步优化工业投资结构,规划和储备一批对厦门市工业结构调整具有高效带动作用的重大工业项目,努力通过技术改造和重大项目建设推动工业结构调整和产业优化升级。二要积极利用高新技术和先进适用技术改造提升传统产业,大力发展高新技术产业、装备制造业,向拉长产业链条的产品、高科技含量和附加值的产业或产品倾斜,提升企业核心竞争力和市场占有率。三要贯彻落实重点产业调整振兴规划,积极主动抢抓产业升级的制高点,加快培育和推进战略新兴产业向高端化、规模化和品牌化发展,构筑工业经济新的增长点。

(三)建立高效的创新投入体系

提高科技管理部门的工作效率和资源配置效率,加强政府投入资金的使用效率。充分发挥政府资金的引导作用,鼓励民间资本进入风险投资与担保领域,拓宽科技企业融、投资渠道。切实用好国家关于研发费用税前加计扣除政策及各项高新技术发展鼓励政策,引导企业加大创新投入。要开展多层次的创新合作,一方面积极推进产学研合作,支持企业建立高水平的研发机构,把技术和市场紧密结合起来进行创新合作,共同推进研发成果的产业化、工程化,实现创新资源有效聚集,形成研发创新的规模效应。另一方面不断加强同

领域上下游企业的协同合作,避免同业恶性竞争和创新资源的重复浪费,提升整个产业链的创新能力。要引导企业创新发展,加大研发投入,发挥先进制造业的后发优势,吸引外资企业研发中心落户厦门,促进厦门工业结构提档升级,实现厦门工业发展新跨越。

(四)积极发展新兴产业和高新技术产业,培育新的经济增长点

高新技术及其产业化是 21 世纪企业技术进步的方向和市场竞争的制高点,同时也将成为经济增长的重要支撑。对具备商品化条件的高新技术要加速产业化,以培育新的经济增长点,这也应当成为工业结构调整的一个重要内容。目前,厦门工业一般水平的生产能力已过剩,发展空间有限。厦门全市工业企业的开工率只有 70%~80%,部分行业仍未看到复苏迹象,比较明显的有工程机械、PTA、轮胎等行业。而微电子技术、新材料技术、生物工程技术等的发展和突破将给工业发展带来新起点。我们应当不失时机地有选择地加快高新技术产业的发展,发挥后发优势,力争实现跨越式发展,特别是加快电子、生物工程和医药、新型材料的发展。

我们建议:在高新技术发展领域方面,主要以电子信息、新材料、生物工程与制药、环保与节能等方面的发展,带动技术密集型和高新技术产业的发展,使之成为厦门工业经济重要的新增长点。

(五)建立服务保障体系,提高产业配套能力

产业发展服务体系是产业形成、发展壮大的内在要求,是产业具有持续竞争优势的重要因素。厦门市要把发展生产性服务业摆在更加突出的位置,作为转变经济发展方式、调整经济结构的重中之重,要围绕重点工业产业,大力发展生产性服务业,重点发展现代物流、金融保险、信息服务、商务会展、服务外包、文化创意等产业,加快金融服务、科技研发、市场开拓营销以及中介服务等平台建设,引导和推动工业产业发展服务体系的建设和不断完善,加快产业集聚,提高产业配套能力,促进产业的可持续发展。

四、2014 年厦门工业经济运行的预测与展望

2013 年,面对复杂多变的国内外宏观形势,厦门市委市政府及时出台了相关政策和应对措施,着力破解工业企业生产经营中遇到的各种困难,加快结构调整步伐,提升传统产业竞争优势,确保了厦门市工业经济平稳运行态势。

　　2014年,工业经济发展仍将面对复杂形势和困难挑战,国内市场需求不足和部分产品供大于求的矛盾加大,企业生产成本上升和产品价格偏低的问题并存,工业增长与节能降耗、要素约束的矛盾加剧,工业经济运行将进入转型升级的关键时期。厦门工业发展可能面临以下几方面的影响:

　　一是宏观政策动向。新一届政府在不同场合坚定了通过结构调整走新增长之路的决心,提出要适应新形势,统筹考虑稳增长、调结构、促改革,形成科学的宏观政策框架。在"稳中求进、稳中有为"政策导向下,有限空间内的经济结构调整可能会对投资消费政策、财政政策和货币政策,特别是在投资消费政策方面有一定的宽松,包括促进消费(信息消费)、促进铁路投资、促进棚户区改造、促进城市基础设施建设、促进节能环保投资等方向将成为重点。这样的宏观政策背景,既给2014年厦门工业经济发展带来有利条件,也带来新的挑战。

　　二是转型升级进入关键时期,企业技术设备升级对劳动力的知识技能要求越来越高,在淘汰传统落后产业的同时,应做好相应职业技术培训,做到软硬件同时升级转型。努力避免企业难以召到合格技术工的局面出现。

　　三是美欧日等发达经济体的复苏需较漫长过程。因此,2014年一季度厦门工业经济要保持平稳发展的态势,必须建立在加快产业结构调整和转型升级步伐,建立新的产业竞争优势和保持传统产业地位的基础上。

　　综合以上有利因素和限制因素,预计2014年工业将继续走结构调整与转型升级之路,厦门工业经济增长速度将继续保持平稳趋势。全年工业增加值增幅与2013年基本持平,利润增幅将略高于2013年水平。

集美大学财经学院经济系　周闽军

厦门市服务业发展情况分析及预测

2013 年,厦门市以科学发展观为指导,抓住"美丽厦门"战略规划和综合配套改革方案深入实施的重大机遇,认真贯彻落实国家《服务业发展"十二五"规划》、厦门市《"十二五"现代服务业发展专项规划》,深化国家服务业综合改革试点,一批服务业重大项目深入实施,服务业产业结构不断优化,一批服务业骨干企业发展壮大,实现了服务业发展发展提速、比重提高、水平提升。

一、2012 年服务业经济运行情况回顾

2012 年,全市第三产业保持较好的发展态势,完成增加值 1 417.85 亿元,较 2011 年增长 11.7%;全市第三产业增加值占 GDP 比重比 2011 年提高 2.7 个百分点,达到 50.3%,分别高出全国、全省 5.7 个、11.5 个百分点,三产增速、三产占比连续三年居福建省九地市首位。服务业对经济贡献度显著提高,2012 年服务业地税收入占全部地税的 69.8%,比 2010 年提高 7 个百分点,成为全市税收收入的主要来源;2012 年服务业从业人员数达到 150.4 万人,占全社会从业人员比重超过一半,达 54.4%,比 2010 年提高 3.8 个百分点,成为就业增长的主渠道。

二、2013 年服务业经济运行情况

(一)总量规模持续壮大

1—9 月,全市第三产业完成增加值 1 048.05 亿元,增长 9.1%;占全市 GDP 比重 51.0%,比去年底提高 0.7 个百分点。

（二）主要行业平稳发展

1.交通运输业

1—9月完成增加值124.62亿元,增长6.6%。

厦门港全港完成货物吞吐量14 075万吨,增长11.8%,高于全国沿海平均水平3个百分点;集装箱吞吐量583.72万标箱,增长13.8%;空港旅客吞吐量1 481.26万人次,增长15.3%。港口整合、开辟航线、拓展货源等成效明显。

2.批发零售商贸业

1—9月实现增加值247.98亿元,增长4.8%。

（1）外贸进出口。1—9月,全市实现进出口631.89亿美元,增长16.6%,其中出口395.78亿美元,增长20.2%,进口236.11亿美元,增长11.2%,增幅分别比去年同期提高12.8个、16.3个和7.6个百分点。进出口增幅分别领先全国、全省平均水平8.6个和2个百分点。

（2）社会消费品零售。1—9月,全市实现社会消费品零售总额715.70亿元,比去年同期增长9.5%,分别比一季度和二季度增幅提高5.9个和2.1个百分点,呈现逐步回温态势。增长较快的主要有金银珠宝、信息、健康消费,汽车消费的回暖拉动力较大。

3.金融业

1—9月实现增加值161.87亿元,增长10.1%。

9月底,厦门市中外资金融机构本外币存款余额6 191.35亿元,增长18.2%,高于全国3.9个百分点;本外币贷款余额5 659.06亿元,增长14.8%,同比回落2.6个百分点,高于全国0.2个百分点,总体运行平稳。

4.住宿餐饮业

1—9月实现增加值54.4亿元,增长2.8%。

全市住宿餐饮业营业额108.6亿元,增长3.2%。全市住宿餐饮企业上缴营业税3.69亿元,增长5.1%。受宏观环境影响,高端住宿餐饮企业业绩有所下滑,大众消费则保持良好势头。

5.房地产业

1—9月完成增加值193.35亿元,增长18.3%。

1—9月,全市商品房销售面积613.68万平方米,增长40%,仍然高位运行,但从年初井喷式增长逐渐趋于理性。

6.其他服务业

1—9月实现增加值265.8亿元,比增9.8%,增幅在15个副省级城市中居第三位。

其中,营利性服务业累计完成增加值 142.28 亿元,比增 13%,比全省增幅高 4.1 个百分点,比第三产业增幅高 3.9 个百分点,对 GDP 贡献率达 8.4%。

7.旅游会展

(1)旅游业。1—9 月全市共接待国内外游客 3 517.71 万人次,同比增长 13.17%,旅游总收入 447.84 亿元,同比增长 15.22%。其中:国内旅游收入 376.44 亿元,同比增长 17.83%;入境旅游创汇 11.52 亿美元,同比增长 4.82%。

(2)会展业。1—9 月全市共举办展览 128 场,展览面积 98.6 万平方米,分别增长 39.2% 和 9.9%;举办会议 1 495 场,下降 8.1%;外来参会人数 38.1 万人,增长 2.5%。

(三)现代服务业发展后劲进一步增强

1.现代服务业利用外资结构继续优化

1—9 月,我市第三产业合同利用外资超过二产,占全市合同外资总量的 58.7%。运输物流仓储、计算机软件、酒店住宿等行业占全市合同利用外资比重比去年同期有所上升,投资增长较快的行业有:科研技术服务业增长 55%,融资租赁业增长 65%,计算机服务和软件业增长 23.6%。

2.现代服务业投资快速增长

1—9 月,第三产业投资占全市固定资产投资达 78.3%,现代服务业投资呈现快速增长。金融业投资成倍增长,随着两岸金融中心部分大项目的开工建设,1—9 月,金融业完成投资 8.99 亿元,增长 7.2 倍。现代物流业投资较快增长,1—9 月,仓储物流业完成投资 19.59 亿元,增长 51.6%。1—9 月批发零售业完成投资 16.2 亿元,增长 36.1%,其中零售业投资 10.15 亿元,增长 1.1 倍。

3.服务业重大项目扎实推进

一批服务业省、市重点建设项目、重点前期项目和开竣工项目取得进展,其中方特梦幻王国、集美万达广场等服务业项目竣工投产,香格里拉酒店、灵玲国际马戏城等项目加快建设,海西商贸会展中心、五缘湾游艇帆船港等项目前期工作加快推进,鼓浪屿加快申报世界文化遗产。这些重大项目的推进,为服务业的增长奠定了坚实的基础。

(四)服务业新兴业态加快培育

1.文化产业

闽台(厦门)文化产业园成为国家级文化产业试验园区,全市已拥有 1 个国家动漫产业基地、3 个国家级文化产业示范基地、13 个省文化产业示范基地,省十大重点文化产业园区 1 个。文化品牌影响力逐步扩大,成为国家"对台文化交流基地"。动漫设计、影视娱乐、主题游乐园、手机增值服务等新亮点逐步凸显。2013 年海峡两岸 42 个城市文创竞争力调查中,厦门由 2011 年的第 9 位上升至第 7 位。

2. 物联网

中国统计信息云平台暨大数据研究服务基地落户厦门,国家北斗产业化应用示范基地落户软件园三期,闽台云计算产业示范区揭牌。出台了加快推进物联网、北斗卫星产业等政策文件,率先在全国进行无线城市建设,加速了 4G 无线网络(TD-LTE)试验网的建设步伐,启动了"智慧厦门"建设,拥有全国领先的"城市交通信息公共平台"等物联网产业化应用系统,GPS 车载终端、智能停车引导系统等产品市场占有率保持全国第一;可视对讲、RFID、食品溯源、传感器、手机支付、安全监控等领域产品的技术水平达到全国领先。

3. 电子商务

1—9 月全市网络零售销售额是去年同期的 1.6 倍,网上购物比例超过 60%,电商企业对零售额拉动力日益明显。全市电子商务企业已达 3 990 余家,应用电子商务的企业约 25 000 余家,从事网络零售企业约 850 家,年销售额超 500 万元以上的企业突破了 50 家。万翔商城成为我市首个独立网络销售平台,嘉晟供应链公司入选国家电子商务示范企业。名鞋库、零号男、斯波帝卡、PBA、尚品茶客等一批 B2C 知名品牌不断壮大。

4. 服务外包

加快推进"中国服务外包示范城市"试点工作,实施《厦门市服务外包产业发展规划(2013—2020)》。前三季度,我市登记离岸服务外包合同金额 5.83 亿美元,比增 48.7%;执行金额 4.02 亿美元,增长 36.1%。

5. 大宗商品交易

厦门石油交易中心现货交易量全国领先,1~9 月实现交易额近 400 亿元,并在全国率先推出 93♯汽油现货挂牌议价交易。厦门石油交易中心良好的发展态势和有利的地域条件,已吸引近 200 家企业入驻,2013 年全年交易总额有望突破 700 亿元。

(五)服务业企业实力进一步壮大

1. 服务业龙头企业

3 家服务业企业跻身 2013 全国 500 强企业榜单,分别是:厦门建发集团有限公司(941.3 亿元,排名 127 位,提升 6 位)、厦门国贸控股有限公司(649.1亿元,排名 177 位)、厦门象屿集团有限公司(323.8 亿元,排名 317位)。24 家企业进入 2013 中国服务业企业 500 强,比 2012 年增加了 6 家。

2. 服务业重点企业

1—8月,810家重点监测服务业企业实现营业收入556.1亿元,同比增长12.2%;资产总计2 255.2亿元,同比增长7.6%,其中资产过10亿元的企业达25家;实现营业利润58.2亿元,同比增长18.7%。

(六)服务业集聚发展态势进一步形成

1. 大力推进总部经济集聚区建设

成立总部集聚区推进工作协调小组,明确总部企业准入门槛,广泛开展与闽商、潮商、台商、央企、侨商的对接,加快本岛总部经济集聚区地块招商,力促一批总部项目尽快落地。开展了岛外市级总部集聚区的规划选址。

2. 启动两岸金融中心建设

截至9月末,两岸金融中心已落户项目160个,正在办理落户25个,在谈项目159个,总投资额584亿元。工商银行、平安银行、赛富基金、鼎晖基金等一批金融项目落户两岸金融中心。目前正按国际一流标准开展两岸金融中心启动区核心区规划调整。

3. 软件园三期加快建设和招商

启动北斗导航产业园建设,两岸云计算产业示范区完成规划,强化园区与集美新城有机衔接,致力构建国际化智慧园区与大城市综合体,根据产业性质划分电子商务区、IC产业区等9个功能区,特设两岸产业对接示范区。截至10月底,累计完成基础设施投资120亿元,20多个大中型项目相继落地,起步区6幢建筑完成竣工初验并交付使用,已核准221家企业入驻,其中购房企业206家,自建15家,核准面积超过200万平方米,相当于软件园二期研发楼面积的两倍。

(七)服务业综合改革进一步深化

1. 推进国家服务业综合改革试点

继续开展电子商务、服务外包、三网融合、现代物流技术应用和城市共同配送、两岸冷链物流产业合作等多项服务业国家试点,东南国际航运中心、两岸金融中心、两岸贸易中心等重大综合改革平台加快推进。深化开展海关特殊监管区整合优化和自贸区建设方案研究。

2. 完善服务业政策体系

出台《厦门市级旅游发展专项资金管理办法》、《厦门市文化产业发展专项资金管理办法》、《关于印发厦门市电子商务扶持资金管理暂行办法的通知》等一批服务业扶持政策,有力促进现代服务业的发展。

(八)服务业对台合作交流进一步拓展

完善两岸人民币直接清算机制,协议签约银行增至 22 对 44 家,人民币结算额增量居全国首位;中国农业银行在厦门设立两岸人民币清算中心。厦门银行与台湾银行上海分行正式签署协议,成为全国首家新台币现钞清算参加行。圆信永丰证券投资基金管理公司设立申请已通过证监会评审,预计年内可获批开业。厦门两岸股权交易中心签约筹建,预计年内建成投用,培育服务海西经济区非上市股份转让的要素市场。两岸贸易中心总部大厦揭牌运营,14 家台湾商协会和企业入驻;进口台湾水果、台湾大米持续位居大陆第一;成为台湾水产品大陆进口最多的口岸。对台邮轮旅游取得突破,"双子星号"邮轮展开厦门/澎湖/高雄/厦门 4 天 3 晚海峡邮轮圈首航。

三、存在的问题及成因分析

(一)消费市场回升基础尚不牢固

限额以上住宿、餐饮业仍然低迷。随着"八项规定"出台,提倡节俭风气,1—9 月,限额以上住宿餐饮业营业额比去年同期下降 3.5%,呈负增长态势,全市 274 家限额以上住宿餐饮企业,65% 的企业营业额比去年同期下降。

汽车、燃料对消费拉动不可持续。目前厦门汽车保有量已超过 63 万辆,交通压力日益加大,且部分汽车零售企业已经在省内其他地市布局了销售点,分流了部分来厦购买车辆的消费者,影响汽车未来销售增长。而石油类消费是依托汽车类消费产生的,因而上升空间有限。

传统业态零售呈下滑趋势。1—9 月,全市主要百货、超市、家电卖场实现零售额 85.6 亿元,仅增长 5.3%,低于限额以上零售 4.8 个百分点,呈现低速增长态势。电子商务等新兴业态比重偏低,全市 19 家电商企业零售额规模依然偏小,仅占限额以上零售限额的 7.2%,尚待进一步培育。

(二)进出口后续增长压力较大

从出口来看,2012 年全市出台了一系列外贸出口鼓励政策,推动外贸快速增长,2012 年 8—12 月,月均出口 40 亿美元以上,基数较大,2013 年 1—9 月出口快速增长主要靠去年订单的延续,全市加工贸易出口增幅自 5 月开始逐月走低。从进口来看,受国内经济宏观调控、需求不足影响,加工贸易进口增幅大幅回落,后续增长不容乐观。

(三)房地产市场存在不确定性

2013 年,全市房地产市场量价齐升,1—9 月销售面积已超过 2012 年全年。但是,由于近两年来土地供应量较少,商品房新开工面积呈现负增长,1—9 月新开工 457.9 万平方米,比降 22.7%;商品房竣工面积 228.63 万平方米,比降 10.3%,商品房有效供给不足。目前国家房地产调控政策持续强化,下一步,房地产市场受政策执行的节奏和力度影响,存在不确定性。

(四)港口运输竞争加大

今年以来,货物吞吐量、集装箱吞吐量两大指标保持两位数增长,但港口竞争压力加大,内外需求减少引起的港口市场需求减弱,加上周边港口加强补贴、降低费用等,抢箱量、抢货源、抢航线,直接加剧当前市场的供求矛盾。同时,全球航运指数处于历史低谷,在货源和航线竞争加剧的情况下,我市航运企业整体竞争力不足,部分抗风险能力较低的航运企业倒闭。

四、解决困难和问题的对策建议

我市要立足自身特点,扬长避短,解放思想,先行先试,用足用好国家赋予的各项政策,进一步做大服务业总量,提升服务业发展水平,不断提高中心城市的带动辐射服务功能。

(一)推动新增长点项目招商建设

加快本岛总部集聚区、软件园三期、两岸金融中心核心区、闽台文化产业园(二期)等服务业重大园区载体招商入驻,发挥集聚效应。加快建设前场铁路大型货场、航空港物流园区等项目,推动海西国际商贸物流城、邮轮母港综合体、"神游华厦"旅游一台戏等项目尽快落地动工。加强淘宝特色厦门馆营销力度,推动灵玲国际马戏城、豪生酒店、蔡塘社区发展中心、闽南古镇、磐基酒店二期等项目早日投入运营,形成新的消费拉动;加快厦门汽车物流中心和车驾管办证中心的建设速度,促进汽车4S店入驻和二手车交易市场的尽快搬迁,拉动汽车销售。

(二)加强服务业项目策划引进力度

围绕地铁、翔安国际机场等重大基础设施项目建设,抓紧策划一批配套衍生服务业项目,包括免税店、城市综合体等高端业态项目。根据美丽厦门战略产业升级要求,围绕打造优势产业,针对产业链上的缺失环节,结合我市发展定位,策划引进一批高端、新型业态项目。加快培育主要面向外地游客、适应不同层次需求的特色商圈建设,大力发展进口高档商品、台湾特色商品、本地名牌、玛瑙等本地特色商品店,并将网点设置在机场、火车站等便捷的交通要道,方便旅游购物。开展冷链物流、第四方物流平台等高端物流业态的策划,争取生成一批带动性强的项目。

(三)加大政策扶持力度

积极争取自由贸易区政策,争取互联网应用示范城市、信息消费示范城市等国家试点。已见效的扶持政策(如外贸、港口),要继续延续;已出台的总部经济、邮轮、电子商务、文化产业、消费等政策,要做好落实;尽快出台或完善旅游、会展、服务外包等服务业扶持政策,对重点领域和关键环节给予持续稳定的扶持。落实人才优惠政策,促进人才政策与服务业重点产业、招商项目的深度融合。

(四)加强跟踪分析

各行业主管部门要进一步加强服务业运行监测分析,完善服务业重点企业监测系统,及时发现苗头性、倾向性问题,提出有针对性、可操作的措施对策。

五、2014年发展预测和展望

从外部环境来看,世界经济仍将低速增长且下行风险持续,外需不确定性依然存在,对我市外向型经济有较大影响,外贸进出口压力仍将持续,港口增长乏力。

从内需情况来看,我国经济增速下调,我市消费尚未形成新的热点,高端化及与周边差异化发展仍不明显;旅游产品较单一,房地产市场不确定性因素增多,服务业新增长点较少。

同时,2014年我市服务业发展也面临一些机遇条件。如党的十八届三中全会通过的《中共中央关于全面深化改革若干重大问题的决定》提出了一系列涉及服务领域的改革,"美丽厦门"战略规划和创建信息消费示范城市进入实施阶段,产业升级行动启动,一批服务业园区载体、龙头项目实施,这些都为我市服务业加快发展提供了良好的机遇。

机遇与挑战并存。2014年,全市服务业要紧紧围绕增强闽南中心城市辐射带动功能,提高核心竞争力,大力发展旅游会展、航运物流、软件信息服务、总部经济、特色商业、特色金融、高端医疗等现代服务业,培育发展文化创意、电子商务、服务外包等新兴产业,紧扣服务业重点行业的关键环节,加快推进服务业龙头项目落地和建设,完善服务业园区载体建设,优化服务业发展创新环境,在总部经济、邮轮母港、海西商贸会展中心、鼓浪屿提升工程等服务业新增长点上取得突破,切实打造服务业优势产业,推进服务业转型升级,发挥服务业对全市经济发展的支撑作用,推动服务业发展提速、水平提升、比重提高,为全市经济增长多做贡献。同时,在发展战略、重大项目建设等方面主动加强与周边城市对接联动,在更大范围内整合利用各类发展要素,提升我市服务业辐射带动能力和水平。

厦门市发展和改革委员会服务业发展处处长　李晓燕
厦门市发展和改革委员会服务业发展处主任科员　范世高

厦门市对外经贸发展情况分析及预测①

2012 年,受国内外多重因素影响,厦门市外贸运行呈高开低走态势,虽然继续保持在全省对外贸易的龙头地位,但总体进出口增速明显放缓,甚至一度出现过负增长,形势不容乐观。2013 年 1—9 月,厦门市进出口总额累计为631.89 亿美元,比去年同期增长 16.6%,高于全省平均水平,并继续维持全省第一的龙头地位,表明厦门市对外贸易发展面临的内外部环境总体略好于2012 年。但目前制约厦门市外经贸增长的阻力仍然很大。

一、2013 年厦门对外经贸发展状况和存在的问题

(一)外贸出口总额累计增长比 2012 年有较大程度提高

随着各国宏观政策力度加大,美国经济复苏态势趋于稳定,欧债危机略有缓和,市场信心和发展预期有所提升,世界经济呈现弱势复苏局面,2013 年厦门市外贸出口形势较 2012 年有所改善,出口总额累计为 395.78 亿美元,累计增长 20.2%。如图 1 所示,2013 年 1 月外贸出口累计增长高达 31.5%,相比2012 年同期有较大进步,此后虽有所下降,但基本都维持在 20% 以上,基本复苏到 2011 年的增长率水平,预计下半年将继续维持在稳定水平上。

---

① 本文数据如未特别说明,均来源于厦门市统计局和厦门市商务局。

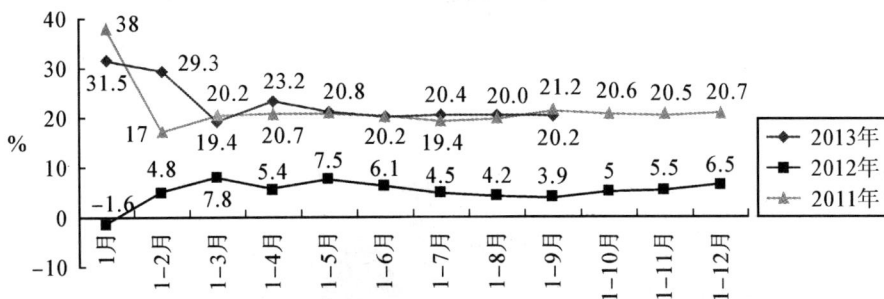

图 1　厦门市外贸出口总额累计增长(2011—2013)

(二)对外贸易结构基本稳定

一般贸易出口加速,加工贸易增幅较小。2012 年 10 月—2013 年 9 月,厦门市外贸出口中一般贸易累计 329.38 亿美元,累计增长 28.5%。其中来料加工累计 17.89 亿美元,累计增长－7.3%;进料加工累计 129.09 亿美元,累计增长 7.9%;其他 44.07 亿美元,累计增长 12.2%。进出口总额累计增长 16.7%,其中一般贸易累计增长 21.2%,来料加工出现了负增长,进料加工增幅较小,2013 年虽较 2012 年有所提高,但加工贸易总体占比较小。

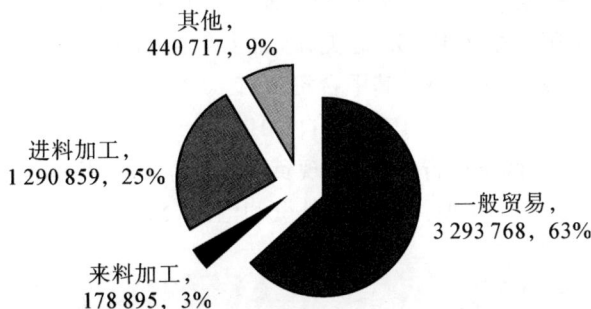

图 2　厦门市贸易方式出口累计结构

如图 2 所示,2012 年 10 月—2013 年 9 月,一般贸易占出口总额比重为 63%,进料加工比重为 25%,来料加工比重仅为 3%。

(三)内资、三资企业是对外经贸发展的生力军

以内资企业为主的一般贸易稳步增长。2012 年 10 月—2013 年 9 月,内资企业完成进出口 440.85 亿美元,累计增长 22.79%,其中出口 304.06 亿美元,进口 136.79 亿美元,是稳定我市外贸进出口增长的主要力量。而以外资企业为主的加工贸易增长加速,2012 年 10 月—2013 年 9 月,外资企业完成进

出口 394.18 亿美元,累计增长 12.2％,其中,出口总额 216.41 亿美元,累计增长 10.8％,进口总额 177.77 亿美元,累计增长 13.9％,比去年同期都有所增长。

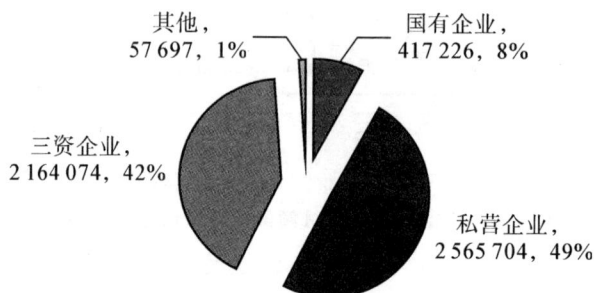

图 3　厦门企业性质出口累计结构

如图 3 所示,2012 年 10 月—2013 年 9 月,私营企业出口总额 256.57 亿美元,占比 49％;国有企业出口总额 41.72 亿美元,占比 8％;三资企业出口总额 216.41 亿美元,占比 42％;其他性质企业出口 5.77 亿美元,占比 1％。

（四）利用外资和港澳台资形势严峻

2013 年以来,厦门市引进外资和港澳台资形势较为严峻。2013 年 1—9 月,厦门市实际利用外资 15.59 亿美元,比去年同期仅增长 0.1％,累计引进 248 个外资项目,与去年持平,其中台资项目 78 个,合同利用外资 12.12 亿美元,同比下降 33.3％。如图 4 所示,自 2013 年 2 月份开始,实际利用外资累计增长率始终处于低位运行,一度出现负增长,与 2012 年基本持平,预计未来难见起色。可见 2013 年厦门市利用外资和港澳台资形势严峻。

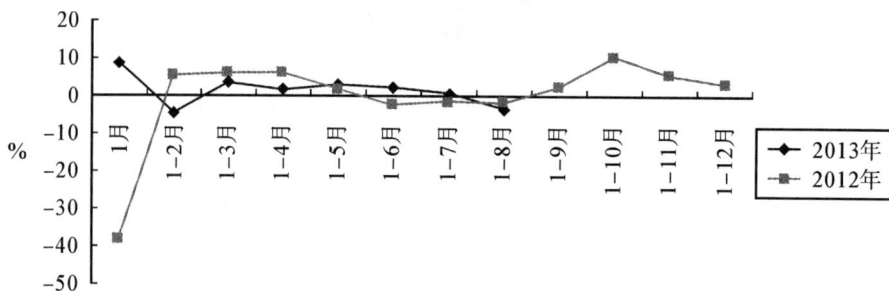

图 4　厦门市实际利用外资累计增长(2012—2013)

二、2013 年对外经贸存在的制约因素

(一)世界经济复苏缓慢,外需尚未根本改善

2013 年,中国对外贸易发展面临的内外部环境可能略好于 2012 年,但形势依然严峻,制约外贸增长的阻力仍然很大。世界经济已经进入深度转型调整期,发达经济体失业率仍处于高位,抑制居民收入增长和消费信心。发达国家主权债务问题削弱经济增长潜力,刺激经济政策措施的副作用日益凸显,新兴经济体普遍受制于结构性矛盾,经济增速较前几年有所回调,新兴技术和新兴产业总体面临成本和需求制约,尚难成为带动经济增长的新热点,发达国家居民消费和企业投资均缺乏增长动力,市场需求总体依然低迷。2013 年 1—2 月,美国进口额下降 0.1%,欧盟进口额下降 5%,日本以美元计价进口额下降 6.6%。加上贸易保护主义加剧,世界经济低增长、高风险态势不会明显改观。据 IMF 预计,2013 年世界经济增长 3.3%,增速仅较 2012 年提高 0.1 个百分点。世贸组织(WTO)预计,2013 年全球贸易量仅增长 3.3%,远低于过去 20 年间 5.3%的水平。[①]

(二)外贸依存度偏高,抵御外部经济风险能力偏弱

作为一个高度外向型经济的城市,入世以来,厦门的外贸依存度一直处于高位,在对外贸易过程中出口依存度一直高于进口依存度且差距也在拉大,2013 年 1—9 月,厦门市外贸依存度高达 187%,其中出口依存度为 117%,进口依存度为 70%。反映在净出口上就是每年都能保持贸易顺差,并且贸易顺差每年都在不断增长。净出口额每年都维持增长的趋势,2013 年 1—9 月净出口总额 1 596 786 万美元,比去年同期增长 36.8%,这反映出厦门在对外贸易中出口贸易比进口贸易更为重要,厦门市经济规模的扩张很大程度上依赖于对国际市场的商品出口。过高的外贸依存度容易带来相应的风险,厦门出口竞争力高的产品集中在劳动密集型的轻纺和电器产业,对外贸易市场主要集中在美国、日本、欧盟等地区,存在面临贸易保护措施的风险。

---

① 数据来源:商务部综合司,商务部研究院.2013 年春季中国对外贸易形势报告[J].国际贸易,2013(5).

（三）加工贸易增速缓慢

随着科学技术的进步和经济全球化进程的加快，国际分工不断发展，生产专业化日益扩大，加工贸易成为国际贸易的重要方式。加工贸易由于"两头在外"，其优势和作用十分明显。发展加工贸易有利于引进国外先进技术和管理，促进企业技术的更新换代，提高企业的管理水平和产品档次，增强产品在国际市场上的竞争力。一直以来，厦门市加工贸易发展较为缓慢，尚未充分发挥出加工贸易应有的作用。

（四）引进外资瓶颈制约依然明显

一是空间限制问题。土地瓶颈的制约依然是厦门市招商引资的"老大难"问题。目前厦门市的存量土地已经不多，很难适应制造业大项目的需要。由于建设用地指标受到严格控制，不能及时满足项目用地，导致部分大项目流失外地。

二是产业发展的限制问题。受自然条件和生态保护限制，石化等产业的发展空间不足；受成本不断上涨及环境约束等方面的影响，厦门在低成本加工贸易方面的竞争优势不断削弱。

三是劳动力等其他资源成本优势的吸引力趋于下降。近年来，劳动力成本的不断上升，对劳动密集型企业的盈利能力提出更高要求，是传统的工业生产模式面临更大的挑战。同时，原材料、燃料、劳动力价格持续上涨，企业的生产经营成本压力增大。

三、促进厦门对外经贸发展的对策和建议

（一）优化产业结构，改善外贸进出口商品结构

厦门市经济具有明显的外向型经济特征，对外贸易对厦门经济增长有着明显的促进作用。在继续扩大对外贸易市场的同时优化进出口贸易结构，将缓解厦门市本身资源紧缺的情况，实现厦门市经济结构的调整。出口结构是产业结构的表现形式，因此要改善出口结构必须先改变产业结构，应加快厦门市产业结构调整和升级，即"推进产业结构调整，形成以高新技术产业为先导，基础产业和制造业为支撑，服务业全面发展的产业格局"。在提高出口商品的技术含量和附加值方面，应鼓励自主品牌产品的出口，树立

本市的品牌意识。在调整进口商品结构方面,应控制最终消费品的进口比例,增加高科技含量商品和初级品的进口比例。在提高厦门市可利用的技术存量方面,应学习并掌握国外先进技术,使进口贸易对技术的促进作用得以充分发挥。

(二)扩大对新兴市场进出口,进一步扩大对台贸易

进一步扩展贸易空间,拓宽市场,促进出口市场多元化发展。不仅扩大对发达国家的出口,而且要扩大对发展中国家如中东、拉美、非洲等新兴市场的出口,转战新兴市场寻求商机,进一步拓宽国际市场空间,增加贸易渠道,促进厦门市出口额的提高,而且可以在很大程度上消化对美国出口下降带来的不利影响,分散市场过度集中于少数传统发达国家和地区的风险。

发挥厦门特区的区位优势,在对台贸易方面争取有更大作为。要营造良好的对台经贸环境,加强对台经贸的政策引导,积极拓展两岸贸易渠道。一是要充分利用"投洽会"、"台交会"等载体,延伸展会的活动内容,扩大展会的联系作用,加大两岸经贸界的交流和交往。二是鼓励企业"登台"寻找商机。多组织赴台经贸团组,让更多的企业赴台寻找商机,开拓市场。三是加快发展与金门的经贸往来和合作。继续支持并推动对金门直接货物贸易,促进货物从金门中转台湾或出口。四是采取积极措施吸引台资在厦门设立贸易型公司。大陆即将开放外贸经营权的政策已引起一些台湾中小企业的关注,不少台资企业已不再大规模投入资金在大陆建厂,而准备转型进入外贸领域。所以,应抓住先机,制定可行的操作办法,利用多种渠道扩大宣传,吸引台资到厦门设立贸易型企业。

(三)大力促进加工贸易转型升级

通常情况下,一般贸易容易受到国际贸易壁垒限制,而相比较而言,加工贸易通常都不同程度地含有国外增值成分,而且在销售渠道上也往往需要依赖国外企业。因此,加工贸易不容易成为国外贸易限制的对象,引起贸易摩擦的可能性也就相对小得多。所以要在巩固一般贸易优势的同时,更加注重以一般贸易带动加工贸易发展,即鼓励和引导企业发挥一般贸易出口的营销渠道优势,成熟的加工制造优势,大力促进加工贸易转型升级。应当促使加工贸易中的来料加工装配模式向进料加工贸易模式转变,来料加工不依托法人企业,只利用廉价劳动力收取加工费,是完整意义的"两头在外",而进料加工依靠企业法人,有企业的成本和利润核算,可以进口境外保税的原材料和零部件,也可以在国内采购,是不完整意义的"两头在外"。厦门应根据国内产业升级的需求,引导加工贸易向高技术、高附加值方向发

展。同时,改善外商投资环境,完善吸引外商投资的相关政策法规,引导跨国公司把高技术含量、高附加值的加工制造环节和研发机构转移到厦门,鼓励国内企业的加工贸易更多地进入到先进制造技术和新兴制造业领域,大力推进电子信息技术和新材料、环保型高新技术产业的加工贸易的发展,进一步优化加工贸易产业结构,提高传统加工贸易产品的技术水平和附加值,全面提高外贸竞争力。

(四)充分利用服务外包示范城市的税收优惠政策,大力发展服务外包业务

全面落实中央给予厦门市服务外包示范城市的税收优惠政策,结合厦门市服务外包相关扶持政策,大力发展服务外包业务。以软件园三期建设为载体,吸引一批知名服务外包企业入驻。同时,鼓励流通型企业采用掌握订单、研发设计、口岸物流、融资结算四个环节,而生产制造环节委托外地企业的出口方式,大力推动酒类集散平台、水果集散平台、进口仓储平台等进口公共服务平台建设,实现外贸结构调整。

(五)统筹考虑外资引进与内资企业发展,实现内外资优势互补和合理竞争

根据产业结构升级和经济结构调整的需要来利用外资。要避免外资压缩内资企业的发展空间。目前不少地区的地方经济对外资的依赖程度不断加大,外资企业凭借各种优势,对同行业内资企业产生了巨大的"挤出效应"。内资企业让出了市场、品牌,成为外资企业全球产业链中的一个个加工厂,自我创新和自我发展能力正在削弱。最后要关注外资对内资企业的技术外溢作用。外资对经济发展的影响程度关键取决于外资企业对内资企业技术进步的外溢效应。结合内资企业的技术吸收能力或潜力,对外商投资的技术水平进行评估,有选择地引进项目或制定外资优惠政策才更具有意义。

厦门应密切跟踪央企以及与产业链(群)发展关联密切的国内外大企业的发展投资动态,积极协助产业链中的龙头企业面向发达国家和国内优势企业引进高水平的机械基础工业、专用电子元器件和组件协作配套商。同时协助企业引进采购量大、在周边市场存在较大商机的零部件和原辅材料供应商来厦门投资。

四、2014年厦门对外经贸发展展望

（一）有利的因素

国际上，随着各国宏观政策力度加大，美国经济复苏态势趋于稳定，欧债危机略有缓和，市场信心和发展预期有所提升，世界经济呈现弱势复苏局面；国家出台的相关鼓励外经贸的措施持续发挥作用，刺激外贸的发展；同时，厦门市还获批两岸区域金融服务中心，被确认为"国家创新型城市"试点、"服务外包示范城市"以及闽台合作与交流的深化，对厦门市外经贸的发展都带来积极的作用。

（二）不利的方面

国际环境方面，出于国家利益的考虑，全球贸易保护主义日益盛行，对外贸造成严重挑战，东南亚国家和地区对外资的争夺也日益剧烈；国内方面，人民币对内贬值和对外升值，原材料价格上涨、劳动力成本提高和用工短缺等，导致部分出口型外资企业倒闭或总部外移，部分外资企业增资意愿不强等。出于政绩考虑，国内区域间的引资竞争将日益剧烈等，都会对厦门市外经贸及招商引资工作带来负面影响。

总体上，2014年的厦门市对外经贸仍将呈现稳步增长的态势，但由于外资企业增资意愿不会有太大的改变，对外招商引资工作仍面临较大的困难和挑战。

参考文献：

[1]姚晓萍：《广州市对外贸易现状及转变外贸增长方式的对策》，《对外经贸》2013年第8期。

[2]洪涛：《金融危机对福建对外贸易的影响及其对策建议》，《亚太经济》2009年第6期。

[3]冯玮：《厦门对外贸易结构分析及其对策研究》，《企业经济》2009年第5期。

[4]吴争程等：《厦门市对外贸易与经济增长的关系》，《消费导刊》2007年第5期。

[5]林文斌：《外贸依存度过高对我国经济发展的影响机理及对策》，《中国

商贸》2011 年第 21 期。

[6]商务部综合司,商务部研究院:《中国对外贸易形势报告（2013 年春季）》,《国际贸易》2013 年第 5 期。

[7]黄阳平:《后金融危机时代厦门市引进外资情况及其对策分析》,《发展研究》2011 年第 6 期。

集美大学财经学院经济系 黄阳平 王曼贞

厦门市财政形势分析及预测

与 2012 年相比,2013 年 1—9 月厦门市财政收入仍然保持了较平稳增长水平;受中央政策影响,财政支出有较大幅度下降,但民生支出仍然得到有效财力保障;新的市区财政分成改革促进了岛内外均衡增长。总体来看,受经济增长态势影响,2013 年厦门市财政收支运行较为平稳,预计 2014 年财政收入仍将继续保持较平稳增长,财政支出则可能会有一个较大幅度的增长。

一、2013 年 1—9 月情况回顾

从 2013 年 1—9 月厦门市财政收支执行情况来看(见表 1),与上年同期相比,我们可以发现以下几点特征:

1. 公共预算收入保持了较平稳增长。首先,从全市公共财政预算总收入增幅来看,2013 年 1—9 月保持了与 2012 年相近增幅。其次,2013 年 1—9 月地方级公共财政预算收入增幅超过 2012 年增幅。再次,从各月增幅变动情况来看(见图 1),虽然增幅有一定波动,但总体较为平稳。

2. 地方级公共财政预算支出有较大幅度下降。2012 年 1—12 月的增幅为 16.8％,而 2013 年 1—9 月仅比上年同期增长 5.7％,增幅下降明显。

3. 政府性基金预算收入增幅明显上升。2012 年受国家房地产市场宏观调控政策影响,土地交易不活跃,土地基金收入减收明显,使得 2012 年 1—12 月政府性基金预算收入下降了 21％。2013 年房地产市场升温,加上 2012 年同期基数较低,使得 2013 年 1—9 月政府性基金预算收入增幅明显上升。

4. 国有资本经营预算收支增幅也明显上升。2012 年 1—12 月,全市国有资本经营预算收入增幅为 -3.7％,2013 年 1—9 月增幅明显上升,为 11.6％;相比 2012 年,2013 年 1—9 月的国有资本经营预算支出增幅甚至达到了 58％。

表1　　　　2012—2013年厦门市财政收支执行情况

单位:亿元

	2012 年 1—12 月				2013 年 1—9 月			
	收入(亿元)	增幅(%)	支出(亿元)	增幅(%)	收入(亿元)	增幅(%)	支出(亿元)	增幅(%)
公共财政预算	739.46	13.4	—	—	626.7	13.4	—	—
其中:地方级收支	422.91	14.1	460.71	16.8	370.73	18.6	338.91	5.7
政府性基金预算	209.6	−21	223.11	−20.7	169.19	27.9	152.16	2.2
国有资本经营预算	9.37	−3.7	9.52	2.37	7.18	11.6	6.59	58

资料来源:厦门市财政局。

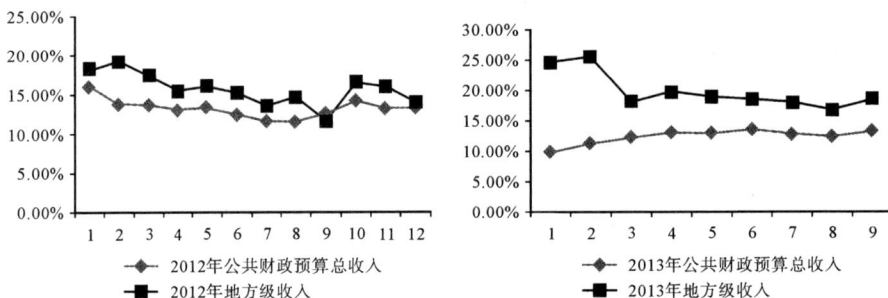

图1　2012—2013 年各月公共财政预算收入增幅变动情况
资料来源:厦门市财政局。

二、2013 年情况分析

(一)经济增长仍面临较大压力,制约了财政收入的增长

虽然 2013 年 1—9 月全市公共财政预算总收入保持了较快增长,但从历史比较来看(见图 2),该增长仍然处于较低水平上,这与整体经济面临的增长压力相关。受全球经济复苏压力和国内经济增长压力的影响,厦门市经济增长仍然乏力。表2列示了全市主要经济指标的增长情况,从中可以发现,2013 年 1—9 月全市地方生产总值(GDP)增长 10.4%,比去年同期下降了 0.8 个百分点。从三次产业的增长来看,虽然第二产业的增长率略高于 2012 年,但比重最大的第三产业的增长率却明显低于 2012 年。从推动经济增长的"三驾马车"的变动情况来看,虽然外贸进出口总额的增长率比 2012 年有了显著的

增长,但固定资产投资额的增长率只有1.20%,较2012年同期回落了9.3个百分点。这极大地限制了全市的经济增长,进而制约了财政收入的增长。

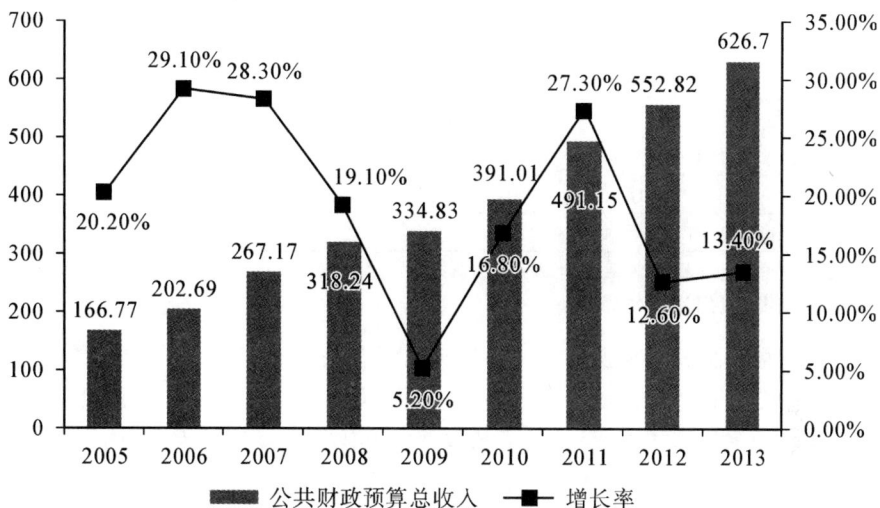

图2 2005—2013年1—9月公共财政预算总收入增长情况

资料来源:厦门市财政局。

表2 2012—2013年1—9月全市主要经济指标增长对比

单位:%

经济指标	比重	增长率		经济指标	增长率	
		2012年	2013年		2012年	2013年
地区生产总值	100	11.20	10.40	固定资产投资额	10.50	1.20
第一产业	0.87	0.20	0.40	其中:房地产投资	0.70	15.00
第二产业	48.16	11.40	11.80	社会消费品零售总额	10.20	9.50
第三产业	50.97	11.10	9.10	外贸进出口总额	3.80	16.60

资料来源:厦门市统计局。

(二)主体税种增速较低,税收增长过于倚重房地产业

2013年1—9月,全市地方级税收收入累计完成332.1亿元,增长21.7%,实现了较快增长。但从税收收入结构来看(见表3),结合比重指标,我们可以发现:四大主体税种(增值税、营业税、企业所得税、个人所得税)增幅较低,其中企业所得税增幅甚至为负;而与房地产业相关的税收却大幅增长,其中房产税增长90.40%,城镇土地使用税增长146.40%,土地增值税增长52.60%,契税增长39.50%。

表3 　　　　　　2013 年 1—9 月各税种增长情况

税种	增长(%)	比重(%)*	税种	增长(%)	比重(%)
增值税(25%)	13.20	11.40	房产税	90.40	5.30
改征增值税	—	2.90	印花税	19.50	1.80
营业税	9.80	29.90	城镇土地使用税	146.40	2.10
企业所得税(40%)	−1.10	16.50	土地增值税	52.60	13.20
个人所得税(40%)	9.30	4.50	车船税	23.30	0.60
资源税	−16.70	0.00	耕地占用税	5.80	0.40
城市维护建设税	6.40	5.80	契税	39.50	5.70

注:"比重"指各税种收入占地方级税收收入的比重。

资料来源:厦门市财政局。

主体税种收入增速放慢与一些特殊因素有关,如受"营改增"政策影响,营业税增速较去年同期放慢;企业所得税减收的原因之一是 2012 年同期银鹭集团、湖里万达税款集中入库撑高了基数。但整体经济增速较低、实体经济增长基础不稳固、企业经营困难也是制约税收收入增长的重要原因。

受 2013 年房地产市场升温和新城建设持续推进的影响,与房地产业相关的税收收入实现了快速增长,房地产业(不含建筑业)地方级税收累计入库128.86亿元,增长 53.5%。房地产业税收收入占地方级税收收入比重为38.8%,增收额(44.93 亿元)占地方级税收增收额比重为76%(见表4)。需要注意的是,房产税、城镇土地使用税收入快速增长的原因之一是征收政策的调整,即由暂缓征收改为"即征即奖"政策;2013 年 9 月 1 日起土地增值税核定征收率及预征率的提高,也带来该税种增幅的进一步提高。

表4 　　　　　2013 年 1—9 月主要产业地方级税收收入增长情况

产　业	地方级税收(万元)	增减额(万元)	增长(%)	比重(%)
第一产业	894	−88	−9	0.03
第二产业	976 281	153 187	18.6	29.40
其中:制造业	746 155	117 764	18.7	22.47
建筑业	195 345	27 903	16.7	5.88
第三产业	2 343 792	438 252	23	70.58
其中:批发和零售业	272 884	−14 779	−5.1	8.22
交通运输、仓储和邮政业	111 002	−33 713	−23.3	3.34
住宿和餐饮业	52 712	3 237	6.5	1.59
金融业	257 935	−1 170	−0.5	7.77
房地产业	1 288 615	449 293	53.5	38.80
合　计	3 320 968	591 350	—	100

资料来源:厦门市财政局。

由上述分析,我们可以发现,剔除税收增长的一次性因素,房地产业税收对税收增长的贡献仍然很大,而房地产业的发展特点是市场波动大且调整政策频繁,因此其不确定性很大。财政收入增长过于倚重房地产业不利于财政收入增长的稳定性。

(三)公共财政预算支出增幅显著下降,但重点民生支出得到有效保障

2013 年 1—9 月全市公共财政预算支出增长仅为 5.7%,与 2010—2012 年同期相比(见表5),其增长降幅显著。这一现象与落实中央"八项"规定和厉行勤俭节约、反对铺张浪费的各项要求密切相关。但这种增幅变动不是"常态",面临着反弹的风险,因此需要制度上的规范,实现科学、有效、常态化的支出控制目标。

表5 　　　2010—2013 年 1—9 月全市公共财政预算支出增长

年　份	2010	2011	2012	2013
公共财政预算支出增长率(%)	20.20	26.00	27.70	5.70

资料来源:厦门市财政局。

从公共财政预算支出结构来看(见表6),不同支出项目有增有减。根据公共财政预算财政民生投入的统计口径(包括"教育、文化体育与传媒、社会保障和就业、医疗卫生、节能环保、城乡社区事务、农林水事务、住房保障、交通运输")[①],2013 年 1—9 月全市公共财政预算支出中民生投入 232.46 亿元,占公共财政预算支出的 68.59%(见图 3),增长 9.3%。虽然远低于 2012 年 45.19% 的增幅,但其增幅超过全市公共财政预算支出增幅,而且其占比也明显上升(2012 年同期该比重为 65.12%),说明厦门市通过压缩其他支出(其中,一般公共服务支出较上年同期增长 10.07%,增幅回落了 5.13%),优先保障了各项重点民生支出(其中住房保障支出增长 230.02%)的财力需求,优化了财政支出结构。

---

　① 　参见:厦门市财政局《关于规范财政民生投入统计口径的通知》(厦财执标[2011]4号)。

49

表6 2013 年 1—9 月全市公共财政预算支出结构

预算科目	比重（%）	增长率（%）		预算科目	比重（%）	增长率（%）	
		2012	2013			2012	2013
一般公共服务	9.99	15.2	10.07	农林水事务	2.48	−7.6	20.46
国防	0.16	−18.0	32.04	交通运输	19.15	91.5	6.38
公共安全	5.84	17.9	10.54	资源勘探电力信息等事务	7.48	−3.1	−9.80
教育	15.57	36.6	15.03	商业服务业等事务	3.46	5.7	103.53
科学技术	3.03	−2.3	51.01	金融监管等事务	0.10	137.2	−84.23
文化体育与传媒	1.67	25.9	−2.78	国土资源气象等事务	0.60	11.6	−39.19
社会保障和就业	7.48	17.5	15.61	住房保障支出	0.49	−25.1	230.02
医疗卫生	5.57	29.2	17.82	粮食安全物资储备等事务	0.05	−1.5	−68.70
节能环保	1.29	36.7	−26.20	其他支出	3.74	−14.8	−25.32
城乡社区事务	11.86	59.2	−3.90				

注："比重"指各项预算支出占公共财政预算支出的比重。

资料来源：厦门市财政局。

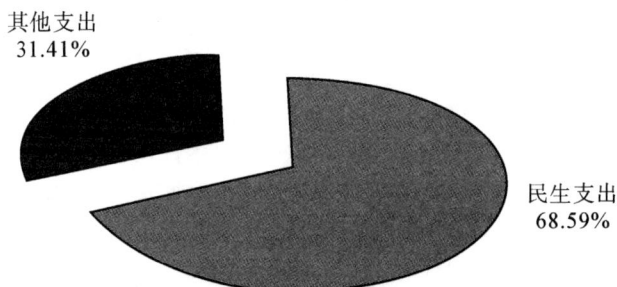

图3 2013 年 1—9 月全市公共财政预算支出结构

（四）新的市区财政分成改革促进了岛内外均衡发展

2013 年 1—9 月,市本级地方级公共财政预算收入 221.71 亿元,增长 11.4%;区级公共财政预算收入 149.03 亿元,增长 31.2%,区级财政收入实现了较快增长。

全市自 2013 年开始实行新一轮市区财政分成调整改革,调整后同口径下各区公共财政预算收入增幅见表7 所示。岛内两区平均增幅为 24.31%,岛外四区平均增幅为 40.82%,其中翔安区的增幅为 58.89%。明显地,岛外公共财政预算收入增幅高于岛内。对比 2010—2013 年同期岛内外公共财政预算收入增幅变化情况(见图4),也可以明显发现新体制极大地改善了岛外各区的财政状况,有利于促进岛外公共服务均等化发展和新城建设。

表 7   2013 年 1—9 月各区公共财政预算收入执行情况

	思明区	湖里区	集美区	海沧区	同安区	翔安区
数额(亿元)	40.20	26.42	30.91	23.06	15.77	12.66
增长(%)	19.03	29.59	42.23	28.36	33.78	58.89

注:厦门市自 2013 年开始实行新一轮财政体制,本表中的增幅数据已调整为同比口径。
资料来源:厦门市财政局。

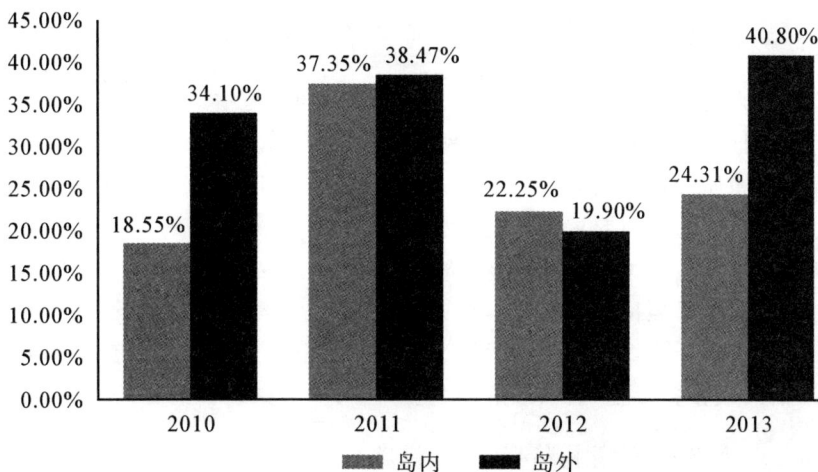

图 4   2010—2013 年 1—9 月岛内外公共财政预算收入增幅对比

三、解决困难与问题的对策和建议

(一)积极应对经济增长的挑战,培育财源的坚实基础

2013 年的经济增长形势是制约财政收入增长的主要原因,而税收收入增长过于倚重房地产业也显示出经济增长结构的畸形,因此积极转变经济发展方式、调整优化经济结构是当前亟须解决的重要问题。一是用好用足国家赋予的优惠政策,深入实施"营改增"工作,落实好省、市出台的扶持政策,争创有利于经济发展的财税环境。二是增加投资对经济增长的拉动作用。由表 2 可知,2013 年全社会固定资产投资增长很低,对经济增长的贡献较低,因此增加投资是未来可以重点发力的增长点。同时,十八届三中全会也要求各级政府

"简政放权",放宽投资准入,激发市场活力,因此应积极探索体制机制改革,鼓励全社会投资,提高投资对经济增长的贡献。三是多途径支持工商业企业发展,降低经济增长对房地产业的倚重,减少房地产业对经济增长和财政收入增长波动的影响。支持工商业企业创新驱动,增强核心竞争力,培育带动性强、效益好的大项目,提升产业配套和集聚能力;进一步优化支持产业发展的财税体制,提升产业配套和集聚能力,发挥财政投入的放大效应,加快形成新的财税增长点;围绕建设国家信息消费示范城市,着力打造总部经济集聚区,加快发展电子商务、休闲旅游、航运物流等生产性服务业。

(二)探索建立勤俭节约理财的科学长效机制

2013 年全市公共财政预算支出增速显著降低,与中央"八项"规定有着重要联系,因此这种变化更多是一种政策变动的结果,而非制度规范的结果,存在着反弹和非长效的问题。为了真正落实中央"八项"规定和厉行勤俭节约、反对铺张浪费的各项要求,需要在制度上探索建立勤俭节约理财的科学长效机制。一是树立过紧日子的思想,从认识上统一形成勤俭节约理财的理念。二是审核各项定额标准,建立科学的增长调整机制,规范"三公"经费开支和一般性行政经费开支,为"三公"经费公开做好准备。三是加大专项资金整合力度,激活财政存量资金,盘活政府闲置资产,提高公共资源配置效率。

(三)健全财政预算绩效管理制度

当前财政收入增长放缓使得财政收支矛盾突出,在积极培育财源的基础上,努力健全财政预算绩效管理制度就显得特别重要了。一是要进一步将绩效观念和绩效要求贯穿于财政管理的各个方面,逐步建立预算编制有目标、预算执行有监控、预算完成有评价、评价结果有反馈有应用的全过程预算绩效管理机制,提高财政资金使用效益。二是要完善预算编制、执行和监督相互制约、相互协调的财政运行机制,强化项目支出的立项申请、评审和决策管理,加强量化管理和规范监督。三是要建立政府投资决策问责机制,重点开展对政府性基金、专项资金、政府投资项目资金等管理和使用的监督,建立绩效运行跟踪监督机制。四是要继续推进预决算信息公开,进一步细化部门预算公开内容,自觉接受全社会的监督,提高各项财政收支的透明度。

四、2014年发展预测与展望

从影响财政收入增长的因素来看:一是预计2014年厦门市经济仍将保持平稳增长态势,将继续影响厦门市财政收入状况。2014年厦门市经济发展仍将面临着国内外错综复杂的宏观环境,经济增长下行压力依然存在,总体上来说厦门市经济运行仍将继续保持平稳增长态势,这决定了2014年厦门市财政收入增长的速度也将保持较平稳增长。二是房地产业发展的波动性增加了2014年财政收入增长的变数。由于2013年税收收入增长过于依赖于房地产业,而房地产业发展风险大且调控政策频繁,难以估计其2014年的发展状况,从而会造成2014年财政收入的波动。

从影响财政支出的因素来看:一是2013年的"八项"规定会持续对2014年的相关财政支出造成影响,限制财政支出的增幅。但由于2013年的增幅偏低,使得基数下降,预计2014年的总体增幅会有所上升。二是财政支出压力较大。(1)促进经济增长和转型要财力。为促进经济稳定可持续发展,近期省市政府陆续出台总部经济、稳定工业增长、外贸扶持、人才引进等一系列产业扶持和企业帮扶政策,以及目前正在实施的一些重大产业项目都需要巨额的财政配套资金。预计2014年产业转型升级政策相关资金将达40亿元。(2)保障重点民生项目要财力。推进城乡基本公共服务均等化和提高民生保障水平的投入持续增加。(3)支持综合配套改革要财力。2011年国务院批准了厦门市综合配套改革方案,赋予各项先行先试的改革任务,两岸新兴产业和现代服务业示范区、两岸区域性金融中心建设等,都需大量财政资金支持。(4)偿还到期政府债务和重点项目建设要财力。市本级2014年到期债务偿还和上解上级支出将占用相当一部分财政资金,同时城市轨道交通、第二东西通道、翔安新机场等重点项目都需要大量财力支持。

综合来看,预计2014年厦门市财政收入将保持较平稳增长,但财政支出预计会有一个较大幅度的增长。

厦门大学财政系副教授、财政学教研室主任   谢贞发

厦门市文化产业运行情况分析及预测

2013年,厦门市在推动文化产业发展过程中,注重抓重点、抓载体、抓机制,推动全市文化产业继续平稳发展。现将相关情况分析如下,并对2014年情况进行预测。

一、2012年10月至2013年9月情况回顾

2012年第四季度至2013年第三季度,全市文化产业单位实现主营收入999.73亿元,比增36.04%;拥有资产823.13亿元,比增11.29%;吸纳就业人员20.55万人,比增41.72%;文化产业实现增加值240.73亿元,比增17.51%。

（一）运行质量进一步提升

从2013年前三个季度的抽样情况来看,文化产业的服务业继续保持高速增长态势,且发展质量进一步提升,营业利润和税金指标大幅度改善,其中,广播电视电影服务营收增长了50%,税金及附加增长了48.5%,其他业务利润增长了63.5%。文化制造业开始走出低速增长的区间,文化产品生产的辅助生产增长了26.1%、文化用品的生产增长了28.6%,均高于文化产业的整体增速。新兴文化产业稳中有进,继续引领我市文化产业的发展。2013年前三季度,4399公司产值达9.82亿,比增22%;水晶石公司比增35%,盛世网络比增38.64%,青鸟动画比增42.36%,厦门音像出版有限公司比增81.28%,大雅传奇比增168%;而成立一年多的趣游厦门公司,2013年前三季度的产值到达1.7亿,增长了256.65%,体现了新兴业态文化产业的发展趋势。

（二）融合发展的路径进一步明晰

尽管文化产业包含的产业门类比较多,但厦门市坚持有所为有所不为,经过这几年的培育发展,目前已拥有一批具有全国影响力的新兴文化产业平台,

包括全国最大的小游戏平台4399、全国最大的网页游戏平台趣游、全国最大的手机动漫平台中国移动手机动漫基地等。2013年是"十二五"中期评估年,厦门市相关部门在认真分析评估的基础上,从本市比较优势出发,进一步明确了重点发展文化与科技融合型新兴文化产业的思路,确定动漫网游、数字内容与新媒体产业为今后几年的发展重点,谋求在这个领域的全国领先。2013年,厦门市相关部门编制了文化与科技融合发展规划,起草了促进本市文化与科技融合发展的若干政策,正式向中宣部和科技部申报国家级文化与科技融合示范基地,有望获得正式授牌,将为厦门市文化产业发展注入更大活力。

(三)载体建设进一步强化

认真推进作为文化产业重要工作载体的"531计划",大力推进龙头骨干企业培育、重点项目和重点园区建设。2013年率先在全国开展了文化艺术品保税拍卖活动,成功吸引了国内外业界的关注,为厦门市探索文化保税区奠定工作基础。推动市属大型国企翔业集团进入文化产业,投资约15亿元的"海峡收藏品交易中心"项目正式启动前期工作,在本项目及2012年底开工、总投资17亿元的"厦门国际艺术品(金融)交易中心"项目的共同支撑下,厦门市艺术品产业链将更加健全,将有利于培育厦门市文化产业新的增长点,有利于厦门市文化贸易高端化和国际化。

(四)工作机制进一步健全

厦门市在建立文化产业部门协调、重点项目推进、政策扶持等机制的基础上,2013年重点推动了产业调研和分析机制的建立,形成了厦门市文化产协调部门抓重点企业运行、市文化创意产业协会抓定点监测企业运行、市统计局抓文化产业面上情况的分工协作机制,使文化产业监测和分析有了更加管用的抓手。

二、存在的问题及原因分析

尽管厦门市自然环境优美、人文底蕴深厚、中西文化合璧、经济基础良好,在发展文化产业方面具有得天独厚的比较优势,但是从发展成效来看,文化产业发展的速度不够快,对厦门市经济社会发展的推动作用不够显著。厦门市在文化产业发展上还存在一系列的制约因素。

55

（一）认识有待深化，未真正从战略高度认识文化产业的重要作用

从文化产业的自身特性看，文化产业是都市型产业，文化产业的发展不但能够提升一个城市的综合经济实力，而且以创新创意为特征的文化产业是一个人与自然和谐共存、融合发展的产业，在城市功能优化和城市环境美化等城市"软实力"提升方面可以发挥独特作用。但是，厦门市有关部门对文化产业发展规律和本质特征的认识还不够深入。这些认识上的不深入、不到位，必然体现在工作上的被动缺失和不到位。

（二）管理体制有待完善，促进发展的合力还未形成

经市委、市政府研究同意，厦门市整合原文化体制改革与文化发展工作领导小组和市文化产业发展协调工作领导小组这两个机构，成立厦门市文化改革发展工作领导小组及其办公室。在各成员单位的大力支持和相关部门的积极配合下，领导小组及其办公室较好地发挥了统筹协调、政策指导、项目推进等积极作用，但从总体上来看，目前还无法形成比较完善的领导体制和运行机制，文化产业发展工作容易陷入"碎片化"，财政、规划、土地、金融等政策还未形成配套，各区各部门工作体制、机制各式各样，还无法形成较大合力推动工作。

（三）国有文化企业引领作用不明显，文化资源整合工作有待推进

国有文化企业应该成为厦门市文化产业发展的主力军和引领者。但是，从发展规模来看，无论是厦门广电集团、厦门日报社或是厦门外图集团，都无法很好地承担厦门市文化产业发展的引领者角色，资产规模偏小、营收总量不大、产业链不完善，对厦门市文化产业的引领作用不明显。为了增强厦门市国有文化企业在全市文化产业发展中的主导和引领作用，应加快推动国有文化资源的整合工作，盘活厦门市存量文化资产，推动文化资源和生产要素向优势企业适度集中，加快培育国有骨干文化企业和文化产业领域的战略投资者，为文化改革发展夯实市场基础。在这个方面，相关工作还做得不够，一些存量文化资产的使用效率和效益很低，科学合理的国有文化资产管理体制还未形成。

三、解决困难与问题的对策和建议

(一)强化融合发展

首先是文化与科技融合。以申报国家文化与科技融合示范基地为抓手,争取国家政策倾斜,推动厦门市数字内容与新媒体产业形成专业化、集群化发展。其次是文化与旅游融合。以方特文化科技主题公园为支撑,调整完善环东海域和同安新城的发展规划,形成文化休闲娱乐和度假旅游的核心区;引进以虚拟成像等高科技和真人表演相结合为主要表现手段的激光"电影秀"、"水秀"等文化时尚类演艺项目等。最后是文化产业与信息产业的融合。把加强互动软件的发展和提升信息消费水平作为推动两者融合发展的结合点。

(二)强化互动发展

在文化事业和文化产业发展的关系上,要创新思维,改变长期以来形成的"两张皮"的现象。厦门市公共文化设施在满足市民基本文化需求的同时,已形成了相当规模的国有存量文化资源。强化互动发展的关键,是通过深化改革,建立和完善国有文化资产管理体制,盘活国有文化资源,变文化资源为文化资产,扩大国有文化企业的资产规模,发挥国有文化企业在厦门市文化产业发展中的引领作用。

(三)强化带动发展

这里的带动并非一般意义上的项目带动,而是指依托厦门市现有的骨干龙头文化企业推进产业链招商和园区建设,带动厦门市数字内容与新媒体和文化旅游等文化产业形成专业化、集群化发展态势。目前厦门市几个具有全国影响力的平台型文化企业,包括全国最大的小游戏平台 4399、全国最大的网页游戏平台趣游、全国最大的手机动漫平台中国移动手机动漫基地等,已初步显现出强大带动功能和巨大的发展空间。应进一步强化这些龙头文化企业对整个产业链的带动作用。为此,要围绕龙头企业的发展制定政策、配置资源,以龙头企业为核心,建设专业化的、具有比较完整产业链的产业园区,吸引产业链上的相关企业有效集聚的发展格局。

2014 年厦门市文化产业工作,要依托厦门特殊条件和人文地理优势,以体制机制创新为动力,以构建"一保税区(厦门文化保税区)、一试验区(国家级闽台文化产业试验区）、一基地（国家文化与科技融合示范基地）"为载体,增创厦门对台文化交流和对外文化贸易新优势,把厦门建成国家文化出口示范基地和国内最大的两岸艺术收藏品交流交易中心,促进文化产业新发展。

（一）构建厦门文化保税区

认真贯彻《中共厦门市委关于贯彻党的十七届六中全会精神加快文化强市建设的实施意见》（厦委办〔2012〕1号）提出的"探索建设文化产品保税区,打造文化企业保税政策的实体服务平台,推动高端国际文化贸易发展"的要求,利用厦门独特的自然、人文魅力,以及海陆空交通枢纽优势,挖掘厦门区位优势及艺术品市场的巨大潜力,以"厦门国际艺术品（金融）中心项目"、"海峡收藏品交易中心项目"为突破口,建成专业化的"文化艺术品保税区",吸引周边城市、外省市、海峡对岸,甚至东南亚收藏商家,使之成为国内最大的两岸艺术收藏品交流交易中心。

（二）构建国家级闽台文化产业试验区

发挥厦门作为两岸交流合作的前沿平台的独特优势,积极先行先试,推进两岸文化产业合作与深度对接,建设国家级闽台（厦门）文化产业试验区。闽台（厦门）文化产业园采用"一区多园"的建设模式,遵循"政府主导、政策扶持、两岸民间创意力量参与、产业集聚效应、互动融合"的原则,重点打造数字内容与新媒体、创意设计、影视演艺、古玩艺术品、文化旅游等五大产业集群,以形成国家级数字内容与新媒体产业基地、海峡两岸文化产业合作示范区、海峡两岸文化创意产业汇流中心、国家级文化产业示范园区、区域性创意设计之都和区域性影视产业中心为目标,形成相互支撑、比较完善的产业链和能够实现较高增值效应的价值链。

（三）争创国家级文化和科技融合示范基地

把握文化与科技融合发展的趋势,发挥厦门文化与科技产业初具规模的优势,进一步加强组织领导,明确目标任务,理清发展路径,突出重点门类,构建空间载体,健全支撑体系,争创国家级文化与科技融合发展示范基地,加快厦门新型文化产业发展,促进城市产业升级和发展转型。厦门市创建国家级文化与科技融合发展基地,拟依托厦门火炬高技术开发区,实施"一基地多园区"联动发展战略。利用软件园、创业园、厦门科技创新园等园区为载体规划建设,引进一批重点文化和科技融合企业,同时推动火炬高新区岛内园区通过"腾笼换凤",利用园区现有工业厂房,高起点规划建设超过10万平方米的孵化器,营造国内一流的办公环境及商务配套环境。同时,鼓励民营资本建设专业孵化器,面积力争逐步达到 10 万平方米,形成国有与民营"两轮驱动"的发展格局,鼓励孵化器引进和培育优质、成长性高的文化科技融合企业,逐步形成引领区域性文化与科技融合的产业集聚示范区。

四、2014 年发展预测与展望

党的十八届三中全会对推进文化体制机制创新、加快文化产业发展作出了重要部署。全会鼓励各类市场主体公平竞争、优胜劣汰,促进文化资源在全国范围内流动;要求推动文化企业跨地区、跨行业、跨所有制兼并重组,提高文化产业规模化、集约化、专业化水平;鼓励非公有制文化企业发展,降低社会资本进入门槛,允许参与对外出版、网络出版,允许以控股形式参与国有影视制作机构、文艺院团改制经营;鼓励金融资本、社会资本、文化资源相结合。

2014 年,厦门市将以学习贯彻十八大和十八届三中全会精神为动力,以产业发展载体建设为抓手,以落实产业扶持政策为依托,认真抓好《厦门市"十二五"文化产业发展专项规划》和《厦门市"十二五"战略性新兴产业发展专项规划》的实施,推动创意设计、影视动画、文化旅游和数字内容与新媒体四大产业集群发展。预计 2014 年,厦门市文化产业"531"工程的实施力度将进一步加大,文化与科技、旅游、金融融合发展的态势将进一步凸现,文化企业跨地区、跨行业、跨所有制兼并重组步伐进一步加快,文化产业规模化、集约化、专业化水平进一步提升,全市文化产业快速发展态势将继续保持,厦门文化产业总产值可达 1200 亿元,增加值 300 亿元,年增长速度仍将保持 20% 左右,文化产业增加值占 GDP 比重可达 8%,文化产业对全市经济社会发展的支撑作用将进一步增强。

厦门市文发办 戴志望 李长福

厦门市旅游业形势分析及预测

一、旅游经济运行总体情况回顾

(一)2012 年厦门旅游经济运行回顾

2012 年厦门市旅游业发展的总体态势良好,旅游人气指数和游客满意度稳居全国前列,旅游国际化、现代化、一体化的进程加快,旅游综合竞争力进一步提高。据统计,2012 年 1—12 月厦门市共接待国内外游客 4 124.43 万人次,同比增长 17.07%;旅游总收入 539.88 亿元人民币,同比增长 19.06%。接待国内外过夜游客 2 024.94 万人次,占接待总人数的 49.10%,同比增长 16.46%。接待国内游客 3 894.41 万人次,占接待总人数的 94.42%,同比增长 16.83%;国内过夜游客为 1 864.97 万人次,同比增长 15.95%。接待入境游客 230.02 万人次,占接待总人数的 5.58%,同比增长 21.39%。国内旅游收入 440.54 亿元人民币,占接待总收入的 81.60%,同比增长 17.90%;入境旅游创汇 15.77 亿美元,美元同比增长 24.47%,入境旅游收入换算成人民币为 99.34 亿元,占接待总收入的 18.40%。[①]

(二)2013 年 1—9 月厦门旅游经济运行基本情况

2013 年是我市旅游产业发展的关键年,我市旅游市场总体平稳,呈现快速发展的态势,游客满意度居全省第一。据统计,2013 年 1—9 月厦门市共接待国内外游客 3 517.71 万人次,同比增长 13.17%,旅游总收入 447.84 亿元人民币,同比增长 15.22%。接待过夜的国内外游客 1 622.08 万人次,占接待总人数的 46.11%,同比增长 12.06%;接待国内游客 3 343.90 万人次,占接待总人数的 95.06%,同比增长 13.58%。其中,过夜国内游客为 1 503.13 万

---

① 数据来源:厦门市旅游政务网统计信息。

人次,同比增长 12.52%。接待入境游客 173.81 万人次,占接待总人数的 4.94%,同比增长 5.87%,其中,入境过夜游客 118.95 万人次,同比增长 6.52%,入境一日游游客 54.86 万人次,同比增长 4.48%。国内旅游收入 376.44 亿元人民币,同比增长 17.83%;入境旅游创汇 11.52 亿美元,外汇同比增长 4.82%。①

1. 入境旅游市场同比增长

1—9 月,在我市接待的入境过夜外国人客源市场中,亚洲游客 34.14 万人次,占过夜外国人游客总数的 61.23%,增长 2.86%;欧洲游客 10.43 万人次,占过夜外国人游客总数的 18.71%,增长 15.67%;美洲游客 8.12 万人次,占过夜外国人游客总数的 14.56%,增长 10.87%;大洋洲游客 2.25 万人次,占过夜外国人游客总数的 4.04%,增长 18.41%;非洲游客 0.82 万人次,占接待过夜外国人游客总数的 1.5%,增长 2.56%。

我市接待过夜外国人中名列前十位的客源国是:日本、美国、马来西亚、新加坡、韩国、菲律宾、印度尼西亚、澳大利亚、德国和英国。其中,英国增长最快,菲律宾次之,德国第三,澳大利亚第四,美国第五;下降较大的是韩国、马来西亚。

2. 出境旅游市场平稳增长

随着人们生活水平的提高,越来越多的游客选择出境旅游。从各大旅游网站的预订出行情况来看,我市出境旅游的团队游和自由行都平稳增长。

3. 国内旅游市场总量持续增长

1—9 月,国内旅游市场总量持续增长。我市接待过夜的国内外游客 1 622.08 万人次,占接待总人数的 46.11%,同比增长 12.06%;接待一日游的国内外游客 1 895.63 万人次,占接待总人数的 53.89%,同比增长 14.13%。接待国内游客 3 343.90 万人次,占接待总人数的 95.06%,同比增长 13.58%,其中,过夜国内游客为 1 503.13 万人次,同比增长 12.52%;一日游国内游客 1 840.77 万人次,同比增长 14.45%。

4. 假日旅游持续发展,旅游投诉量同比下降

据市假日办统计,2013 年国庆节假日期间我市共接待国内外游客 163.71 万人次,同比增长 7.77%。旅游总收入 18.05 亿元,同比增长 11.46%。其中,接待过夜游客 43.45 万人次,占接待总人数的 26.54%;一日游 120.26 万人次,占接待总人数的 73.46%。

2013 年国庆是《旅游法》实施后的第一个旅游黄金周,厦门旅游未发生旅游安全事故和重大投诉案件,旅游投诉量同比小幅度下降。国庆期间,高速公路

---

① 数据来源:厦门市旅游政务网统计信息。

通行继续免费,旅行社价格上涨,不少游客选择自助行,我市旅行社接待的团队游客量明显下降。岛外景区游览项目日益丰富,大部分景区的接待量增长。饭店宾馆累计出租率为64.83%,经济型酒店和家庭旅馆出租率前四天都保持在80%以上。

5. 旅行社接团数量和质量有所下降

受相关政策、团队散客化趋势以及"十一"后组团价格上调的影响,旅行社接待团组数量和质量明显下降。以2013年第二季度为例,全市旅行社接待国内旅游者160.19万人次,同比下降24.29%;其中,华东市场下降2.318%,中南市场下降25.48%,华北市场下降17.95%,西南市场下降36.76%,西北市场下降23%,东北市场下降20.14%。

二、厦门旅游业发展存在的困难与问题

厦门城市环境不断优化,城市的综合实力也不断提升。同时,我们应该认识到,旅游业的快速发展给景区的承载力、旅游交通、导游服务、旅游购物、旅游产业的策划与配套等都带来了很大的压力,这些都需要引起重视,积极解决,力争厦门旅游业更大的发展。

(一)旅游景区超容量接待,缺乏有效的疏导和管控

随着厦门旅游城市知名度的不断提升,来厦游客数量与日俱增,特别是节假日的旅游人流过大,鼓浪屿等景区都超容量接待,缺乏有效的疏导和管控。旅游景区安全、旅游保障系统和环境承载力受到严重的挑战,不利于景区的资源保护和环境的可持续发展。

(二)城市交通拥堵,缺乏有效的管理和规划

随着厦门居住人口的上升和城市旅游业的不断发展,城市交通越发拥堵,公交车等候时间偏长,高峰期车内较为拥挤;出租车营运管理不善,岛外区域存在不打表乱收费或者拒载的现象。厦门城市交通的部分区域缺乏有效的管理和疏导,岛内外的交通连线也缺乏相应的规划和完善。

(三)景区周边购物场所的物价偏高,旅游服务质量有所下降

据省旅游局发布的《福建省游客满意度调查分析报告》显示,2013年第三季度我市游客满意度继续居全省第一,但满意度得分同比上季度有所下降。

在构成旅游投诉满意度评价的 3 项指标：即"投诉响应速度"、"投诉处理结果"、"解决问题诚意"①，都有不同程度的下滑。

据调查，景区周边购物场所的物价偏高，购物服务人员态度也较差，部分商品还存在假冒伪劣的现象。物价高等因素，比较明显地影响了游客对厦门旅游服务的整体评价，特别是在餐饮性价比、购物商品性价比、娱乐消费活动等方面的评价较低。

（四）旅游星级饭店经营压力大

随着物价的上涨，饭店用工成本和原材料成本不断上升，星级饭店的经营压力大；加上单位出差和用餐标准的下降、公务活动数量的下降，不少星级饭店的入住和餐饮接待量急剧下滑，面临一定的困难。

（五）旅游法的实施，给旅行社的经营带来新的挑战

随着《旅游法》的实施，我市旅游市场日趋规范，旅游价格回归理性。但是旅游法的实施，导致旅游出行的价格大幅上涨，旅游市场大幅下滑，我市旅行社面临新的挑战。旅游市场价格的上涨，导致旅行团数量明显减少，更多游客选择自驾游的方式出行。旅游法对购物回扣的禁止，客观上降低了导游的收入，部分导游不愿接团，导游服务质量下降。

（六）缺乏特色鲜明的旅游产品

调查显示，大部分的游客认为厦门旅游业的发展前景非常好，但吸引他们前来的并不仅是景区美丽的景色，更是良好的城市综合环境和居民的好客等。值得注意的是，很多游客认为厦门景区景点的吸引力一般，尤其缺乏特色鲜明的旅游产品。

三、加快厦门旅游业发展的对策和建议

2013 年全市旅游工作会议上明确了 2013 年旅游工作的总体要求：全面贯彻落实市委市政府《关于加快旅游产业发展的实施意见》，坚持科学发展、跨越发展，突出主题主线，着力先行先试，实施"跨岛发展·全城 5A"发展战略，加快创新体制机制，壮大市场主体，丰富产品供给，提升服务品质，强化市场营销和

———————————

① 数据来源：厦门市旅游政务网。

完善保障体系,为建设国际知名、国内一流的旅游目的地城市奠定更坚实的基础。[①]

（一）以宏观政策为指导,优化旅游法制环境和消费环境

国家《旅游法》和《国民旅游休闲纲要（2013—2020）》已经颁布实施,我们应抓住契机,推动厦门旅游规章制度的完善和管理职能的调整,严格依法,促进厦门旅游业的规范发展。同时要进一步推动带薪休假制度的落实,出台相应的优惠政策以鼓励居民的旅游休闲活动。

（二）继续推进旅游一体化进程,分担岛内客流,提高岛外旅游竞争力

挖掘优势资源,加强岛外旅游景区的开发与建设,提高岛外的旅游竞争力,以分担岛内客流,缓解岛内热点景区的人流量过大问题。同时,加强岛内外交通建设的规划,重视岛内外交通的衔接发展,进一步推动岛内外旅游一体化的进程。

（三）提升旅游服务质量,加强行业监管

加强对旅游从业人员的培训,提高旅游从业人员的学历素质、服务意识和服务技能,提升厦门旅游业的服务质量。同时,加强行业监管,整治旅游市场;建立更加完善的旅游安全保障体系和公共服务体系,提升旅游品质。

（四）鼓励星级饭店创新营销方式,引导旅行社开发自由行市场

我市星级饭店的竞争日益激烈,应该鼓励星级饭店进一步创新营销方式,开发个性化产品,提高服务质量,以吸引更多的客人消费。面对自助游的发展趋势,旅行社应该积极开拓自由行市场的经营空间,研发新的旅游产品。

（五）努力打造特色旅游产品,推进产业基地的建设进程

积极发挥闽台合作优势和资源优势,努力打造特色旅游产品,以凸显厦门旅游业的品牌形象。同时,推进影视产业基地、文化产业基地的建设进程。可以在岛外大力发展影视产业基地,发挥影视剧的名人效应、宣传效应,吸引更多的游客来厦旅游。

---

① 来源:厦门旅游政务网。

（六）立足同城合作，加快大都市区旅游形象的塑造与推广

在厦漳泉同城化合作、旅游先行发展的背景下，应该合理利用同城化的各方平台，高效推进区域联合营销。高度重视旅游营销工作，可以通过向社会各界征集的参赛方式，尽快形成有特色的厦门主题形象、宣传口号和图像标识。并借助大型节庆展会活动，加快大都市区旅游形象的塑造与推广。

（七）支持院校加强旅游学科建设和基础研究，鼓励校企合作

旅游产业的发展需要强有力的智力支持，相关部门应大力支持旅游院校加强旅游学科建设和旅游基础研究，鼓励校企合作，培养厦门旅游业发展急需的高级管理人才。

四、2014年发展预测与展望

2013年是全面贯彻党的十八大精神的开局之年，也是积极落实市委、市政府《关于加快旅游产业发展的实施意见》的关键一年。党的十八大确立"五位一体"的总体布局，极大地鼓舞和坚定了包括旅游行业在内的各方面的积极性和创造精神。当前旅游业仍处在重要的战略机遇期和黄金发展期。国家《旅游法》和《国民旅游休闲纲要》已经颁布实施，旅游法制环境将更加优化，旅游消费市场将更加广阔。同时，我市全面贯彻《关于加快旅游业发展的实施意见》的成效逐步显现，旅游业发展前景更美好。

2013年全市旅游经济预期目标为：接待境内外游客4 830万人次、比增17%，旅游总收入达到650亿元、比增20%，其中接待入境游客275万人次、比增19%，旅游外汇收入19亿美元、比增19%，旅游业创造的增加值占全市GDP超过9%。旅游人气和游客满意度指数继续保持在全国前列，并稳中有升。[①]

在我省《关于加快旅游产业发展的若干意见》和中共十八届三中全会精神的指导下，2014年厦门旅游业的发展将实现进一步的科学发展、跨越发展。国家《旅游法》实施之后，2014年我市旅游业的发展将更加规范有序；《国民旅游休闲纲要（2010—2020）》的颁布实施，将促进更多的国民参与旅游休闲活动，给厦门旅游业的发展带来更多的人气。

---

① 数据来源：厦门旅游政务网。

　　2014年,我市旅游业的发展将继续实施"跨岛发展·全城5A"发展战略,推进岛内外一体化发展,进一步促进旅游业的国际化、现代化发展。我市邮轮母港综合体的投入建设将带来更多的高端旅游客源;鼓浪屿的申遗工作将推进岛内旅游配套服务的进一步完善;影视产业基地的建设将带动岛外旅游业的发展,从而综合提升厦门的旅游品位。

集美大学工商管理学院旅游系副主任、讲师　陈岩英

厦门市居民消费价格总水平
走势分析及预测

近年来,国际经济环境错综复杂,欧美等发达经济体仍然在低迷中徘徊,原先风景独好的新兴经济体,也迎来猛烈的顶头风。国际经济总体局势步入"盘整期",危机依存,复苏乏力。我国国内经济增长速度因经济结构调整和外需减弱而呈现放缓态势。在国内外经济疲软的大背景下,市场需求减弱,居民消费价格总水平(以下简称 CPI)呈现低位运行的态势。

一、2012 年 10 月以来 CPI 运行情况回顾

(一)2012 年 10—12 月 CPI 的基本情况

2012 年 10 月、11 月、12 月我市 CPI 分别上升 1.2%、1.4%、2.0%,全年累计上升 2.1%。我市由于较好的气候因素和惠民措施减轻老百姓负担,抑制并直接影响了 CPI 的升幅。因此,2012 年全年比全国 2.6% 和全省 2.4% 升幅分别低了 0.5 个、0.3 个百分点,在全国 36 个大中城市居倒数第 3 位,在全省 9 个设区市中处于最低水平。我市低收入居民生活费用指数(简称 CO-LI)全年上升 3.1%,COLI 与 CPI 的差距由上年 1.6 个百分点缩小到 1 个百分点。

(二)2013 年 1—9 月 CPI 运行情况

2013 年以来,我市惠民措施继续发挥作用,促使 CPI 延续上年度低位运行的态势。1—9 月累计上升 1.8%,比去年同期 2.3% 的升幅回落 0.5 个百分点;比今年同期全国 2.5% 和全省 2.2% 的升幅分别低 0.7、0.4 个百分点;在全国 36 个大中城市中,我市居倒数第 2 位,比最低升幅南宁(1.7%)高 0.1 个百分点,比最高升幅西宁(4.4%)低 2.6 个百分点;在全省 9 个设区市中,我市 CPI 升幅也居倒数第 2 位,比最低升幅宁德(1.7%)低 0.1 个百分点,比最高

升幅三明等市(2.4%)低0.6个百分点。详见图1。由于基本生活必需品新涨价因素较多,1—9月我市COLI上升3.7%,COLI与CPI的差距由上年1个百分点扩大到1.9个百分点。

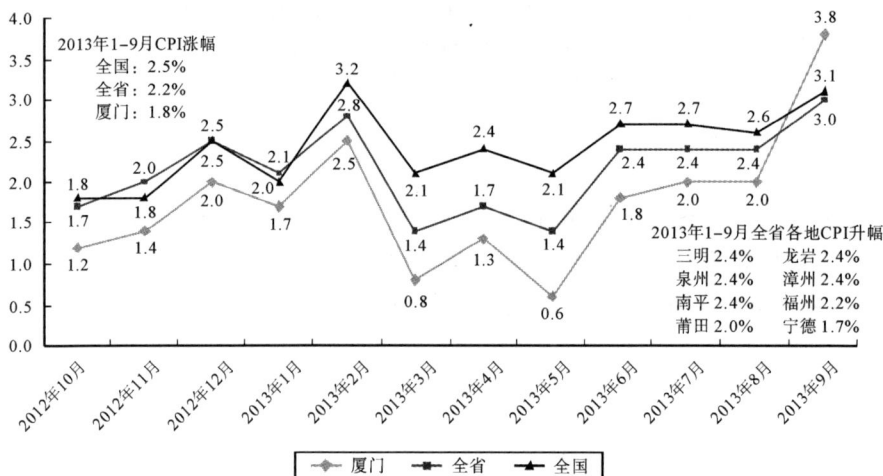

图 1　2012 年 10 月—2013 年 9 月 CPI 走势示意图

二、2013 年 CPI 运行的特点和成因分析

(一)2013 年 CPI 运行的主要特点

1. 运行趋势前低后高

我市2013年前8个月CPI呈现低幅运行的态势,各月分别上升1.7%、2.5%、0.8%、1.3%、0.6%、1.8%、2.0%、2.0%,前8个月累计上升1.4%。除了2月份因春节在统计公历月份上与上年错位致使CPI升幅超过2%外,其他月份的升幅都在2%以内,其中3、5月份的升幅在1%以内。9月份由于负翘尾因素消除和食品类价格上升的拉动,CPI反弹到3.8%,超过CPI调控的上限,并将继续高走。

2. 分类指数四升四降

1—9月,我市CPI八大类商品价格呈现四升四降的态势,上升类别为:居住类上升6.8%,衣着类上升4.4%,食品类上升2.9%,家庭设备用品及维修服务类上升0.3%;下降类别为:娱乐教育文化用品及服务类下降6.4%,

烟酒及用品类下降 1.3%,交通和通信类下降 1.2%,医疗保健和个人用品类下降 0.1%。价格下降类别扩大到四大类,这是多年来少见的现象。尤其是在看病难看病贵的大背景下,医疗保健和个人用品类第一次呈现负增长现象。

3. 居住类价格领涨

1—9 月我市居住类价格上升 6.8%,升幅位居 CPI 八大类之首,拉动 CPI 上升约 1.4 个百分点,占 CPI 总体升幅的 77.8%。房价高攀在 CPI 中主要由房租和住房估算租金来体现,其中私房房租和住房估算租金上涨 9.5%,拉动 CPI 上涨 0.93 个百分点。

4. 猪肉价低牛肉价高

受"猪周期"的影响,生猪供过于求导致猪肉价格持续下降。虽然在去年年底至今年年初需求增加和节日因素,猪价小幅回升,但春节过后,猪价一路走低,直至受冻肉储备政策的影响,6—9 月猪肉价格环比指数才分别上升 3.9%、0.9%、4.8%、0.3%,但累计指数仍然下降 0.9%,下拉 CPI 约 0.04 个百分点。牛肉价格持续高攀到每 500 克 42 元,接近瘦猪肉价格的 3 倍,突破历年来猪牛肉的比价关系。牛肉价格累计上涨 30.3%,拉动 CPI 上升 0.16 个百分点。

5. 工业品价格小幅波动

1—9 月我市工业品价格累计上涨 0.9%,拉动 CPI 上涨 0.35 百分点。其中受高端白酒消费减少的影响,烟酒类价格下降 1.3%;受产能过剩的影响,家庭设备价格下降 2.3%,文娱用耐用消费品及服务下降 8.0%,交通工具价格下降 3.1%;受人工成本和原材料价格上升的影响,衣着类价格上涨 4.4%,教材及参考书价格上涨 8.0%。

6. 服务类价格稳中有升

1—9 月我市服务类价格累计上涨 1.8%,拉动 CPI 上涨 0.54 个百分点,占 CPI 涨幅的 29.5%。其中缝纫价格上涨 4.2%,家庭服务上涨 8.9%,个人服务上涨 0.8%,出租汽车价格上涨 0.6%,飞机票价格上涨 3.5%,长途汽车上涨 11.2%,短途汽车上涨 3.4%,学前教育价格上涨 10.2%,高等教育上涨 2.0%,专业技能培训上涨 6.7%,文娱费价格上涨 0.6%,旅游费用上涨 7.9%。但是,去年中职学杂费全免仍然是下拉 CPI 的第一要素。

(二)影响 2013 年 CPI 波动的主要因素分析

CPI 数据来自于微观层次,但对其影响的因素却是来自宏观层面。宏观经济决定了 CPI 的运行趋势,各地出台的政策措施只是影响涨幅或跌幅的大小。从近年来影响 CPI 波动的因素看,宽松货币环境和产能过剩现状以及劳动力成本上升是主要因素。

1. 宽松的货币环境必然导致 CPI 上升

多年来,由于我国经济增长更多地依靠投资,依靠大量增加的信贷投放,致使我国的货币投放量无论同我们自己过去比,还是与世界各国相比,都有着较大数量的超发。到 2013 年 9 月止,我国货币供应量(M2)已经达到 107.74 万亿元。2012 年年末对比 2000 年年末,我国货币供应量(M2)与国内生产总值(GDP)分别增长 7.21 倍、5.81 倍,M2 比 GDP 的增速高 1.4 倍。[①] 货币超发导致人民币贬值,钱比货多就必然导致物价上涨,CPI 上升的背后都可以看到"钱多"的影子。在现实生活中,人们感觉到人民币越来越不值钱了,老百姓以"人民币真的对不起中国人"来表示对货币贬值过快的不满。货币数量与 CPI 有着水涨船高般的对应关系,货币逐利的本质决定其必然流向预期收益相对较高的行业,因而推动资产价格快速上升。我市和国内一、二线城市商品房价格快速猛涨就是典型的例子。

2. 产能过剩需求疲软导致商品价格走低

从国际市场看,今年来全球经济复苏过程体现出脆弱和不平衡性的态势。美国凭借先进经济体之间的竞争优势和美元的地位(国际清算银行数据:目前美元占全球货币交易的 87%)而主导全球经济走向,美联储的举措牵动全球经济的神经,其量化宽松政策的时间表明确后,美国债券利率上升,导致全球资产重新配置,使包括新兴经济体股市、黄金等贵金属、金融资产、非美货币等在内的广义资产价格出现大幅度向下调整。另一方面,国际市场初级产品价格连年上涨"超级周期"的牛市总体上也告终结,无论是美欧日央行先后实施的多轮量化宽松政策,还是一批重量级新兴经济体的降息举措,都无法改变经济增长不甚景气、实际消费需求相对疲弱而产能已经大幅度扩张的现实,决定了当前的宽松货币政策无法再次造就初级产品价格上涨的态势,甚至难以阻挡其价格连续下跌的趋势(全国进口重点商品价格见表 1,根据海关统计数据整理)。在产能过剩问题的影响下,我国工业运行将在较长时期内面临产品供大于求、价格下行压力不断加大的矛盾和问题。

[①]　数据来源:国家统计局公报。

表1   2013 年 1—9 月与 2012 年 1—9 月全国进口重点商品价格对比

品名	计量单位	价格（美元）		价格对比（%）
		2013 年 1—9 月	2012 年 1—9 月	
大豆	吨	605.19	577.35	4.82
食用油	吨	1 026.49	1 185.94	—13.45
原油	吨	775.36	818.26	—5.24
成品油	吨	795.34	835.81	—4.84
铁矿砂	吨	129.08	134.84	—4.27
钢材	吨	1 208.49	1 316.1	—8.18
天然橡胶	吨	2 688.21	3 259.01	—17.51
聚酯切片	吨	1 852.81	1 773.47	4.47
纸浆	吨	674.34	671.82	0.38
肥料	吨	435.28	483.29	—9.93
煤炭	吨	90.6	107.03	—15.35

71

3. 成本上扬成为拉动 CPI 上升的主要因素

从市场现状看,近年来影响市场价格上升的直接因素是成本。其中主要是人工成本和环保治理成本的提高。就人工成本而言,由于社会体制转型的历史原因,劳动者报酬水平有一个"还账补涨"的过程,因而近年来各地连续上调最低工资标准和连续提高企业退休人员基本养老金。根据人力资源社会保障部发布的信息,2010 年有 30 个省区市上调最低工资标准,上调幅度平均超过 20%;2011 年有 24 个省区市调整最低工资标准,平均调增幅度 22%;2012年有 25 个省区市调整最低工资标准,平均调增幅度 20.2%;2013 年前 9 个月又有 24 个省区市调整最低工资标准,平均调增幅度 18%。从调整后的绝对数上看,全国月最低工资标准前三位的是上海 1 620 元、广东 1 550 元、新疆1 520 元;而小时最低工资标准最高的是北京和新疆均为 15.2 元;我市最低工资标准 2009 年 750 元/月、2010 年 900 元/月、2011 年 1 100 元/月、2012 年1 200元/月,2013 年 8 月起 1 320 元/月,5 年来最低工资标准共提高了 76%。国务院批转《关于深化收入分配制度改革的若干意见》提出,到 2015 年绝大多数地区最低工资标准达到当地城镇从业人员平均工资的 40%以上。目前我市最低工资标准达到从业人员平均工资的 27%,可见最低工资标准还将继续调整。还有生态环保、资源占用等费用成本都需要向其合理水平回归。这些费用逐步"补涨",将长期抬高商品成本底部,最终反映到商品价格上来。工资和食品价格相关度在历史上是非常高的,在劳动力价格持续上涨的阶段,将成为推动 CPI 上涨的重要因素。

4.惠民措施和翘尾因素导致我市 CPI 继续低于全国全省

近年来,我市坚持以人为本,关注民生,关心物价上涨对居民生活造成的影响,采取多种措施减轻老百姓的生活负担。在完善以往惠民政策措施的基础上,今年来重点推行平价商店,取消公立医院药品加成,实行中职学杂费全免等政策,大幅度提高低保对象最低生活保障标准等。这些措施既减轻了老百姓的负担,也直接影响 CPI 的升幅。其中于 1 月 12 日至 3 月 12 日、5 月 1 日至 6 月 15 日、9 月 27 日至 11 月 11 日,三期 5 个月在全市 64 家平价商店以低于市场价格 15%～20%销售部分农副产品,差价部分由政府价调基金补贴。平价商店既为百姓的"菜篮子"减压,也引导市场价格走向。前 9 个月食品类价格全国上升 4.4%,全省上升 3.5%,我市上升 2.9%,可见"平价商店"在抑制价格上涨过程中功不可没。3 月 1 日起全市 11 家市属、区属公立医院以及 6 家区妇幼保健院彻底取消药品加成,促使医疗器具及用品价格下降 2.3%,中药材及中成药价格下降 0.3%,西药价格下降 1.2%。受去年秋实行中职学杂费全免政策的影响,直接下拉 CPI 约 1.01 个百分点影响了今年前 8 个月。上述惠民措施使我市食品类、医疗保健和个人用品、娱乐教育文化用品及服务等三大类指数明显低于全国和全省的涨幅,成为 CPI 低于全国和全省的一个主要因素。

1—9 月我市 CPI 累计上涨 1.8%,其中翘尾因素 0.19 个百分点;全国翘尾因素 1.2 个百分点,我市翘尾因素低于全国 1.01 个百分点。从图 2 中可以看出,今年以来,除 1 月份翘尾因素略接近 1.0%之外,2—9 月份翘尾因素都比较小,其中 5 月、8 月还出现负数。由于 CPI 是由新涨价因素和翘尾因素构成的,今年我市在新涨价因素较大的背景下,CPI 继续低于全国全省水平,翘尾小是不能忽视的因素。

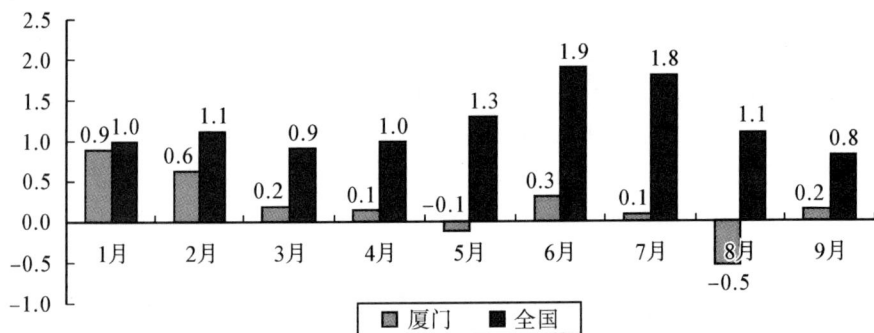

图2 2013 年 1—9 月厦门与全国翘尾因素对比

三、2013 年 CPI 运行存在的问题与建议

(一)高位、高起点和房价持续攀高——三高问题

今年来我市 CPI 升幅虽然低于全国和全省平均水平,但是受食品价格上升和负翘尾因素消除的影响,9 月份 CPI 同比升幅由 8 月份 2.0%跃高到 3.8%,突破 3.5%的上限,使第三季度 CPI 升幅由第一、二季度 1.7%、1.2% 提升到 2.6%。基数提高后,第四季度 CPI 还将继续超过 3.5%上限。由于前 9 个月累计升幅只有 1.8%,留下较大的回旋空间,即使第四季度异常走高,全年累计升幅预测为 2.3%左右,仍然低于 3.5%的年度调控上限和全国平均水平。但是,也存在着"三高"的问题,即第四季度将在高位运行,新涨价因素多将推高明年开局的起点,房价持续攀高。9 月份我市新建住宅价格同比涨幅 16.1%,房价涨幅紧跟一线城市,在全国 70 个大中城市位居广州 20.0%、深圳 19.7%、上海 17%之后的第 4 位。前 9 个月新涨价因素全国约为 1.3 个百分点,我市 1.6 个百分点,比全国高出 0.3 个百分点,详见图 3。从图中看出,新涨价因素前 5 个月我市略低于全国,6 月份起明显高于全国。新涨价因素逐月攀高,说明我市 CPI 进入新一轮上升周期,预示着 2014 年调控压力增加。

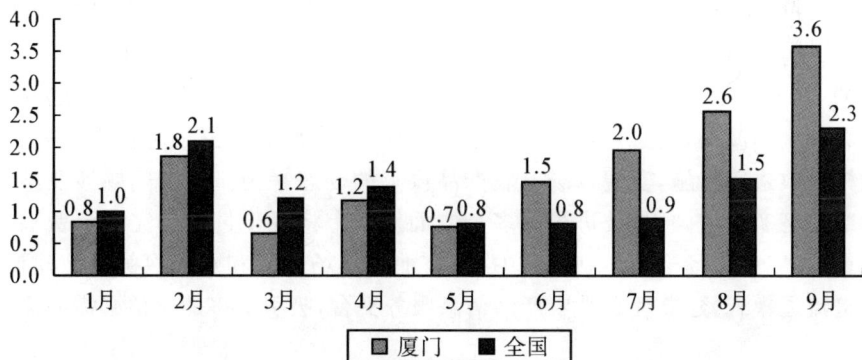

图 3 2013 年 1—9 月厦门与全国新涨价因素对比

(二)做好 CPI 调控的建议

1. 完善市场决定价格的机制

《关于全面深化改革若干重大问题的决定》指出:"完善主要由市场决定价

格的机制。凡是能由市场形成价格的都交给市场,政府不进行不当干预"。价格是市场机制的核心,市场配置资源是通过价格发挥优胜劣汰促使资源从效率(效益)低的部门向效率(效益)高的部门转移,价格要发挥这种作用必须由市场为主形成,才能去调节供求也即调节资源配置。推进市场化改革的核心或者本质,是让供求发挥更大的调节作用,使价格能够真正由市场供求来决定。因此,要认真学习领会《决定》的精神实质,积极推进水、石油、天然气、电力、交通、电信等领域价格改革,放开竞争性环节价格,提高重要公用事业、公益性服务、网络型自然垄断环节价格形成的透明度,接受社会监督。完善农产品价格形成机制,发挥市场形成价格作用。还要看到,如今还没有改的价格问题,都是比较难啃的硬骨头。如水、电、气关系到老百姓的生活,价格一改,难免有涨价的现象,老百姓的利益要受到影响,成为改革最大的难点。因此,要统筹安排,周密组织,充分考虑老百姓的承受能力,完善社会保障与物价上涨幅度挂钩的机制,不因为改革引起的价格上涨使低收入群体生活受到影响。

2. 避免"菜篮子"和"米袋子"价格暴涨暴跌

"菜篮子"和"米袋子"是老百姓的基本生活必需品,其价格又是经常波动的,经常牵动着社会各界的视点。因为该类商品都是农产品,而农业生产是自然再生产与经济再生产相互交织的过程,这决定了农产品供求关系及市场价格表现必然受到季节、气候、周期等多重因素影响,农产品时多时少、价格波动是常态,要避免的是"暴涨暴跌"。忽视农产品价格的这种特殊性,希望能把农产品市场价格调控到"静如止水"的程度,这必然影响到调控目标及政策设计本身,进而对市场价格正常运行和自我调节功能带来负面影响。据测算,我国猪肉、鸡蛋价格波动的 72.5%、52.2% 来自周期性因素,而蔬菜、水果价格波动的 58.6%、56.8% 来自季节因素。要减少农产品价格暴涨暴跌,使之在一个合理区间波动,就必须依靠农业生产条件改善、贮藏保鲜设施技术提高、流通模式改进等措施,实现市场上农产品供求的动态平衡。这些问题涉及整个社会经济实力增强、科技进步等多个方面。我市将逐步过渡到完全消费型的城市,在完善市场经济体制过程中,应该加强市场硬件和贮藏保鲜设施建设,改进流通模式,建立综合性农产品信息服务平台,吸引更多的生活必需品流入我市。

3. 慎用"一刀切"的措施

"菜篮子"生产是社会效益高而经济效益低的行业,如果都追求高效益而放弃低效益的"菜篮子"生产,老百姓吃菜就成问题。我市还有一定的种养空间和消化农村劳动力的场所,市场也需要本地一些"菜篮子"产品,"菜篮子"生产经营又是部分农户的经济来源。要因地制宜,统筹规划"菜篮子"种养基地,引导农户在保护生态环境和食品安全的同时,为市场生产必需品。因此,在生猪限养或者禁养的问题上,那种为回避矛盾而采取的"一刀切"的措施不可取。前些年东莞禁猪令招来了各界不少非议,最终致使禁令被逼解除的教训要引以为鉴。

四、2014年CPI走势展望

举世瞩目的十八届三中全会为新一轮改革拉开帷幕,要素价格改革已经明确了随行就市的方向,将促进市场价格更加合理地调节需求。"下限保增长、上限防通胀"仍然是2014年我国宏观调控的着力点。

从国际经济形势看,虽然全球金融业显露出复苏迹象,但实体经济衰退趋势还难扭转;发达国家好转迹象初现,但复苏势头依然脆弱;新兴经济体虽有较高的增长速度,但普遍出现放缓现象。全球经济存在较多的不稳定和不确定因素,国际多个预测机构认为2014年全球经济仍将在弱势中调整,但总体上略好于2013年。弱势经济往往与疲软的需求交织在一起,也制约了商品价格的上升。除了个别特殊的或者资源性的商品外,输入性的价格上涨因素继续减弱。

从国内经济形势看,由于需求并未出现明显回升,货币政策也维持稳健中性,猪肉等食品价格运行趋势平稳以及输入性通胀也没有明显抬头等因素,预计2014年CPI同比涨幅仍然温和。从影响因素看,无论是食品价格还是非食品价格(房价除外)均在相对合理区间波动。国家统计局披露,2013年1—9月全国生猪出栏50 259万头,9月末生猪存栏47 541万头,同比分别增长1.9%、1.5%;粮食又是一个丰收年,库存充足,粮价将保持稳定。在粮、肉这两大主要大宗食品供应无忧的情况下,CPI即使受季节因素影响有所波动,总体也将保持基本平稳。

从我市的具体情况看,在加速推进城镇化过程中,消费人口快速增加,耕地却逐年减少,土地资源紧缺的矛盾日益突显,制约着食品生产和住宅建设。食品类价格和居住类价格在CPI构成中占有50%的比重,紧缺的土地资源成为制约CPI形成乃至整体经济发展的"软肋"。从CPI运行态势看,主要的决定因素是食品,而食品中的核心是猪肉。由于猪周期延缓使本轮CPI上升的拐点往后推移至第四季度,也提高了2014年的统计基数;春节又与公历月份错位,我市与全省CPI都处于上升周期,因此2014年将以4%以上的高位开局。到底是高开稳走还是高开低走还要由来年宏观经济环境、气候和农业生产丰歉等因素来决定。

厦门市物价局原局长　　薛　竹
厦门市物价局价格监测中心原主任　　张梓经

厦门市社会消费情况分析及预测

当前,我国正处于经济社会转型的关键时期,不仅面临着产业结构升级、发展方式转变等方面的压力,也面临着贫富悬殊拉大、社会消费乏力等一系列问题。在世界经济不景气、出口低迷的情况下,通过增加居民收入、扩大国内需求来拉动我国经济增长显得尤为重要。就厦门市来看,自 2012 年 10 月以来,厦门市经济运行情况整体趋好。2013 年前三季度,厦门市 GDP 增长率达 10.4%,高于全国 2.7 个百分点。经济稳定增长推动了全市消费品市场的发展,同时消费扩大也已成为厦门市经济增长的重要引擎。本文将对 2012 年 10 月以来[①]厦门市社会消费品市场的运行情况、存在的问题进行详细分析,并在此基础上对厦门市社会消费品市场的发展情况进行评估。

一、2012 年 10 月以来厦门市社会消费品市场回顾

(一)社会消费品零售总额增长迅速

2012 年 10 月至 2013 年 9 月,厦门市实现社会消费品零售总额 944.37 亿元[②]。除 2013 年 2 月份之外,2013 年前三季度的社会消费品零售总额累计增幅逐月上升。2013 年 9 月份社会消费品零售总额增长 9.5%,比 1 月份提高了 7 个百分点,比 6 月份提高了 2.1 个百分点。如图 1 所示,社会消费品零售总额增幅整体上呈现出稳步上升的态势。

分行业来看,2013 年前三季度在厦门市社会消费品零售总额中,零售业实现零售额 571.2 亿元,同比增长 8.9%,占社会消费品零售总额的 80%;餐饮业实现零售额 72.92 亿元,同比增长 4.2%,占社会消费品零售总额的

---

① 由于 2012 年第 4 季度的有些数据无法获取,因此后文中许多分析仅基于 2013 年以来的数据而进行。

② 如无特别说明,本文数据均来自厦门市统计局。

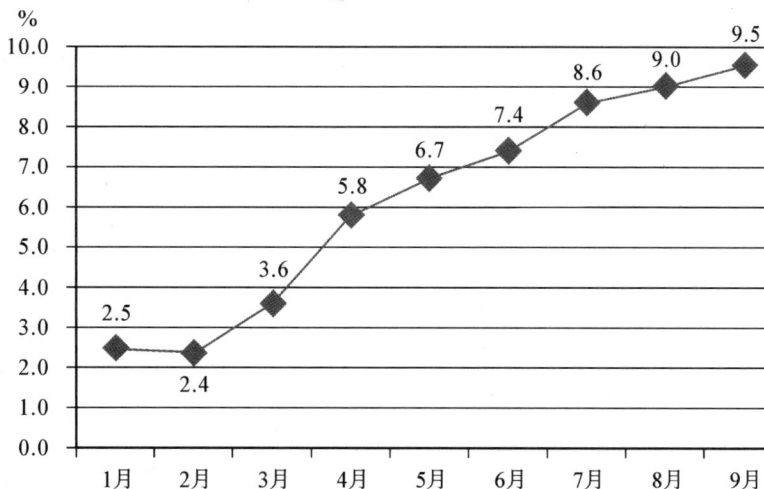

图 1　2013 年前三季度社会消费品零售总额累计增幅

10%;批发业实现零售额 55.14 亿元,同比增长 29.9%,但比重较小,仅为 8%;住宿业实现零售额 16.44 亿元,下降 0.9%。分行业实现零售额构成见图 2。

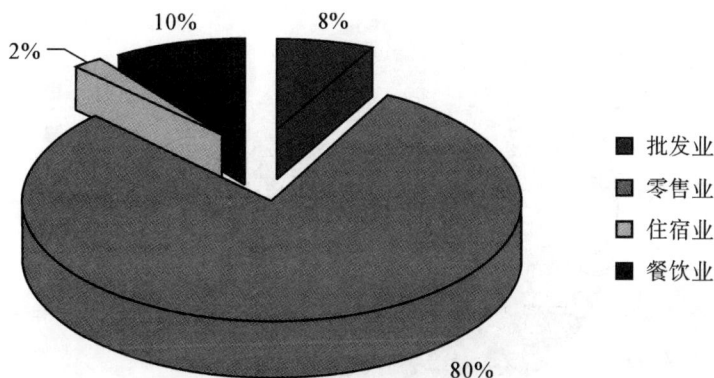

批发业
零售业
住宿业
餐饮业

图 2　2013 年前三季度社会消费品零售总额分行业比重

从分区来看,如图 3 所示,2013 年前三季度,思明区实现社会消费品零售额 303.95 亿元,湖里区实现零售额 208.26 亿元。岛外四区实现零售额 203.49亿元,其中海沧区实现零售额 65.00 亿元,集美区实现零售额 64.41 亿元,同安区实现零售额 44.78 亿元,翔安区实现零售额 29.29 亿元。从构成比例看,如图 4 所示,岛内的社会消费品零售总额依然占比很大,达 71.6%,其中思明区占比 43%,湖里区占比 29%。

万元

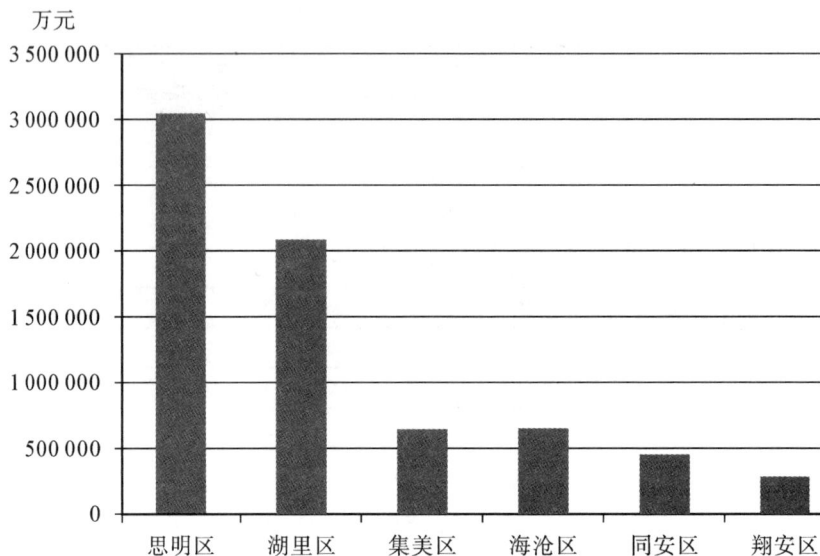

图 3 2013 年前三季度各区社会消费品零售总额

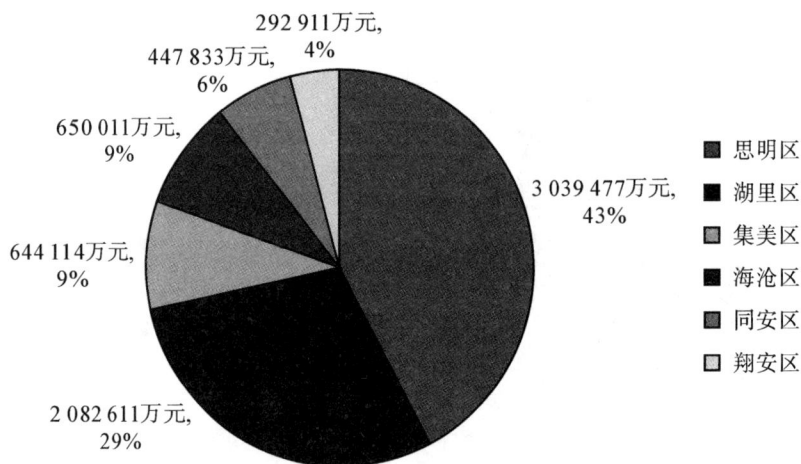

图 4 2013 年前三季度社会消费品零售总额分区域比重

(二)社会消费结构日趋多元化

随着居民收入的提高、消费观念的转变和消费政策的引导,居民的消费结构日趋多元化,详见图 5 和图 6。

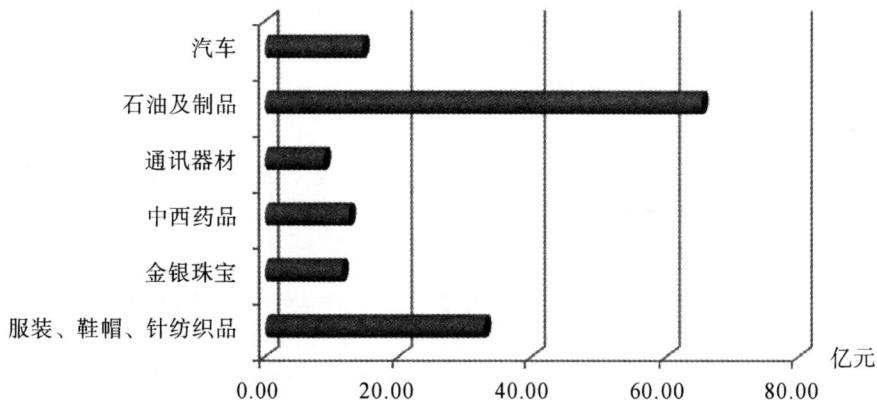

图 5　2013 年前三季度主要商品零售额

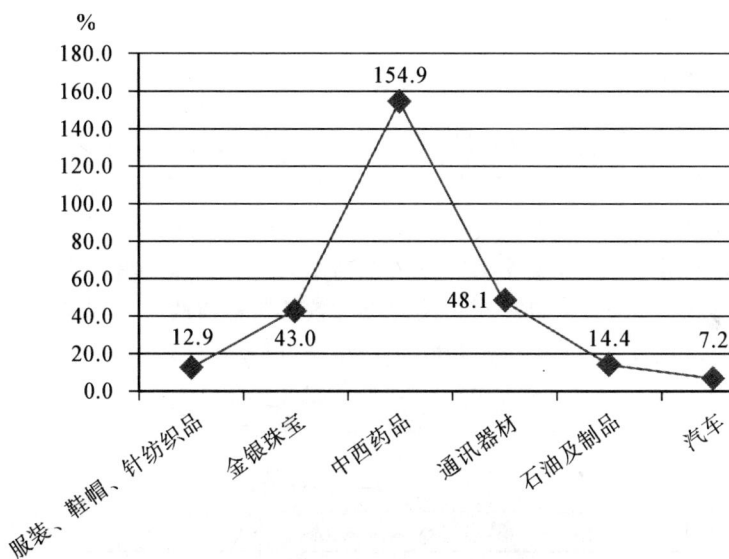

图 6　2013 年前三季度主要商品零售额增幅

　　从主要商品类别看,2013 年 1—9 月,服装、鞋帽、纺织品类实现零售额 32.79 亿元,同比增长 12.9%,通讯器材类实现销售额 8.86 亿元,同比增长 48.1%。

　　汽车市场持续回暖,汽车类实现零售额 146.46 亿元,占限额以上主要零售商品类零售额的 37.7%,累计增幅稳健回升至 7.2%。今年年中海峡西岸汽车博览会 4 天销售车辆总计 6 647 辆,总销售额为 121 250.88 万元,创历届之最,极大地拉动了厦门的汽车消费。石油及制品类继续保持增长,实现零售额

65.20 亿元,同比增长 14.4%,其增长主因一是居民汽车保有量的不断增加,二是周边城市来厦车辆的大量增加。

今年以来,国际黄金市场波动较大,黄金饰品及金条价格的下跌引发大量市民抢购黄金类饰品,金银珠宝类消费品零售额持续快速增长,成为消费新亮点。2013 年 1—9 月,限额以上金银珠宝类实现零售额 11.52 亿元,同比增长 43%,受国庆黄金周婚庆市场需求旺盛等因素的影响,9 月份全市金银珠宝类实现零售额 1.07 亿元,比去年同期增长 45.7%。

中西药商品零售额的增长最为显著。2013 年 1—9 月,限额以上中西药品类实现零售额 12.60 亿元,同比增长 154.9%。从 2009 年起,厦门率先在全国建立覆盖全民的多层次医疗保障体系,节省居民看病就医的成本,释放了居民医疗需求,扩大了医疗卫生服务的消费人群。再加上近年来,生活节奏加快、生活压力大带来各种健康问题,增加人们对中西药品类商品的需求。同时,生活水平的大幅提高也使得人们更加注重健康养生,从而推动中西药品类市场快速发展。

(三)岛内外消费市场发展差距缩小

厦门市各区消费品市场增长不平衡,商贸业发达的岛内两区仍占据消费品零售市场的主要份额,占比达 71.6%。2013 年 1—9 月,岛外社会消费品零售额总额达 203.48 亿元,增长 12.2%,高于全市平均速度 2.7 个百分点,高于岛内同期增速 3.7 个百分点。如图 7 所示,集美区、海沧区消费市场发展迅速,增幅分别达 17.3%、17.2%,位列全市各区增幅前两位。翔安区由于发展起步较晚,各项基础设施还不完善,消费市场发展缓慢,增幅仅 1.9%。

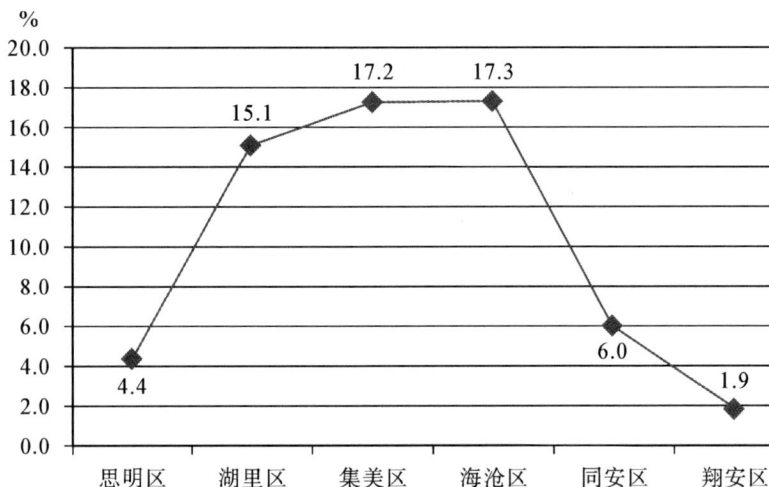

图 7　2013 年前三季度各区零售额增长幅度

随着厦门市岛内外一体化战略稳步推进,岛外各项配套基础设施逐步完善,岛外特别是集美、海沧两区房地产市场活跃,人气不断集聚,越来越多的企业瞄准岛外市场,厦门汽车物流中心、人人乐超市、万达集团商业广场先后进驻集美,阿罗海城市广场、夏商百货、天虹商场纷纷落户海沧,这将极大地推动岛外消费市场的快速发展。

二、2013 年厦门市社会消费存在的问题

(一)居民收入增幅减缓

2013 年前三季度,厦门市城镇居民人均可支配收入为 31 367 元,扣除物价因素,同比增长 8.0%,农村居民现金收入为 13 876 元,扣除物价因素,同比增长 10.3%。城乡居民收入增幅均低于去年同期水平。2013 年厦门市财政总收入的增长率为 13.4%,扣除物价因素,仍然高于居民可支配收入增长率。同时,国民收入分配结构不合理,居民收入占国民财富比重偏低,抑制了居民的消费能力。

城镇居民的人均收入为农村居民的 2.26 倍,城乡收入差距依然存在。城镇居民人均生活消费支出占人均可支配收入比例为 63.8%,农村居民人均生活消费支出占收入比例为 58.8%,城镇居民的消费倾向高出农村居民 5 个百分点,城镇居民的消费意愿高于农村。与城镇相比,受收入、观念、消费环境等因素的影响,农村消费市场增长相对乏力。

(二)消费物价指数波动幅度大

2013 年前三季度,厦门市居民消费价格总指数为 101.8。如图 8 所示,消费物价指数波动幅度大,整体呈上升态势,其中 2013 年 9 月消费物价指数最高,达 103.8,5 月最低,为 100.6。

从消费品类别来看,2013 年前三季度,涉及居民"衣、食、住、行"的商品价格均有所上涨,如食品价格指数同比上涨了 2.9%,其中蛋类、鲜菜、干鲜瓜果上涨幅度最大,分别达 14.1%、7.8%、5.7%,衣着价格指数同比上涨了 4.4%,居住价格指数同比上涨了 6.8%,城市交通费价格指数同比上涨了 3.9%,均高于居民消费价格总指数的同比涨幅。相反,烟酒和娱乐教育文化用品及服务价格下降了 1.7% 和 6.3%。

根据厦门市统计局经济运行情况分析,由于今年夏季多次受到强台风影

响、农产品供应量减少以及流通费用高企,厦门蛋类、鲜菜、干鲜瓜果等食品类的价格上涨很快。衣着价格上涨主要受人工成本和店面租金上涨的影响。土地供给不足、商品房供需矛盾突出是居住价格上涨的主要原因。据中国指数研究院发布的 2013 年 9 月全国"百城价格指数",厦门房价以 3.36% 的涨幅排在百城第三位,2013 年前三季度厦门在全国住宅用地总价排名第九。2012年 12 月政府提出"八项规定",限制公务消费,政府部门对烟酒和娱乐教育文化用品及服务的需求大幅减少。

从图 8 和图 9 的对比中可以发现,社会消费品零售总额与消费价格指数大致呈反向变化趋势,在物价指数较低的 1 月、3 月和 4 月,社会消费品零售总额相对较高,而在物价指数偏高的 2 月,社会消费品零售总额大幅下跌,表明社会消费受物价指数的影响很大。物价上涨导致居民购买力下降,影响了居民的消费信心和购买欲望,同时,物价的大幅波动不利于消费者形成对未来市场价格的预期,在一定程度上抑制了消费需求的增长。

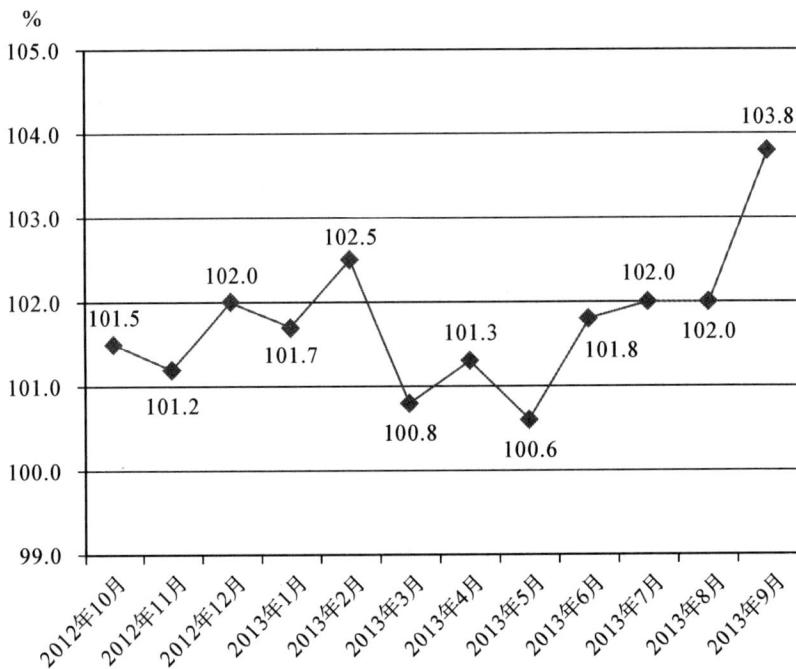

图 8　2012 年 10 月—2013 年 9 月居民消费价格指数走势

亿元

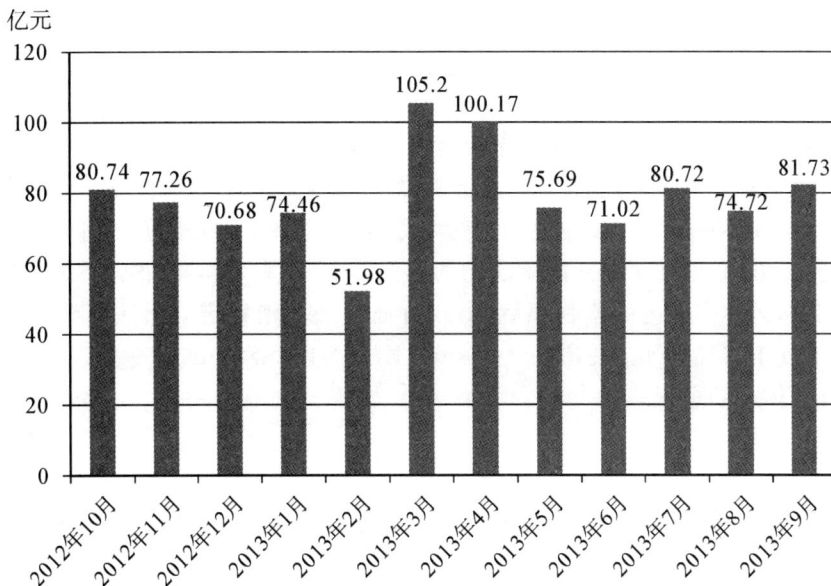

图9 2012年10月—2013年9月各月社会消费品零售总额

(三)旅游业拉动消费增长的能力有限

厦门虽然是国内热门的旅游目的地,但是在城市旅游"遍地开花"的今天,厦门旅游业的发展缺少新的动力。首先,对已有的热门景点如鼓浪屿、中山路、环岛路、厦门大学等旅游资源的挖掘不够深入,游客的消费方式比较单一,旅游产品的加工程度、包装档次相对较低,缺乏特色和创新。其次,旅游资源的整合与新产品的开发创新力度不够,尚未形成新的支撑城市旅游发展、具有国内外影响力的特色旅游项目,难以吸引更多的高端游客。最后,厦门市及周边地区经济总量相对较小,市场规模不大,产业集群效应不明显,限制了会展业的发展空间,对外来旅游消费的拉动作用没有充分发挥出来。

(四)商圈同质竞争严重

经过近几年的快速发展,厦门市目前已形成中山路、SM城市广场、湖里万达商业广场、明发购物广场、瑞景商业广场等重要商圈,但这些商圈存在定位雷同、规模类似、商圈特色不突出、同质化竞争明显等问题,导致消费业态单一,尤其是高端商品市场还未完全形成,不能满足消费者的多样化、高端化需求。全市文化娱乐等服务行业发展不足,主要为传统的酒吧、夜总会、温泉、高尔夫球等项目,缺乏面向高收入人群的高档购物场所和特色休闲娱乐项目。总体来看,厦门市商圈尽管很多,但依然存在商品档次偏低、竞争同质化的问题,缺乏真正能够吸引高端消费者、体现厦门特色的重量级商圈。

(五)岛内外商业资源配置不均衡

岛内外一体化发展战略的推行使岛内外差距逐渐缩小,各大商贸企业已经或准备进驻岛外。但是与岛内相比,岛外成熟商圈数量仍然较少,缺乏大型、综合性零售卖场和高端娱乐消费场所,导致许多岛外居民仍倾向于到岛内消费,一方面,增加了岛外居民购物的不便,并在某种程度上加剧了岛内的交通拥挤,恶化了岛内的购物环境,另一方面岛外的消费潜力无法得到充分发挥,不利于培育岛外消费市场,进一步加剧了岛内外发展的不平衡,影响了岛内外一体化的进程。

三、提高厦门市社会消费水平的对策与建议

(一)加快提高居民收入

提高全市居民收入水平是扩大内需、增强消费的有效途径。第一,应当合理调整收入分配结构,提高初次分配中劳动报酬比重,夯实居民增收的分配基础。第二,拓宽就业渠道,实施更加积极的就业政策,加强培训,提升劳动者人力资本水平。第三,应健全公共服务体系和社会保障制度,把更多的财政资金和公共资源投向落后地区和农村,切实提高基本公共服务的可及性,减少居民用于公共服务和社会保障方面的支出。最后,应疏通民间投资渠道,积极鼓励城乡居民创业,使居民获得更多经营性收入。

(二)努力解决好菜篮子和米袋子问题

食品是居民的生活必需品,稳定食品供应,降低流通成本,减小物价波动,是提升居民消费信心、改善民生的有效措施。首先,大力推进农超产销对接,规范和降低集贸市场摊位费和超市进场费,降低农副产品的流通费用。其次,加强市场监测,严厉打击操纵市场等违法违规行为,规范市场秩序。然后,加快批发市场供应体系建设,支持闽台中心渔港、中埔蔬菜、水果和禽蛋等农产品批发市场升级改造,保障食品供应充足、稳定。最后,大力发展物流配送,以厦门市入选全国首批"流通领域现代物流示范城市"为契机,重点培育第三方物流集团公司和大型物流企业,扶持专业物流、冷链、专用仓库建设,健全流通体系,提高食品供应的效率。

（三）提升旅游产品品质

旅游业是厦门市的支柱产业之一，大力发展旅游业对促进消费品零售市场稳步健康发展具有重要意义。为促进旅游业的持续发展，一方面应丰富旅游纪念品品类，依托厦门及周边地区的传统工艺如珠绣、石雕等，开发体现闽南文化和厦门特色的纪念品，努力扩大游客的选择空间，促进旅游商品的消费；另一方面，应当充分利用丰富的自然、文化等旅游资源，迎合现代旅游业的发展潮流，开发新型旅游业态，如蜜月旅游、田园生态游、民俗文化旅游等。最后，整合周边旅游资源，优化旅游路线，抓住厦漳泉同城化契机，利用"高铁效应"，将厦门着力打造成海西区域旅游中心和中国顶级会议目的地城市。

（四）着力打造特色商业街区

针对商圈同质化竞争带来的诸多问题，今后在引进新的商业项目时应考虑商圈的合理布局问题，在打造新商圈时要注重与已有商圈的错位发展。加强打造特色商业街区，如以民俗体验为主的历史文化体验街、品牌众多的时尚购物特色街、具有闽台特色的美食街等，提升城市的形象和品位。另外，可以增加以文化娱乐、健康养生为主题的都市休闲生活会所，引进高端餐饮企业和国际星级酒店，满足高收入人群的消费需求。

（五）继续推动岛内外一体化

"岛内外一体化"战略是解决城乡二元结构问题、加快岛外经济发展、拓展发展空间以及提升城市功能的迫切需要。为推动岛内外一体化，缩小区域消费差距，应当充分利用城际轨道等公共交通设施，结合岛外新城建设，加大岛外商业资源投入，建设大型的综合性购物中心，形成集中稳定的新商圈，繁荣岛外消费市场，既满足岛外居民的消费需求和档次，又吸引岛内居民到岛外消费，分散岛内的人流、物流、商流，从而促进岛内外和谐发展。

四、2014年厦门市社会消费情况预测与展望

总体来看，2013年前三季度厦门市社会消费品市场运行情况良好，表现出持续的增长势头。2014年厦门市社会消费增长面临新的机遇：从宏观环境来看，"十二五"规划提出把扩大消费需求作为扩大内需的战略重点，通过积极稳妥推进城镇化、实施就业优先战略、深化收入分配制度改革、健全社会保障

体系和营造良好的消费环境,增强居民消费能力,改善居民消费预期,促进消费结构升级。可以预见,十二五时期我国居民消费潜力将进一步得到释放。从厦门市的情况来看,今年7月厦门市委提出"发展数字家庭、创建国家信息消费示范城市"的战略目标,通过扩大信息消费来促进消费结构的优化,培育新的消费增长极。紧随其后,市政府在8月份提出"美丽厦门战略规划",强调通过区域基础设施一体化,加快厦漳泉同城化,打造大湾区都市区,将推进厦门市消费品市场的迅速扩张。在这些利好因素的影响下,2014年厦门消费品市场将继续保持平稳发展。

厦门大学经济学院经济研究所助理教授　莫长炜

厦门大学经济学院经济研究所硕士生　　洪　津　鲁姗姗

厦门市房地产市场发展情况分析及预测[①]

2013 年是始于 2010 年国家新一轮房地产调控的第三年,是国务院 2003 年发布调控房价"18 号文"的第十年。十年调控,房价仍然保持着定量的速度持续升高。

一、2013 年厦门房地产市场运行总体情况

2013 年在相对宽松的宏观环境下,厦门房地产市场延续了去年的热销趋势,市场全面复苏。新一届政府着力促进房地产市场健康发展,多次提及建立长效机制,表明政府对房地产调控的思路正在转换。

(一)2012 年厦门房地产业发展总体回顾

2012 年,在国家"稳中有进"宏观经济政策及相关货币政策等影响下,厦门市自住性住房需求不断释放,房地产市场明显回暖。房地产投资逐步回升,全年房地产业投资 518.88 亿元,占全社会固定资产投资的 38.9%,增长 18.4%。其中土地购置费 198.15 亿元,增长 6.8%,占房地产投资的比重为 38.2%,占全社会固定资产投资的比重为 14.9%。全市商品房施工面积 3 579.73 万平方米,增长 1.9%;商品房新开工面积 817.57 万平方米,下降 22.7%;商品房销售面积 615.34 万平方米,增长 38.2%,其中住宅销售 480.27 万平方米,增长 76.5%;全年房地产业实现增加值 206.53 亿元,增长 13.5%,占第三产业增加值的 14.6%。至年底,全市商品房待售面积 248.96 万平方米,下降 0.04%,其中住宅待售面积 72.31 万平方米,下降 19.5%。

(二)2013 年 1—9 月厦门房地产业发展基本情况

2013 年厦门房地产市场延续 2012 年年底的高涨趋势,住宅市场成交量

[①] 本文数据如未特别说明,均来源于厦门市国土资源与房产管理局、厦门市统计局、福信集团大唐地产投资发展部、世联地产厦门市场研究部、厦门新景祥市场研究部。

持续回升。受厦门版"国五条"影响,投机、投资性购房需求受到遏制,外地居民购房比例锐减。地方政府加强了行政干预,直接影响供求关系,商品房销售量减价增。从土地上看,商住用地稀缺,土地拍卖火爆,地王频现;从住宅销售上看,过半项目开盘,市场持续火热。从产品上看,首置产品持续火热,刚需仍成为市场主力。

1. 房地产投资增幅放缓,新开工项目和面积持续减少

1—9月,全市房地产投资完成 392.61 亿元,同比增长 15%。其中,房地产建安投资增长较快,完成 251.19 亿元,同比增 31%;土地购置费完成投资 108.86 亿元,同比下降 14.5%。全市商品房新开工面积 458.32 万平方米,比去年同期减少 134.14 万平方米,下降 22.6%。新开工项目投资和新开工面积持续减少,对今年第四季度投资增长的影响会持续显现。

2. 土地供应大幅缩减,住宅用地供应及成交量位居历史低位

1—9月,厦门经营性用地成交 24 幅,建筑面积共 189 万平方米。其中商住用地 4 幅,均以高价成交,区域地王频出。总体看来,今年厦门土地供应同比大幅缩减,特别是住宅用地的供应及成交量均在历史低位,而成交价格攀升至历史最高点。海沧地块吸引 20 家大型开发商竞拍,经过 20 多轮激烈竞拍后,最终以 40.52 亿天价成交,溢价率高达 185%。海沧地王一出,进一步推动房价上涨预期。

从图 1 可以看出,从 2011 年开始厦门土地市场供应逐年减少。

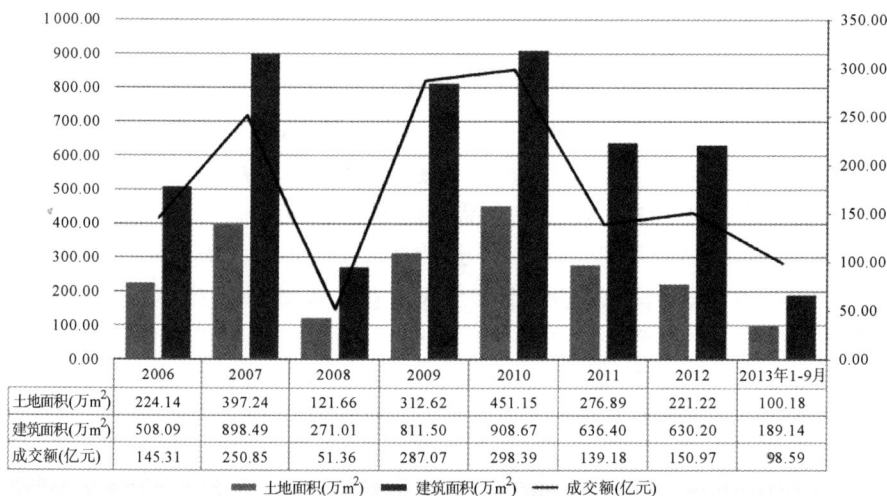

	2006	2007	2008	2009	2010	2011	2012	2013年1-9月
土地面积(万m²)	224.14	397.24	121.66	312.62	451.15	276.89	221.22	100.18
建筑面积(万m²)	508.09	898.49	271.01	811.50	908.67	636.40	630.20	189.14
成交额(亿元)	145.31	250.85	51.36	287.07	298.39	139.18	150.97	98.59

图 1   2006—2012 年厦门土地成交情况

从图 2 可以看出,近年来厦门住宅用地供应明显不足,地价从 2012 年的楼面均价 3 025 元到 2013 年前三季度达 9 286 元,涨势明显。2013 年 9 月全市土地成交面积环比虽上升 72%,但同比却下降 37%。

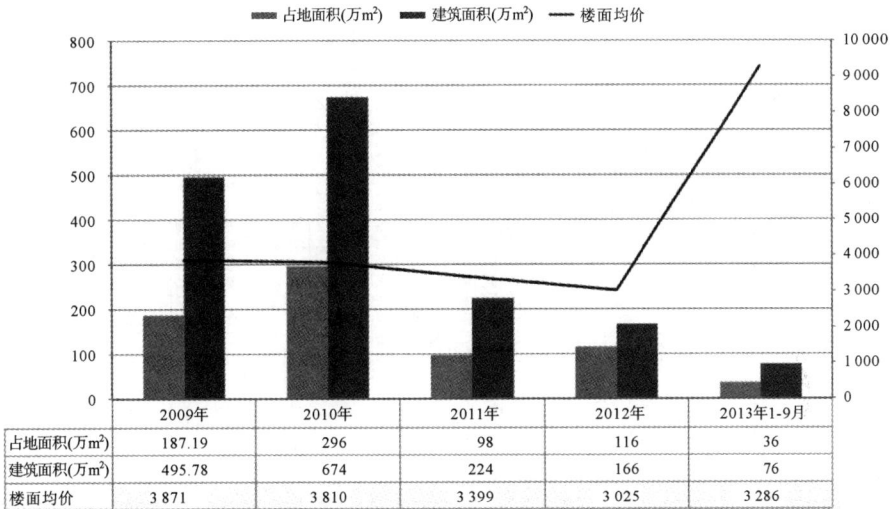

	2009年	2010年	2011年	2012年	2013年1-9月
占地面积(万m²)	187.19	296	98	116	36
建筑面积(万m²)	495.78	674	224	166	76
楼面均价	3 871	3 810	3 399	3 025	3 286

图 2　厦门住宅用地成交走势

1—9 月全市土地成交总金额 98.59 亿元,其中住宅 4 宗,成交总金额 70.77 亿元。

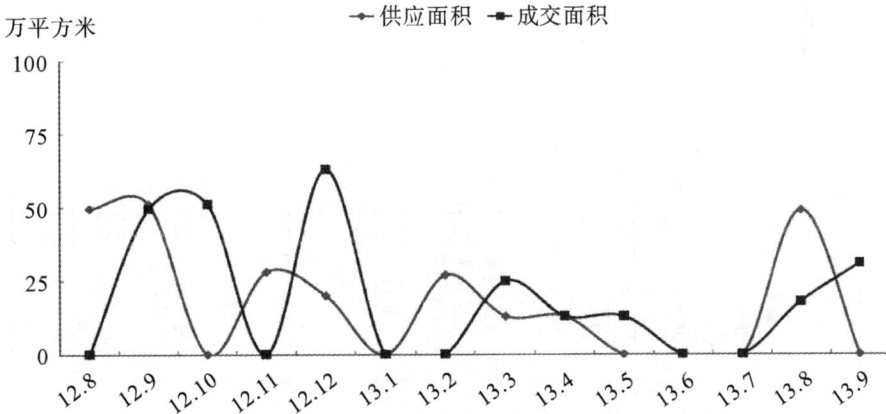

图 3　厦门 2013 年土地供应成交走势

表 1　厦门 2013 年土地供应结构面积及成交价格

分类	宗地号	土地用途	行政区	地块面积(平米) 占地	地块面积(平米) 建筑	容积率	总成交价(万元)	竞得人	成交日期
住宅	T2013P02	住宅、商业、幼儿园	同安区	44 773	91 160	2.04	48 600	厦门航空同翔置业有限公司	2013-3-7
	2012XP08	城镇住宅、商业	翔安区	130 552	329 200	2.52	231 100	北京首都开发股份有限公司	2013-8-27
	H2013P04	城镇住宅、商业	海沧区	172 659	374 000	2.2	405 200	福州泰禾房地产开发有限公司	2013-8-27
	T2013P04	城镇住宅、商业	同安区	10 321	24 650	2.4	22 800	海西置业 & 厦门稡弘置业	
	合　计			358 305	819 010		707 700		
办公酒店商业	T2013P03	酒店	同安区	6 028	15 480	2.57	4 050	厦门秋棠酒店管理有限公司	2013-3-7
	2013P03	办公、商业	湖里区	93 237	153 180	1.64	49 804	厦门路桥建设集团有限公司	2013-3-7
	2013P05	办公	湖里区	8 074	20 000	2.48	6 000	厦门凌云玉石有限公司	2013-3-7
	2013P06	办公	湖里区	6 643	16 700	2.51	5 010	厦门市伊思曼生物科技有限公司	2013-3-7
	2013P07	办公	湖里区	5 968	14 400	2.41	4 320	厦门厦信投资集团有限公司	2013-3-7
	H2013P04	办公、商业	海沧区	6 685	13 000	1.94	3 830	厦门亿联网络技术股份有限公司	2013-3-7
	H2013P02	办公	海沧区	24 165	50 000	2.07	10 000	厦门船舶重工股份有限公司	2013-3-7
	H2013P01	办公、酒店、商业	海沧区	23 237	75 000	3.23	12 000	泉州百利仕海示用品有限公司	2013-3-7
	H2013P03	酒店	海沧区	12 273	38 000	3.1	5 000	厦门之星航运有限公司	2013-3-18
	2013P01	酒店	思明区	17 716	16 900	0.95	6 720	厦门恒兴滨海置业有限责任公司	
	H2013P05	办公、商业	海沧区	21 130	78 000	3.7	16 500	厦门鸿郡实业有限公司、厦门容胜贸易有限公司(联合竞买)	2013-9-7
	2013P11	办公、酒店、商业	思明区	73 965	264 100	3.6	68 470	上海瑞龙投资管理有限公司	2013-9-7
	T2013G01	酒店	同安区	31 965	52 000	1.6	4 500	盛之乡(厦门)温泉度假村有限公司	2013-9-17
	2013G01 (在建工程)	酒店	思明区	104 919	54 901	0.5	33 640	厦门建发集团有限公司	2013-9-17
	2013JG01	办公、商业	集美区	47 454	148 110	3.1	32 480	厦门宏石投资管理有限公司	2013-9-17
	H2013G01	办公、商业	海沧区	6 120	41 890	6.8	9 630	厦门沧城建建设集团有限公司	2013-9-17
	X2013G02	商业-汽车 4S 店	翔安区	9 837	7 000	0.7	990	厦门镀镓鸿汽车贸易有限公司	2013-9-24
	X2013G01	商业-汽车 4S 店	翔安区	16 027	12 730	0.8	1 790	厦门建发股份有限公司	2013-9-24
	合　计			515 441	1 071 391		274 734		
其他	2013XP06	游艇码头及配套	翔安区	128 083	1 000		3 473	厦门中奥游艇俱乐部有限公司	2013-5-21
	总　计			1 001 830	1 891 401		985 907		

3. 商品房供销量剧减, 房价涨幅较快

1—9月, 商品房总供应面积 555 万平方米, 其中, 商品住宅总供应 370 万平方米。全市新建商品住宅累计销售 41 221 套, 成交面积 469.72 万平方米, 面积同比涨幅 33%。而在去年同期, 厦门成交商品住宅总数为 31 785 套, 成交面积 353.82 万平方米。

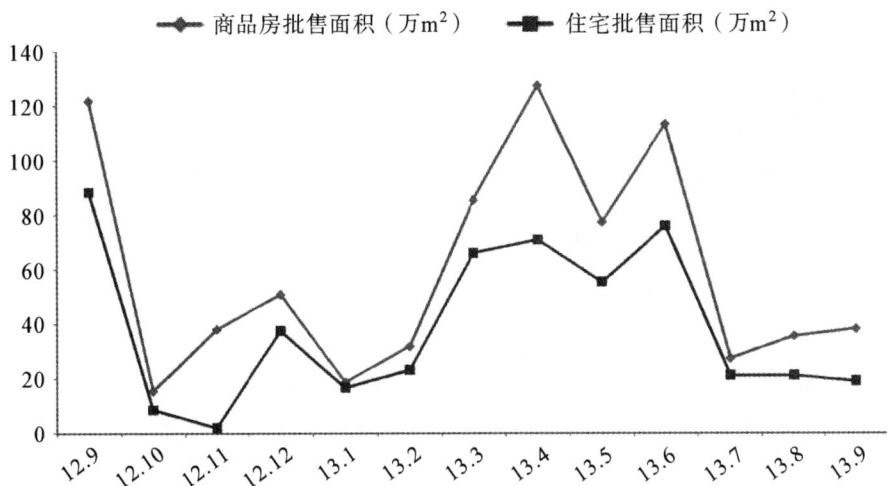

图4 2012年9月—2013年9月商品房、商品住宅批售面积走势

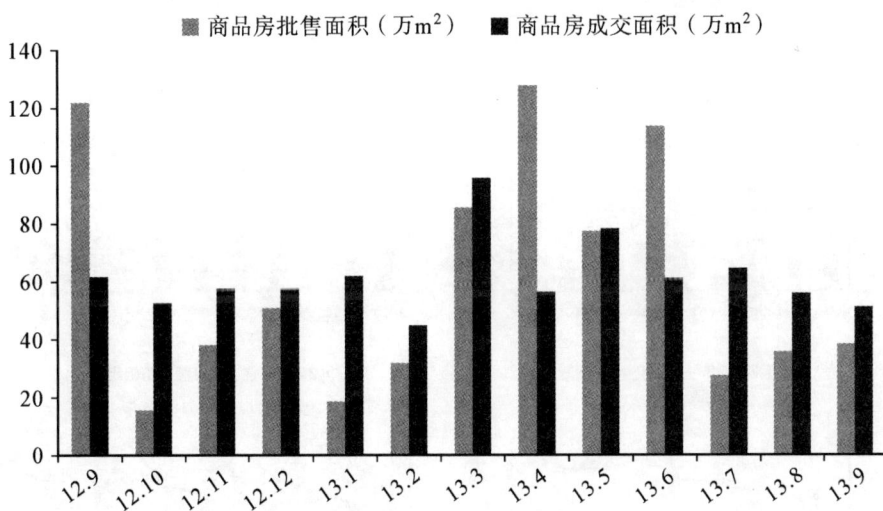

图5 2012年9月—2013年9月商品房供应面积成交走势

分析:今年以来, 厦门住宅均价呈现直线上涨趋势。9月厦门住宅均价约 18 117 元/平方米, 位居全国第五; 环比上涨 3.36%, 涨幅位居全国第三。

■2013年1月 ■2013年2月 ■2013年3月 ■2013年4月 ■2013年5月 ■2013年6月 ■2013年7月 ■2013年8月 ■2013年9月

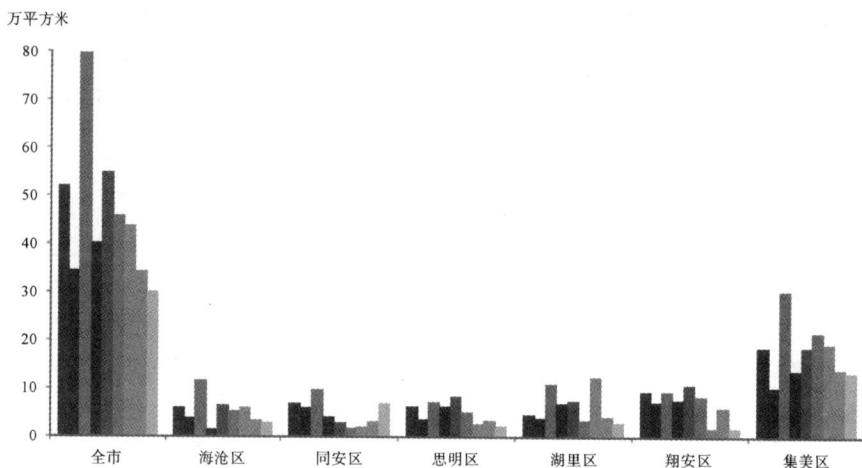

图6　2013年9月份厦门各区成交面积情况

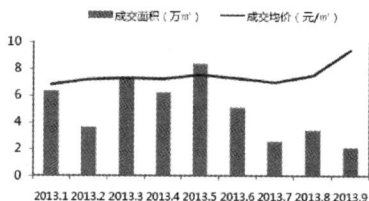

思明区2013年住宅成交面积价格走势

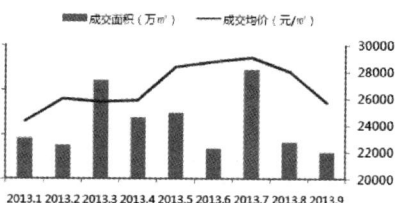

湖里区2013年住宅成交面积价格走势

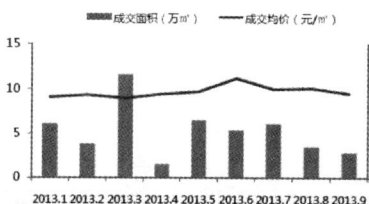

海沧区2013年住宅成交面积价格走势

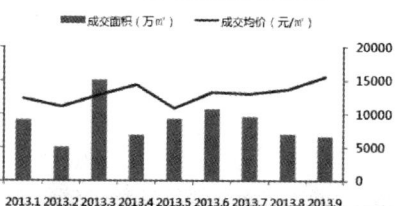

集美区2013年住宅成交面积价格走势

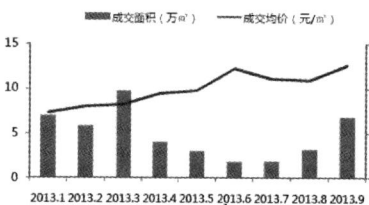

同安区2013年住宅成交面积价格走势

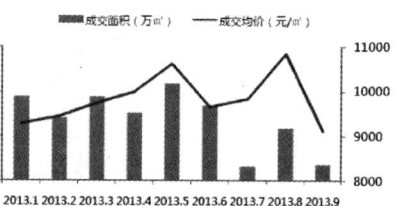

翔安区2013年住宅成交面积价格走势

图7　2013年厦门市各区住宅成交成交面积价格走势

从各区9月份总成交住宅情况看,思明区9月份2.15万平方米,环比下降37.7%,成交均价37 747元/平方米,环比上升25.2%;湖里区3.04万平方米,环比下降27.1%,成交均价25 694元/平方米,环比下降8.3%;海沧区2.89万平方米,环比下降18.1%,成交均价12 616元/平方米,环比下降5.9%;集美区13.28万平方米,环比下降5.6%,成交均价15 545元/平方米,环比上升15.3%;同安区6.84万平方米,环比上升111.1%,成交均价12 603元/平方米,环比上升15.3%;翔安区1.87万平方米,环比下降68.3%,成交均价9112元/平方米,环比下降15.9%。

分析:9月份,全市一手房可销售套数为17 814套,按当前的消化速度,约6个月可全部被消化。

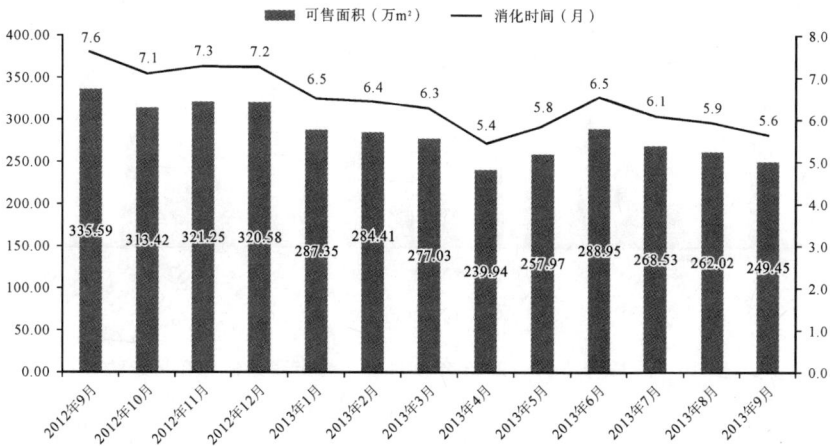

图8 2013年厦门各月住宅存量消化情况

分析:整体看来,因政策干预,第三季度住宅供不应求态势加剧,供销剧减,价格仍旧大幅度上涨,量减价增态势明显。

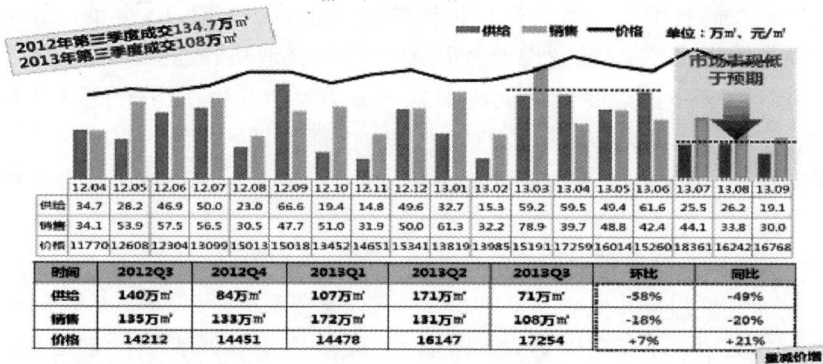

图9 2012年9月—2013年9月厦门全市商品房住宅走势图

分析:住宅土地供小于求的"结构性失衡"是厦门楼市前三季度火热的主要原因。用减少住宅供地量这种"饥饿式供地方式"直接导致地价和房价双重上涨,抬高了市场预期,这也正是今年厦门出现"千人购房"、"夜光盘"、"日光盘"现象的原因之一。

4. 住宅市场库存量低,消化周期缩短

厦门全市住宅市场库存量持续低位,消化周期不足 6 个月,开发商库存压力小。

单位:万m²

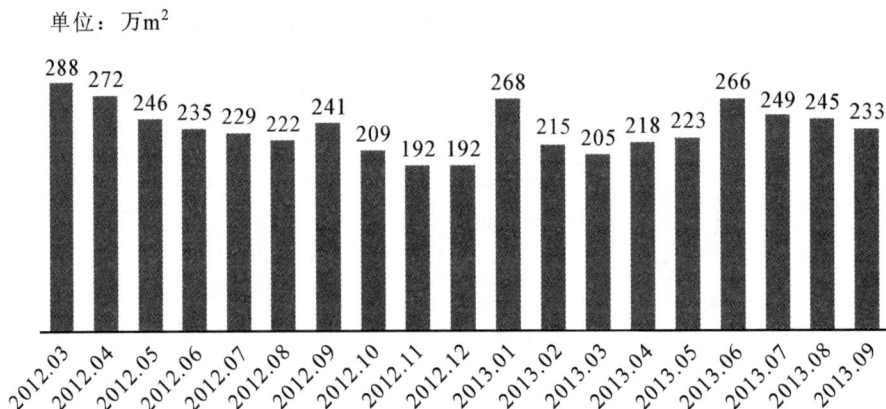

图 10 2012 年 3 月—2013 年 9 月厦门全市商品住宅存量走势

从市场反应看,因开盘数量少,受房价上涨预期影响,虽价格不断高涨,但刚需楼盘仍旧火热,刚性需求加速释放。

5. 写字楼市场供过于求

2013 年第三季度写字楼供给 8.83 万平方米,全市销售总量 19.6 万平方米。未来三年,厦门写字楼市场供应或达 300 万平方米的巨量,供过于求的风险正在悄然增加。据立丹行机构数据显示,仅 2012 年,全市出让的土地中办公类地块规模(包含综合体用地中的办公地块)就达 161.08 万平方米。厦门岛东部仅会展以北就将形成 200 万～300 万平方米的写字楼供应,包括观音山、两岸金融中心的数十栋大楼都将投入市场。写字楼资金回收周期较长,导致办公用地楼面价相对较低,写字楼市场或将面临潜在的中长期风险。

6. 二手房成交量持续回升

1—9 月厦门市共成交二手房 27 281 套,成交面积为 270.61 万平方米,同比增 4%,其中二手住宅成交 19 810 套,面积为 197.19 万平方米,较去年同期增加 19.6%。在第一季度,因抢搭政策"末班车"的效应,导致成交量大幅增加。第二季度起,全市二手住宅成交呈正常下滑的态势,购房者由二手房向

单位:面积（万㎡）、均价（元/㎡）

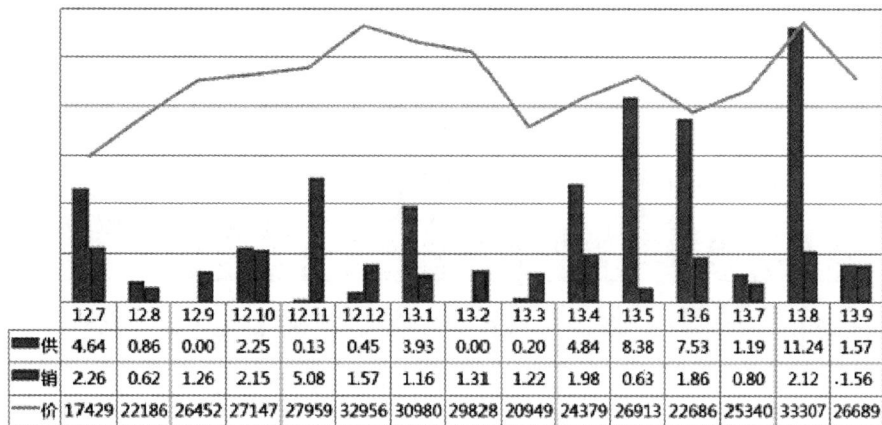

	12.7	12.8	12.9	12.10	12.11	12.12	13.1	13.2	13.3	13.4	13.5	13.6	13.7	13.8	13.9
供	4.64	0.86	0.00	2.25	0.13	0.45	3.93	0.00	0.20	4.84	8.38	7.53	1.19	11.24	1.57
销	2.26	0.62	1.26	2.15	5.08	1.57	1.16	1.31	1.22	1.98	0.63	1.86	0.80	2.12	.1.56
价	17429	22186	26452	27147	27959	32956	30980	29828	20949	24379	26913	22686	25340	33307	26689

图 11　2012 年 7 月—2013 年 12 月全市商业供销价走势图

单位:面积（万㎡）、均价（元/㎡）

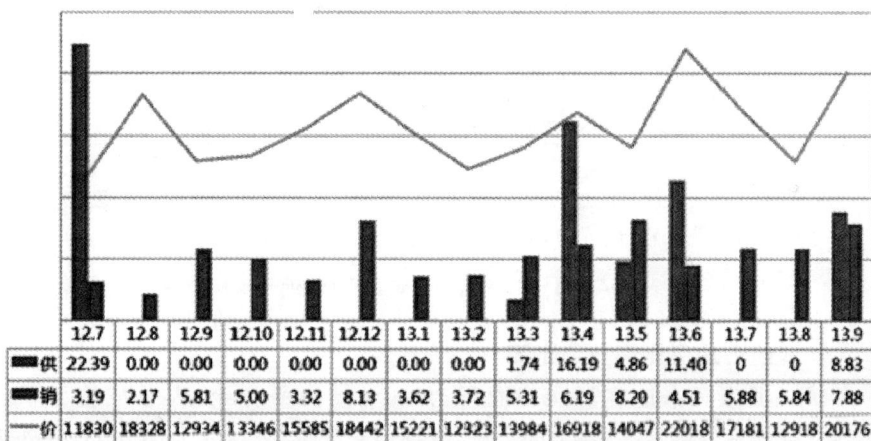

	12.7	12.8	12.9	12.10	12.11	12.12	13.1	13.2	13.3	13.4	13.5	13.6	13.7	13.8	13.9
供	22.39	0.00	0.00	0.00	0.00	0.00	0.00	0.00	1.74	16.19	4.86	11.40	0	0	8.83
销	3.19	2.17	5.81	5.00	3.32	8.13	3.62	3.72	5.31	6.19	8.20	4.51	5.88	5.84	7.88
价	11830	18328	12934	13346	15585	18442	15221	12323	13984	16918	14047	22018	17181	12918	20176

图 12　2012 年 7 月—2013 年 9 月全市写字楼供销价走势图

新房市场转移的趋势逐渐显现。分区域看,前三季度思明区、湖里区二手住宅分别成交 85.3 万平方米、43 万平方米,分别占 43% 和 22%;岛外四区二手住宅共成交 68.8 万平方米,占比 35%,其中海沧区成交量领衔,成交面积为 24.5 万平方米。整体来看,岛内依然是二手房成交的主力区域,但在交通、教育等配套逐步改善的现状下,岛外成交量占比呈稳定上升趋势。

在二手住宅方面,成交面积也较去年同期增加 19.6%。二手房销量同比增两成。

单位：万m²

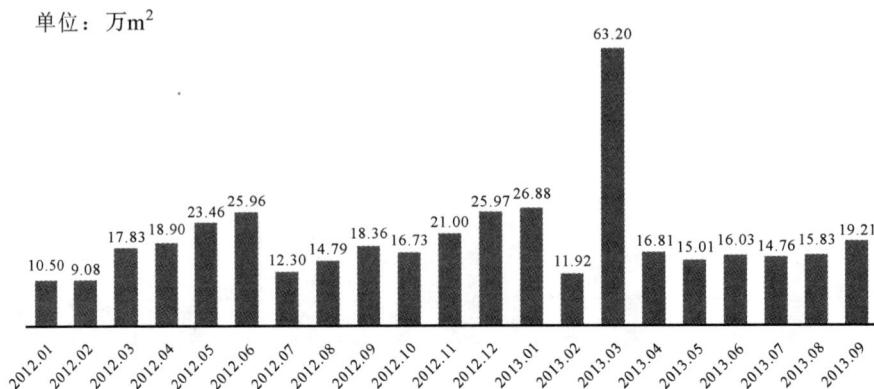

图13　1—9月厦门二手房成交量走势图

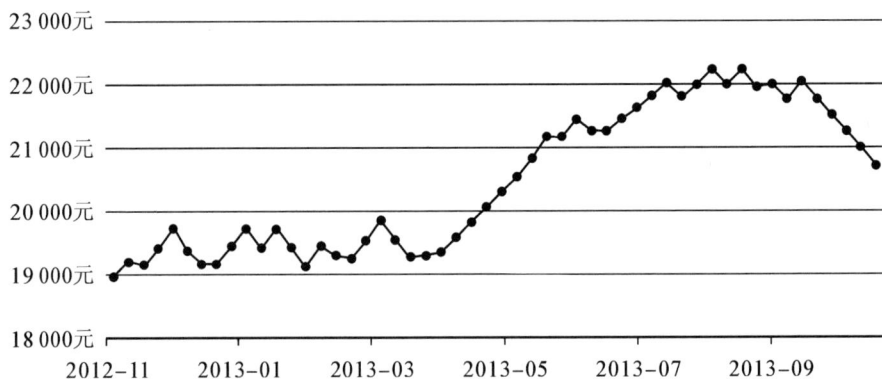

图14　厦门二手房房价走势图(最近一年)

7. 本地人购房比例持续走高

1—9月厦门本地客群购房面积为249.28万平方米,占总成交面积的53%。省内其他区域客群购房面积为148.42万平方米,占比31.6%;省外客群购房面积为63.14万平方米,占比约13.4%;境外客群购房面积为8.9万平方米,占比3.6%。今年4月厦门版"国五条"落地以来,以往活跃在厦门楼市的投资客、投机客,在严厉苛刻的政策下被挤出市场,1—9月外地人购房面积占比为47%。

8. 养老地产市场庞大,愿景美好

2013年9月13日,国务院发布的《关于加快发展养老服务业的若干意见》提出:开展老年人住房反向抵押养老保险试点。而以房养老是养老政策多层次、多支柱背景下的多选之一,是自愿选择而非强制性的,是在社会养老、家庭养老、国家帮扶、社区服务等养老选项后又增加的一个选项。

厦门老年人口进入快速发展阶段。据厦门老龄办公布数据：截至 2013 年 8 月底，全市户籍 60 周岁及以上老年人数达 26.46 万人，占全市户籍总人口 194.2 万的 13.63％。其中，80 岁及以上老年人口 4.08 万，占老年人口的 15.43％；90～99 周岁的老年人共 3 872 人；百岁及以上的老年人共 120 人。

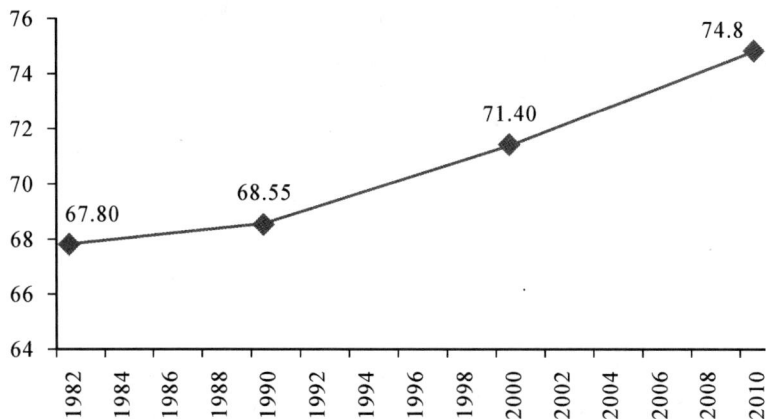

图 15 平均预期寿命持续上升

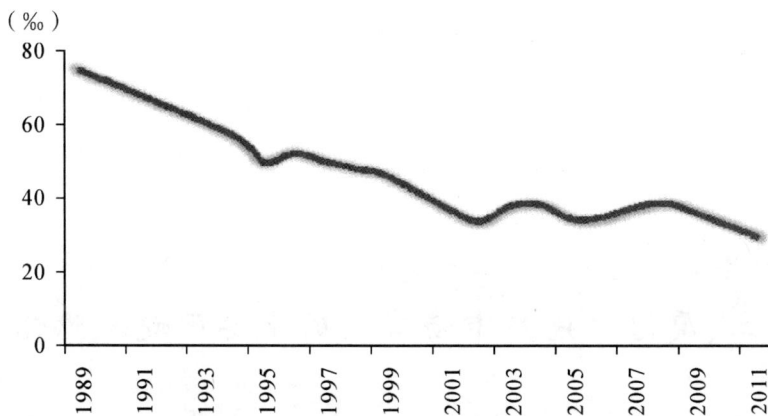

图 16 独生子女政策下生育率走低

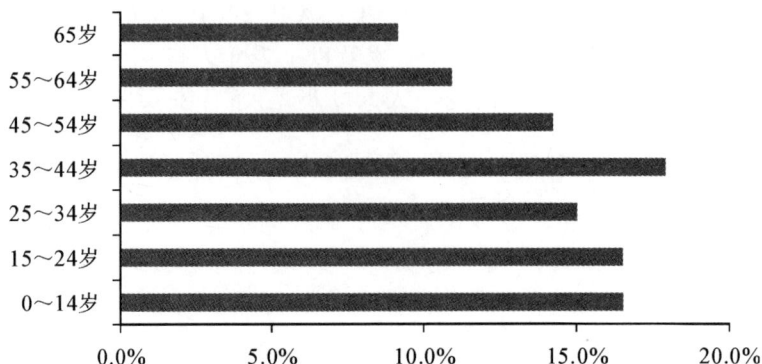

图 17　未来人口老龄化的速度将加速

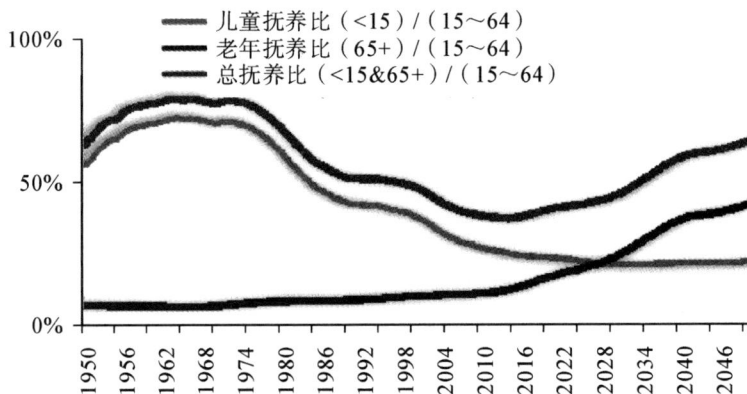

图 18　2010 年后老年抚养比快速上升

二、厦门房地产市场存在的主要问题及隐忧

当前,房地产调控已经取得了一些效果,但有些深层次的非常重要的关键问题仍然没有得到根本解决,这些问题影响着厦门未来房地产市场的健康发展。

(一)房价上涨压力明显加大

为贯彻落实《国务院办公厅关于继续做好房地产市场调控工作的通知》,厦门市国土资源与房产管理局于 2013 年 3 月 30 日,公布厦门 2013 年新建商品住房价格控制目标,即厦门市 2013 年年度新建商品住房价格指数同比涨幅低于城镇居民人均可支配收入实际增长幅度。9 月厦门房价涨幅达 16.5%。根据国家统计局厦门调查大队发布的数据,厦门前三季度城镇居民人均可支配收入 31 367 元,增长 9.8%。按此计算,9 月房价增长幅度已超房价控制目标 1.2 倍。

(二)普通住宅土地供应严重不足

根据 2013 年厦门住宅类用地与商办类用地出让情况可以看出,厦门住宅用地供应明显不足,住宅用地今年仅推出 4 宗,且全部成交,溢价率均达 90%以上,均刷新了地块所属区域的楼面价。土地价格从 2012 年的楼面均价 3 025 元到 2013 年前三季度达 9 286 元,涨势明显。地价上涨不仅在一定程度上增加了房屋成本,更在很大程度上增强了房地产市场房价上涨的预期,从而在一定程度上推高了房价。

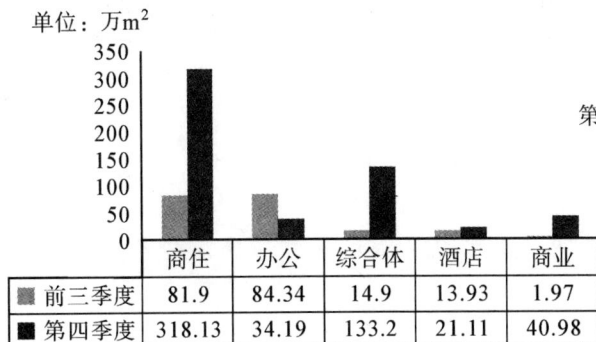

单位:万m²

	商住	办公	综合体	酒店	商业
前三季度	81.9	84.34	14.9	13.93	1.97
第四季度	318.13	34.19	133.2	21.11	40.98

图 19　2013 年计划出让地块出让面积对比

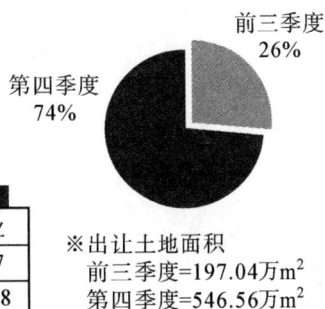

前三季度 26%

第四季度 74%

※出让土地面积
前三季度=197.04万m²
第四季度=546.56万m²

图 20　2013 年推出地块规模占比

(三)房地产销售市场乱象丛生

近年来厦门房价涨幅较快,已经到了令大多消费群体难以承受的极限。然而,有些房地产企业囤积房源和车位,哄抬房价,投机"炒车位"现象频现。有些开发商为达到控房、惜售、谋取暴利目的,选择在半夜开盘(俗称"半夜鸡叫"),购房者在无可奈何下不得不彻夜排队等待选号、购房购车位。据调查,今年厦门有些楼盘开盘出现的"千人购房"所谓"夜光盘"火爆销售场面,大多是开发商有意制造人为恐慌的效果。开发商在开盘前期便通过电话、举办各种活动、发放 VIP 会员卡、交纳诚意金等方式蓄客。在蓄积一定客户量后,突然在半夜给客户打电话、发信息,宣布开盘。开发商通过少量推盘,制造房

99

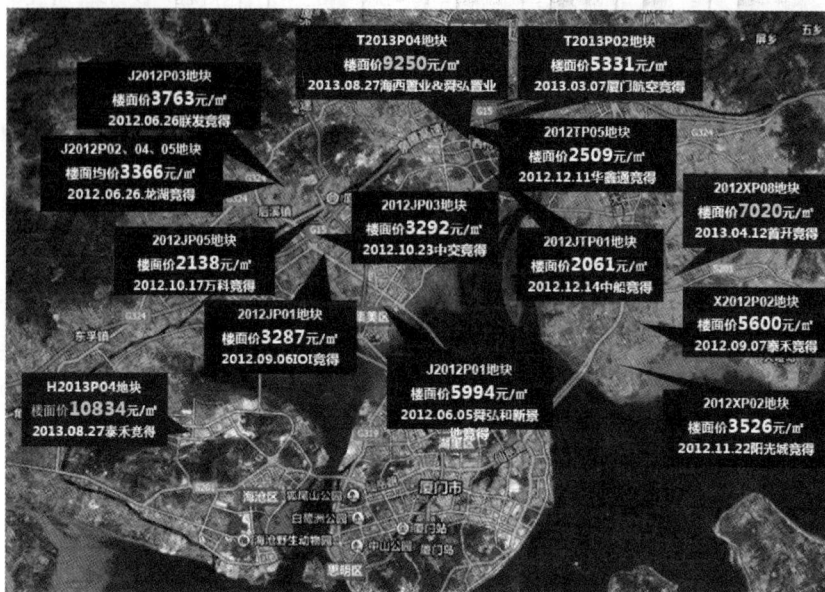

图 21 厦门 2013 年土地供应分布

源供不应求的假象,引诱观望的购房者出手抢购,演绎"夜光盘"的"千人购房"效果,且屡试不爽。开发商半夜开盘制造市场恐慌,其实是对置业者的一种变相施压,严重影响消费者正常的生产生活,也损害消费者"明明白白消费"的合法权益。

(四)养老地产发展滞后

厦门老年人口已超过老龄化社会标准,但在国内部分城市养老地产规划建设已经起步的背景下,厦门却尚付阙如。目前厦门在土地供应和配套上,既缺乏前期规划,也缺乏可实施的相关养老地产政策。

三、2014 年厦门房地产发展预测

从宏观层面看,我国房地产调控长效机制将逐步确立,差别化信贷和"限购"政策还将继续延续,房地产企业再融资开闸信号强烈,政府将加大推进供应端释放,农村集体经营性建设用地使用权流转有可能启动,房产税试点或征收有望扩围。综合判断,2014 年将是我国房地产市场一、二和三、四线城市出现明显分化的一年。一、二线城市,因供给能力相对不足,资源稀缺性依然存在,房价还有上涨空间;部分土地严重扩张的三、四线城市(含县城),楼市崩盘将不可避免且呈进一步蔓延之势。

从厦门房地产市场看,第四季度新增供应主要在岛外,因存在结构性供给失衡及实施备案管控制度,一定程度上拉低整体价格水平;开发商在土地储备不足情况下,推盘动力不足,可能放缓推盘进度,市场库存量持续处于低位,供不应求局面进一步加剧;土地拍卖价格走高助长房价上涨预期,进一步刺激刚性需求释放,价格上涨动力较强。2014 年,由于厦门近三年住宅用地供应不足,房价一定幅度上涨的态势还将延续。

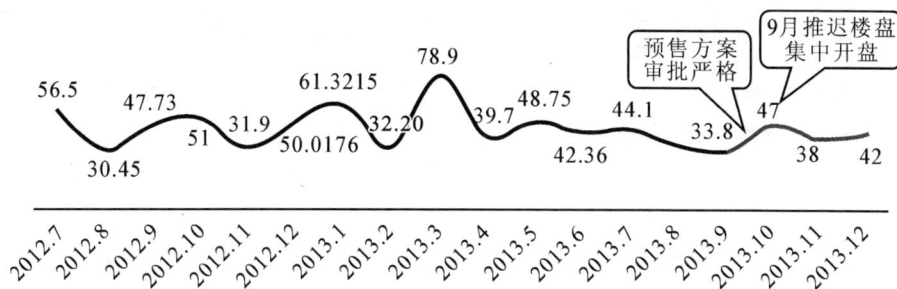

图 22　第四季度厦门商品住宅成交量模拟图

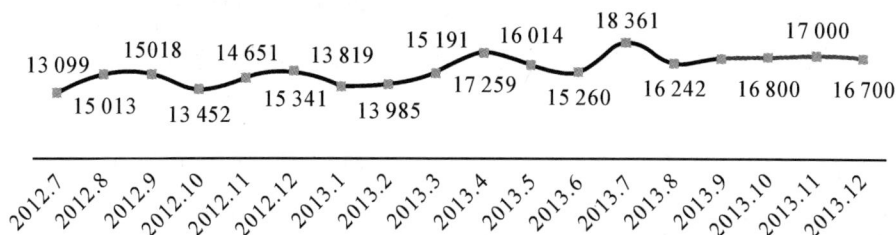

图 23　2012 年 7 月—2013 年 12 月厦门市商品住宅成交均价走势模拟图

四、促进房地产市场健康发展的建议

目前厦门市房地产市场存在的突出问题有两个:一是土地市场供应结构性失衡长期存在;二是商品房销售市场秩序混乱,监管不力。

（一）加大岛外普通住宅土地供应量，解决结构性失衡问题

厦门外来人口每年呈20％的上升趋势，刚性需求较大，房源一直处于供小于求的态势。解决房价过快上涨，应从源头把控，加大住宅土地供应量，增加上市房源，从根本上解决结构性失衡问题。因此，建议在岛外配套较为成熟的区域增加中低价位、中小套型普通商品房用地供应，加大年度自住型商品住房供应力度，在土地供应计划中单列此类住房用地，主要满足"夹心层"的住房需求。妥善解决小产权房问题，着手研究地方性的农村宅基地用于房地产建设和城镇居民集资建房的政策和法规。

（二）整顿和规范房地产市场秩序，加强执法监管力度

禁止房地产企业无证售房、半夜开盘、未按规定时限开盘、捂盘惜售、囤积房源车位、预收购房诚信金、散布虚假信息等扰乱市场秩序的违法违规行为；加强商品住房价格监管，严格执行"新盘价格不明显高于同区域、同类楼盘价格和同楼盘前期房价的均价"并对条款作量化规定；对"厦六条"中的"房价过高、上涨过快、利润率过大的项目"，加强税收征管和稽查，对何谓"房价过高、上涨过快、利润率过大的项目"作量化规定。严厉打击房地产企业和中介机构在房屋交易中的价格欺诈以及违反明码标价规定的行为；加强市场信息披露，正确引导市场预期，对于蓄意制造谣言或恐慌情绪的言行进行严肃查处。

（三）严格执行车位配比规定，将车位销售纳入预售许可证申请捆绑办理

据厦门市交警支队车管所统计数据显示，截至2013年9月20日，厦门市机动车保有量已经突破178.5万辆，停车位供需矛盾也日益突出。为了保护购房者的利益，严禁和查处开发商"捂车位"惜售和"炒车位"行为，建议严格执行《厦门经济特区机动车停车场管理条例》中"新建商品住宅按照一户一车位标准配建车位，建筑面积130平方米及以上户型适当提高配建标准，小区内公共停车泊位比例不得低于全部车位的20％"的规定。凡是新建商品房项目首次申请办理预售许可证的时，开发企业必须将车位配比及销售一并纳入预售方案中，并对车位明码标价，否则不予办理预售许可证。

（四）开通厦门官方透明售房网，对销售市场进行有效监管

为规范房地产市场秩序，国内已有30多个城市开通了透明售房网。透明售房网集楼盘信息展示、合同信息公示、房源销售动态及价格公示、投诉曝光等功能于一体，在宣传房产相关政策、法规及办事流程的同时，为消费者提供

及时、全面、权威的房产市场信息和服务,有效解决房地产市场信息不对称问题。房企在申领预售许可证时,通过网上操作系统,将商品房预(销)售许可相关信息,包括预售许可号、房企名称、楼盘名称及位置、房屋类别及面积、住房一房一价等,在网上进行预告。房地产开发企业在取得《商品房预(销)售许可证》之日起 10 日内必须开盘销售。房管部门在核准预售许可证时,在透明售房网上公示 3 天,公示期满后,开盘日期也必须公示 3 天。消费者购房需在网上签约,对已在网上公布的可售房源,房企不得以任何理由拒售。严格实行购房实名制,购房者与房企签订合同后,即在网上即时进行备案,不允许更改购买者姓名。

透明售房网对于数据管理更加科学、规范,而且通过自动查询、统计等多功能的使用,可提高主管部门对项目开发、销售情况的掌控能力,为主管部门制定相关政策、加强科学管理提供便利。

（五）加快厦门养老地产发展

近年来,北京、上海等一线城市都已经有了比较成熟的养老地产项目。万科、保利、首创、华润等龙头房企均抛出养老地产发展计划,国内有超过 25％的品牌房企进入或宣布进入养老地产行业。厦门目前尚没有以养老为定位的地产项目,而厦门老年人口已超过老龄化社会标准,以目前老龄人口的现状及发展趋势,厦门养老地产市场潜力大,建议政府在政策、规划、土地供应等方面对养老地产给予支持。

数据来源:

国家统计局:http://www.stats.gov.cn

厦门市统计局:http://www.stats-xm.gov.cn

厦门市国土资源与房产管理局:http://www.xmtfj.gov.cn

厦门市建设与管理局:http://www.xmjs.gov.cn

福信集团大唐地产投资发展部 http://www.dyna888.com

世联地产厦门市场研究部 http://www.worldunion.com.cn

厦门新景祥市场研究部 http://www.xinjingxiang.com

集美大学房地产发展研究所所长、教授、硕导 李友华
福信集团大唐地产投资发展部总监 乐敏科

厦门市两岸区域性金融服务中心
建设情况分析及建议

厦门市两岸区域性金融服务中心经历三年的建设发展,已从初创期进入了高速发展期,对整个海西经济区和厦门经济特区的经济辐射带动作用正在日益显现。横跨岛内思明、湖里两区的两岸金融中心在硬件建设、机构合作、项目引进等方面取得了显著成果,推动着厦门市的金融市场不断完善,金融服务功能不断提升。

一、厦门市两岸区域性金融中心建设情况分析

经过初创期后,厦门市金融中心建设进入了快速发展期。自2012年9月以来,厦门金融中心发展在空间布局、硬件建设、机构引入、项目合作及功能拓展等方面都取得了明显进步。

(一)已形成"一带一核多节点"空间格局

厦门两岸金融中心的规划由国际知名规划设计公司设计,以"一带一核多节点"为空间布局主旨。其中,"一带"指6.5公里长的金融大道;"一核"指1.5平方公里的金融核心启动区;"多节点"指金融核心区、国际会展区、金融监管区、观音山商务总部区、高林五通金融国际服务区、五缘湾商务运营中心区等。总建筑面积达到1 210万平方米。目前,规划的中心片区已完工38栋大楼,包括厦门金融中心大厦、建发集团大厦等,其中厦门金融中心大厦作为厦门岛5A甲级写字楼已于2013年7月28日正式启用;在建大楼78栋,包括中航紫金广场、厦门国贸金融中心等。"一带一核多节点"已经粗具规模,地区金融聚集能力开始显现,对各类金融机构的吸引力不断增强,保证了区域金融中心服务功能的发挥。

(二)已初步形成金融聚集区

完备的硬件设施建设为区域金融中心的机构进驻提供了保障。截至2013年11月,厦门金融中心已接受办理注册项目160个,在办项目25个,在谈项目161个,总投资额预计超过584亿元。现已落户的有厦门保监局、财政部驻厦专员办、中国出口信保、厦门产权交易中心、厦门农商银行、厦门建行、圆信永丰证券投资基金公司、厦门赛富创业投资基金等多个机构;厦门工行、厦门银行、平安银行厦门分行、安邦保险、瑞达期货等八家金融及配套机构签订了入驻核心启动区的意向书,区域金融中心的总部金融效应逐渐凸显。同时,随着两岸经济暨金融研讨会、台港厦金融联席会议、中国经济五十人论坛等金融交流平台的设立,显著优化了厦门的金融招商环境,为未来进一步扩大项目引进规模打下了坚实基础。

(三)金融服务功能渐显

随着金融中心对金融资源的聚集效应的不断显现,厦门的总部金融发展也明显推动了区域内金融服务功能的发展与完善,尤其在两岸业务领域取得了显著成果。厦门金融中心在新台币兑换、支持大陆企业赴台投资以及对台人民币结算清算等方面有所突破。厦门两地共有22对银行签订了两岸跨境人民币清算协议,并设立了22个人民币同业往来账户。截至2013年5月,厦门市银行累计办理两岸人民币结算270亿元,占全省份额90%以上。厦台证券期货业合作初见成效,厦门国际信托有限公司与台湾永丰金控公司永丰投信合资申请设立基金公司事项已通过证监会评审,由台资持股达51%的全牌照证券公司也正稳步推进。厦门区域金融中心在建设两岸股权交易中心方面取得了新突破,汇集了两岸十家金融机构共同参股交易中心,预计年内挂牌成立,这一股权交易平台的建立将进一步扩展金融中心的服务功能范围,提升服务层次和内容。

二、厦门两岸区域金融服务中心建设面临的问题

(一)金融中心的功能定位与外部竞争问题

厦门区域金融中心在福建省乃至整个海西区的功能定位,关系到中心建设面对的外部竞争问题。目前,在国家级支持项目方面,仅福建省内就有福州

海西金融中心、泉州金改实验区以及海西区内的温州金改实验区等;在区域金融服务平台方面,福州有海峡西岸股权交易中心、泉州有天津股权交易所运营分部等与厦门海峡金融资产交易所直接竞争。这些相似领域内的开发建设,要求厦门金融中心明确自身功能定位,避免功能重叠和重复建设,进一步强化自身在区域性和金融服务性领域的特殊优势。外部竞争会增加厦门金融中心在项目引入、金融合作等方面的成本和难度,如何将外部竞争转化为外部合作将是厦门金融中心下一步建设的重点问题。

(二)实体经济发展对金融中心建设的约束影响

厦门金融中心建设除了政府的大力支持推动以外,最重要的动力应来自市场作用,而市场作用的充分发挥来自区域内金融服务需求的强弱。厦门金融市场服务需求受到当地实体经济发展的制约较为显著。目前,厦门市产业结构已实现"三二一"的优质结构,但第三产业规模较低,第二产业内的重工业缺位,轻工业和制造业技术层次偏低,金融需求较弱。第二产业发展对第三产业具有明显约束,因此,需通过支持鼓励当地企业技术创新和规模扩张,刺激企业金融服务需求,从而促进厦门金融中心的服务功能更好地发挥作用。

(三)金融市场建设不完善形成的阻碍

厦门金融市场的不完善主要体现在两个方面:其一是融资功能不健全,银行贷款仍是满足企业融资需求的主要选择,占到全市融资总额的 80% 以上,上市公司数量和规模增长缓慢,限制了当地资本市场扩容,也影响了证券、期货及保险行业的发展;其二是市场结构不完善,尤其是金融主体单一,银行业居于绝对优势地位,厦门本地证券公司仅 1 家,期货公司仅 2 家,营业部密度较低,业务量和净利润都无法与银行业相提并论。这样的金融主体构成限制了直接融资在区域内的发展,不利于当地金融中心服务功能的完善与提升。金融市场的不完善将成为下一阶段约束区域金融中心建设的主要障碍。

(四)金融改革对金融主体形成的挑战

十八届三中全会后随着各项改革措施的出台,金融领域的改革为厦门区域金融中心建设带来了新的挑战与机会。以利率市场化和放开民营银行设立为代表的金融改革,一方面要求厦门银行机构积极拓展表外业务,增强服务水平,以抵抗可能的改革冲击,另一方面为厦门激活当地大量沉淀的民营资本提供新的渠道,凭借民营银行来充实地方货币市场规模,完善金融市场结构,有望成为厦门金融服务中心建设的新助力。

三、解决困难及问题的对策建议

（一）强化区域金融服务的功能定位，提升服务水平

厦门区域性金融服务中心建设面临的内外部竞争问题，要求政府进一步强化金融中心服务功能的定位，明确金融服务的市场主体、目标受众、服务方式以及服务产品类型等因素，通过政策支持和市场调节相配合，提升厦门的金融服务水平，实现厦门区域金融服务中心与区域内其他金融中心的合理配合和功能补充。

深入调研区域企业发展状况，了解市场金融需求，据此开发具有针对性的金融服务内容。立足厦门本岛的"双中心"结构，按照"一轴、一带、两区、一中心"的空间布局规划，积极推动总部金融建设，充分发挥中心功能互补、规模带动的金融辐射效应，沿着"厦门市—福建省—海西区"的路径，逐步推进厦门金融服务中心的服务广度和产品深度，实现对区域金融服务市场的全覆盖，为厦门市新阶段的经济和金融发展吸引优质企业资源和金融资源。

进一步推动台资入厦、台企驻厦，积极探索厦台金融机构合资方式和投资渠道，强化厦门在对台合作领域的地缘和人缘优势，形成厦门在两岸区域金融服务领域的绝对优势。

（二）创新金融服务产品，完善金融服务体系

创新是金融中心保持竞争力的重要因素。借助厦门区域金融服务中心建设的政策优势，在先行先试的条件下，积极创新金融服务产品，有助于金融中心为区域内企业提供完善、全面且具有针对性的金融服务产品，满足市场金融需求，推动实体经济发展。厦门金融中心的服务产品创新应致力于解决区域内中小企业融资困难以及资源错配等问题。

由于海西区内数量众多的私营中小企业，货币市场融资是其最主要的融资渠道，意味着区域金融服务产品的创新应以银行领域为主，积极发展如产业链融资、联保联贷、区域集优债券融资等创新金融服务品种，完善区域内的金融服务体系。厦门金融中心可以尝试推动金融租赁、金融信托等新型金融服务业务的开展，在政策支持的领域内，主动积极地拓展区域中小企业融资渠道，满足其融资需求。

（三）积极推动企业上市，扩大本地资本市场规模

资本市场的直接融资比间接融资更具效率，融资成本也更低。厦门金融中心的发展需要积极推动本地企业上市，以扩大本地资本市场规模。目前，厦门金融中心下设的海峡金融资产交易所受限于地区合格股份制企业数量较少，发展进程缓慢。政府应当积极鼓励地区内优质私营中小企业改组上市，进入A股市场或天交所、海交所等场外交易市场进行直接融资，一方面有助于解决企业融资障碍，另一方面能够实现私营企业的公司化转型，提高运营效率。

支持厦门金融中心的金融资产交易平台建设，充分发挥中心在资本市场上的服务作用。搭建区域的金融股权交易平台和债券交易平台，完善企业进入和退出渠道，实现区域金融服务中心的资产配置优化功能，配合协调地区的经济发展和产业结构调整。

（四）支持鼓励金融主体发展转型，健全金融市场结构

厦门区域金融服务中心的建设需要大量优质的金融主体参与，进一步吸引外部金融机构入驻，并支持本地金融机构发展将是金融中心建设的关键之一。目前，厦门由于金融主体不全导致的金融市场功能欠缺以及市场结构不合理的问题，限制了金融中心的健康发展。政府对此应出台优惠政策吸纳外部优质金融机构入驻厦门，设立区域总部或分支机构；另外，通过与台港澳金融业的深化合作，引导外部资本投资区内金融主体，帮助区内金融机构快速成长转型。

十八届三中全会后，金融改革的浪潮将席卷中国，厦门金融中心建设应顺应潮流，积极调整服务内容，推动金融主体转型，鼓励银行业开放民资和外资进入，尝试在以海峡金融资产交易所为代表的场外平台推行注册制准入，扩大资本市场规模。减少对金融机构的干预，加强外部监督和风险监控，支持区域内金融机构的业务扩张与功能转型，并适当给予政策扶持。

（五）加强对台金融合作，建立厦台金融合作机制

充分发挥厦门在对台合作领域的区位优势，加强金融服务业务与台湾金融结构的对接，拓展台资金融机构的入厦渠道，鼓励其在厦门设立区域总部或分支机构。政府应在ECFA和MOU框架下，利用先行先试条件，积极推动台币兑换范围和规模，降低台资入厦门槛，鼓励厦台合资入股金融机构，引导台资金融主体参与厦门区域金融服务中心建设。

重点建立对台金融人才交流平台和金融信息互信互通机制，一方面加强两地金融人才的交流，借鉴吸收台湾金融改革时期积累下来的宝贵经验，培养

锻炼本地金融人才;另一方面,强化两地企业互信,有助于本地金融服务更好地满足区域内台资企业的金融服务需求,并为本地企业赴台发展提供帮助。

(六)推进厦漳泉金融一体化

根据厦门市美丽厦门建设的规划,在新时期会加快推进厦漳泉同城化。厦漳泉金融一体化发展将有助于厦门区域金融中心破解现实障碍,实现跨越发展。厦门具备的金融资源优势与泉州和漳州的丰富民营企业存在的金融需求相结合,能够成为推动厦门金融服务发展的重要动力。以金融服务实体经济为目标,厦门金融中心的服务功能能够实现更广的辐射范围,满足区域内中小企业多层次的金融服务需求。

厦漳泉金融一体化要求三地政府通力合作,破解行政区划的障碍,集中推动企业信息互信平台、金融机构信息共享平台、人才资源交流平台等合作平台的建设,实现三地信息高效流动,带动金融资源在区域内的合理配置。厦门区域金融中心在三地金融一体化中不仅能实现金融资源的聚集,更将发挥重新配置区域内金融资源的重要作用。

四、2014 年发展的预测与展望

(一)2014 年面临的新机遇、新挑战

2014 年将会是全新的发展时期。十八届三中全会后,随着改革力度的深化,各项改革措施将深刻作用于地区的经济发展、产业结构调整和金融市场发展。厦门市区域金融中心建设将面临新的机会与挑战。

一方面,以利率市场化为代表的金融领域改革将对银行业发展带来根本性的变化。厦门金融中心在货币市场的银行金融服务也将面临变革,随着银行业对民营资本的开放,厦门金融中心应主动吸引区域内规模庞大的民间资本参与地方金融改革和区域中心建设,这将是新时期厦门金融中心建设面临的重要机遇。

另一方面,随着金融领域的改革开放,必将形成新的冲击和风险。这也要求厦门区域金融服务中心在建设过程中加强风险监控和市场监督,强化投资风险教育,完善市场风险防范机制,平衡发展速度、投资收益和风险。

因此,2014 年是厦门市区域金融服务中心建设的关键机遇期。新阶段各项改革红利,将成为金融中心建设的重要机会。

(二)2014 年目标展望

经过近几年的发展,厦门市区域性金融服务中心的硬件建设已粗具规模,岛内两大中心片区的规划建设已经基本实现,为下一阶段的发展奠定了扎实的硬件基础。2014 年,厦门区域性金融服务中心应致力于吸引优质金融机构入驻中心区,完善软件和硬件的结合,切实发挥金融中心区的服务功能和带动辐射作用。在金融主体方面,力争引进德意志银行、新加坡星展银行等国际优质金融机构入驻金融中心,以此提升金融中心的金融服务层次;在资本市场方面,支持一批优质企业改组上市,扩张当地上市企业规模;在金融改革方面,先行先试开展民营银行建设,激发区域内大量民营资本的活力,并引导它们合理参与区域金融中心的建设。

厦门大学经济学院金融系教授、博士生导师　戴淑庚
厦门大学经济学院金融系助教、金融学博士　胡逸闻

厦门市东南国际航运中心建设
情况分析及建议

国际航运中心是指以当地的国际贸易、金融与经济水平为依托,集发达的航运市场、丰富的航线航班、频繁的物流往来于一体的航运枢纽,可以是一个国际港口城市,也可以是国际港口都市圈。19 世纪初,以伦敦、鹿特丹为典型代表的第一代国际航运中心出现,继而,纽约、汉堡等港口在第二次世界大战之前也相继兴起。第一代航运中心以货物集散为主要功能,20 世纪 90 年代末,国内启动了首个国际航运中心——上海国际航运中心,天津与大连也相继向中央提出建设方案并得到批复,同时,各部门就支持国际航运中心的发展出台了一系列相关的政策法规与战略规划。2011 年,在"十二五"开局之年,福建省委省政府与厦门市委市政府提出了建设厦门东南国际航运中心的战略构想;同年 7 月,时任中共福建省委书记孙春兰在省委八届十一次全会上指出,要"推进建设东南国际航运中心,构建高效便捷的现代物流体系"。

一、2012—2013 年厦门东南国际航运中心
发展状况分析

(一)厦漳两港进一步整合,实现建设与生产双提速

2012 年 7 月 17 日,福建省交通运输厅会同福建省发改委在福州组织召开了《厦门港总体规划(修编)》(以下简称《规划》)审查会。该《规划》明确厦门港将形成"环两湾辖十区"的总体发展格局,即厦门港以环厦门湾、东山湾两湾发展为主,由东渡、海沧、翔安、招银、后石、石码、古雷、东山、云霄和诏安十个港区组成,各港区以自身优势进行定位并充分利用和整合现有资源(如表 1 所示)。

表1　　　　　　　　　　　　厦门港各港区定位和功能规划

港　区	功　能　定　位
东渡港区	发展壮大国际邮轮、对台客运、滚装和高端航运服务业
海沧港区	以集装箱干线运送为主,兼顾燃料化工和石炭等散货运送,积极发展保税港区和现代物流服务功能
翔安港区	以承接东渡港区石材、散杂货和内贸集装箱运送功能起步,逐步发展成以集装箱运送为主,兼顾散杂货运送等功能
招银港区	以集装箱、杂货运送和临港工业发展为主,兼顾散粮、建筑材料和客滚运输
后石港区	主要为后方临港工业服务,以燃料化工、LNG、石炭等大宗液体散货、干散货运送为主
石码港区	主要服务漳州龙海地方经济,以杂货和建筑材料运送为主
古雷港区	主要服务大型临港石化产业园,以燃料化工运送为主,兼顾散杂货运送,是以工业港为独特风格的大型深水港区
云霄港区	服务周边地区经济和临港工业开发的地区性港区,以散货和杂货运输为主
东山港区	以服务临港工业和地方经济发展为主,城垵、铜陵作业区发展散杂货和对台客滚运送;冬古作业区以服务城市旅游为主,兼顾油品运送
诏安港区	服务临港工业和地方经济发展,以散杂货运送为主

数据来源:《厦门港总体规划(修编)》。

　　这一总体发展规划有效地引导了厦门、漳州两市港口资源的进一步整合,从2012年9月至2013年8月,厦门港实现了全港货物吞吐量与全港集装箱吞吐量的平稳增长。

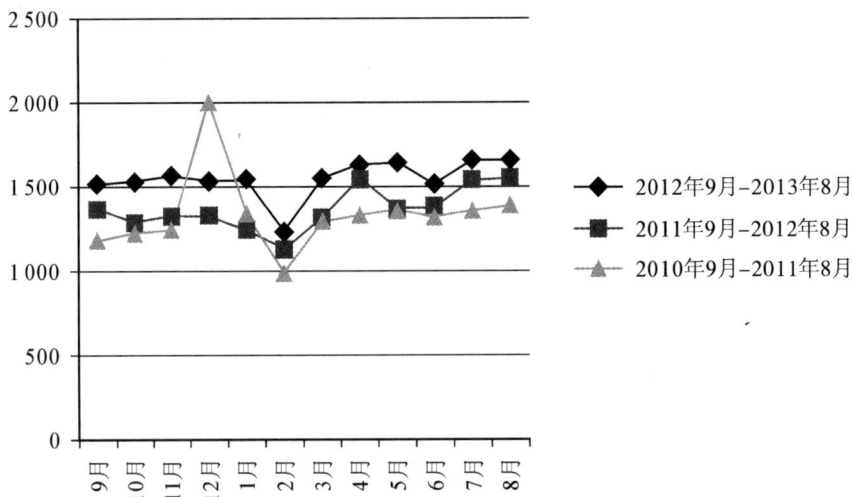

图1　厦门港2010—2013年全港货物吞吐量对比图(单位:万吨)
数据来源:根据厦门市统计局网站资料整理,http://www.stats-xm.gov.cn/tjzl/tjsj/.

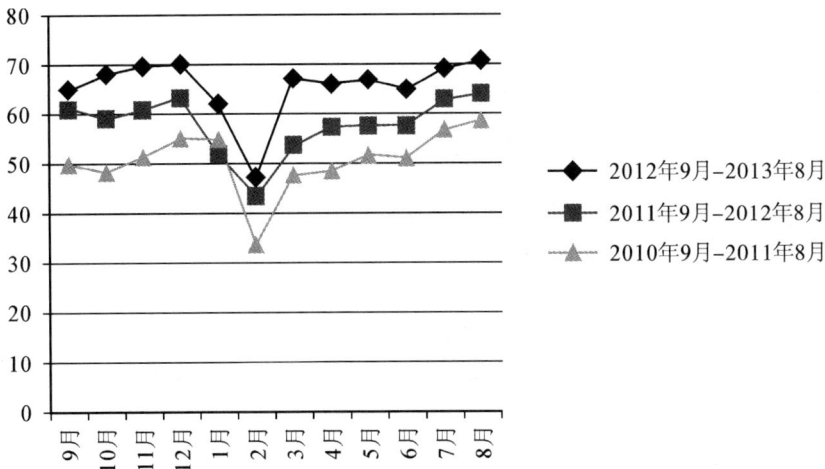

图 2　厦门港 2010—2013 年全港集装箱吞吐量对比图(单位:万标箱)

数据来源:根据厦门市统计局网站资料整理,http://www.stats－xm.gov.cn/tjzl/tjsj/.

(二)三大机构同时揭牌,为航运中心建设保驾护航

2012 年 6 月 2 日,东南国际航运中心"三大机构"——厦门航运交易所、东南国际航运仲裁院、福建电子口岸同时揭牌。

厦门航运交易所集船舶买卖租赁、港口货物交易、航运人才交流、航运交易中介服务、航运交易信息披露等五大功能于一体,今后还将与邮轮母港及规划中的高端航运物流商务区紧密结合。试运行期间,有 16 家单位进驻厦门航运交易所,为船舶交易、港口、人才交流、航运金融、大宗商品交易提供窗口服务。

厦门仲裁委员会东南国际航运仲裁院是厦门仲裁委员会为解决海事海商、航运物流、港口建设等方面的合同纠纷及其他财产权益纠纷特别设立的专业分支机构。仲裁院运作机制包括专业指导委员会、秘书组和仲裁员三个层面,分别提供政策法规、专业技术、行业惯例、行业信息等方面的支持,负责审理航运争议仲裁案件,为航运企业提供法律咨询与服务等。

福建电子口岸本部设在厦门,经过几年建设,已初步形成"覆盖服务福建全省、东接台湾、西联内地"的地区性口岸物流公共信息平台框架。目前,业务应用系统内容覆盖通关辅助、物流、查询等,运行服务项目达 41 个,直接服务的口岸生产运营、中介服务和口岸物流企业有 1 600 多家,日单证处理量逾 20 000 单,初步具备"一站式服务"条件。①

---

①　厦门市航运交易所网站相关资料整理,http://www.xiamense.gov.cn/Pages/NewsDetail.aspx? rowId=6507.

113

一个完善的国际航运中心,不仅需要发达的航运市场、顺畅的物流、丰富的航线,还须具备金融、法律服务等多种航运服务要素。因此,这三大机构的揭牌对于厦门东南国际航运中心建设有着重大的意义。

(三)联手上海航运交易所,提升航运服务整体水平

1996年11月28日,上海航运交易所经国务院批准,由交通部和上海市人民政府共同组建成立,它是我国唯一一家国家级航运交易所。经过十余年的发展,上海航交所已成为国际知名平台,其研发的中国出口集装箱运价指数和中国沿海(散货)运价指数具有国际权威性。

2013年3月19日,上海航运交易所与厦门航运交易所签订合作协议,共同合作开展厦门口岸航运市场规范协调和指数开发工作。这一合作关系的建立将促进东南国际航运中心的航运服务水平提升,积极促进航运要素集聚,培育和发展航运交易、金融、海事仲裁、航运咨询等高端航运服务业。

(四)深化海峡两岸合作,利用硬件优势创特色口岸

厦门是国内对台的最近口岸,拥有得天独厚的地理条件,因而"台湾牌"是厦门东南国际航运中心创特色、显能力的重要机会。截至2013年9月,闽台间已开通集装箱班轮航线7条,7家班轮公司12艘船舶参与经营,年吞吐量超过70万标箱,约占两岸海上直航集装箱吞吐量的1/3;散杂货年吞吐量达2 200万吨。

二、厦门市东南国际航运中心发展中存在的困难

(一)腹地经济总量有限,区域经济多元化水平不高

虽然厦门港可辐射内地多省市,腹地经济有相当潜力,但腹地经济发展水平较低,腹地往港口输送海运货源支撑力较弱。而且,厦门港在香港、深圳、广州、上海、宁波、高雄等发达的国际大港或区域性集装箱枢纽港南北包围下,向经济腹地发展受限,被钳制在福建及赣南与粤东有限区域内。此外,区域经济结构多元化水平不高,产业结构不丰富。[1] 如图3所示,与国内其他几个国际航运中心所在省份相比,福建省在人均GDP水平上还有一定的差距。

---

① 周跃:《建设厦门东南国际航运中心的可行性研究》,《港口纵横》,2012年第1期。

2012年人均GDP

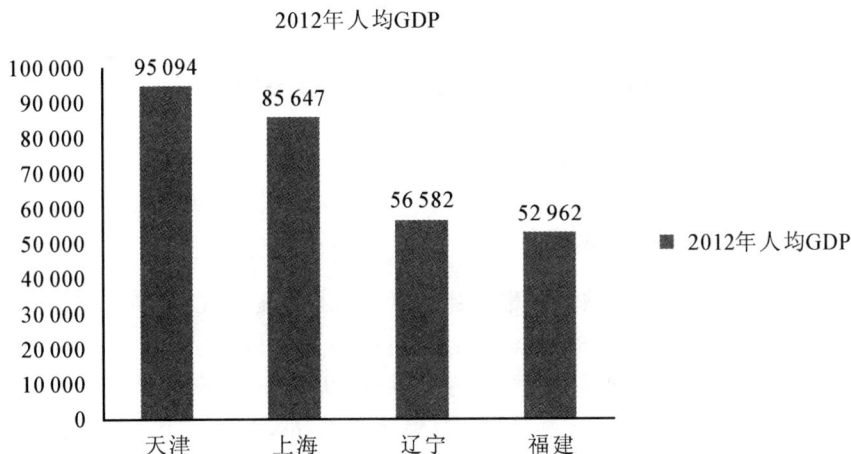

图3　国际航运中心省市人均GDP对比图

数据来源:根据各省统计年鉴整理。

(二)集疏运体系相对落后,综合物流功能较低

福建省出省铁路线较少、等级低,客货并未分线。辐射内地的货运铁路系统十分不发达,不仅港区内不具有货物运输专线铁路,港区外铁路沿线配套设施也很不完善。航运中心所覆盖区域的整体公路网络不健全,尤其是港区公路设施不发达,道路状况水平较低。并且港口经济与现代商贸、物流增值服务等领域结合度较低,航运产业水平未达到国际航运中心所应具备的规模化。

(三)航运人才储备不足,知识结构更新速度慢

我国的航运人才培养起步较晚,相较世界航运强国来说还有诸多不足,主要表现在:首先,人才数量不足,虽然我国航运人才数量增速明显,但仍不能满足我国航运业飞速发展的需要。例如,人才储备中尤为关键的涉外海事仲裁人才匮乏。[①] 其次,目前我国不少涉外法律人员仅掌握涉外实体法知识却缺乏国际司法知识,这也是制约我国涉外争议解决水平提升的重要原因之一。另外,航运中心的人才分布不均,缺少复合型、综合管理类人才,尤其是符合现代航运中心软实力信息化水平要求的海事信息化人才严重不足,整体人员信息化素质偏低。再者,海事人员知识结构更新的速度缓慢,从业人员再教育资源稀缺;跨国经营人才数量不足,素质水平较低;航运人才学历结构不合理等。

---

① 翁劲:《厦门东南国际航运中心建设的优劣势分析——兼谈海事管理在航运中心建设中的作用》,《世界海运》,2012年第11期。

三、解决困难与问题的对策和建议

（一）推进临港工业发展

临港工业在港口陆域的集聚是建设现代国际航运中心的重要基础、基本依托和强劲动力。厦门东南航运中心的建设要充分利用福建的口岸优势，加快临港工业和出口加工业的发展。为此，可从以下几个方面入手：

（1）充分利用福建的人力、技术、自然等资源，推动布局石化、钢铁、汽车项目，发展石化、钢铁、汽车产业集群；布局船舶制造项目，发展船舶制造产业集群；布局芯片制造等大型电子项目，发展电子信息产业集群。

（2）将福建沿海港口群核心腹地和中转腹地作为临港工业的核心基础，将腹地的农业、林业、矿藏等资源引入港口陆域，通过深加工或精细加工实现增值。

（3）利用福建港湾众多、岸线优良的条件，在福建经济技术开发区、保税区、保税港区的基础上，创建更多的临港加工区，在全球新一轮产业结构调整中承接全球产业转移，并促进福建出口加工业的结构调整和技术升级。要充分利用好本地和腹地、国内和国际的资源与市场，为东南国际航运中心的建设构筑起临港工业的供需链，使临港工业的发展与航运业以及福建沿海港口城市经济的繁荣紧密衔接。借鉴上海整合岸线形成规模工业港区的经验，把厦门湾、湄洲湾水深港阔的区域作为综合枢纽港，港区后方重点发展港口物流园区。

（二）推进厦门全国性综合交通枢纽建设

（1）构建以铁路、高速公路为主骨架，海陆空客货运场站为主枢纽，面向国际、沟通周边、连接内陆的现代化集疏运体系。

（2）加快铁路网建设。推进厦深高速铁路、漳州港尾铁路和东孚编组站的建设；推动沿海货运专线项目前期工作开展和翔安客货中间站建设；推进海沧区疏港铁路专用线扩建工程和漳州古雷铁路支线的开发建设。

（3）加快公路网建设。推进厦成、古武、招银疏港高速公路及厦漳跨海大桥的建设；加快海沧隧道、海翔大道、海沧疏港快速路、南北大道及海景路等疏港道路建设，争取在 2018 年竣工并实现贯通。

（4）加快陆地港和内支线网络的开发建设。重点扶持发展晋江、龙岩、三明陆地港，启动潮州三百门新港区开发建设，推进江西吉安等内陆省份陆地港建设，拓展湖南、四川等内陆省份业务网点及陆地港建设，加速推进前场铁路大型货场建设,积极发展海铁联运;出台政策扶持完善内支线网络,增加内支线舱位数量和航班密度。

(5)打造区域性航空枢纽港。加快推动厦门翔安国际机场建设,打造东南沿海重要的国际干线机场和区域性航空枢纽港;积极推动发展海空多式联运,重点发展厦金直航、国际邮轮旅客、两岸快件海空联运,实现空港与海港、高铁、邮轮母港、城市综合体之间的互动。

(三)加强港航基础设施建设

完善港口公共基础设施建设。积极争取中央和省级财政资金项目补助,拓展航道建设资金筹集渠道,加大市级财政建设资金投入,加快各港口、航道的建设及扩建工程;同时,加快各港区深水泊位建设和改造。

(四)完善物流服务体系

(1)完善航运服务体系。大力发展船代、货代、运输、仓储、航运保险等服务产业。一方面要制定优惠政策鼓励民营资本进入航运服务行业,吸引国内外的大型航运企业进入福建航运服务市场,使福建成为国内航运经纪中心之一;另一方面又要针对当前航运行业管理薄弱、人员素质偏低、缺乏标准化运作、低水平竞争的状况,加强对航运服务企业的引导和对市场的监管,不断提高企业素质,规范市场秩序,建立一支信誉度高、服务质量高的国内一流航运服务队伍。

(2)完善信息服务体系。加快港口管理的数字化建设,实施数字物流工程,以航运市场网上交易功能为核心,整合区域和部门间的物流信息平台,实现公共平台一体化。[①] 同时要加强与各国航运中心的信息网络对接,使福建成为国际航运信息的集散地。

(3)完善口岸服务体系。健全为海空两港和整个集疏运网络配套服务的口岸支持系统,积极推行大通关制度,简化办事程序,提高口岸管理的规范化、标准化和国际化水平。

(五)成立航运中心人才培养基地

(1)通过实施航运专业教学改革及政府资金补助等方式,建立东南国际航运中心人才培养、实习基地。依托厦门大学、集美大学、华侨大学、福州大学、福建工程学院等高等院校,重点培养航运贸易、航运金融、航运法律等复合型高端人才和航海、空管、邮轮经营管理等紧缺人才。

---

① 龚高健:《建设东南国际航运中心的路径探讨》,《港口经济》,2011 年 11 期。

（2）与台湾航运业共同建设大型海员培养、实习的训练基地，争取国家支持设立台湾船员考试认证机构，兼顾开展邮轮、帆船、游艇等船员或从业人员的培训，塑造海峡航运人才培养特色和品牌。推动两岸涉航专业学历和技能人员职业资格互认，加强船员市场建设，深化两岸航运人才交流。

（3）加强港航从业人员、航运服务业专业技术人员的培训和再教育；加大高层次航运人才国际合作与交流，选派和资助一批具有发展潜力的港航人才到国（境）外著名高校、著名航运机构研修、培训或挂职锻炼。

四、2014 年发展预测与展望

2013 年 9 月 5 日至 6 日，《厦门东南国际航运中心发展规划》（以下简称《规划》）评审会在厦门召开，与会的专家一致同意《规划》通过评审。《规划》为厦门东南国际航运中心建设划分了阶段目标：1. 2015 年前做好航运中心建设的基础准备工作；2. 2015—2020 年，航运中心建设[U2]取得初步成效，其中包括：集装箱干线港地位得以大幅提升，基本形成覆盖海西的综合集疏运网络；初步形成区域性邮轮母港，实现海峡邮轮常态化运营；基本形成现代化航运服务体系框架，促进区域航运要素向厦门集聚；大力推动经厦门口岸的海峡滚装运输陆海联运；3. 2020—2030 年，厦门东南国际航运中心核心功能和框架将形成。

福建省委书记尤权也对厦门港的未来发展提出了"物流＋客流"、"腹地＋中转"、"港口＋产业"、"海港＋空港、信息港"、"硬件＋软件"五大发展路径。根据尤权书记的指示精神，厦门港口管理局将东南国际航运中心的未来建设概括成五大推进任务：一是推进大物流大通道建设，推动构建厦门全国性综合交通枢纽；二是推进各类航运要素集聚，增强东南国际航运中心"软实力"；三是推进港口战略性调整，积极发展港口物流业务，多渠道吸引货源；四是加强对台合作，强化厦门东南国际航运中心功能和特色；五是推进邮轮母港建设，打造海峡特色邮轮经济①。

2014 年是东南国际航运中心"十二五"规划的第四年，是完成"十二五"目标关键的一年。首先，2013 年底，厦深高速铁路、赣龙铁路、厦成、招银疏港高速公路陆续建成通车，标志着 2014 年是厦门港与江西、湖南、贵州等内陆省份航运合作的新起点，为中西部省份货物进出开辟了一条新通道，也为厦门成为

---

① 蔡喆：《专访厦门港口管理局局长蔡良涯》，《中国港口》，2013 年第 3 期。

东南国际航运中心提供更加良好的经济腹地。同时,在 2013 年 6 月举办的第五届海峡论坛上,大陆方面发布了 31 项对台惠民新政策措施,主要包括:开放13 个城市作为第三批大陆居民赴台湾地区个人旅游试点城市,新设立 11 家海峡两岸交流基地,设立首批 10 家海峡两岸文化交流基地等。因此,在宏观政策的引导下,厦门会更加充分发挥地理条件的优势,进一步发挥国际航运中心在两岸合作交流中的先行作用。

2014 年不仅是东南国际航运中心加强传统竞争力的一年,还是其培育和发展航运交易、金融、海事仲裁、航运咨询等高端航运服务业的一年,上海航交所和厦门航交所共同编制的两岸集装箱运价指数将于明年年初发布。这一指标将成为海峡两岸航运市场的"晴雨表",为船东和货商提供远期的运价参考以规避风险,而且金融保险、保险经纪等一系列金融衍生品也将伴随指数的发布陆续展开。由此可见,2014 年对于东南国际航运中心丰富航运要素,提升港口服务水平既是契机,也是挑战。

厦门大学经济学院　郑若娟　何元茜　韩　菁

厦门市 2013 年综合配套改革实施情况综述

　　2013 年,我市深入贯彻党的十八大和十八届三中全会精神,认真落实中央、省委关于全面深化改革的一系列重要指示和要求,围绕制定实施《美丽厦门战略规划》,推动科学发展和深化两岸交流合作的重点领域和关键环节,全面推进《综改方案》各项工作落实。

一、2013 年情况回顾

(一)一批先行先试政策获批实施

　　省委省政府和国家相关部委出台相关文件支持厦门综改试验,全年,有19 项涉及土地、财税、金融、两岸交流合作等领域的先行先试政策事项获批实施。主要有:异地有偿补划核减了 4.2 万亩基本农田;营改增试点正式实施;台湾地区金融机构可在福建省设立同省异地支行;获准设立两岸合资的全牌照证券公司和两岸合资基金管理公司;交通部批准厦门航交所联合上海航交所,共同发布海峡航运指数;闽台(厦门)文化产业园被文化部列为国家级文化产业试验园区;公安部授权厦门制作暂住人员赴金门旅游的大陆居民往来台湾通行证;民政部授权厦门试点备案管理台湾经贸社团在厦设立代表机构;城市轨道交通建设规划获国家发改委批准实施,翔安国际机场获得明确支持。

(二)四大载体平台建设取得阶段性进展

　　两岸新兴产业和现代服务业合作示范区改革发展规划已上报国务院,核心区填海造地已完成 6.7 平方公里。东南国际航运中心建设全面提速,厦门航运交易所、东南国际航运仲裁院、福建电子口岸正式运作,海沧保税港区二期封关运作,完成厦漳港口一体化整合。两岸区域性金融服务中心建设加快,厦台两岸跨境人民币结算量、新台币兑换量居大陆各城市首位。截至 2013 年

9月底,两岸金融中心已正式注册项目160个,正办理注册和在谈项目183个,总投资额预计超过580亿元;厦门两岸股权交易中心建设取得实质性进展,国信证券、中信证券、台湾永丰创投等10家股东单位代表在厦签署合作建设厦门两岸股权交易中心合作意向书,年内有望挂牌开业。大陆对台贸易中心总部揭牌营运,对台大宗商品贸易快速发展,是大陆从台湾进口水果、酒类、大米、图书及声像制品的最大口岸。

(三)两岸交流合作取得新进展

两岸经贸合作进一步推进,累计批准台资项目4 110家(含经第三地),实际利用台资累计85.9亿美元,占全省70%左右,台资企业工业产值约占全市工业总产值的40%;累计对台进出口总额589.7亿美元,占全省一半以上。两岸直接往来通道进一步改善。截至2013年9月底,厦金"小三通"运送旅客950万人次,占闽台"小三通"的90%以上,居大陆各口岸之首;经厦门口岸出入境台胞超过1 300万人次;大陆居民经厦门口岸赴台湾旅游累计超过77万人次。建成海峡两岸第一条直通光缆——厦金海底光缆;率先开通厦金海上客运夜航和两岸海运快件双向运营。文化教育等领域交流进一步拓展,成功举办第五届海峡论坛、第五届文博会、第八届图交会;海峡两岸教育交流与合作基地建设工作全面启动;第七届海峡两岸百名中小学校长论坛、第三届海峡两岸中学生闽南文化夏令营、首届海峡两岸百名中学生手拉手夏令营全面展开;第四届海峡律师(厦门)论坛9月举办;闽台乡村旅游合作发展圆桌会议顺利召开,挂牌成立闽台乡村旅游创意指导中心;新增12家两岸交流合作基地或办事机构落户;率先设立厦门上古文化艺术馆、集美区闽台民俗文化古镇等首批10个海峡两岸(厦门)交流基地。服务台胞台企工作进一步优化,挂牌成立大陆首个涉台法庭、涉台海事审判法庭,率先聘任一批资深台商为涉台案件陪审员、调解员;率先在全市8所一级达标高中开设台生班;在厦常住台胞已达11万人。

(四)一些重点领域和关键环节的改革取得突破

1. 土地改革方面

一是根据两岸产业合作发展用地需求,适时启动土地利用总体规划的评估调整工作。截至10月共批准了31个项目的规划调整。二是加快推进工业仓储国有建设用地自行改造,确定自行改造试点项目清单,16个项目已经市政府研究通过,正推动批项目的实施。第二批10个项目已上报市政府研究。三是我市集体土地使用权证与农村房屋所有权证两证合一方案已修改完善,待国家不动产登记机构改革明确后推行实施。

2.行政审批制度改革方面

一是全面清理行政审批事项。我市第五轮审改通过取消、下放、合并、调整、暂不纳入目录等方式共计减少行政审批事项 100 项,减少比例 22.8%。二是争取省级部门下放审批权限。省政府授予厦门市乙级规划资质审批权、风景名胜区规划审批权等 16 项省级行政职权。三是推动审批权下放区级部门。共有 25 个市直部门拟向区级下放 33 项审批项目,市工商局、公安局、消防支队等单位的一批审批项目已下放到位。四是再造审批流程缩短审批时限。各审批部门通过精简审批环节、压缩审批时限、提升"即来即办"、推行并联审批等方式,实现审批提速。一般行政审批项目实行"一审一核",复杂项目的办理不超过 5 个环节;新增即办事项 62 项,"即来即办"事项办件量占比提升至 65%;企业注册登记、房地产权籍登记等五个领域率先试点"并联审批"。

(五)围绕保障实施《美丽厦门战略规划》精心谋划"机制创新行动"

主要包括"五大创新工程",将为全面实施《美丽厦门战略规划》提供有力的机制保障。

一是考核评价机制创新工程。合理界定区、街(镇)、居委会(村)的主体功能,建立"不以 GDP 大小论英雄、只以功能发挥好坏论成败"的工作和政绩考核机制,保障主体功能得以有效发挥。

二是招商和财税机制创新工程。建立全市统筹的招商机制和促进区域共同发展的税收分成机制,引导项目向各主体功能区集聚,推进统筹发展。

三是行政运行机制创新工程。以服务型政府建设为目标,推进机构改革和职能整合,深化行政审批制度改革,推动行政审批全流程网上运行,完善电子监察,探索建立符合国际惯例的商事登记制度,全面优化投资软环境。

四是社会管理机制创新工程。探索建立政府主导、社会协同、公众参与相结合的社会管理体制机制,建立健全纵向到底、横向到边、纵横交互的社会管理体系,强化镇(街)社会服务职能,推动简政放权和社区工作减负,推行政府购买服务,完善社区自治和矛盾纠纷调解机制。

五是开放机制创新工程。整合现有海关特殊监管区域,探索自由贸易园区发展模式,创新市场开拓机制,培育自主出口品牌,积极扩大出口、增加进口。加强对外交流,提升城市国际化水平。

二、2013 年情况分析

（一）新一轮改革形势逼人

党的十八大对全国新一轮改革开放和现代化建设作出重大战略部署。习近平总书记在广东、深圳考察和在几次政治局学习时发表的重要讲话,宣示了中央"改革不停顿,开放不止步"的坚定决心。今年全国"两会"后,国务院先后六次研究部署改革工作,就转变政府职能、深化经济体制改革等重点改革事项提出明确要求。特别是党的十八届三中全会通过了《中共中央关于全面深化改革若干重大问题的决定》,是新一届党中央动员全党全国各族人民全面深化改革的行动纲领和进军号角。我们面临着全国新一轮改革风起云涌,各地形成了多主题试验、东中西部联动、中央与地方共同推进的改革试点格局,形势逼人,不进则退。

（二）区域竞争由政策优惠的竞争转向创新体制机制的竞争

从 1980 年设立经济特区至 1998 年我国形成全方位开放格局,区域间竞争主要依靠向国家争取特殊优惠政策,形成政策"洼地",吸引外资,实现超常规发展,形成了依赖政策势能差和开放时间差的成长模式。近年来,国家已逐步将优惠政策由向区域倾斜转为向产业倾斜,原则上不再给予区域特殊优惠政策,特区原有的优惠政策逐步弱化。国家通过设立综合配套改革试验区,赋予其"先试先行权",推进重点领域、关键环节和体制性的改革创新,以点带面,推进整体改革开放。区域间竞争已由政策优惠的竞争转化为体制机制创新的竞争。

（三）单纯的经济实力竞争转向"五位一体"的综合实力竞争

新中国成立以来,我国经历了几次体制机制的大转型。第一次是社会根本制度的转型,新中国成立,从半殖民地半封建社会和新民主主义社会向社会主义社会全面转型;第二次是经济体制的转型,改革开放,从计划经济体制向市场经济体制转型。十八大报告提出"五位一体"建设,意味着各地的竞争将由单纯经济实力的竞争转型为经济、政治、文化、社会、生态"五位一体"的综合实力的竞争。

从厦门看,我市发展已进入了新的阶段。根据美国经济学家钱纳里提出的经济社会发展六阶段论,人均 GDP 达到 10 592～16 948 美元,二产产值相对稳定或下降；三产大于二产，农业从业人员占全社会从业人员比重在10%以下，人口城市化率大于65.2%，则进入了后工业化阶段。我市2012年，常住人口人均GDP为77 392元人民币，约合12 260美元，三次产业结构比例为0.9∶48.8∶50.3，第一、二、三产业人口就业人员比重为0.3∶42.4∶57.3，城市化率为88.6%。从数据层面分析我市目前正在步入后工业化时期。进入新的阶段，原有的发展模式和建立在该模式基础上的体制机制都已不相适应，必须加快发展模式的转变和体制机制的创新。转变和创新的关键，就是要贯彻落实科学发展观，根据新阶段的发展要求和新的竞争格局，统筹资源，营造优势，创新开拓，把发展从主要依靠外延推动转到主要依靠内生动力上来、从主要依靠政策优惠转到主要依靠体制创新上来，从单纯注重经济增长转到全面统筹协调发展上来。

（四）特区改革发展成就辉煌的光环下进一步解放思想的挑战

改革开放30多年来，厦门特区建设成就辉煌，各类表彰和荣誉纷至沓来。在各式各样光环的笼罩下，厦门特区如何进一步解放思想正成为未来改革发展所面临的首要挑战。一些同志满足思想、因循守旧思想严重，进取心不强，冲劲、闯劲、拼劲、韧劲不足；缺乏勇气，不敢担责，"多做多错，少做少错，不做不错"的思想抬头，满足于按部就班、照章办事。随着改革开放初期经济特区的特殊优惠的政策逐步淡化和退出，一些同志开始迷茫，看不到新形势下特区的新优势，对深化改革、扩大开放心中无数，对如何用足用好用活政策无所适从。思想不解放、魄力不够，胆子不够大、步子不够快，是厦门全面深化改革面临的突出问题。

三、解决困难与问题的对策和建议

根据新的形势，我市下一步的综合配套改革，必须在转变发展方式、创新体制机制上下工夫，努力在推进科学发展和两岸交流合作的重点领域与关键环节的改革创新上取得新突破，进一步营造发展新优势，增强发展新动力，开创发展新局面，进一步发挥厦门经济特区在促进科学发展、建设和谐社会、服务祖国统一中的"排头兵"作用。

在设计和推进体制机制的改革中，第一，要围绕城市发展的目标和定位。就是要紧紧围绕我市"两个百年"的发展目标，在建党100周年时建成美丽中国的典范城市，在新中国成立100周年时建成展现中国梦的样板城市，围绕建设国际花园城市、美丽中国典范城市、两岸交流窗口城市、闽南地区中心城市和温馨包容幸福城市的定位,明确改革发展方向,设计和开展体制机制的创新。

第二,要坚持好字当头、快在其中的原则和要求。坚持在转型升级和优化结构中加快发展。各项改革都要立足于做强做大自身优势,使优的更优、强的更强,增强发展的内在动力和活力,促进差异发展,实现又好又快。

第三,要坚持统筹协调、共建共享的理念和方法。以统筹的理念,创新和形成良好的机制,有效整合和利用全市、区域、两岸乃至世界的资源,推进统筹发展、跨越发展;有力解决发展中的各种两难问题,确保改革的正确方向。以决策共谋、发展共建、建设共管、成果共享的办法,发动群众、凝聚共识、塑造精神,形成改革发展的强大合力,推进各项事业发展,尤其在创新社会管理和加强生态文明建设等方面取得新突破。

第四,要突出重点、先行先试,实现率先突破。我们认为近期改革要聚焦于以下重点任务:一是创新主体功能拓展的体制机制,科学确定全市各区域和各级的主体功能,建立与之相适应的招商、财税分成和政绩考核机制,促进跨岛发展;二是创新同城化的体制机制,完善基础设施、产业分工、生态资源、民生服务等协同共建机制,促进厦漳泉共同发展;三是创新两岸交流合作的体制机制,以中小企业为抓手,促进两岸产业深度合作,带动各领域交流合作,促进两岸深度融合;四是创新社会管理的体制机制,以共谋、共建、共管、共享的理念和办法,共建和谐社会,促进幸福城市建设;五是创新生态文明建设的体制机制,共建美好环境,促进国际花园城市建设,共同缔造美丽厦门。

四、2014 年发展预测与展望

2014 年,我市综合配套改革,将深入贯彻落实党的十八届三中全会精神和习总书记对厦门发展的五点重要指示要求,以及省委九届十次全会精神,按照中央提出的全面深化改革的总目标和"六个紧紧围绕"的总要求,充分发挥国家赋予厦门经济特区在改革开放中的"窗口"、"试验田"、"排头兵"作用,坚持统筹发展、创新发展、绿色发展、为民发展,凝聚共识,统筹谋划,先行先试,协同推进,为建设"美丽厦门",实现"两个百年"发展目标,提供强大动力和体制机制保障,为全国深化改革开放发挥积极的示范带动作用。主要工作将围绕以下四个方面开展:

一是贯彻落实十八届三中全会精神,制定出台我市近、中、长期改革方案。二是抓好《综改方案》赋予的先行先试权。抓紧落实国家相关部委已批的政策事项,制定出台实施细则或操作办法,对政策实施过程中出现的新问题和新情况做好积极的应对。加快推进实施《综改方案》中已明确的政策事项。三是继续研究、策划一批向上争取政策。重点是对照上海自贸区方案相关政策,我市自己能推动的政策事项抓紧实施;需要向上争取的,利用综改平台,单项向上争取;策划生成一批新的改革重点和改革项目。四是积极推进一批能在全国起示范作用的重大改革事项。包括:参照上海自贸区政府职能转变和审批制度改革,先行探索实施商事制度改革和负面清单管理;推动社区管理创新;是推动信息消费体制机制创新等。

蒋小林

社会篇

厦门市社会事业发展形势分析及预测

2013年,是党的十八大胜利召开后的第一年。全市社会事业发展更加注重以人为本、民生优先,更加注重保基本、广覆盖、可持续,更加注重共谋共建、共管共享,公共服务水平加速提高,社会保障体系加快完善,社会管理成效更加凸显,人民群众的幸福感和满意率进一步提升。

一、社会事业发展情况

(一)2012年厦门市社会事业发展回顾

2012年,厦门市委市政府注重把保障和改善民生作为社会事业发展的出发点和落脚点,加大财政投入,创新体制机制,实现了社会事业水平的新提升和新跨越。在各级各类学校中任职的专任教师3.64万人,平均每一教师负担学生22人。进城务工人员随迁子女就读义务教育公办学校的比例提高到80.80%。各类医疗卫生机构1 233个,医务工作者27 362人。新增就业20.3万人,城镇登记失业率为3.49%。基本养老、基本医疗、工伤、失业和生育保险参保人数分别为210.45万人、280.66万人、160.26万人、160.45万人和149.72万人。城镇居民人均可支配收入37 576元,增长11.9%;农民人均纯收入13 455元,增长12.8%。企业退休人员月人均基本养老金2 268元,被征地人员月人均退养金920元。全市社会救济3.83万人,全年城乡最低生活保障支出7 422万元。11.70万名退休人员进入社会化管理,社会化管理率达到99.25%,社区管理率达到100%。基本公共服务满意度评价位列中国38个主要城市第二,居全国十佳服务型政府首位。

(二)2013年厦门市社会事业发展情况

1.基本公共服务实现"提质增效"

各类教育均衡发展。在全省率先统一公办幼儿园预算内生均公共费用定额标准。新建公办幼儿园 18 所、中小学 34 所，新增公办幼儿园学位 4 000 个、义务教育学位 1.1 万个。进城务工人员随迁子女接受公办义务教育的比例达 82.52%。建成并开办厦门实验中学。成立中高职集团化办学教育联盟，全市共有物流、软件、会计三个校企合作服务中心。2012 年，厦门基础教育满意率位居全国 38 个城市之首。

城乡医疗卫生服务体系加速构建。健全区、镇、村三级农村医疗卫生服务体系。实现社区卫生服务中心在街道的全覆盖，理顺三大医院与所辖 15 家社区卫生服务中心的关系。在全国率先提出了实施基本药物零差率销售补贴和乡村医生退岗补助。全面取消公立医院药品加成，患者受益 2.2 亿元。继续稳定低生育水平，总人口政策符合率达 93.23%。

公共文体服务水平不断提升。荣获首批全国公共文化服务体系示范区城市，鼓浪屿申遗工作有序推进。全市综合文化站镇(街)覆盖率 100%，行政村(社区)文化活动室覆盖率 100%，农村有线电视入户率 99.6%。岛内 55 个"城市街区 24 小时自助图书馆"建成投用，公共电子阅览室实现镇(街)全覆盖。厦门国际马拉松赛打破全国纪录，荣获"国际田联路跑金牌赛事"六连冠。

公共就业促进工程有效实施。新增就业 16.66 万人，率先在全省为企业招聘应届毕业生提供社保补贴。举办校企合作对接会，促成 106 个专业 1.52 万名学生与企业实现对接。采取"随到随培、学会为止"的方式，将培训直接办到工业集中区和村居，着力提高退征人员就业竞争力。2012 年社会保障和就业满意度位居全国第二。

住房保障能力增强。在全国率先建立由保障性租赁房、经济适用房和限价商品住房组成的保障性住房政策体系，累计建成保障性住房 5.3 万多套，完成选房入住 2 万多户。

2. 社会保障体系完成"兜底扩面"

社会保险体系加快完善。至 9 月末，基本养老、基本医疗、工伤、失业和生育保险参保人数分别增长 2.86%、4.61%、2.75%、2.33% 和 2.83%。在全省率先实现养老保险城乡全覆盖。企业退休人员基本养老金上调 310 元，增量全国第一，标准居全国前五。城乡居民医保每人每年财政补助标准提高到 390 元，提前三年超额完成国家"十二五"目标。

城乡居民收入普遍提高。企业最低工资标准调整为每人每月 1 320 元。全面建立城乡居民最低生活保障制度。深入开展工程款清欠工作，发放农民工工资 2 380.74 万元。

普惠型社会福利救助加快发展。启动低收入家庭经济状况核对工作。开展低保特困家庭危房改造。全市共有养老服务机构 37 所，每千名老人养老床位占有率 27.83‰。截至目前,救助流浪乞讨人员 5 505 人次。

3. 科技、旅游事业做到"稳中求优"

科技创新步伐加快。成为第二批"国家知识产权示范城市"。全市 750 家高新技术企业实现工业总产值 2 400 亿元,规模以上高新技术工业企业占全市规模以上工业总产值 43%;每万人口有效发明专利拥有量 8.68 件。国家创新基金项目立项金额首次突破 5 000 万元,再创历史新高。4 人入选科技部首批"创新人才推进计划",7 人入选"福建省第三届杰出科技人才"。

旅游指标强势增长。旅游综合竞争力居全国第 7 位,旅游增加值占 GDP 比重 9%,居全国第 2 位。2013 年旅游人气指数和游客满意度指数双双高居全国前列。接待境内外游客 4 660 万人次,比增 13%;旅游总收入 620 亿元,比增 15%。接待邮轮 18 艘次。华强"方特梦幻王国"开业。高星级酒店突破 40 家,4A 级以上景区 12 家,旅游接待能力进一步提高。

4. 社会管理领域注重"保稳强基"

荣获全国社会管理综合治理优秀地市奖"三连冠"。和谐城市竞争力居全国第 9 位。完善矛盾纠纷多元调解机制,建成行业性、专业性调委会 230 多个。城市网络形象名列全国第四。修订完善社会稳定风险评估办法。在全省率先建成校园报警监控联动系统。出台《居住证管理办法》,实施新一轮"城中村"治安整治。建立"民生 110"服务中心,为市民提供各类民生服务。建成网格化信息平台 223 个。海沧区通过"全国社区服务与管理创新实验区"中期评估。实现社会组织直接登记,备案管理台湾经贸社团在厦代表机构。

131

二、厦门市社会事业发展存在的困难问题及原因分析

(一)供给能力欠账较多,无法满足市民日益增长的需求

我市"十二五"规划中,对岛内公共服务的供给按 180 万人口进行规划,但目前岛内已达到 250 万人。本次人口普查资料显示,与上次普查相比,省内山区大约有 100 万人流入厦门,20 万人流入福州,20 万人流入泉州。人口的快速增长,给公共服务供给带来了较大的压力。中小学和幼儿园学位、医院床位等缺额较大,入学难、看病难问题比较突出。按照预计,我市 2015 年就学规模需求为小学 30 万人,初中 10.9 万人。但目前小学学位只有 22.3 万个,初中学位 8.2 万个,缺口较大。目前每年增加的学位偏少,短期内难以改变岛内学

位紧缺状况。就医方面,2012年底我市每千人拥有病床数 3.35 张,低于全国 4.24 张的平均水平。资源总量不足成为基本公共服务均等化亟待解决的问题。

(二)规划布局不够均衡,不同区域、不同群体享有公共服务水平仍有差距

受历史上岛内外长期不均衡发展、城乡二元结构的影响,不同区域、不同群体享有公共服务水平不均衡的现象仍然较为突出。比如,教育方面,优质教育资源多集中在岛内老城区。同安、翔安两区教师具有本科以上学历的比例低于全市平均水平 12 个百分点。岛内大多数中小学在专用教室建设、仪器配备和信息化方面已达到省 I 类标准,而岛外则普遍为省 II 类标准。医疗方面,岛内两区三级以上医疗机构 8 家,岛外四区仅 3 家。低保方面,城市和城镇低保标准统一为一人户 415 元/人·月,而岛外四区农村低保标准则为 320 元/人·月。旅游方面,厦门的旅游资源有 85% 集中在岛内,来厦游客中有 85% 集中在岛内活动。

(三)体制机制不够顺畅,各方参与的积极性未被完全调动

管理体制上,岛内实行的是城市管理体制,岛外大部分地区实行的是城镇和农村的管理体制,投入标准较低。财政体制上,岛内公共服务基本上由市财政承担,岛外由各区财政承担。由于岛外各区财力较弱,投入相对不足,很多公共服务不得不低水平供给。比如,教育方面,建一所学校容易,但维持学校运转所需财政投入更大,区里压力大,没有积极性。供给体制上,投入主体比较单一,社会力量参与供给不够活跃。比如,目前社会办医疗机构开放床位仅占全市总量的 18%,诊疗服务人次占 16.53%。这种状况既不利于增加公共服务总量供给,也不利于社会事业的可持续发展。

(四)评价体系不够完善,有力有效的督查机制尚未建立

各级政府在提供公共服务过程中拥有较大的自由裁量权,由于信息不对称等原因,可能出现越位、缺位和错位等问题,需要相应的绩效考核标准。主要是:服务供给机制有待健全,政府集公共服务的决策者、提供者和监督者于一身,竞争激励机制缺乏而降低了公共服务的质量;管理运行机制有待完善,尚未制定统一的基本公共服务均等化指标体系和评价标准;政策法制环境有待提升,弱势群体公共服务需求的利益表达机制尚未建立,全社会共同推进社会事业发展的格局还未形成。

三、加快厦门市社会事业发展的对策建议

（一）强化政府供给责任并加快政府职能转变

要牢牢把握基本公共服务的公益性质，坚持政府主导，明确政府主体责任。特别是要强化区级政府对社会事业的重视和投入责任。社会事业项目一旦确定，不得随意变更用途和规划，切实防止把已定的公共服务用地变更成服务业用地的情况发生。政府既要加强社会政策托底，又要注重满足发展需求，既要尽力而为，又要量力而行。要突出保障底线民生、基本民生，又要创新体制机制，坚持共谋共建、共管共享。要按照政事分开、管办分离的原则，推进事业单位管理体制和运行机制改革，使事业单位成为公共服务供给的主体。同时，又要切实转变职能，发挥市场作用，加强社会团体、行业组织、中介组织等在基本公共服务需求表达、服务供给等方面的作用和地位。

（二）加强专项规划的科学性及空间布局的合理性

要加强全市统筹，推进人口资源环境、经济社会发展、区域协调等各类规划统筹整合。根据人口分布特点，制定教育、医疗、文体、养老、就业等专项规划。修订《厦门市城市规划条例》，将规划的范围从城市（镇）延伸到农村。着眼于岛外人口增长的趋势，优先预留社会事业项目用地，调整优化新城区规划布局，在新城建设中同步规划建设教育、卫生、文体等配套设施。推进基本公共服务供给重点向岛外、农村倾斜，力争每个区都有优质学校、三级综合医院、综合文体设施和养老院。制定优惠政策，引导岛内优质公共服务资源向岛外、农村集聚。

（三）健全财政投入稳定增长和多元供给机制

首先，要继续加大财政投入。加快财政投入由投资型向公共服务型转变，把公共财政支出的70％以上用于民生保障和公共服务，财政基本公共服务支出增幅要明显高于财政支出增幅，岛外公共服务投入增幅要明显高于岛内。其次，要改革财政管理体制。根据各区常住人口和财政负担情况，调整市、区财政分成比例，适度提高岛外各区的地方级财政收入分成比例。完善事权与财权的配置，加大财政统筹和转移支付力度，扩大公共财政覆盖岛外的范围。市区之间，要充分考虑岛外人口、地域、经济发展、供给能力等因素，对岛外四

区由于人口流入而增加的公共服务给予财力补助。各区之间,可以通过横向转移支付进行利益补偿。再次,要建立多元化供给模式。要加快建立"政府主导、市场引导、社会充分参与"的多元化供给机制。在政策制定、市场准入、资金投入、税收优惠、人才引进等方面先行先试,支持和引导社会力量参与基本公共服务供给。

(四)构建全民参与全社会监督的考评督查体系

要以推进美丽厦门共同缔造行动为契机,顺应主体多元、利益多元的新形势新要求,运用经济社会发展规律组织群众、发动群众,形成全社会共同重视、共同参与、共同监督社会事业发展的良好局面。将基本公共服务均等化指标纳入政府部门年度目标责任制考核,通过效率、质量、满意度等指标全面评估公共服务供给水平。构建弱势群体对公共服务需求的利益表达机制,畅通合理的利益表达渠道,保障弱势群体享受公共服务的合法权益。加强人大、审计、行业中介组织和社会公众对政府提供公共服务的监督,构建全民参与、全社会监督的刚性考评督查体系,不断推动社会事业健康协调可持续发展。

四、2014年厦门市社会事业发展预测与展望

2014年,是全面实施"美丽厦门"战略规划的开局之年,也是为率先全面建成小康社会奠定坚实基础的关键一年。收入倍增行动、健康生活行动、邻里和谐行动、文化提升行动、生态优美行动等美丽厦门共同缔造行动,将为社会事业发展拓展更为广阔的空间,创造更多发展的机遇。全市社会事业发展将更加突出以人为本、民生优先,重点在抓统筹优布局,保基本扩供给、促改革强活力、提水平增效率上下工夫,切实完善基本公共服务体系,切实提升民生保障水平,不断增强市民群众的幸福感、认同感和归属感。

(一)基本公共服务将更加趋于普惠公平

教育方面,全市公办幼儿园、中小学生均公用经费标准有望继续提高。将开工建设公办幼儿园16所,增加学位5 000个;新改扩建中小学17所,增加学位2.6万个。完善中考中招政策,取消择校生招生。推动中高职集团化办学教育联盟建设,启动两岸中职教师培训基地建设。随迁子女就学服务保障机制将进一步健全,农村义务教育学生营养膳食补助制度将进一步完善。教

育信息化建设水平大幅提升,实现"优质资源班班通",成为全国信息化区域试点城市。

卫生方面,医疗资源进一步扩增,有望实现每个区均有 1 所以上三级综合医院。翔安医院、五缘综合医院、海沧医院二期、儿童医院、龙邦国际妇产医院等项目将加快建设。构建基层医疗卫生机构"15 分钟服务圈",新增社区卫生服务中心 6 个,社区卫生服务站 50 个。逐步开通村卫生所医保刷卡功能,落实村医补贴。加快创建慢性病综合防控示范城市,建立糖尿病防治中心和高血压防治中心,成立市慢性病防治院。基本建成"健康—医疗云"平台,力争卫生信息化率达 85%。人口计生工作继续得到加强,公共卫生服务均等化水平在岛内外、城乡、不同群体间得到进一步提高。

文体方面,2014 年将继续举办海峡两岸文博会、图书交易会、民间艺术节、厦门国际马拉松等重大赛会。鼓浪屿和闽南红砖民居申遗工作将继续推进。厦门大剧院、运动训练中心、海峡棒垒球交流基地、NBA 活力城等项目加快建设。闽南文化生态保护实验区建设持续深化,"一区一节"品牌加速形成。全国版权示范城市创建工作全力推进。文化惠民工程深入实施,农村有线电视入户率有望达到 99.8%。

就业方面,全年将继续扩大和稳定就业,新增就业 18 万人,城镇登记失业率控制在 4% 以内。市委、市政府关于保障企业用工的政策帮扶措施将继续实施,校企对接、定向培训、订单培训工作力度进一步加大。工资集体协商制度将全面推进。厦漳泉就业信息管理系统将加快建设,三地用工需求、人才供给等信息有望共享和调剂。

住房保障方面,进一步推动保障性安居工程项目建设,推广洋唐居住区综合体模式,建设 3 所保障房配套小学、高林居住区生鲜超市和洋唐居住区配套公园。到 2015 年,力争公共租赁住房不少于 4 万套,限价商品房不少于 3 万套。

（二）社会保障体系将更加突出城乡一体

"五险"方面,各类社会保险转移接续制度将实现更加高效、便民。厦漳泉大都市区社会保险参保信息共享机制和同城结算机制有望建立。《厦门市职工基本养老保险条例》有望立法,外来员工参保办法将适时修改。失业保险金标准与物价上涨挂钩的联动机制将进一步完善。

城乡居民收入方面,退休人员基本养老金有望继续提高,最低工资标准将根据实际情况适时调整。低保标准与最低工资标准及物价上涨挂钩联动机制将进一步完善。

(三)科技、旅游事业将更加强化支撑保障

科技方面,国家创新型城市建设将全面推进,新认定100家高新技术企业,全市高新技术企业有望达到850家,实现工业总产值2 500亿元,预计规模以上高新技术企业产值将占全市规模以上工业总产值的44%。2014年有望新增技术贸易机构100家,认定技术合同总金额达到60亿元,每万人口有效发明专利拥有量10件。

旅游方面,将主打"海峡旅游、滨海旅游和闽南文化旅游"三大品牌,推动华强动漫影视产业基地、灵玲国际马戏城和闽南古镇等项目建设。国际邮轮母港建设加速推进,有望列入"邮轮产业发展实验区"试点。文化旅游集团将可能组建,厦门有望争取成为国家旅游综合改革试点城市。

(四)社会管理工作将更加侧重民生至上

安全发展示范城市加快创建。突发公共事件应急处理机制和社会稳定风险评估机制加快完善,全社会危机管理和风险管控能力进一步提高。居住证制度改革有望加快推进,流动人口管理服务水平进一步提升。劳动争议调解仲裁机制进一步健全,多元调解机制进一步完善,"无讼社区"加快建设。完成230个城乡社区网格化建设。"村改居"社区治理体制改革加速推进。社会组织孵化基地有望设立,重点孵化工商经济、社会福利、公益慈善及涉台社会组织。"全国和谐社区建设示范城市"有望创建成功。

厦门市人民政府办公厅综合调研处处长 廖兆平

厦门市教育事业发展情况分析与预测

十八届三中全会对国内各项事业提出深化改革的要求,教育事业是其中的改革重点之一。厦门特区教育在已取得较快发展之后,需要进一步寻找前进和升华的方向,即借助顶层设计思路的指引,不断积累实践经验,探索建立更加公平和更有效率的教育体系及运行机制。

一、2013 年厦门市教育事业发展情况

2013 年厦门教育事业围绕促经济发展、促社会稳定和谐、提升人民幸福感三大目标,在学前教育、基础教育、高等教育、职成教育和社会教育方面都取得相当大的进展。

2013 年初全市学校 1 171 所(含成教、社会办学),招生 20.83 万人,在校81.42 万人。其中高校 17 所,招生 4.81 万人,在校 15.78 万人;普通中学 116所,招生 6.20 万人,在校 16.33 万人;小学 287 所,招生 4.42 万人,在校 22.35万人;幼儿园 612 所,在园 11.42 万人;成人学校 136 所,招生 5 075 人,在校15.48 万人;特殊学校 3 所,在校 542 人。各级各类学校专任教师 3.46 万人。到 2013 年末的大致情况是,全市学校增加到 1 200 所,招生 23.9 万人,在校生 84.5 万人,各级各类学校招生数和在校生数都有所增长。

(一)继续统筹发展学前教育

学前教育增加公办园数量。2013 年厦门全市 6 个区计划新建或收回公办的幼儿园 18 所,共新增学位 5 490 个,其中年内可增 4 000 个学位。民办幼儿园定级限价取得进展,部分缓解了公办幼儿园社会需求压力。今年湖里区 88 所民办幼儿园中,愿意实行分级收费管理的有 56 所,比去年增加13 所,约 63％的民办园接受了限价收费。评级较低的民办园更愿意接受限价和补助。对"四证"不全、不符合补助条件的孩子,按规定民办幼儿园收费可上浮 20％。

(二)基础教育在改革中发展

基础教育在扩大规模和提高质量两方面努力。2013年厦门市投入7个亿建设34个中小学项目,新增公办小学和初中学位1.1万个。配合产业布局,拓展岛外教育资源。厦门实验中学在同安滨海新城开始启用,该校从全市抽调精兵强将,与中国教育科学研究院合作办学,拟建设一流学校。杏南中学后溪校区、洋唐居住区配套学校建设完成,将满足片区居民入学需求。翔安区则优先投资教育、提升办学硬件、引进名校名师,明显缩小了与岛内教育的差距。

新增的1.1万个义务教育阶段学位,主要针对进城务工人员随迁子女就学,但2013年岛内学额仍存缺口,无法满足全部外来需求。为此湖里区首次推出优先派位"等级制",教育部门也挖掘潜能安排了岛外学位和交通补贴。2012年全市平均80.8%的随迁子女进入公办校,今年计划提高到82%,岛内初中校普遍需扩班或扩容来解决学位紧张问题。

今年厦门小升初后,编班采用电脑派位提升公平度。厦门有条件地开放外来务工人员随迁子女报考全市普高,即具备学籍3年、暂住3年、务工3年、社保3年条件的可报考厦门市普通高中普通生(含定向生)。以教育均衡为原则,2013年中考的定向生招生计划扩大至50%,借读生不能报名和保送定向生。

厦门市认真落实学生减负和提高身体素质的要求,根据省教育厅《关于进一步加强学校体育工作实施意见的通知》,学校认真制定体育课教学、大课间活动、课外体育活动等多位一体的学校体育工作方案。2013年11月厦门"学生体质升级计划"正式启动。2014年起厦门中考体育测试长跑、游泳项目需二选一。

(三)务实推进职成教育和高等教育

既开放又自成体系是职业教育改革的方向,厦门市认真组织首次福建省高职单独入学考试报名工作,并将于2014年1月开考。它分为面向普通高中毕业生和面向中职学校(含技工学校)毕业生的招生考试两大类。前者不分文理,后者分教育、财经、旅游、美术、音乐、制造、电子信息、土建、农林牧渔、医药卫生、计算机和交通运输等12个类别。

厦门市倡导职成教育和高等教育紧密对接区域产业,即"从产业中来、到产业中去"。其中,厦门大学与厦航公司强强联手,共同开启人才计划,双方合作的"十大举措"涉及战略规划、人才培养、科研教学、社会责任等诸多领域,致力于创造"企业得到人才,学生得到技能,学校得到发展"的多赢局面。而厦门医高专牵手台湾 Abc 牙医集团实施"订单培养",构建特色班级,合作建设口腔种植教学培训中心,提供相应的实习和就业岗位。2013 年厦门市还出台了《服务外包人才计划暂行办法》,提供住房补贴和培训补助,引导本地高校应届毕业生进入本市服务外包企业。

(四)社会教育得到重视

厦门市投入 3.2 亿元,建设 6 个区的青少年校外体育活动中心。市妇联投入 30 万元,为岛内外 100 个社区儿童之家增配课外活动设施。厦门还建立了移动少儿阅读平台,提供数字资源在线免费阅读,可通过平板电脑、手机等移动终端登录。今后儿童及其家庭在所居住社区,将能得到包括校外教育在内的各种服务,包括街道"家、校、社一体化"教育网络、社区钟点学校等。

厦门加快发展老年教育与服务机构,应对老龄化社会,2013 年市老年基金会积极筹备老年照护培训中心,面向闽南,为社会培训专业的老年护理人员。老年大学的建设获得了更多政策、经费和智力支持。

二、厦门市教育事业发展中的问题

厦门市教育近年来始终紧随国内的改革步伐,合理利用政策空间,借鉴沿海地区和中心城市的先进经验,一方面为特区经济社会发展和民众福祉服务,另一方面也为建立有中国特色的先进教育制度体系探路。

厦门的特点决定了教育改革的重点和难点。厦门是中等规模的特区城市,也是外来务工人员集中流入地之一,因此提高产业竞争力是首要目标,其次是实现外来人口城市化,这导致最近几年教育发展重心是围绕产业链的职业教育和地方高等教育,以及满足外来务工人员随迁子女义务教育需求的教育扩容。但是显然实用和公平不是教育的全部内涵,以人为中心、满足各层次各类型受教育者多样化需求的教育体系才具有吸引力,厦门发展要上新台阶,教育改革尚需深入。

(一)推进厦门市教育改革的策略问题

2013 年末公布的《中共中央关于全面深化改革若干重大问题的决定》中提及多项教育改革决策,厦门实际很多方面已按照政策设想先期开展工作,包括实行公办学校标准化建设和校长教师的交流轮岗。近几年厦门中小学校各级达标建设进展顺利,有效提升了办学水平,而从 2009 年起厦门市 6 个区教师交流的人数累计已达 3 000 多人。至于要求义务教育免试就近入学,以及试行学区制和九年一贯对口招生,厦门市多年来已实行片区管理、电脑派位制度。不过,改革无疑还需前进。此外,诸如不设重点学校重点班,消除择校等要求推行起来也是知易行难、效果浮于表面。

近期中央教育改革政策力度迅速增加,力图打造能够获得国际认可的先进教育体系,因而反对应试性质教育竞争的态度和举措前所未有。建立有中国特色同时又必须与国际接轨的教育制度体系,已经成为当前及今后的核心目标,由此厦门教育改革的压力日益增大。面对基层阻力、家长疑虑、社会博弈,改革策略选择是一个值得研究的问题。

(二)厦门教育变革与特区教师价值观的协调问题

厦门是有文化内涵的城市,人的因素是厦门发展的立足之本。但是城市规模小,职业流动性不足,人们的思想观念也会受到影响,在维护传统方面比较有优势,但是对于变动就比较敏感。当教育改革进入深水区的时候这意味着挑战。

今年厦门一中、双十中学等七所市直属学校 45 岁以下、工作满 6 年的义务教育阶段教师,按计划要被列入调动到其他市直属学校的交流对象,"谁走谁留"由电脑抽取,随后引发了教师、家长和学生一定范围的网络争论。而后教师交流改为组织选派和个人申请结合,年限由 6 年缩为 3 年,人事关系保留在原校。

名校教师流动引发矛盾,折射出政策与利益、制度与价值的冲突,反映出教育改革的难点不是在资源方面,而是在教师和社会相关人士身上。

(三)厦门教育体系融通性不足的问题

厦门教育不断扩大规模,满足外来人口需求,他们有了入学机会,还要有适合的教育过程以及适当的教育结果,否则就不能落地生根,并会引发复杂的社会问题。受教育者的多样性要求教育类型也要多样。教育深度改革想要构建的先进教育体系,其标志是每个人各依所愿、各得其所,同时变换的机会丰富,这要求厦门各种层次和类型的教育彼此之间打通。

目前厦门已关注到义务教育公平问题,但后义务教育阶段还存在高等及中等职业教育和普通教育、应用型教育和学术性教育之间缺乏通道的情况。学术教育机构缺乏实践教学,职业教育机构缺乏文化基础,学校和教师中间对学术教育与职业教育之间打通的观念障碍也未消除,学习者实现转换难以获得指导帮助。

三、促进厦门市教育事业发展的对策与建议

（一）渐进策略与经验策略结合推动厦门教育改革

面对自上而下以及自下而上的各种改革要求，厦门市政府和教育部门应有总体设计和规划，不仅自己要清晰理解教育改革的目标，而且要通过宣传教育、广泛讨论、舆论影响，使公众认识和理解什么是国际认同的先进教育体系，使教育界人士消除过度的功利意识和利益纠结。

厦门因其特区的身份、较高的经济水平、完善的社会管理，往往扮演着教育改革先锋的角色，并被选定为改革试点区域之一。厦门教育改革可采取以顶层设计为依据、目标导向性的渐进策略。渐进策略的标志是坚持改革目标不动摇，但可能骤然遇到各种强大的阻力而进退失据，因此需要辅以具有弹性的经验策略来微调，正如前面提到的名校教师交流制所遇到的情况那样。

（二）寻找政策与利益、制度与价值冲突的解决方式

厦门义务教育教师校际流动是一种基于教育均衡观的顶层设计，虽然渐进策略要求教育改革目标始终如一，但是在实现目标的过程中既离不开激励，也离不开价值观引导。应使原属名校的教师避免对制度改革缺乏信任和保持戒备之心，使教师和公众理解此为大势所趋。教师校际交流中自愿流动是更好的选项。可以借助"空降"人才带来新气氛，通过引进厦门以外的优秀人才，打破稳定架构，转换教育价值观，增加现职教师流动性意愿。还可以成立校际交流协会，组织教育讲座和研讨，加强学校和个人的国际交往，并与非政府组织合作，形成潜在影响。

（三）消除过度和不必要的教育竞争

厦门教育的努力方向除了继续扩大教育公平之外，应该是建立国际公认的先进教育体系。即使是教育公平，也是放在教育体系大框架下的，而不是单独项目。除了少部分精英教育仍然以学术性竞争为导向之外，其余应是适合个人的多元化开放性教育。对厦门而言就是发展具有闽南特色、联系海峡两岸的大教育融通体系。

厦门是公立学校主导的教育体系，正从教育竞争转变到教育均衡路线，但转型不易。厦门可以选择试点校，争取到先行先试公立学校转型以及私立

学校扶持的政策,即通过取消所有择校方式,以教育均衡为目标严格实行按学区办学和对口招生,首先形成有利于优质私立学校的成长环境,其次促成个别优质公办学校自愿转型为"特许学校",而其他公办学校都以均衡为目标。通过对厦门名校初中部的分离或转制,有利于全面落实九年义务教育均衡发展的目标。如高中部转制,则有助于将来实施十二年义务教育。

四、2014年厦门市教育事业发展预测

(一)按城市发展规划配套建设学校

2014年厦门市拟提升科学规划水平,将按照城市布局和人口分布配建中小学校,标准为每9万人设36班规模的普通高级中学,每4万人设36班规模的初级中学,每2万人设36班规模的小学。之前厦门市已经按城市规划形成了全市幼儿园配套建设方案,随着学生从配套建设的幼儿园进入小学和中学,相应的,要有与幼儿园配套的中小学来容纳。

(二)厦门与台湾地区教育交融发展

少子化导致台湾地区教育面向大陆寻找发展机会,这成为其战略选择,相应的,厦门所在的闽南地区也将战略合作重点之一放在紧邻的台湾地区,必然导致厦门与台湾教育交融在一起,未来将逐渐成为一体。

2014年厦台在职业教育方面的交流将渐入佳境。一是合开课程,两岸师资共商课程名称、规划教材、上课方式,交换师资,相互提供实习机会,订定成绩评核规范及考照标准。二是共招学生,帮助招收学生并辅导学生进入对岸就读。三是双联学制,通过"1+3"、"2+2"、"3+1"等模式,在两岸的双联学制学校共同完成四年课程,由两岸学校共同颁授学位或学历文凭。四是教师交流,教师以"3+1"模式赴台交流。

(三)高等职业教育单独招生

2014年厦门将迎来全省首次高等职业教育单独招生考试,招生制度改革的实施带来若干新变化:一是落实高等职业教育作为一种独立的高等教育类型,而不是层次;二是需要也可能建立高职教育和普通高等教育相互打通的机制。十八届三中全会相关决定提出建立普通、职业等各类教育机构相互融通的体系,但是大的决策下面还需要各地方尝试和总结融通的具体办法,特别是

职业教育学生如何进入普通教育的细节问题,解决制度设计与中国国情的冲突。厦门将探索总结闽南和海西地区的教育开放融通体系的经验。

(四)建立教育社会监督体系

厦门教育事业的管理已经从粗放型发展到精细化。已经实施了督学挂牌督导制度,在每所学校大门上公示责任督学信息,责任到人,责任到校,相关社会人士可随时联系督学,反映该校教育和教学中的问题。以顶层设计为基础实施教育改革,离不开公众参与和舆论监督。学校和教师违反教育改革原则的行为,可以得到广泛监督。合乎教育规律的行为受到肯定。2014 年厦门教育管理部门将加强教育社会监督体系,收集学情民意,及时反馈信息,提升全民参与教育改革的热情,群策群力共同打造先进教育体系。

厦门大学教育研究院副教授　张　彤

厦门市科技发展情况分析及预测

一、2012 年 10 月至 2013 年 9 月科技发展情况

(一)2012 年第四季度科技发展回顾

2012 年第四季度厦门高新技术企业数新增 92 家,工业产值新增 666 亿元,出口交货值新增 244 亿元,全年厦门市高新技术企业数达 755 家,实现工业总产值 2 068.18 亿元,占全市工业总产值 42.4%,拉动工业总产值增长 13 个百分点。全年厦门市共投入市本级财政科技经费 13.8 亿元,获国家创新基金专项资助金额 2 692 万元,带动企业科技投入 2.49 亿元。

(二)2013 年 1—9 月科技发展情况

2013 年厦门市科技工作围绕转方式、调结构主线,突出科技成果产业化关键环节,大力实施"双百三十"科技工程、"5·1"创新工程,积极推动国家创新型城市建设,科技发展取得新突破。2013 年厦门荣获"国家知识产权示范城市"称号。

1. 高新技术企业带动作用明显

2013 年 1—9 月全市 382 家规模以上高新技术工业企业完成产值 1 254.9 亿元,增长 17.5%,占全市规模以上工业产值 41.5%,增速比全市平均水平高出 3.2 个百分点。火炬高新区产值增长 23.2%,高于全市增速 8.9 个百分点。预计 2013 年全市新认定高新技术企业 100 家,高新技术企业实现工业总产值 2 400 亿元,规模以上高新技术企业产值占全市规模以上工业总产值 43%。其中,重点科技企业拉动增长明显,联想移动、达运精密和冠捷科技等 5 家企业净增产值 10 亿以上,合计净增 138 亿元,占全市工业净增产值约 1/3。

高新技术企业认定及税收优惠政策的实施,极大地促进了企业增加研发

投入、获取核心自主知识产权、提升自主创新能力的积极性和动力。据国家知识产权局发布统计数据,厦门市每万人口有效发明专利拥有量达到 7.16 件,是同期全国数据的 2.22 倍、福建省数据的 3.35 倍。经过专家评审和部门联审,15 家创新型试点企业晋升为 2013 年厦门市创新型企业,20 家企业通过 2013 年厦门市创新型试点企业认定,3 家企业被列入第四批省级创新型企业。

2. 科技与金融结合取得显著成效

科技、财政、银行、银监、证监等部门共同签订《厦门市科技与金融结合战略合作协议》、《支持科技型中小企业融资担保战略合作协议》,成立建设银行厦门分行科技支行,市担保有限公司科技担保分公司、兴业银行厦门分行科技金融业务部,各金融机构积极推介科技金融创新产品。2013 年 1—9 月建行科技支行开户企业 108 户,其中科技型企业 80 户,占比 74%;目前共有科技型小微企业信贷余额 66 户,贷款余额合计 4.26 亿元。预计全年科技担保贷款总金额达到 1.5 亿元。

设立"产业引导投资基金",建立政策性科技成果转化引导基金、科技保险风险补偿基金,建设科技金融综合服务平台,推进科技型企业信用制度建设。

3. 战略性新兴产业有明显起色

重点培育发展了生物与新医药产业、新材料产业、IC 产业、软件产业等四个千亿科技产业。通过西部博览会、深圳高交会以及与北京十所高校的对接会等形式,我市积极嫁接项目,美商医药有公司拟在海沧区事物医药港投资 4 800 万美元建设美商医药项目,美国投资的瀚志生物项目为"国家千人计划"引进项目,总投资 2 500 万美元。预计全年推动科技产业项目对接 100 项,产生实质性意向 50 项,产业对接项目签约 40 项,我市逐步成为海峡西岸经济区生物医药产业创新基地。

着力打造新材料千亿产业链,与中国船舶重工 725 所共建厦门材料研究院产业园区、科研区,按照国际一流、国内领先的标准打造创新设计平台和测试设计平台,构筑新材料基础研究集群、应用创新集和产业化集群战略布局,为厦门和海西区发展信息、生物医药、新材料等战略性新兴产业提供技术保障和服务。

电子信息技术、高新技术改造传统产业、新材料技术三大领域高新技术企业保持健康稳健发展,电子信息技术中的光电产业已经发展成为我市新的支柱产业。

4. 进一步完善科技政策环境

加快市级科技项目论证和立项,推动科技计划申报和项目管理改革,简化项目申报程序,完善重大项目旁听制、项目公示制,强化项目监理,推进项目后评估制度。我市创新科技产业开发机制,做大做强科技产业化公司,开展引智招商、成果转化、产业投资以及产业化基地的融资、开发、建设、招商与管理。发布《厦门市科技计划项目申报指南(2014年)》,起草完成《厦门市科技企业孵化器认定和管理办法》、《厦门市产业技术创新战略联盟认定和管理办法》、《厦门市企业研发机构管理建设管理办法》。

抓紧跟踪协调国家级科技项目,积极争取国家资金支持。我市1—9月共有89个项目获得2013年国家创新基金立项,资助金额5 667万元,比2012年增加2 975万元,创历史新高,立项资助金额增长量和增长率均居全国前列。

5. 科技创新体系建设再上新台阶

市区共建生物医药港、新能源、新材料产业孵化器平台、微电子产业孵化器平台、国家农业科技园、北斗卫星应用产业孵化器平台等。推进厦门台湾科技产业园区建设,进一步完善园区建设方案。推进中科院稀土研究所筹建工作,继续支持"第三代高性能溴化镧闪烁晶体材料的工程化"和"白光LED用高性能荧光粉"产业化项目。组织申报国家火炬厨卫特色产业基地。建好国家科技成果转化(厦门)示范基地。

成立了智能输配电设备产业技术创新战略联盟,该联盟是厦门首个以本地龙头、骨干企业为主体成立的全国性产业技术创新战略联盟。

首个科技企业加速器正式投入使用,主要引进和培育自主创新能力强、年产值增长率20%以上、年产值2 000万元以上的高成长性"瞪羚企业"。

6. 启动"美丽厦门"科技创新三年行动计划

伴随着缔造美丽厦门的步伐,市科技局启动"美丽厦门"战略规划科技创新三年行动计划,制订生物与新医药产业、新材料"倍增计划"和"科技惠民计划"。"科技惠民计划"将从人口健康、公共安全、生态环境等领域,向社会管理、城镇化建设方向延伸,今后三年每年每个领域策划1~2个市级重大科技惠民项目,每年实施60~70个一般科技惠民项目,共同创造生态环境美、山海格局美、发展品质美、多元人文美、社会和谐美的愿景。

二、存在问题及原因分析

1. 科技企业市场有效需求不足

受欧美经济复苏疲软、新兴市场动荡、贸易保护主义抬头等因素影响,外需回暖动力依旧不足。部分电子类科技企业出现较大规模减产。全市减产量最多的5家企业均为电子类企业,共减产70.5亿元。新增重大科技企业和重大科技项目少,主要是靠存量企业拉动增长。延续上年产能过剩、市场需求疲软局面没有根本改变。

2.科技扶持政策仍显不足

与上海、北京、天津、江苏等地相比,在产业优惠政策方面仍有相当差距,现有税收优惠、财政扶持、市场准入等方面政策不够具体,扶持力度不大、兑现不及时,多以支持大中型企业为主,对初创型、孵化型企业支持力度偏小,企业发展受到一定制约。对研发投入大、生长周期长、市场变化大、产品附加值高、增值税赋重的和战略性新兴产业,如生物与新医药产业,政府鼓励资本进入的相应激励政策缺失。

3."政产学研用"协同创新薄弱

政府部门之间、产业链环节企业之间、相关领域的高校和研究院所之间尚未建立起紧密的协同创新关系,科技资源配置还较为分散、科技成果产业化转化的渠道不够顺畅,成果与市场化应用相互脱节,"政产学研用"各方没有形成合力,抑制成果转化的体制机制等一些长期性不利因素依旧存在。现有的创新技术同盟规模偏小,开展产业核心关键技术的联合攻关力度不足,科技服务不健全,运作效力有待提高,"政产学研用"协同创新体系亟待建立健全。

三、对策建议

(一)完善"政产学研用"合作的形式与载体

充分发挥政府的引导作用,促进科技资源集中集聚集约配置,与厦门经济社会发展需求对接。实行"产业研究院+产业中试示范基地+产业化基地"的运作模式,建设一批差异化科技产业化园区。实行市区联动、部门联动,加快建设科技创新园、海西(海沧)生物医药港、海西微电子产业园、台湾科技产业园、两岸大学科技园、同安国家农业科技园等一批科技成果产业化高地,解决相关行业的共性关键技术难题,支撑传统产业的转型升级,促进战略性新兴产业发展。

依托厦门"海纳百川"人才政策和引进的创新科研团队,组建应用研发团队,在政策、资金、用地用房等方面提供支持,推动科技成果产业化、孵化高新技术企业。

发展新型科研机构,开拓产业与产业结合的新途径。借鉴广东省做法,发展非营利研究开发型事业单位或"科技类民办非企业单位",按照企业化管理方式运作,自收自支,自负盈亏,研究、开发、产业化同步推进。

加强产业联盟创建,开展协同创新。现有技术研究院要通过整合科研、产业、资本等要素,打造多个百亿级乃至上千亿级的产业联盟,围绕产业链上下游的需求,组织开展产业联盟核心技术联合攻关,实现政产学研用的密切合作。开展政产学研用联盟社团登记试点工作,为新一代信息技术、生物与新医药、新材料领域科技研发成果向现实生产力转化创建重要平台。

（二）推动"文化＋科技＋金融"产业模式

加大运用"文化＋科技＋创新"的产业发展模式,加强文化科技融合类文化企业的引进培育,加大重点文化科技融合项目的财政、金融扶持力度,打造全国一流的文化科技融合示范基地。围绕文化产业重点方向的内容需求,依托水晶石、4399、吉比特等一批重点企业,加快集聚内容设计企业。抓住传统出版企业向数字出版转型的机遇,发展数字报刊、数字音乐、电子图书、手机出版等业务,促进数字出版企业做大做强。依托中娱文化、金英马、翔通动漫、青鸟动画等一大批企业,打造国家影视动漫产业基地,推动建设国家数字出版基地、海峡两岸新闻出版交流与合作基地,使科技与文化、金融的融合更加紧密。

（三）大力推动信息消费

2013年8月国务院发布《关于促进信息消费扩大内需的若干意见》,提出要发展移动互联网产业,推进网络信息技术与服务模式融合创新。面对信息消费时代的来临,厦门市要把握住机遇,依托计算机及通信设备产业一大支柱产业的基础,充分挖掘信息消费这一重大市场需求,以数字家庭及其应用示范产业为切入领域,垂直整合厦门在信息消费终端、智能后台网控、信息内容等方面的优势,建成全国数字家庭产业的示范基地。充分发挥火炬高新区的优势,以景智科技、冠捷、厦华、安台等龙头企业为依托,优先发展智能电视,集中发展信息消费"墙壁终端";依托比特尔科技、新华频媒等企业利用好网络传输的优势,集中开发类似智能机顶盒产品;以联想、夏新、4399等龙头企业为依托集中发展移动智能终端(手机、平板电脑);依托戴尔集中发展桌面智能终端产品(桌面电脑和笔记本);依托松下电子、建松电器、瑞声达等企业,集中发展数码影音和汽车电子环节;依托美亚柏科建设厦门超算中心,建设"智慧"厦门总后台。

（四）深入开展对台科技合作与交流

做实国家对台科技合作与交流基地,打造两岸科技创新合作的战略性枢纽,特别要利用高新区对台科技交流与合作的先行先试,加强对接台湾拥有领先技术、在全球产业发展具有重要影响力的企业来厦设立营运中心。深度对接台湾新一代信息技术、文化创意、海洋高新、生物与新医药等产业的转移。依托台湾学者创业园、台湾科技企业育成中心、台湾光电子孵化器，大力吸引台湾高层次人才创业就业，实施两岸名校大学产学研合作，努力转化其科技成果，力争吸引各类台湾科技中介服务机构（风险投资、专业咨询机构、培训机构及科研促进机构等），设立两岸合作研发机构，联合建设重点实验室、产业研究院、技术成果鉴定和信息发布中心，大力吸引台湾高层次人才创业就业。

（五）继续深化科技体制机制改革

继续深化改革，加强政策创新。借国家深入推进科技计划管理改革之机，在科技项目需求征集、项目评审、组织实施计划项目中逐步吸纳新型科研机构参与，减少申请承担科技计划项目在职称、年龄、机构性质上的门槛，使新型科研机构可以公平参与申请和承担国家科技计划项目。

为科技成果转化创造更加宽松的政策环境。改革相关体制机制，引导大学、科研院所、新型科研机构、企业通过股权奖励、收入分成等方式促进职务创新成果的转移转化，调动科技人员创新创业的积极性。借鉴广东做法，高等学校、科学技术研究开发机构将其职务创新成果转让给他人的，应当从技术转让所得的净收入中提取不低于30％的比例，奖励完成该项创新成果及其转化作出重要贡献的人员。

四、2014年科技发展预测与展望

2014年我国科技发展仍面临许多不确定性因素，国际形势将更为复杂，需要密切跟踪并采取相应措施；国内形势较为利好，党的十八届三中全会召开，系统性改革全面推进，有助于推动我市科技发展迈上新的层次。

从国际形势看，全球保护主义势头正在上升，部分发达国家通过打压知识产权、强化产业链掌控，借口国家安全为由等方式遏制我国高技术产业发展，中国高新技术产品进出口面临的困难和压力仍然不小；高技术产能的全球重新布局使得科技竞争更加激烈。

从国内形势看，深入贯彻落实十八大提出的坚持走中国特色自主创新道路、深化科技体制改革、完善知识产权体系、实施国家科技重大专项等要求，以及强化需求导向，推动战略性新兴产业健康发展，都将有力地促进我国高技术产业和战略性新兴产业的快速发展。

当前国家 21 个部委正在酝酿创新驱动发展的有关政策,这些政策包括落实企业主体地位、科技金融、人才评价、科研投入、经费管理、资源配置等。2014 年我国实施创新驱动发展战略的一个重要方面是深化科技改革,充分调动市场的作用,落实企业的主体地位。进一步健全科技基础制度,突破企业技术创新主体关键问题,完善科技创新政策环境,推动科技与经济更紧密的融合。

从厦门发展看,当前正在大力推进"美丽厦门"发展战略规划,其中重要内容之一就是建设"创新驱动型城市——以美好环境吸引和聚集人才,实施创新驱动发展战略,推进经济结构战略性调整,大力发展现代服务业和战略性新兴产业"。2014 年厦门将深入贯彻落实"美丽厦门"十大行动计划,以建设国家创新型城市为引领,坚持项目集结园区、产业集群发展、资源集约利用,努力打造平板显示、新材料、旅游会展、海洋产业、航运物流、软件信息服务与文化创意等千亿产值(营收)的产业集群。积极扶持成长型中小微企业和科技初创企业,构建以企业为主体、市场为导向、产学研结合的区域创新体系,以关键核心技术的突破,推动新一代信息技术、新材料、生物与新医药等战略性新兴产业的快速发展。

厦门市发展研究中心高级经济师　林　红

厦门市文化体育发展情况分析及建议

2013 年度,全市文化体育事业发展势头良好,继续保持重大赛事多、获奖层次高和基础设施建设投入大等特点,特别在公共服务的体系建设方面取得重大进展。展望 2014 年,结合"美丽厦门"战略规划的实施,全面推进"文化提升行动"和体育惠民活动,让公共文化真正泽被全体市民,更好地满足人民群众日益增长的文化需求,依然是繁荣文化体育事业的必然选择。

一、2012 年 10 月至 2013 年 9 月情况回顾

在过去的一年里,全市文化体育工作者创新发展思路,改革体制机制,提升公共服务,繁荣文化体育事业,较好地完成全年的各项目标任务,为推动厦门科学发展新跨越提供了强有力的文化条件、舆论氛围和智力支持。

(一)公共文化服务体系逐步健全,群众性体育活动频繁

厦门公共文化服务建设全面发力,从公共文化设施网络建设、服务供给、组织支撑、资金人才和技术保障、服务评估以及其他相关工作等方面不断提高,获得文化部创建国家公共文化服务体系示范区评估验收组的高分,在 76 个指标中,73 个达到优秀等级,3 个为达标等级。

一是完善了四级公共文化服务设施网络,实现资源共建共享。建立以市文化馆为核心的实体与数字相结合的群众文化活动协作共享平台,为在三年内完成所有 39 个街(镇)图书馆和大部分村(居)图书室的联网服务打下坚实基础。全市公共图书馆 2012 年接待读者 652.8 万人次,外借文献达 589 万册次,全市公共图书馆利用率实现历史性突破,人均借书册次远超全国平均水平。《中国图书馆年鉴》发布的外借文献册次数据显示,2012 年,厦门人均外借文献达 1.605 册,有望连续四年居全国第一。

二是完善了公共文化服务支撑体系,重点推进制度建设。在已制定《关于发挥城市资源优势支持农村文化建设的意见》、《厦门市城乡群众基本文化服务

内容及量化指标的规定》等 10 项公共文化相关规章制度的基础上,进一步修订了公共文化服务相关制度。完善《厦门市创建国家公共文化示范区绩效考评标准》,并形成党委领导、政府管理、各司其职、责任明确的长效运行服务机制。全市出版发行各类报纸 9 种,期刊 25 种。共有广播节目 6 套、电视节目 6 套,人口综合覆盖率分别达到 98.9% 和 100%。在映电影银幕总数 122 块。发行 11 部、333 集、4 310 分钟原创影视动画片。动画片《星星狐的体验》获国家第二十二届星光奖。5 部原创动画片在央视少儿频道戏曲频道黄金时段播放。农村电影和城市社区"温馨家园"电影共放映 7 608 场。

三是社会力量参与公共文化建设。修订《厦门市鼓励社会力量参与公益性文化事业建设的规定》,把主要公共文化产品和服务项目、公益性文化活动纳入公共财政经常性支出预算。支持和鼓励群众业余文艺创作和其他基层公共文化产品的生产,对重点公共文化产品的生产给予资助和鼓励,引导社会力量积极参与公共文化产品生产和供给。来自全市各区、各系统的 39 个基层单位积极组织参加第五届群众文化艺术节,舞蹈、音乐、戏剧、曲艺、美术、书法、摄影、激情广场歌咏比赛、民间职业剧团优秀剧目展演、文化协管员(辅导员)文化技能比赛等各项演出、比赛、展览共 34 场,参与人员上万人次,观众总人数超过 10 万人次。

四是提升现代服务能力。创建公共文化服务管理的自动化技术平台,对基层的各级文化馆(站、室)实施统一管理,整合公共文化服务资源。推行湖里区电子阅览室桌面云服务系统,实现对全市电子阅览室的统一管理、有效管理、规范服务、高效服务,提高服务能力,发挥综合效益。

五是群众性体育活动丰富多彩。海沧汽车文化节、老人登山周、"用脚爱厦门——五缘湾湿地公园大健走"和新春体育大游园等活动相继展开,群众参与度高,如第八届万名老年人新春健步行活动有三万老人,2013 年"通仙杯"厦门市群众体育联赛多达 112 场系列赛事,6 个区和 16 个行业、系统、高校的 22 个代表团参加了厦门市第 19 届运动会。

(二)文艺创作与竞技体育双获丰收

由厦门小白鹭民间舞艺术中心、厦门艺术学校倾力打造的大型闽南风情舞蹈诗《沉沉的厝里情》,入选第十届中国艺术节。厦门儿童文学作家李秋沅以长篇小说《木棉·流年》荣获第九届(2010—2012)全国优秀儿童文学奖。歌仔戏《蝴蝶之恋》获中宣部第十二届全国精神文明建设"五个一工程奖"优秀戏剧奖;南音《情归何处》荣获第七届中国曲艺牡丹奖全国曲艺大赛节目提名奖;女子群舞《海上民谣》获第十届全国艺术院校"桃李杯"舞蹈比赛二等奖。厦门广电集团《中华情·海峡缘——第二届海峡论坛开幕晚会》获中国广播影视大奖·广播电视节目奖"电视歌舞节目大奖";纪录片《吉木萨尔》分获第二十六届中国电视金鹰奖·电视纪录片摄像提名奖和优秀国产纪录片。

体育国内外赛事获得佳绩。谌龙获得2012年世界羽联超级赛总决赛男单冠军,奥运铜牌得主戴小祥夺得2013年射箭世界杯哥伦比亚站男子反曲弓个人和混合团体两枚金牌。全市有7名运动员参加伦敦奥运会,获得1枚金牌、2枚铜牌、1个第五名、1个第六名和1个第七名,创厦门市运动员在奥运会上取得的历史最好成绩。厦门选手段静莉全运会赛艇夺冠;厦门与三明双计分选手邓薇在女子举重58公斤级比赛中,以239公斤的总成绩夺冠,取得福建女子举重全运会历史上的首枚金牌。

(三)重大活动影响日隆,新型活动魅力初现

海峡两岸(厦门)文化产业博览交易会、海峡两岸图书交易会、厦门国际动漫节、海峡两岸民间艺术节、全国青少年钢琴比赛等重大文化艺术活动影响日隆,渐成品牌。第五届海峡两岸(厦门)文化产业博览交易会正式升格为国家级展会,成为继深圳文博会、北京文博会之后又一个重要的全国性文化产业交易平台,在突出两岸、突出产业、突出投资、突出交易上有了全面提升。第六届海峡两岸文博会于2013年10月25日至28日在厦举行,第九届海峡两岸图书交易会、第六届厦门国际动漫节、第十届海峡两岸民间艺术节及中国厦门国际运动健身器材展同期举办。"两会两节一展"总展览规模约10万平方米。成功举办"白海豚音乐节"、"厦门油画节"、第六届莲花褒歌比赛、第五届海峡两岸闽南语原创歌曲大赛、第十五届南音唱腔比赛等文化节庆活动。

2013厦门国际马拉松赛有来自全球45个国家和地区以及国内的7.4万名选手报名参赛,参赛人数达到历届之最,已经成为国内马拉松规模最大的赛事之一。厦门国际武术大赛、全国体育舞蹈精英赛、全国沙滩排球锦标赛、海峡两岸龙舟赛、全国汽车场地越野锦标赛、中国俱乐部杯帆船挑战赛、国际山地越野公开赛、中国高尔夫女子公开赛、全国围棋乙级联赛、中国体育舞蹈公开赛厦门站暨两岸三地公开赛、2012厦门市国际篮球邀请赛等活动和赛事成功举办。"厦门号"帆船首次实现了中国帆船沿地球地理形状绕行一周的壮举。

新型活动成为亮点。第二届厦门网络文化节组织举办了17项赛事活动,共吸引70多万网民参与各类线上线下活动,受到广大网民的欢迎,有力推动了厦门网络文化的繁荣发展。"嘉庚杯"2013厦门(集美)首届国际武术文化旅游博览会、2013"三圈霸道杯"全国模型体育文化节成功举行。

（四）文博活动增加，文化遗产保护获得新进展

据统计，全市有博物馆 10 个、公共图书馆 10 个、文化馆 7 个、青少年宫 7 个。公共文化服务进街入户，39 个镇（街）综合文化站，482 个村（居）文化活动室设置达标率均为 100%，"农家书屋"实现镇、村全覆盖，100%行政村建有"农家书屋"。全国文化信息资源共享工程厦门基层服务点 100%覆盖。广播电视"户户通"与农村有线广播"村村响"工程，"温馨家园"农村数字电影放映工程建设也都基本完成。市、区、镇（街）、村（居）四级公共文化服务网络更加健全、布局更为合理。

鼓浪屿和闽南红砖民居申报中国世界文化遗产预备名录获得成功。全市文物保护单位国家级 7 个、省级 22 个、市级 132 个，涉台文物保护单位 63 个。"闽台送王船"、"蜈蚣阁"入选第三批国家级非物质文化遗产名录。

二、厦门市文化体育事业发展中的问题

全市文化体育工作一年来取得较大进步，但与美丽厦门提出的新要求还存在一定的差距和不足，突出表现在：文化艺术竞争力不强，文化艺术质量高、市场竞争力强且具有全国影响的优秀剧（节）目还偏少；公共文化服务体系需进一步完善，基层文化建设仍需加强；文化体育设施尤其是社区化体育设施偏少；文化体育活动日常化有待推动；重大活动与常态活动、事业与产业、岛内与岛外等重大关系比例失衡；优秀历史文化的挖掘、保护、传承工作有待进一步加强，这些问题必须高度重视，认真研究，切实加以解决。

三、促进厦门市文化体育事业发展的对策与建议

推动厦门市的文化体育事业繁荣发展，关键是切实提高对文化建设重要地位的认识，创新文化建设理念，落实文化建设措施，积极营造良好的舆论氛围，推动文化体育事业在新起点上实现新跨越。

（一）整体规划、统筹公益性与市场性，推动文体事业与文体产业协调发展

树立文化科学发展的意识，把文体事业和文体产业的发展放在同样的地位来看待，把覆盖全社会的公共文化服务体系和全民运动建设与推动文化产业放到一起，统筹公共服务体系与产业服务体系的建设，构建起文化事业与文化产业共同发展的机制。扩大文化体育资源共享的覆盖面，提高公共文化体育资源的利用率，将财政投入建设的公共文化体育设施的设备、专业技术人员纳入统一的管理体系，可以合理调配文化体育资源，确保各项文化体育活动的开展。更多地采用市场机制的方式，采取政府采购、项目补贴、定向资助、贷款贴息、税收减免等政策措施鼓励各类企业参与公共文化体育服务，吸引越来越多的文化体育服务企业在获得收入的同时推动了文化体育事业的发展。

（二）进一步加强公共文化服务的均衡发展

扩大基层公共文化设施的建设规模，推动新建社区文化活动场所、文化设施达标建设，进一步扩大规模，提高使用效率。深化图书馆、文化馆、美术馆、博物馆免费开放与公共服务工作。完善公共图书馆服务联合体网络，发展图书基层服务网点。推动市图书馆与国家图书馆实现数字专网连接，便利市民使用国家图书馆数字资源。

（三）完善全民健身服务体系

落实提供体育公共服务职责，重视户外体育设施建设，加快安装社区健身路径及其他运动设施，完善全民健身设施建设与管理、使用与维护的长效机制。发展体育健身休闲业，搞活以篮球、足球、乒乓球、羽毛球、网球等大众健身项目为主要内容的城市体育。

（四）构建区域特色体育赛事中心

打造海峡西岸最具影响的运动休闲城市，重点发展厦门国际马拉松赛、海峡杯帆船赛和厦金海峡横渡等较为成熟的体育品牌赛事，培育龙舟、自行车等具有发展潜力的体育赛事，积极申办高规格的运动休闲类赛事。

四、2014厦门市文化体育事业发展预测

（一）落实美丽厦门行动战略，打造厦门公共文化服务体系建设的"升级版"

继续加强闽南大剧院等文化项目建设，完善公共文化服务体系加大服务设施、服务手段、服务方式配置，建设固定设施体系、流动服务体系和公共数字文化体系三大体系，增强公共文化体育满足人民群众基本文化要求的能力。进一步加强公共文化制度设计研究，形成厦门做法，创造厦门经验，为区域乃至全国提供新的示范。

（二）继续加大公共文化事业投入

公共财政继续支持推动文化事业的发展，公共文化事业投入加大，重大公共文化工程和文化项目建设增多，覆盖城乡的比较完备的公共文化服务体系建设加速；注重富有特色的民族文化资源的挖掘和利用，历史文物、非物质文化遗产的保护和开发力度加大，鼓浪屿申遗继续推进，着力打造一个非遗文化展示、展演、展销、休闲、体验、娱乐为一体的开放式博览园、经典文化旅游目的地和非遗生产性保护及可持续发展基地。

（三）加快完善与岛内外一体化相适应的公共体育服务体系

按照十八大报告中提出的"广泛开展全民健身运动，促进群众体育和竞技体育全面发展"的要求，强化公共体育服务职能，完善以健身组织、健身设施、健身指导、竞赛活动、体质监测为内容的多元化全民健身服务体系，推动全民健身运动广泛开展。加快体育设施建设，使我市体育事业发展更加均衡。

厦门理工学院　宋西顺

厦门市卫生发展情况分析及预测

一、2012年10月至2013年9月卫生事业发展情况回顾

(一)2012年厦门市卫生事业发展情况概述

2012年,厦门市卫生工作重点围绕解决"看病难、看病贵、看病累"问题,实施挖潜增效、扩增医疗资源总量和提升医疗服务水平"三项工作"。全市公立医院全面推行预约诊疗服务,开放"择日住院手术"服务,平均住院天数比上一年缩短1天。加快卫生基本建设,实际完成年度卫生基建投资133.42%,市口腔医院新院投入使用,中山医院内科病房大楼竣工。开展慢性病一体化管理,从2012年10月1日起本市病情稳定的慢性病患者一次处方用量可延长至30天。加强学科建设,全市新增1个市级医学中心、13个市级重点专科,14个市级规划专科。1个医学科研项目获得"厦门市科技进步重大贡献奖"。公共卫生体系能力建设进一步提升,成功举行了厦、漳、泉三市突发公共卫生事件联合演练。通过国家卫生城市复审复评。海沧区通过国家级慢性病防治示范区评审。思明区成为我省第一批省级卫生应急示范区之一,并通过国家卫生应急示范区评估验收。强化全市精神卫生防治体系建设,公立三级医院设立心理精神门诊。人均基本公共卫生服务经费标准提高到40元。户籍人口平均期望寿命达到79.19岁,孕产妇死亡率3.85/10万,婴儿死亡率为3.0‰,5岁儿童死亡率3.81‰。人口健康指标继续保持中等发达国家或地区的较好水平。

(二)2013年厦门市卫生事业发展回顾

2013年,厦门市在取消公立医院药品加成、突出慢病综合防治、改善基层卫生服务、探索分级诊疗模式、引入医疗服务绩效第三方评价、推进社会资本

办医、创新人才培养引进、提升卫生信息化建设水平、倡导医学人文建设等方面取得了创新发展。

(三)实施取消公立医院药品加成改革成效显著

2013年3月1日起,厦门市公立医院(包括各区级妇幼保健院)全面实施取消药品加成改革,结束了实行近60年的公立医院药品加成政策和"以药补医"政策。减少的合理收入部分,由财政承担10%;公立医院消化承担8%;调整诊察费,由医保统筹基金部分平移支付82%。本市参保居民就医负担不增加。根据监测数据,全年所有患者将因取消药品加成受益2.20亿元,其中本地医保患者受益将达1.7亿元。通过实施取消药品加成改革,厦门市公立医院补偿机制进一步完善。通过调整诊察费,使医务人员技术劳务价值得到了体现。实施取消药品加成改革的同时,各公立医院广泛开展"节支增效"竞赛活动,加强成本管理控制。积极推进临床药学工作开展,临床药事管理和抗生素合理使用工作取得了较大进步。

(四)基本公共卫生服务水平明显提高

加大财政投入力度,提升农村卫生综合服务能力。以标准化村卫生所建设为基础,以实施国家基本药物制度、落实村医补贴、加强村卫生所信息化建设和将标准化村卫生所纳入医疗保险定点四项工作为支撑,改善农村居民就医条件。2013年投入2 000万元,建设36家、改造52家村卫生所。截至2013年9月,全市以镇街为范围,已经全面实现了由镇卫生院(街道社区卫生服务中心)对村卫生所的行政、业务、药械、财务和绩效考核五个方面的一体化管理。首批45家村卫生所纳入医保服务范围。全市280家村卫生所实施国家基本药物制度。2013年1月1日起每月给予乡村医生基本药物零差率补助2 000元/人,给予乡村医生国家基本公共卫生服务项目补助平均每人每年约9 000元。

重大公共卫生服务覆盖率明显提高。截至2013年9月,农村孕产妇住院分娩补助共10 193人,完成率82.20%;完成孕前期和孕早期农村孕妇免费增补叶酸8 914人,完成率103.65%。全市15～65岁低保妇女共3 025人纳入城乡低保妇女病检查项目,已完成筛查2 336人,筛查率77.22%。

2013年,全市甲乙类新发传染病发病率与上一年同期比较下降11.09%。传染病监测报告质量评价综合率为99.99%,继续保持全省前列。首创建立健康预报信息平台开展健康预报工作。成功救治34名"6.7"BRT放火案伤员,无一例死亡病例,展示了厦门市强大的卫生应急处置能力。

(五)医疗服务供给能力进一步提升

2013年,厦门市财政对公立医院的投入占医院收入的比例近12%,高于全国约8%的平均水平。财政对公立医院工作量补助标准提高到36元,年补助总额达到1.6亿元。财政对医学中心、重点专科已累计投入1.26亿元。厦门市财政对公立医院基建投入比例从原来的公立医院为主改为由财政投入为主。中山医院内科大楼投入使用,市第二医院三期扩建工程完成主体结构封顶。启动筹建厦门市儿童医院,力争2014年6月1日投入运营,委托复旦大学附属儿科医院托管,将进一步扩增优质医疗资源供给。全市公立医院出台便民惠民服务举措500余条。全市优质护理示范病区占总病区数的79%。与银联协作,推进"厦门市医疗预缴金通用平台"项目建设,方便患者就医缴费结算。

(六)鼓励社会资本办医有创新发展

出台《关于进一步落实鼓励和引导社会资本办医的若干意见》("新八条"),修订《厦门市医疗机构设置规划(2010—2015年)》,进一步取消政策限制,批准设置高端医疗项目——厦门天使口腔医院,引进台湾先进的医疗管理模式及口腔医疗技术。台湾龙邦妇产医院项目进入设置规划和材料准备工作阶段。齐安中医院项目通过初审。积极鼓励公立医院和社会资本举办医疗机构之间的合作交流,5月3日,厦门大学附属第一医院与厦门长庚医院签订了《门诊协作协议书》。厦门市还积极探索公立医院托管民营医疗机构的合作新模式。据截至2013年9月的统计,社会办医疗机构开放床位占全市总量的18%;诊疗服务人次占全市总量的16.53%;出院人次占全市总量的20.72%。形成了所有制形式多样,公立医院与社会医疗机构错位发展,专科特色强、发展势头好的局面。

(七)卫生战略重点向慢性病防控转移

随着人口老龄化、生活方式的变化和疾病谱的转变,慢性病已经成为影响本市城乡居民健康的主要危险。据统计,全市约有糖尿病、高血压病患者78.2万人,每年到医院就诊约3 753.6万人次,其中单纯开药的占三级医院门诊量的30%。为减轻大医院的压力,有效缓解群众"看病难",厦门市实施卫生战略重点向慢性病综合防治转移,实施"慢性病—糖尿病、高血压一体化管理",慢性病患者由医院专科医生确诊、制定个性化治疗方案,病情稳定的慢性病患者转诊到社区卫生服务中心;社区全科医生根据慢病防治规范和专科医生的治疗方案实施规范化管理,体现了政府对卫生事业发展方向的引导作用。

(八)高层次卫生人才柔性引进模式初显成效

2013年,厦门市重点实施以"双主任制"为抓手的高层次卫生人才引进培养计划。在全市各大医院推广引进国内知名医学院校和知名医院重点专科主任为"特聘主任",本市医院原专科主任为"执行主任"的"双主任制"做法,首批确定本市医院与复旦大学附属医院19个学科的20名"双主任制"专家人选,并与复旦大学上海医学院签署基于"双主任制"的学科共建协议、人才引进战略创新,有力地推动了我市医学学科建设和整体技术水平提升。目前全市有5个"卫生部临床重点专科"、6个国家中医药管理局中医重点专科、1个国家级传染病研究基地、3个国家级博士后科研工作站、7个省级医学/中医重点专科。

(九)第三方评价机制促进提升医疗服务满意度

厦门市首次委托北京零点调查公司开展医疗服务满意度和医疗机构员工满意度第三方调查,建立了市属医院年度绩效考核和非市属医院年度服务评价新机制,并向社会公布调查结果,利用第三方满意度调查结果,引导各级各类医院加强管理,改进服务,提高服务水平。同时,把次均费用和总费用增长率、住院床日以及药占比等控制管理目标纳入公立医院目标管理责任制和绩效考核范围,加强对费用增长速度较快疾病诊疗行为的重点监控。促进医院挖掘现有资源潜力,缩短平均住院天数,提高现有资源利用率。在全市卫生系统大力开展以"做有人情味的医者"为主题的医学人文精神建设,推进建设"人文医院"。

(十)卫生信息化建设保持领先水平

引入前沿的"云计算"技术,建设"健康云"项目。厦门市基层医疗机构统一信息平台、妇幼保健信息系统数据库、厦门市重性精神病系统已迁移至"健康云",市民健康信息系统正在纳入"健康云"。疾病预警库平台基本框架已经搭建。厦门市还与解放军总医院合作建立远程会诊平台,患者在厦门就能享受到国内高水平的医疗服务,厦门市医务人员能得到国内一流专家的指导,并建立了厦门市与周边城市医院、本市基层医疗卫生机构的会诊平台。"云计算"技术的应用,使我市卫生区域信息化水平继续保持全国领先水平。

二、问题与分析

(一)解决医疗资源短缺问题面临双重压力

一方面由于人口快速增长和城市化、同城化、区域经济一体化以及人口老龄化进程加快,城乡居民健康需求呈现多层次、多元化特点,进一步加剧了卫生资源供给约束与卫生需求日益增长之间的矛盾,现有医疗服务体系不堪重负,需要加快扩增优质医疗卫生资源供给。另一方面面临经济从高速增长转变为平稳增长,财政增长速度趋缓的宏观形势,财政对卫生投入的重心将进一步放在重点解决基本医疗、基本医保、基本医药等问题上,更加强调以需方为导向的投入方式,以基层、基本为重点的投入结构,以及以改善人民健康为指向的投入绩效,建立适应本市经济社会发展需要的卫生发展投入机制成为十分紧迫的问题。

(二)深化医改有待进一步加强政策整合和协同

厦门市深化医改取得了重要的阶段性成效,但是改革的整体性、系统性、协调性还不够,在一些局部领域存在"碎片化"的现象,导致有些既有的问题并未得到根除,同时出现了一些新问题,如本市的卫生资源总量不足、优质资源短缺、分布不均衡、结构不合理、发展模式亟待转变的问题依然突出,看病难、看病贵、看病乱现象未得到根本改善,人民群众对医疗卫生服务的满意度还不够高;一些基层医疗卫生机构实施财政核拨体制后出现了"大锅饭、养懒人"现象;基本药物制度的实施在实践中遭遇患者大量"返流"大医院的现象,大医院人满为患,岛内外医疗卫生服务体系发展不平衡;人才队伍总量和结构性矛盾依然突出;公立医院改革有待进一步深化;社会资本办医亟待完善政策配套实施细则;部门间对深化改革的具体路径上还有待进一步统一认识,加强协同。

(三)公共卫生优先发展战略需要进一步深化落实

随着人口老龄化和生活方式的变化,慢性病已经成为影响我市居民健康的主要威胁之一;老年医学和养老医学护理体系亟待加强;确立以健康为导向的卫生发展策略,加强公共卫生体系能力建设,需要做出前瞻性、整体性、系统性的应对策略和规划;公共卫生机构人员编制和车辆编制短缺,不适应人口扩增和监管任务剧增的需求,卫生综合监管效能还不够高。解决这些问题和挑战,必须创新改革理念,坚持公共卫生优先发展战略。

(四)基层医疗卫生机构规划布局和管理机制亟待加强

随着我市新的城市建成区的不断扩大,基层医疗服务网点布局建设相对滞后,与实际需求相距甚远,基层医疗机构人员缺口严重。我市基层医疗卫生机构招不到急需的专业卫生人员,目前尚未按核定编制数足额到位,影响到基层医疗服务机构的能力发挥和水平提高。引导患者在基层就诊的政策鼓励力度不够,缺乏有效的分级诊疗制度和政策引导机制,社区首诊无法有效实施,导致患者小病大看。

(五)亟待加强对发展现代健康服务业的重视

健康服务不同于医疗服务。医疗服务需求的前提是生病,而健康服务业是以医疗服务为中心的前移和后延,这个市场需求弹性相对大、市场机制作用很大。世界一些发达国家和地区,健康服务业已经成为现代服务业中的重要组成部分,产生了巨大的社会效益和经济效益,例如美国健康服务业规模相对于其国内生产总值比例超过17%,其他发达国家一般达到10%左右。厦门市健康服务业尚处于起步阶段,现代健康服务业领域还比较薄弱,除产业规模较小、服务供给不足外,还存在服务体系不够完善,监管机制不够健全,开放程度偏低,观念相对滞后等问题,亟待引起高度重视。

三、对策和建议

(一)认真贯彻落实党的十八届三中全会关于全面深化医药卫生体制改革的工作部署

科学总结近年来本市医改试点经验,加快构建公益目标明确、布局合理、规模适当、结构优化、层次分明、功能完善、富有效率的公立医院服务体系,形成比较科学规范的公立医院管理体制、补偿机制、运行机制和监管机制。探索建立与基层医疗卫生服务体系的分工协作机制,促进优质医疗资源纵向流动,完善合理分级诊疗模式,解决大医院人满为患问题。坚持公共卫生优先发展战略,以健康为导向,建立预防为主、关口前移的卫生服务体系。

(二)进一步完善医疗服务体系建设

每区设 1 所以上三级综合医院,推进卫生重点项目建设,为到 2016 年本市公立医院及社会办医分别新增床位 3 500 张和 2 600 张奠定基础。力争至 2016 年床位数达到 2 万张,千人均床位数≥4 张。其中,社会办医床位数占比≥25%。

(三)构建基层医疗卫生机构"15 分钟服务圈"

实现居民步行 15～20 分钟到达基层医疗卫生服务机构目标。岛内社区卫生服务机构增加布点:完成莲前何厝(软件园)居委会社区卫生服务站、厦港演武社区卫生服务站、筼筜社区屿后西居委会分中心等的建立。完成梧村社区卫生服务中心、开元社区卫生服务中心的扩建。健全社区卫生服务体系。增加社区卫生服务中心 6 个,社区卫生服务站 50 个。继续完善标准化村卫生所建设,逐步开通村卫生所医保刷卡功能,加快推进镇村一体化进程。

(四)以完善治理为重点深化公立医院改革

探索建立以理事会为决策监督机构的多种形式的公立医院法人治理结构,健全院长负责制和任期目标责任考核制度。建立以公益性质和运行效率为核心的公立医院绩效考核体系,构建以服务质量和患者满意度为核心,有利于调动医务人员积极性的科学合理的内部分配机制,提高人员经费支出占业务支出的比例。加大财政投入,进一步理顺医药价格,提高体现医务人员技术和劳务价值的医疗服务价格,降低大型医疗设备检查治疗价格。积极引入现代化医院运行管理模式和机制,鼓励有条件的公立医院通过 JCI 标准认证。发挥公立医院在控制医疗费用过快增长中的主导作用,强化对公立医院医疗服务行为的监管。

(五)积极鼓励和扶持发展现代健康服务业

在切实保障人民群众基本医疗卫生服务需求的基础上,加强政策引导,放宽市场准入,优化投融资引导政策,在土地利用总体规划和城乡规划中统筹考虑健康服务业发展需要,扩大健康服务业用地供给,创新财政资金使用方式,引导和鼓励融资性担保机构等支持健康服务业发展,将健康服务业纳入服务业发展引导资金支持范围并加大支持力度。着力扩大供给,创新服务模式,提高消费能力,不断满足人民群众多层次、多样化的健康服务需求,为经济社会转型发展注入新的动力。

厦门市卫生局政策法规处处长　吕惠栋

厦门市就业与社会保障形势分析及预测^①

一、2012 年 10 月至 2013 年 9 月厦门市就业与社会保障情况回顾

(一)2012 年厦门市就业与社会保障总体情况

2012 年,厦门市城镇新增就业 20.3 万人,失业人员再就业 5.92 万人,城镇困难对象再就业 1.5 万人,本市农村富余劳动力实现转移就业 2.01 万人,年末城镇登记失业率为 3.49%,在年度控制目标 4% 以内。2012 年末,全市职工数 153.14 万人,较 2011 年同期增加 7.58 万人,增长 5.2%。2012 年全市城镇单位职工平均工资 52 526 元,月平均工资为 4 377 元,比上年增长 14%,高于 GDP 的增长率。其他情况参见表 1。

表 1   2012 年厦门市人力资源和社会保障统计

指 标 名 称	计算单位	2012 年	
		实绩	比上年同期增长%
一、劳动就业			
1.期末城镇登记失业率	%	3.49	升 0.3 个百分点
2.期末城镇登记失业人员数	人	32 386	21.74
3.新办理境外人员就业证数	人	895	−1.54
4.公共职业介绍机构单位登记招聘人数	万人次	255.89	8.09
5.公共职业介绍机构登记求职人数	万人次	180.7	3.39

---

① 本文资料来源:厦门市统计局;《厦门统计月报》(2012—2013 年);厦门市人力资源和社会保障局;《厦门市劳动和社会保障统计资料》(2012—2013 年)。

续表

指 标 名 称	计算单位	2012 年	
		实绩	比上年同期增长%
6.求职成功人数	万人次	90.92	−1.32
二、劳动关系与监察			
1.接受群众投诉举报数	件	8 803	−0.74
2.受理劳动争议案件总数	件	6 380	5.68
其中:集体争议	件	233	42.94
3.劳动争议案件涉及人数	人	20 850	97.48
4.审查集体合同数	份	326	−44.46
5.集体合同涉及人数	人次	98 577	−42.54
三、社会保险			
1.期末参加养老保险人数	万人	210.45	8.40
2.基本养老保险基金收入	亿元	99.11	38.07
3.基本养老保险基金支出	亿元	40.91	17.42
4.期末参加失业保险人数	万人	160.45	7.94
5.期末参加基本医疗保险人数	万人	280.66	8.24
四、职业技能培训			
1.社会培训机构培训数	人次	27 233	0.75
2.下岗、失业人员培训数	人次	5 157	38.37
3.农村劳动力转移培训数	人	5 604	11.01
4.外来务工人员岗前培训人数	万人	8.64	−15.71
5.农民工技能提升培训数	万人	2.37	12.86
6.技能鉴定考核人数	万人次	4.59	31.14
其中:核发证书技师及高级技师	人次	1 090	−35.16
核发证书高级工	人次	8 209	−29.36

　　人社局行政审批和社会保障综合业务 2012 年 5 月进驻市政务服务中心,打破过去分散式、封闭式的审批模式,所有行政审批事项审批时间均压缩至法定时限 40%以内,人社部门的行政效率和服务水平大大提高。2012 年厦门市社会保障和就业满意度评价居全国第二,获得国务院"全国创业先进城市"表彰。总体而言,2012 年厦门市就业和社会保障工作取得了较好成就,但是还存在一些问题,如失业人数增加,劳动集体合同减少,劳动争议案件涉及人数

增加,技能鉴定核发高级工和高级技师减少。

(二)2013年1—9月厦门市就业与社会保障情况回顾

一年来,在党的十八大精神鼓舞下,厦门市经济实现了高质量的平稳增长,截至2013年9月,厦门市GDP累计为2 056.26亿元,同比增长10.4%,为全面深化改革奠定了良好的基础。厦门市就业和社会保障各项工作取得较大进步,具体情况回顾如下:

1. 就业人数平稳增长,失业人数也有所增加

2013年截止到9月,厦门市新增就业人数为16.66人,与去年同期基本持平,但是完成了全年目标的92.56%。失业人员再就业4.70万人,完成任务数的117.47%;城镇困难对象再就业1.03万人,完成任务数的103.03%;本市农村富余劳动力实现转移就业1.36万人,完成全年任务的90.97%。说明今年的就业形势好于预期。

2013年9月底,厦门市城镇登记失业人数为28 136人,城镇登记失业率为3.58%,与去年同期相比上升0.19个百分点,但城镇登记失业率控制在4%以内,失业率处于较低水平。但是2013年9月底城镇登记失业人数36 679人,同比增加25.56%,主要原因是原来灵活就业并享受社保补贴的人到期转为失业人员,导致今年失业人数有明显增加,应当引起重视。

2. 厦门市劳动工资水平提高

一是调整企业最低工资标准,2013年8月1日起,厦门市企业最低工资标准调整为每人每月1 320元,非全日制用工小时最低工资标准调整为每小时14元。二是开展工资集体协商,加强企业工资指导。发布2013年企业工资增长指导线;首次发布制造业、金融业、交通运输和仓储邮政业等三个行业工资指导线,进一步完善丰富工资指导线制度。三是加大劳动保障监察执法力度。前三季度,全市劳动保障监察机构共主动检查用人单位4 038户次,受理群众举报投诉案件5 903件,处理工资纠纷案件补发金额达9 461.87万多元,清退押金9.015万元。

3. 厦门市社会保障水平有所提高

厦门市社会保障基本情况如表2所示。

表2   2013 年 1—9 月厦门市社会保障统计

社 会 保 险 项 目	计算单位	2013 年 1—3 季度实绩	比上年同期增长%
1.期末参加养老保险人数	万人	216.22	5.95
2.基本养老保险基金收入	亿元	80.64	17.57
3.基本养老保险基金支出	亿元	39.92	31.14
4.期末参加失业保险人数	万人	164.18	5.79
5.期末参加基本医疗保险人数	万人	290.58	6.27
6.基本医疗保险基金收入	亿元	47.37	25.18
7.基本医疗保险基金支出	亿元	29.69	30.28
8.期末参加工伤保险人数	万人	164.18	6.99
9.期末参加生育保险人数	万人	153.95	6.86

  从表2可知,2013 年参加各项社会保险的人数有较大增长,主要原因是统筹城乡社会保障制度建设取得进展。但是仍然存在一些不足,譬如:企业退休人员与机关事业单位退休人员待遇差距问题仍然存在。基本养老保险基金支出的增长远高于收入的增长,说明从长远看养老保险基金的收支存在危机。

4.厦门市职业技能培训工作继续推进

  2013 年截止到 9 月,厦门市职业培训和技能鉴定情况如表 3 所示。

表3   2013 年 1—9 月厦门市职业培训和技能鉴定统计

职业技能培训项目	计算单位	2013 年 1—3 季度实绩	比上年同期增长%
1.下岗、失业人员培训数	人次	4 627	33.27
2.农村劳动力转移培训数	人	3 031	−9.09
3.外来务工人员岗前培训人数	万人	4.58	−41.80
4.农民工技能提升培训数	万人	2.42	42.35
5.技能鉴定考核人数	万人次	2.99	9.12
其中:核发技师及高级技师	人次	587	−19.92
核发高级工	人次	5 482	−15.70

  表3说明,2013 年厦门市职业技能培训在下岗失业人员培训和农民工技能提升培训方面有较大增长,但外来务工人员岗前培训减少较多,说明新增外来务工人员减少以及岗前培训的意愿降低。今年技师和高级工的技能鉴定考核人数同比减少,说明这方面工作有待加强。

二、厦门市 2013 年就业和社会保障的问题及原因分析

2013 年厦门市就业与社会保障形势良好,但仍然存在问题。

(一)就业形势好转,服务业劳动力需求增加

据厦门市人社局统计,2013 年截至 9 月底人力资源市场需求总数为 2 248 718 人,求职总数为 1 650 466 人,求人倍率为 1.36。按三大产业分布的需求人数如表 4。

表 4   2013 年 1—9 月厦门市人力资源市场需求统计

产　业	需求人数(人)	所占比重(%)
第一产业	243	0.01
第二产业	70 109	3.12
第三产业	2 178 366	96.87

对比 2012 年年终资料如下表 5.

表 5   2012 年厦门市人力资源市场需求统计

产　业	需求人数(人)	所占比重(%)
第一产业	4 993	0.20
第二产业	504 658	19.71
第三产业	2 050 159	80.09

可见劳动力需求主要集中在第三产业,今年的比重有所上升,其中居民服务和其他服务业需求人数占 94.54%。说明服务业的劳动力需求潜力最大。

(二)就业结构不合理,招工难现象仍然存在

1.国家计生政策效应显现,以及农民工返乡就业等大形势影响,进入厦门市人力资源市场劳动力相对减少,招工难现象仍然存在。由于交通、治安、商业、教育、医疗等周边配套设施不全等原因,在岛外企业的招工难度更为突出。

2.员工流失率高,招工成本上升。主要是 80 后、90 后务工人员不安于现状以及中介信息的不对称,使员工容易被误导,轻易跳槽。人力资源市场供不应

求,迫使企业放宽招工条件,造成员工素质不高,企业上岗前培训成本上升。企业陷入了"招聘—入职培训—离职—再招聘"的恶性循环中,招工成本明显增加。

3.产业结构与人才结构的矛盾导致就业的结构性矛盾。

厦门市人力资源市场 2013 年 1—9 月劳动力供求情况如表 6。

表6　　　　2013 年 1—9 月厦门市按文化程度分组的劳动力供求统计

文化程度	劳动力供求人数比较				
	需求人数(人)	所占比重(%)	求职人数(人)	所占比重(%)	求人倍率
初中及以下	1 257 553	55.92	947 164	57.39	1.37
高　　中	864 704	38.45	656 517	39.78	1.36
职高、技校、中专	807 385	35.90	617 393	37.41	1.35
大　　专	55 773	2.48	43 318	2.62	1.33
大　　学	7 170	0.32	3 467	0.21	2.11
硕士以上	0	0.00	0	0.00	0.00
无要求	63 518	2.82	—	—	—
合　　计	2 248 718	100.00	1 650 466	100.00	1.36

从表 6 的资料分析可知,从结构上看,目前厦门市劳动力需求量最大的是初中和高中(中专)学历的劳动者,占需求总量的 97.17%,而大学学历的劳动力需求仅仅占 0.21%。一线工人的需求缺口较大。无论是个人择业还是企业择人均存在一定的差距,反映出市场上"求职难、招聘也难"的现状。

三、对策与建议

(一)促进就业:就业是最大的民生

1.落实各项积极就业政策,完善就业服务,强化信息引导,鼓励企业用足各项就业政策,减轻企业用工成本。建设全市统一的就业信息平台,目前厦门市人力资源市场和人才市场属于不同的部门管理,其就业的统计信息不能共享、整合。建议理顺二者的关系,根据中央机构改革的要求,可以把人才市场纳入人社局统一管理,最终形成厦门市单一的人力资源市场。

2.针对重点的群体,优先解决就业问题。特别要把征退人员、高校毕业生就业工作作为重点。厦门市可以率先建立系列化的、针对重点群体的专门就业服务机构,如应届毕业生就业服务中心、困难家庭就业服务中心、失地农民就业服务中心等。对企业培训、录用本市应届毕业生和农村富余劳动力的,分别给予培训补助、就业补贴和社会保险补贴。

(二)努力克服招工难

1.岛外工业区的配套设施建设滞后。政府应加大力度,做好工业区生活服务区的规划,加强员工公寓、商业网点、文化娱乐场所等配套设施建设,增加岛外工业区通往岛内的公交线路,让员工感觉到在岛外生活工作与岛内差别不大。

2.做好企业用工服务工作。政府要及时在网上发布企业缺工登记直通车,及时为缺工企业开展专场招聘会,组团赴劳动力输出地与当地人社部门及职业技术院校进行考察对接,对紧缺工种的招聘给予补贴和支持。

3.进一步提高劳动者的工资待遇,吸引优秀员工来厦就业。这也符合中央推进收入分配制度改革,提高劳动者收入,从而扩大内需的战略。贯彻落实新修订《劳动合同法》,促进劳动关系和谐稳定,稳步提高劳动合同签订率,积极推进以工资集体协商为主的集体合同制度建设。

4.改善农民工的就业软环境,推动农民工子女平等接受教育。进一步提高符合条件农民工随迁子女进入公办义务教育学校就读比例。积极推动符合条件农民工随迁子女免费享受义务教育,并享受与本市户籍学生同等待遇,免除学杂费、课本费等。开展关爱农民工随迁子女活动。

(三)促进产业结构的调整,克服结构性失业

2013年1—9月,厦门市三次产业比例为0.87:48.16:50.97,第三产业增长率为9.1%,低于第二产业的增长率11.8%。第三产业的比重仍然偏低,与先进国家的产业结构相比,仍然有较大的差距。厦门市应大力发展服务业,因为第三产业的就业弹性高于第二产业,有利于更多地增加就业岗位。如养老产业等还有很大的发展潜力。厦门市还应该大力促进产业升级,着重发展新兴产业,如文化产业、高科技产业、环保产业等,制造业可以向内地转移,吸引就业人口向新兴产业转移。合理的产业结构才能克服结构性失业问题。

(四)加强职业培训,改善职业教育

劳动者教育和训练水平低,是造成就业供求矛盾的重要原因,劳动者的技能提升将成为其就业的有效途径。建议厦门市政府对职业培训机构给予更多优惠政策,对紧缺工种的培训给予补贴和支持,努力构建终身学习体系。加紧

实施《厦门市高技能人才集聚暂行办法》，积极开展全国百家城市技能振兴专项活动。厦门市的职业教育相对薄弱，要大力改善和发展职业教育。

（五）社会保险：提升社保运行质量

积极探索失业保险、生育保险待遇网上申报和自助机申报，争取实现社会保险个人权益记录单发放。完善失业保险金标准与物价上涨挂钩的联动机制，加强工伤保险和劳动能力鉴定工作。提高企业退休人员的退休金，可以在厦门市开展机关事业单位养老保险与企业并轨的改革，减少二者退休待遇的巨大差距，促进社会和谐。

四、2014 年厦门市就业与社会保障形势预测

党的十八届三中全会做出了全面深化改革的决定，预测 2014 年的厦门市就业与社会保障工作会加大改革力度，取得更好的成就。具体预测与展望如下：

1. 厦门市就业环境进一步改善，产业结构趋于优化，工资待遇水平进一步提高，社会保障体系更加完善，将吸引更多劳动力来厦就业，缓解招工难问题。但劳动力供求矛盾仍然存在，劳动力总量增长进一步减缓，而劳动力需求方面将随着经济发展有更大的增长。因此部分企业招工难、用工荒的现象将不会马上消失。

2. 厦门市居民就业情况更加良好，预计 2014 年失业率低于 4%。随着岛内外一体化进程的加速，岛外失地农民进一步增加，失地农民的就业问题更加成为厦门市就业工作的重点。厦漳泉一体化的推进也可能造成漳泉地区人口向厦门的流动，增加了这部分人的就业压力。

3. 应届毕业生就业难度更大，2014 年全国大学毕业生将超过 700 万人，达到新高。如何帮助应届毕业生就业创业将成为人社部门越来越重要的课题！随着延迟退休年龄的逐步推行，会进一步挤压就业岗位，增加年轻人就业的难度。

4. 政府对社会保障工作的重视加大，在厦门市良好的财政收入基础上，我市全民社会保险体系进一步完善。2014 年厦门市社会保险覆盖率会有更大提高，各类参保人群的待遇差距将进一步缩小。社会保障水平将在全国居于领先水平。

厦门华厦学院副教授　黄业峰

厦门市城市信息化建设发展情况
分析及预测

一、2012厦门城市信息化情况回顾

2012年,在创新驱动发展战略的引导和一系列产业政策的扶持下,厦门市城市信息化建设得到了快速发展,全市信息化水平不断提高,软件和信息服务业持续快速增长,创新能力稳步提升。全年实现软件业务收入为461.3亿元,与上年同期相比增长30%;软件产品收入为118.55亿元,同比增长20%;信息系统集成服务收入为92.7亿元,同比增长率为24%,信息技术咨询服务收入10.1亿元,数据处理和存储服务收入5.4亿元,嵌入式系统软件收入5.6亿元,集成电路设计收入1.7亿元。

继续推动光纤入户,全市光纤入户率达80%;完成电信业务总量75.04亿元。全市移动电话普及率达到160部/百人,全市3G通信用户186.53万户,覆盖率51.67%;启动4G无线城市建设,无线城市平台月访问量超过680万人次。厦门作为全国TD-LTE规模商用城市,建成TD-LTE基站200多个,实现了厦门岛内90%以上的网络覆盖。全市共有ATM终端机4 025台,直联POS终端4.70万台,年交易金额1 038.83亿元,比上年增长41.9%;城镇每百户家庭拥有电脑131台;数字家庭用户数约60万户;e通卡累计发卡441.22万张,全年交易额5.5亿元,增长34.1%。

新增认定软件企业73家,累计达到539家。新增软件产品登记665件,累计达到3 288件。新增认定动漫企业19家,累计达到78家。成功举办第五届厦门国际动漫节,共有来自30个国家(地区)的3 158部作品参赛,增长25.3%。中国动漫集团厦门基地正式开业。国际动画协会厦门分会挂牌成立。动漫网游业实现销售33.4亿元,比上一年增长近一倍。

2012年,厦门获批成为政务、交通、医疗和教育四个项目的云计算全国试点,厦门政务、交通、教育、医疗智能化水平在全国已经处于领跑阶段。

二、2013 厦门城市信息化建设情况分析

2013 年,在全面实施"美丽厦门"发展战略,建设美丽中国的典范城市和展示中国梦的样板城市的发展目标带动下,厦门市的物联网、移动互联、三网融合、云计算试点城市、4G 网等城市信息化建设方工作继续取得进展,并且获得了"中国城市信息化卓越成就奖"、"中国智慧城市创新应用奖"、"中国智慧城市推进杰出成就奖"等大奖项,成为全国罕有能囊括三个奖项的城市。

1. 软件和信息服务业日益壮大

2013 年,厦门市的软件和信息服务业继续保持高速增长,截至 6 月底,全市软件信息产业实现总产值 238.4 亿元,同比增速维持在 20% 以上,如图 1 所示。

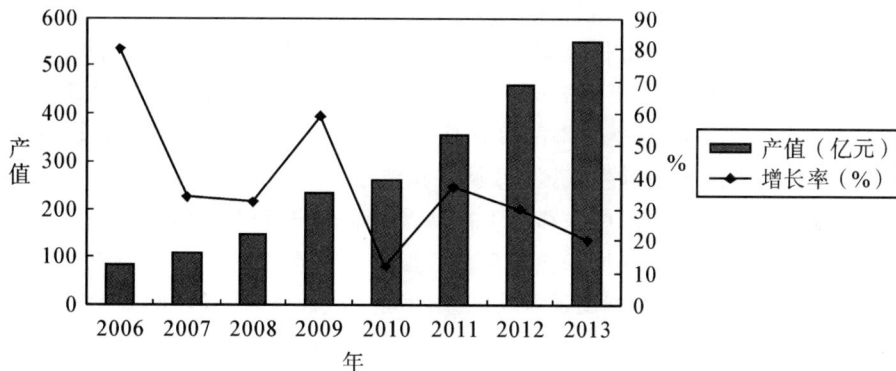

图 1　厦门近年的软件和信息服务业产值及增长率

重点监控的 72 家软件和信息服务企业,1—8 月实现营业收入 18.38 亿元,同比增长 7.6%,实现利润总额 2.60 亿元。但是,受国内外市场需求的影响,中小软件和信息服务企业和小微软件和信息服务企业的生存和发展环境仍然有待改善。

2. 以平台建设为重点形成良好的信息化产业集聚效应

软件信息产业发展的重要载体软件园区建设逐步成为厦门的硅谷。厦门已经完成的软件园一期、二期的建设,正在实施的三期工程已经建成六栋研发楼,截至今年 9 月底,通过三期入园审核的企业 207 家,核准面积约 207 万平方米,相当于软件园二期研发楼面积的 2 倍。其中不乏央企、台企、名企、中国软件百强企业在此落地。国家新型工业化产业示范基地、软件和信息服务示

范基地,国家北斗产业化应用示范基地、国家统计局统计信息云平台及大数据研究服务基地、闽台云计算产业示范区、中交信息中心区域总部、"厦门大学——科大讯飞闽南语语音及语言联合实验室"等信息化产业平台相继落户厦门,逐步形成良好的信息化产业集聚效应,使软件产业的集聚有了很好的载体。此外,厦门发布了《闽台云计算产业示范区总体规划(2013—2020)》,台湾中华软协、青创会在园区设立了合作窗口,共同推进云计算、软件产业化应用,凸显厦门对台优势和园区的两岸特色。

软件和信息服务业企业聚集效应明显。2013年上半年,厦门新增认定软件企业59家,是去年全年总认定数的8成。厦门共有5家软件企业入选国家规划布局内重点软件企业,分别为美亚柏科信息股份有限公司、三五互联科技股份有限公司、吉比特网络技术股份有限公司、精图信息技术股份有限公司和四三九九网络股份有限公司。这些龙头企业带动了产业链上下游发展,产业集聚效应再次放大。但是,在一些重点项目的推进上,进展低于年初计划。

3. 信息消费成为启动大众消费的重要引擎

以家庭宽带接入、网络视频、网络购物、微媒体、手机支付、手机视频为依托的信息消费,对经济增长拉动作用越来越明显,厦门对此也寄予厚望。

厦门使用4M及以上宽带接入产品的用户超过90%;能够传输高质量视频图像的4G网络覆盖也取得阶段性成果,全年完成第二阶段4G试验网建设,实现厦门岛内及岛外主城区4G网络全覆盖。

动漫产业快速发展,中国移动手机动漫基地落户厦门三年后,很快展现出了极强的爆发力,收入同比增长四倍多。厦门青鸟动画和厦门大拇哥动漫获评"中国动漫十大企业"。加强海峡两岸动画交流合作,通过动画集中反映海西经济建设、文化生活的巨变。在全国少儿精品及国产动画发展专项资金项目评审中,厦门青鸟动画的《魔力星星狐》、天熹文化传播的《波波历险记》获得二等奖,利根思动漫的《小小大英雄毛毛王》获得三等奖。

2013年1—8月厦门19家经营电子商务的企业实现零售额20.5亿元。网络零售贡献居前的是万翔网络商务公司、名鞋库网络科技公司、乐麦电子商务。目前厦门电子商务规模与影响力均已进入全国城市前10名,有500多家企业从事B2C销售。

4. 智慧城市建设已经深入生活的方方面面

智慧城市建设以全新的形象和内涵,深入生活的方方面面,推动着鹭岛的智慧化,构建面向未来的智慧化城市新形态,有效提高了城市管理运行效率和公共服务质量。

厦门对智慧城市发展高度重视,集中了700台服务器利用云计算虚拟技术,建成了全国第一个政务云平台,各部门可以将已开发的应用软件直接部署在云平台,进行城市管理和办公,使成本节约,效率提升。

厦门在市民基础数据库的基础上,建成了国内第一个区域智慧医疗健康信息系统,系统连接了市级、区级医院和社区卫生服务中心。

建成的"城市公共交通平台"数据无偿地开放给各个应用服务商。据悉,电子站牌现在每天收到市民超过 30 万人次的查询,手机电子站牌已成为厦门智慧城市建设最成功的应用。目前,这个由厦门首创的应用已推广到国内 20 多个城市。

厦门是全国首个全市范围内推行车载 RFID 射频识别应用的城市。厦门在交通路口部署车辆 RFID 采集器,可获取该路口车辆的通行数据,科学设置红绿灯切换时间,目前效果已开始呈现。同样,对住宅小区和停车场,只要配备相关的软硬件,就可以让车辆无需停车、自动识别出入。这种技术也应用到了图书馆的管理中,市民只要用社保卡就可以在全市 72 家公共图书馆中"通借通还",图书流通率提高了 7 倍,相当于再建了 7 个图书馆。

"智慧教育"有效提高了教育教学质量,提高了教育现代化信息化水平,实现了义务教育的均衡发展,促进了教育公平。

厦门的地理空间信息系统是全国第一个实现涵盖地面、海域和地下管线的三维全景图。

智慧城市的建设起步不久,而且取得了明显成就,但是智慧城市的建设思路、方案、模式、措施等有同质化苗头,缺乏差异化。

三、厦门市城市信息化发展的对策和建议

城市信息化是实现产业转型升级和"美丽厦门"目标的一个很好切入点,并且可以进一步促进信息消费、新兴产业、智慧城市建设、龙头企业培育、智慧型园区、两岸合作等的发展。

1. 以创建"国家信息消费示范城市"为突破口,推进美丽厦门建设

以家庭宽带接入、网络视频、网络购物、微媒体、手机支付、手机视频为依托的信息消费已经成为拉动内需新的增长点,也将改变人们的生活方式、生存方式。厦门市应从信息基础设施建设(存储设备、运算设备、一体机、基础软件)、重点领域(如教育、医疗、交通、社区、家庭、公共服务等)信息化应用、鼓励智能终端产品研发、提升软件业支撑服务水平、拓展新兴服务业态、构建安全可信的信息消费环境等角度加大促进信息消费的举措,建设一个诚信信息共享平台,将企业、个人信用信息纳入平台监管,以建设"信息消费创新示范城

市"、"国家数字家庭应用示范产业基地"为抓手,扩大信息消费,实现信息消费年均增长 25%～30%。

2.提高对新兴产业的敏感度和把握性,以全产业链引领信息化发展

当前,以云计算、物联网、移动互联网等为代表的新一代信息技术,为软件产业发展带来了一系列深刻变化。应充分发掘厦门在家居安防、智慧社区、数字内容、网络基础设施、服务运营模式等方面的产业优势,从信息获取、信息汇集、信息存储、数据挖掘和分析,到数据的使用和消费形成信息产业链,争取推进一个新的千亿产业链形成,以全产业链引领信息化发展。

智能制造、无线革命、大数据被称为第三次超级技术变革。智能制造是基于网络的制造系统柔性智能化集成,具有敏捷化、服务化、绿色化、智能化等特点。厦门应该重视对智能制造装备的创新发展和产业化,推动制造业转型升级,并且设立智能制造装备发展专项,组建协同创新联盟,重点支持数字化车间、智能测控系统与装备的研发应用、智能制造系统在典型领域的示范应用项目。围绕物联网、云计算、大数据发展目标,重点开展应用示范,推进行业应用示范,促进产业聚集发展,加快核心技术研发,着力构建支撑体系等工作,并从建立统筹协调机制、营造良好发展环境、加大财政资金扶持、鼓励多元资本投入、扩大人才引进培养等方面提供保障措施。

抓住厦门市 TD-LTE 商用、宽带城市建设、4G 网络投资等机会,引导企业提供新的信息技术和新服务,推进软件和信息服务业结构调整和升级转型,扩大厦门市内容服务、数据服务和工业软件市场规模。

利用国家加快推动北斗导航产业核心技术研发和产业化的契机,厦门市可以对接北斗卫星导航产业链,大力培育龙头企业,鼓励多元投入,创新商业模式,积极推动卫星导航成为车辆和移动电话等个人终端的标准配置,促进在此基础上的多元化应用,从而提升产业规模、服务社会大众。

拓展新兴服务业态。以数字媒体为龙头,以软件园三期为载体做大数字媒体产业、动画产业群;大力发展电子商务,特别是移动电子商务,使之成为扩大信息消费的重点举措之一;重视集"数据、平台、金融"于一身的互联网金融发展,因为互联网金融将对商业银行的传统经营模式产生深层次影响。

3.以智慧城市建设为平台,促进城市信息化建设

智慧城市是城市信息化从数字化、网络化向更高阶段的智慧化发展的新阶段,并且成为智慧基础设施、智慧产业、智慧服务的载体,将新型城镇化与工业化、信息化有机地融合,已日益成为破解城市发展难题的突破口。

厦门市的城市信息化建设已基本成型,已经有了较为完备的城市信息化体系,城市政务、社会管理等各个层面都基本实现了信息化管理。因此要做好顶层设计,谋划、引导和促进智慧城市的健康发展,明确将打造"智慧名城"、"中国软件名城"作为厦门发展战略,充分调动企业、公众、公共服务等主体的积极性,创新智慧城市建设模式,选择合适的推进策略和实施路径,使智慧城市建设走向纵深,运用智慧城市的关键技术,新建统一的应用支撑平台整合已有系统,建设成统一、协同、融合的智慧城市体系,并且在智慧基础设施、智慧资源环境、智慧社会民生、智慧产业经济、智慧市政管理等系统实现差异化特色,防止"重硬轻软"、"重复建设"。

4. 龙头企业培育,形成产业集聚效应

发挥中国移动、中国电信、中国动漫集团、中国数码港等央企在厦产业化基地的产业链(群)资源整合者的作用,以带动产业链上下游发展,形成产业集聚效应。

用"政策杠杆"撬动产业升级。在云计算的大背景下,走市场化道路,政府以购买服务为主要方式建设智慧厦门,节约资源,带动产业升级。

5. 以软件园三期建设为抓手,建设国际化智慧型园区

软件园三期建设是我市发展战略新兴产业、推动产业升级、打造中国软件名城与国际智慧城市的重要园区载体,是建设智慧厦门、引领信息消费的重要项目。因此,在软件园三期建设上,一方面要明确选择发展软件、信息、动漫等新兴产业,加强协调,推进省市重点项目特别是数码港海西运营中心、中国电信动漫运营中心、中国移动手机动漫基地等的建设;另一方面应以平台建设为抓手,重点建设信息汇集平台、内容汇集平台、人的汇集平台,把软件园三期将建设成一个"高水平、应用性、服务化、开放式"的国际化智慧型园区,打造成为厦门的"硅谷"。

6. 加强两岸合作,改善生态链体系

随着"厦门—金门"直达海缆在2012年底完工,建议推出"厦金一卡通"通信产品,实现两岸移动通信互打一个价。

建立公共服务平台,进一步加强云计算产业闽台合作,构建我市良好的云计算生态链体系,推进"云计算服务创新发展试点示范工作"

以上这些举措将有力地推动厦门市软件信息产业的进一步集聚和壮大,提高厦门产业集聚度和产业的知名度,拉动厦门的经济增长。

四、2014 年厦门市城市信息化发展的预测与展望

展望 2014 年,我市城市信息化建设将面临更加复杂的国内外环境,既有宏观政策效应不断累积、产业转型升级步伐加快、内需市场不断扩容带来

的发展机遇,又要面临国际市场需求难有好转、贸易保护不断升级造成的严峻挑战。

但是在"美丽厦门"发展战略、建设信息消费创新示范城市和改善民生等政策支撑下,厦门市的城市信息化仍将保持高速增长,预计增长率在22%以上,并且将成为新的经济增长点,城市信息化对社会经济发展的支撑和引领作用进一步增强。

厦门理工学院教授　刘松先

厦门生态文明建设的情况分析及预测

2013 年以来,以十八大精神为指导,厦门市委市政府着力从解决好资源环境与经济发展的矛盾入手,大力建设厦门生态文明,取得了累累硕果:全市的大气、水、噪声、固体废弃物以垃圾污染总体情况基本与上年同期基本持平,个别环境指标还好于上年。2013 年 4 月和 9 月分别荣膺了对外开放"金牌城市"、"国家森林城市"、等国家级荣誉。

一、厦门生态文明建设的具体做法

(一)以国家级生态市创建为抓手,全面推进生态文明建设工作

认真履行厦门市生态创建领导小组办公室职责,组织修订《厦门生态市建设规划实施纲要(2011—2020 年)》,于 4 月 28 日经市人大常委会审议通过,批准实施。制定下发《厦门国家级生态市创建工作计划任务分解方案》,将生态市建设的创建指标、年度目标、工作任务和重点项目细化分解至各区、各部门,强化组织领导和共同参与机制,有序、高效、系统地推进生态市创建工作。截至 2013 年 10 月,厦门岛外四个区正式申报国家级生态区评估、考核;东孚等 9 个镇通过国家级生态镇考核。全市 14 个镇(街)已有 7 个镇通过国家级生态镇验收;全市辖区 156 个行政村中,已有 146 个获得省级生态村命名。

(二)以多管齐下、综合治理为手段,着力解决生态文明建设的核心问题即生态环境问题

第一,环境空气的治理:对我市所有汽车涂装可挥发的有机碳的排放情况进行了全面监测,实施加油站、储油库、油罐车治理改造工作,核算全市所有黄标车辆数。第二,重点项目的治理:推进了岛外十条溪流污染综合治理。汀溪水库上游 6 个村庄完成生活污水治理;汀溪水库水源保护区生猪退养全部完成,下拨本年度市级补偿资金 1 330 万元,共清退生猪约 1.15 万头;推动九溪

流域综合治理一期工程(挡潮闸),累计完成投资 6 240 万元。第三,污染企业的管控:组织编制 2013 年度重金属污染综合防治实施方案,确定年度减排项目 2 项,正有序推进。开展电镀行业综合整改,组织对全市近 100 家电镀企业的整治情况进行现场督察和拍摄影像资料,实时掌握每家企业整治进展。截至 2013 年 9 月底,已淘汰关闭全市近 100 家电镀企业;65 家企业完成了重金属一类污染物分类分质处理,20 家企业已安装特征污染物在线监控设备。全市电镀企业已投入生产线改造资金 1.2 亿,污染治理设施改造资金超过 1.3 亿元。

(三)以深化效能建设为保障,提升生态文明建设的管理和服务水平

制发了《改进作风加强效廉建设实施方案的通知》、《2013 年民主评议政风行风工作实施方案的通知》,进一步强化环保系统内部管理。第一,严格实行效能问责制度,认真抓好政风行风建设,杜绝各类违纪违规问题的发生。第二,加强绩效管理。根据市效能办要求,压缩审批时限,保留的五个项目的审批时限压缩到法定的 35% 以内。第三,认真做好民主评议政风行风工作。积极配合市纠风办开展"纠正环境保护执法工作中的不正之风"突出问题。认真做好市纠风办转办件调查处理工作,截至 10 月,共收到市纠风办转办件近 20 件,办结 18 件,另两件正在办理之中。

二、面临的挑战及原因

(一)生态环境总体形势依然严峻

大气污染现状未能得到根本改观。大气污染正由工业污染向工业与机动车、扬尘等混合型污染转变。在工业废气、机动车尾气、城市扬尘综合作用下,岛内外一些地方的灰霾天气还会时有出现,PM2.5 仍然是我市空气的重要污染源。

水环境质量不容乐观。筼筜湖部分湖段受周边生活污水排放的影响水质处于劣四类,2013 年 1—10 月份厦门海域的水质劣四类仍占 90% 以上,一、二类水质类别比例不超过 1%,三、四类水质仅占 5% 左右,九龙江入海口、南部海域及西海域南部海区的活性磷酸盐浓度,与去年同期相比,有所上升。九龙江河口低平潮的水质类别为Ⅳ类,功能区达标率较低,集中式地表水饮用水源

地安全尚存在隐患。

生活垃圾逐年增多,生活废水、厨余垃圾污染较为严重。当前群众对环境的诉求日益增多,环境问题已成为群众投诉的焦点,群众对环境质量的不满意已成为厦门建设高水平生态文明社会的短板之一。

(二)经济发展方式和人口分布结构还不合理

虽然目前电子、机械、航运物流、旅游会展、金融与商务、软件与信息服务业是厦门的六大支柱产业,厦门的一、二、三次产业的结构比例 0.9∶48.8∶50.3,高新技术产业和第三产业已经成为了拉动厦门经济增长的最主要动力,但是与发达国家的一、二、三次产业的结构比例 1∶24∶75 左右相比,还有差距。特别是岛外工业经济仍占据主导地位,经济结构偏重,重化污染行业化工、火电、石化等重污染行业仍占较大比重,高消耗、高污染企业多,给厦门经济环境带来了严重影响。它不仅影响了经济整体素质的提高和发展潜力的提升,而且加大了自然环境的压力,造成了生态的失衡。

厦门的岛内外人口分布也极不合理。目前厦门岛内外居住的人口比例为∶10∶1 左右,因为人口分布不均和分布结构的不合理,造成岛内交通拥挤不堪,汽车尾气和生活垃圾排放的污染严重,这也是厦门生态文明建设亟待解决的问题。

(三)厦门的科技创新能力亟待提高

目前厦门的科技研发和创新能力还不足,总体技术水平还不高,这是厦门由工业经济向生态经济转型的最大阻碍。目前,厦门的万元 GDP 能耗尽管已是全国平均值的一半,但仍然比发达国家高出 40 个百分点,所以厦门在环保技术方面与发达国家相比还有较大落差,许多高科技环保技术仍然需要进口,产品的科技含量、制造质量和运行成本与发达国家相比有不小差距,一些市场需求量较大的污染治理设备还没有自己的制造技术,在烟气脱硫、大中型生活污水集中处理和高浓度有机废水处理领域还不具备高科技含量设备的设计能力。

(四)生态文明建设的体制机制尚存缺陷

体制机制缺陷制约生态文明建设与发展。主要表现在∶第一,政绩考核过度注重经济指标的导向依然存在。改革开放以来,经济指标成为党政领导政绩考核的主要依据,一定程度上缺乏资源环境保护的积极性。第二,生态文明建设的价格、税收体系尚未建立。资源价格不能反映资源的稀缺程度,还未形成按照市场定价机制配置生态环境资源的价格体系;资源和环境税税种设置不全,排污收费制度中的税费过低,企业没有足够的动力进行污染治理与技术创新。第三,资源环境保护的法律制度不健全。经过多年努力,已初步形成了一系列资源环境保护的法律、法规和制度。但总的来看,资源环境保护的法律、法规制度建设工作没有真正走向法制化和规范化的轨道。

(五)生态文明建设意识尚未全面形成

厦门虽然是文化积淀比较好的港口城市,但公众的生态意识依然不足,对于生态状况的判断大多是态度中庸,对许多根本性的生态性的环境问题缺乏了解,生态环保道德意识较弱,全社会还缺乏尊重自然、保护自然的伦理观念,遵纪守法和承担责任的行为还没有形成风气,绿色消费意识淡薄,部分公众在生态文明建设中社会参与度不高,缺乏参与热情。生态文明建设意识不足已成为制约厦门生态文明建设的重要因素。

三、加快厦门生态文明建设的对策建议

基于厦门生态文明建设面临的五大挑战,未来一段时期加快推进生态文明建设的发展路径,除了分散岛内的优质公共服务,优化岛内外人口布局外,还应着眼于以下几个方面:

(一)强化组织领导,健全政绩考核体系

充分发挥生态市建设领导小组的作用,统筹指导和协调厦门的生态文明建设工作。根据厦门具有的"山、海、林、湾、岛、岸"等丰富的自然环境条件和产业发展水平,坚持以促进生态文明为导向,按照人与自然和谐发展的要求,充分考虑资源环境的承载能力,科学考量生态环境成本和代价,编制各个区域、产业生态发展规划,并认真组织实施,从源头上预防环境污染与生态破坏。健全政绩考核体系,增加生态文明在经济社会评价体系中的权重,要把资源消耗、环境损害、生态效益纳入经济社会发展评价体系,形成"绿色 GDP"的考核体系。要将"绿色 GDP"及相关指标作为政府政绩考核的重要内容。同时,强化责任落实和措施落实,完善督办制、问责制等各级政府的环境保护责任制,让生态文明建设真正能够引导各级党政领导者的决策行为。

(二)转变经济发展方式,大力发展生态经济

鉴于厦门与发达国家相比依然高能耗和高排放的现实,厦门要加快转变

经济发展方式,大力发展生态经济,走绿色经济、循环经济、低碳经济之路。大力发展绿色经济,将环境资源作为经济发展的内在要素,把实现经济、社会和环境可持续发展作为绿色经济的发展目标,把经济活动过程和结果的"绿色化"作为绿色经济发展的主要内容和途径。大力发展循环经济,按照"减量化、再利用、资源化"的原则,促进资源循环式利用,推进生产、流通、消费各环节循环经济发展,加快构建覆盖全社会的资源循环利用体系;按照循环经济要求规划、建设和改造各类产业园区,构筑链接循环的产业体系。大力发展低碳经济。以降低温室气体排放为主要关注点,建立低碳能源系统、低碳技术体系和低碳产业结构。全面推行低碳经济示范区,加快形成一批各具特色的低碳园区、低碳企业和低碳社区;加快建设以低碳排放为特征的工业、能源、交通、建筑等产业体系、生产方式和消费模式。

(三)加大环保技术的研发攻关,积极培育环保企业

厦门要加快创新体系建设,促进科技资源高效配置和综合集成,努力突破制约环保技术的瓶颈,重点组织开发有重大推广意义的资源节约技术、工业废水处理技术、清洁煤技术、碳中合、碳封存和碳捕捉技术等。大力研究和开发太阳能、风能、海洋能以及生物能等"绿色能源"的新技术和新工艺。加大环境科技投入,市科技支撑计划、科技成果转化资金应优先支持环境保护、生态建设研究和成果转化;加快环保技术工程人才的培养培训,建立"订单式"人才培养机制;积极推进国际技术合作,鼓励全市企业和研发机构参与环保国际技术合作,增强环保技术的国际引进,消化与二次创新。同时,厦门要大力培育一批具有自主知识产权、自主创新型的环保企业,大幅度提高科技进步对环境保护、生态建设和绿色经济增长的贡献率。

(四)积极推进绿色厦门建设,加大环境污染治理及生态修复

要围绕群众反映强烈的环境热点和难点问题,加大综合治理力度,解决好饮用水安全、空气和垃圾污染等突出问题。加强重点水域污染治理和修复,强化饮用水源地管理保护,推进岛内外统筹区域供水,确保城乡居民饮水安全。加大城市大气污染综合防治力度,继续推进城市施工工地扬尘防治管理。加大对各类工业园区、工业集中区等重点行业粉尘、烟气和无组织排放的废气的治理。同时,要实施一批重大生态修复和建设工程,促进生态环境不断改善,让人民喝上干净的水、呼吸到新鲜的空气、住上宜居的环境。

(五)不断完善价格、财税政策,建立与生态文明相符的配套机制

第一,改变定价机制,按市场定价机制配置生态环境资源。要尽快形成反

映资源要素稀缺程度的价格形成机制、公平竞争的市场秩序,充分发挥市场在资源配置中的基础性作用。资源领域要完善自然资源有偿开采、有偿使用制度,加快用水、用地、用电和排污染全价交易制度建设,使利益相关者和受影响者共同分担由于资源过度利用所带来的影响;环境领域要全面实施主要污染物排放总量控制,完善污染物和废弃物有偿排放制度、污染排放权交易制度,在控制整体污染物排放总量的前提下,通过市场交易来实现污染控制的目标。第二,深化财税制度改革,完善财税政策。要合理划分各级政府的事权和财权,完善区域税制,加强对土地收入的监管,引导各级政府由重视发展工业项目向重视生态环境保护和生态建设方面转变。确保财政用于环境保护和生态建设支出的增幅高于经济增长速度,并加大对岛外农村地区生态建设的支持力度。第三,改进税收调节杠杆。实行促进资源能源节约利用和环境保护的税制与税收政策。改革资源、环境方面的税收制度,提高资源税率、开征环境税。为了节约能源和减少城市空气污染,促进新能源的运用,应考虑增收煤炭使用的污染费。

（六）大力推进生态文化建设,倡导生态伦理和生态行为

生态文化是促进人与自然和谐相处的重要精神动力,弘扬生态文化是推进生态文明建设的必然要求。厦门要广泛开展生态文明建设的宣传教育,加强公民的生态伦理道德教育,唤起人们对自然的"道德良知"和"生态良知",使每位公民都意识到保护环境的重要性,在全社会形成以保护环境为荣的道德风气。大力倡导绿色消费,扭转目前存在的超前消费和奢侈性消费,在全社会推进节约型消费、环保型消费、适度型消费、重复型消费等新型消费行为,新型消费行为对于化解资源危机具有关键性作用。政府应在绿色消费的宣传教育、试点示范、法律标准制定和强化市场监管等方面发挥更重要作用,引导和指导社会公众进行绿色消费,形成生态文明建设的良好风气和氛围。

四、厦门生态文明建设的机遇预测

未来几年,厦门生态文明建设将面临良好的发展机遇。目前厦门市委市政府正在制定"美丽厦门战略规划"以指导未来三年厦门的生态文明建设,以"城在海上、海在城中"大山海城市战略、"山海一体、江海连城"大海湾城市战略、"青山碧海、红花白鹭"大花园城市战略为一体,以"十大行动"即产业升级行动、机制创新行动、收入倍增行动、健康生活行动、邻里和美行动、智慧名城

行动、生态优美行动、文化提升行动、同胞融合行动、党建保障行动作为缔造"美丽厦门"的战略抓手;以生态功能区建设工程、生态廊道建设工程、绿道慢行建设工程、蓝色海洋建设等工程为具体落实措施,这些都为厦门生态文明建设提供了绝佳的机会,相信只要厦门广大干群齐心协力,把厦门建设成为国际知名的花园城市目标、国家生态文明建设试点示范区、生态文明高度发展的典范城市的目标,对美丽厦门的缔造,一定能够实现。

中共厦门市委党校　岳世平

厦门市社会稳定态势情况分析及预测

党的十八届三中全会公报指出：要加快形成科学有效的社会治理体制，确保社会既充满活力又和谐有序。关于社会治理，习近平总书记作出源头治理、系统治理、综合治理、依法治理"四个治理"的重要批示。

建设美丽厦门，平安是前提。我市长期高度重视平安建设，创建活动扎实有效开展。本文特此阐述 2012 年 10 月以来的社会稳定态势。

一、2012 年 10 月至 2013 年 9 月情况回顾

（一）2012 年厦门社会稳定情况回顾

1. 社会治安测评

2012 年度全省社会治安满意率测评结果显示，厦门以 95.85％的高分拔得头筹，这已经是我市连续三年摘得这项桂冠。

福建省公安厅公布，厦门市公安局 2012 年度工作综合考评成绩位列全省第一名。而在全国 38 个主要城市的综合评比中，厦门则一举拿下了"公共安全满意度"第二名、"公共交通满意度"第三名两项好成绩。

2012 年厦门警方创造多个"第一"：

——综合警务改革全省第一

厦门警方率先全省启动综合警务改革，8 个公安分局、53 个派出所实现警务改革全覆盖，警务推广率、编制配置率、职数配置率、装备配置率等"四率"全省第一。

——刑侦技术考评全省第一

厦门市刑事科学技术工作连续三年获得全省第一名。

——抓捕逃犯战绩全省第一

在持续"清网行动"中，厦门警方抓获网上逃犯 378 名，包括本市命案逃犯 8 名、公安部督捕逃犯 1 名、省十大要犯 1 名。

——创先争优全省第一

2012年厦门警方拿下三个"集体一等功",为历史上首次;出入境管理处被国务院授予"模范出入境管理处"称号,也是厦门警方历史上获得的最高荣誉。

2. 信访情况

2012年中央和省信访联席办交办的2批43件信访积案全部办结,省委政法委交办的278件涉法涉诉进京访案件全部化解,特别是去年党的十八大开会期间实现进京非正常访和群体访的零纪录。

3. 网络舆情

已有效处置各类网络舆情100多起,成功预警和处置了"厦门倍顺连锁店老板是菲律宾反华游行组织者"等10多起热点网络舆情事件。2012年网络形象在全国285个重要城市中排名第二。

(二)2013年1—9月情况回顾

1. 立体化的社会治安防控体系成效明显

警情下降,居民群众对我市公安工作和社会治安的认同程度持续提升。这一期间,公安系统受理群众报警5.04万起,与去年同期相比,下降了18.73%,综合治理成效显著。2013年8月,福建省综治办公布上半年各设区市社会治安满意率,厦门市达96.5%,比上年同期增加了0.4个百分点,继续位居全省第一。

(1)公安综合警务改革

初步建立了"派出所统筹布警、警务队自主用警、社区警自觉处警"的能动型警务模式,实现了警务运作最优化、警务效能最大化。实施改革后,派出所警力比改革前增加86%,路面见警率和管事率大幅提升。

(2)视频监控系统建设

市委、市政府将"城市治安报警监控系统"列入为民办实事项目,先后在全市主次干道、重点部位、城市社区及岛外农村建成视频监控探头73 000多个,城市社区监控覆盖率达99%。

初步建成了"市110指挥中心—分局—派出所—社区"四级联网的视频监控系统。

(3)网上虚拟社会防控力度

积极开展网络管理和舆情引导技术创新,在小鱼网、中资源等9家最具影响力的互联网服务单位创建了网安警务室,在机场、车站、码头、咖啡厅等无线上网场所推进安全监管平台建设,在电信、移动、联通3个主要网络运营商建设了移动互联网侦控系统。

在政法各部门建立了新闻发言人制度,大力加强政法网站、微博等新兴网络媒体建设,网上网下一体的网络舆情处置联动协作机制不断完善。

2. 信、访、网、电"四位一体"的群众诉求渠道畅通无阻

深入开展领导干部大接访、大走访活动;开通网上信访,开设市长专线;信访系统进一步规范信访事项受理、分流、办理、督办、反馈的工作机制,推动事要解决、案结事了,从源头上妥善解决了群众的一大批合理诉求。

这一期间,市信访局受理群众来信来访来电来邮共计 5.58 万件,其中,来信1 283 件,占 2.3%;来访 1 786 件,占 3.2%;来电来邮 52 731 件,占94.5%。今年全国"两会"期间,我市实现进京非正常访和群体访的零纪录。

3. 多元化的矛盾纠纷调处体系运行良好

2013 年 1 月,市委、市政府出台了《厦门市加强和创新社会管理规划纲要(2013—2015 年)》,提出群众权益维护机制更加健全、实有人口服务管理更加到位、社会管理机制更加完善等目标。

(1)注重源头预防

——全面推行社会稳定风险评估

市委、市政府专门出台了《厦门市重大事项社会稳定风险评估工作实施意见》(厦委办〔2013〕8 号),明确对重大决策、重大事项、重大项目必须进行社会稳定风险评估,并作为党委政府决策的"前置程序"和"刚性门槛"。

近年来,先后对福厦高铁、城市轨道交通、"9·8 投洽会"等 100 多个项目进行了稳定风险评估,做到"应评尽评",最大限度地从源头上预防和减少了不稳定因素。

——建立镇(街)综治信访维稳中心平台

在全市 37 个镇(街)建立综治信访维稳中心、在 471 个村(居)建立综治信访维稳工作站,并加强对中心(站)的规范化建设。

完善中心对群众诉求反映的受理、分流、处理、跟踪、反馈等工作运作机制,落实每周半天镇(街)主要领导率领综治各成员单位联合集中接访制度,有力推动一大批矛盾问题在基层就地就近解决。

(2)坚持多元调解

——全面开展"无讼"创建活动

市两级法院组织法官走出法庭、走进社区,通过司法指导、司法确认等方式,与社区调委会联手就地协调化解纠纷,并不断将创建活动向港区、商圈、园区、校区、军营等延伸。

——大力发展行业性专业性调解组织

截至 2013 年 9 月,全市已建立行业性专业性调委会 233 个,拥有调解员上千人。1 月至 9 月,已受理纠纷 1 686 件,调解成功率达 99.63%。

——建立道路交通事故一体化调处机制

2013 年 1 月至 9 月,全市 6 个道路交通事故调处中心共受理纠纷 1 008 件,调解成功 1 004 件,调解成功率达 99.59％。

4. 常态化的公共安全监管体系初步建立

(1)食品药品安全监管

率先建成流通环节食品安全监管系统和生鲜食品安全监管信息系统,可对 1 万多家企业销售的 6 万多种食品全程网上监管;率先建成肉品质量安全信息可追溯系统,全市 85％以上上市肉品实现"正向跟踪、反向追溯"。

深入开展药品安全专项整治和"三品一械"的安全监测,城市社区和农村地区药品监管实现 100％覆盖,近 10 年来全市药品、医疗器械生产企业均未发生药品质量事故。

(2)道路交通综合管理

严肃查处道路交通严重违法行为,全市道路交通安全形势总体好转。2013 年 1 月至 9 月全市因车祸死亡人数同比下降 26.82％。

(3)消防安全管理

持续开展"清剿火患"战役,健全完善火灾隐患"网格化"排查整治机制,大力开展消防安全"防火墙"建设,切实加强对人员密集场所、易燃易爆单位、老城区等薄弱环节的消防安全治理。

2013 年 1—9 月,全市共排查单位场所 6 500 多家,整改隐患 16 900 多处。

5. 社区网格向精细化发展

——责任网格化

按照定网格、定人员、定职责的要求,以 400 户左右为标准,把每个社区划分成若干个网格单元,每个网格配备 2～3 名网格员,负责本网格内计生、劳保、民政等所有事务,实现"一岗全责"。

——平台信息化

目前,全市已建成村(居)级信息平台 219 个、镇(街)级平台 3 个、区级平台 1 个,其中,海沧区在全省率先实现了村(居)—镇(街)—区三级网格化平台的互联互通。全市网格化平台利用率达到 85％,服务管理效率提升了 10％。

二、2013 年情况分析

(一)我市的系统脆弱性

西方学术界于 20 世纪 70 年代提出了脆弱性概念,最初是运用于自然科学领域,后来逐步延伸到社会科学领域,运用于危机管理领域。公共危机事件都是在致灾因子的影响下,通过多重扰动因素影响安全系统,系统综合脆弱性表现出来,打乱系统间的结构平衡,使脆弱性超过特定的安全阈值,公共危机事件由此产生。

对于具有极端小概率、巨大破坏性、因素多重性特点的重大突发事件(如我市"6·7"BRT起火事件),尤其要注意从系统脆弱性角度全方位寻找原因:包括物理系统的脆弱性(由于BRT是高架结构,"高"本身也就成了BRT的系统脆弱性,救火比之地面陡然增加了相当难度)和社会基层建设的脆弱性(已露端倪的陌生人社会对原有熟人社会的冲击)等。

我市城市物理系统与社会系统存在混合脆弱性:基础设施密度高,大型活动多,重点安全领域较多,涉及群众日常生活的城市安全运行的风险和隐患也日趋增多。这些问题如果不予以足够的重视,不认真加以解决,不仅加强和创新社会管理无从谈起,而且可能成为社会不和谐、不稳定问题的诱因,影响甚至破坏我市经济社会发展大局。

(二)我市社会管理的任务、基础与机制

我市地处改革开放和对台工作前沿,区位敏感、特殊,社会管理遇到的新情况、新问题往往比其他地方来得更早、更快,面临的挑战和考验也更多。特别是在我市加快推进城市化进程中,伴随着经济体制、利益格局、思想文化、社会结构的深刻变化,社会管理工作面临了前所未有的挑战。

1. 从社会管理的任务看

一是流动人口管理任务更加繁重。截至2012年年底,全市登记流动人口已达276万人,远远超过190万户籍人口,成为全省唯一一个流动人口和户籍人口倒挂的设区市。

二是矛盾纠纷化解任务更加繁重。因征地拆迁、劳资关系、医患纠纷、环境污染、城市公共管理等问题引发的社会矛盾日益凸显,各种偶发事件极易迅速演变成对抗激烈的群体性事件,预防处置难度增大。

三是网络安全管理任务更加繁重。目前我市托管虚拟网站数量达41万个(占全国近1/10),登记的互联网用户有360万户,上网银号、QQ号码、电子邮箱等7 000万个,是华南地区最大的互联网数据中心。如何有效地做好网络舆情管理和预防打击网络违法犯罪,成为社会管理新的重大课题。

2. 从社会管理的基础看

一是民生保障能力还需进一步提升。人口规模不断扩大与有限城市承载力存在现实冲突,基本公共服务保障能力有待进一步提升,覆盖面有待进一步扩大。

二是基层社会服务管理能力还需进一步提升。城乡社区自我服务、自我管理功能有待增强，"城中村"、农村社区网格化服务管理模式尚未探索形成，区、镇(街)、村(居)三级联网的网格化平台尚未全面建成。

三是社会化动员能力还需进一步提升。社会组织参与社会管理、提供公共服务方面的作用有待进一步加强，目前仅有30%左右的社会组织在社会服务和管理中发挥了作用；群众协同参与社会管理的渠道有待进一步拓宽。

3. 从社会管理的机制看

一是源头治理机制有待完善。社会稳定风险评估制度还未成为有关部门重大决策、重大事项、重大项目的"前置程序"和"刚性门槛"，实际操作离"应评尽评"的目标还有差距。

二是社会治安动态管理机制有待完善。基层治安防范工作薄弱环节不少，刑事案件仍在较高位运行，打防控联动水平还需提升。

三、对策建议

（一）着眼长治久安，进一步深化"平安厦门"建设

以厦门广大市民群众对社会平安的现实具体需求为导向，以基层基础建设(城乡社区网格化管理)为重点，以技术创新和机制创新(网络化、信息化、社会化)为动力，积极构建与"美丽厦门"规划相适应的治安防控体系。

（二）着眼大局稳定，进一步提升用法治方式化解矛盾、解决问题的能力

应努力从源头上预防和减少矛盾纠纷，不断完善矛盾纠纷"大调解"体系，坚持用法治思维、法治方式解决问题。

（三）着眼社会和谐，进一步夯实社会管理的民意基础

应持续提升对广大群众的服务水平，持续加强对流动人口的服务管理，持续加强对特殊人群的服务管理。

（四）着眼基层基础，进一步提升基层社会服务管理水平

继续全面推行网格化服务管理，不断提升社会管理的公众参与程度，进一

步加强和创新"两新组织"服务管理。

四、2014年厦门市社会稳定态势预测

随着《美丽厦门战略规划》的付诸实施,随着机制创新行动的展开,随着市筹划、区统筹、镇(街)组织、村(居)主体的工作体系的建立,厦门将更好地发挥促进社会和谐的排头兵作用。

美丽厦门共同缔造,就是"官"与"民"共同行动起来。所谓"官"与"民"共同行动的本质,就是既要大力发扬"熟人社区"的亲情式管理精神,也要在此基础上注入法律、契约精神,打造社会基层建设的升级版。

美丽厦门共同缔造,就是要分类明确工作路径,对"城中村"、高层楼宇和开放式小区等三种类型分类管理,分类施策,了解和有效破解它们各自存在的管理难题,一一对症下药,推进平安小区、和谐小区建设。

美丽厦门共同缔造,就是要让社区成为居民共同的家,让社区居民积极参与社区公共事务,凝聚社区共识,建立社区的自主能力,创造属于自己社区的稳定融洽的社会生活。

可以预见,在2014年,区、街(镇)、居委会(村)的主体功能将得到合理界定,街(镇)的社会服务职能将大大加强,"纵向到底、横向到边"的网格化管理格局将初步形成,行政与自治相契合的社会治理格局将初现端倪。

可以预期,2014年厦门的社会治安总体形势将会进一步趋好,群众满意度将会进一步提高。集体上访与群体性事件的发生势头总体呈温和性特征。

中共厦门市委党校公共管理教研室主任　尤京文

厦门市精神文明建设情况分析及预测

2013年,厦门市认真贯彻中央文明委、省文明委的部署,进一步加强组织领导,加大工作力度,社会主义核心价值体系建设不断加强,志愿服务活动广泛开展,未成年人思想道德建设领域不断拓展,群众性精神文明创建活动扎实推进,市民文明素质和城市文明程度持续提升。在2013年的全省城市文明程度指数测评和未成年人思想道德建设工作测评中,我市分别位列全省各设区市第一名。思明区、海沧区、湖里区分别位列全省城区前三名。在全国城市文明程度指数测评中,我市成绩继续位居省会、副省级城市前列。

一、2012年10月至2013年9月精神文明建设情况

(一)2012年第四季度精神文明建设情况回顾

2012年第四季度,在中央文明委公布的2012年全国城市文明程度指数测评和未成年人思想道德建设工作测评结果中,厦门市分获全国城市文明程度指数测评第一名、未成年人思想道德建设工作测评第二名。

1. 大力弘扬创建精神,继续深化创建工作

各级各部门继续发扬在创建当中坚持解放思想、克难攻坚;精诚团结、顽强拼搏;永不满足、永不停步;求真务实、勇于创新的精神,紧紧围绕打造"文明厦门"、"幸福厦门",推进城市文明向农村辐射延伸、提高办事效率和队伍素质,以及创新社会管理、提升社会文明水平等重点工作,深入开展思想道德教育和创先争优活动,继续营造良好的社会氛围。

2. 坚持创建为民,不断扩大创建成果

认真倾听群众对创建工作的呼声和诉求,坚持把群众"满意"和"最满意"作为衡量创建工作的标准,大力弘扬中华民族的美德,切实加强社会主义核心价值体系建设,积极宣传道德模范精神,不断提高市民的文明素质,充分借鉴和运用前期创建经验,推动创建工作进入制度化、规范化、常态化的新阶段,努

力在精细化、标准化和群众性上做文章,不断巩固和扩大文明创建成果,为提升城市文明水平、推动厦门科学发展作出新的更大贡献。

3.认真总结经验,推动创建常态长效

召开第十三届厦门市精神文明建设工作表彰暨新一轮全国文明城市创建动员会,认真总结、精心提炼创建过程中在强化组织领导、完善创建体系、充分发动群众、依靠群众和动员群众、坚持"条块结合、上下联动"、加强未成年人教育和优化未成年人成长环境等方面的好做法,把各项创建指标,转化为各级党委、政府部门的常态工作目标,把好经验好做法提升转化为管理办法,形成制度和机制,让其在创建中长期发挥作用,不断增强各级各部门创建工作的责任感和自觉性,

(二)2013年精神文明建设情况

1.齐抓共创格局进一步凸显

市委、市政府高度重视精神文明建设工作,坚持把文明创建作为贯彻落实党的十八大精神的重要载体,作为提升城市形象和市民文明素质的重要抓手,书记、市长亲自动员部署,靠前指挥,各套班子领导齐抓共管,各级各部门合力共创,汇成了你追我赶、推进创建的强大合力。市委、市政府提出"美丽厦门"的目标,为新一轮文明城市创建注入新的生机和活力。全市上下全面启动产业升级、机制创新、收入倍增、健康生活、邻里和美、智慧名城、生态优美、文化提升、同胞融合和党建保障等十大系列行动。市委文明办编制了"美丽厦门·文明创建深化工程"三年行动方案,把缔造美丽厦门与文明创建有机结合推进。各区、各系统把文明创建融入到美丽厦门建设之中,形成齐抓共创新的格局。

2.为民惠民理念进一步强化

坚持把文明创建与改善民生、惠民利民紧密结合,从关系民生的热点难点问题入手,从事关百姓切身利益的具体事情做起。注重推动城市规划建设和市政公共设施完善,加大市容环境整治力度,着力营造城市优美环境;注重推动城市创新管理,开展道德领域突出问题专项教育和治理活动,开展"讲文明、树新风"活动,开展"文明餐桌"、"文明行车""文明旅游"、"文明网络"等行动,着力形成优良公共秩序;注重加强行业窗口建设,强化服务意识,着力提供优质高效服务,让广大群众真切感受文明创建带给城市的发展变化、带给自身生活的改善提高。

3.全民参与创建进一步深化

层层召开文明创建动员会,把创建要求转化为群众的自觉行动,同各行业、各单位的业务工作相结合,形成了全民动手、全社会参与、全域同创文明城市的浓厚氛围。积极搭建、拓展各类平台,健全完善全民共同创建、全民监督

促进、全民参与评价的动态创建机制。大力开展"道德讲堂"建设,提升市民道德素养,实现全市各级文明单位全覆盖;大力开展道德模范、身边好人选树宣传活动,张涵、张辉、刘元飞三兄弟获评第四届全国道德模范,王兵、游文晃获评第三届福建省道德模范;大力开展群众性创建活动,开展学雷锋志愿服务,使文明创建覆盖到城乡各个角落。文明创建已成为厦门的城市文化和精神风尚,得到了市民最广泛的支持和参与。

4. 志愿服务活动进一步开展

建立 163 个学雷锋志愿服务点、292 个学雷锋志愿服务岗、375 个学雷锋志愿服务站、100 个小区物业学雷锋志愿服务组。开展"关爱他人·爱心厦门"、"关爱社会·文明厦门"、"关爱自然·美丽厦门"志愿服务活动。在全省率先开展文明单位对接公共场所志愿服务活动,建立起 163 个志愿服务点,242 个各级文明单位志愿服务队。全市志愿服务队伍不断壮大,全市注册志愿者 46 814 人,约占全市常住人口的 11%。

5. 未成年人思想道德建设工作进一步拓展

加强社会主义核心价值体系和"中国梦"教育。深入开展"学习雷锋、做有道德的人"系列活动,抓好洒扫应对、认星争优·争当美德少年、日行一善、节日小报、文明小博客"五项经常活动"和优秀童谣征集传唱、"网上祭英烈"、"做一个有道德的人"网上签名寄语、童心向党歌咏活动、网上向国旗敬礼"五项集中活动";在全市建立百个德育宣讲团、百名心理健康专业志愿者辅导员,在学校开展百个主题队会,在全市开展百场经典诵读、百场夏令营活动;开展"启航明天,争当四好少年"教育活动,"学雷锋、做好人"等主题活动。举行第五届、第六届网络文化节活动,规范文明办网、文明上网,传播网络文明。

持续开展净化社会文化环境。加强优秀少儿文艺作品的创作生产,《小小少先队》拟推荐参评全国精神文明建设"五个一工程"奖。命名 16 所乡镇中心"乡村学校少年宫",协调下拨"乡村学校少年宫"建设专项经费 400 万元,推动 20 所城市学校开展少年宫建设活动。率先全国开展"校园道德讲堂"建设,作为创建工作新品牌,三次在全国文明办主任培训班上作交流发言,被列于今后全国文明城市测评体系。

6. 常态长效机制进一步形成

把各项创建指标,转化为各级党委、政府部门的常态工作目标。及时把好经验好做法提升转化为管理办法和制度规范。进一步完善点评机制、测评机制和监督机制,着力抓好《厦门市创建全国文明城市长效机制的意见》、《厦门市创建全国文明城市工作责任书》和《厦门市创建全国文明城市工作奖惩问责暂行办法》等文件的落实,各级各部门创建工作的责任感、自觉性不断增强,创建工作更加规范化、长效化和常态化。

二、存在问题及原因分析

(一)重点工作落实有差距

2013年,中央文明办部署了一系列重点工作,我市在推动落实上还有差距。一些部门单位或领导认识不到位,推动落实的意识不强,积极性不高,力度不大,投入不足。如道德讲堂建设,有的市级以上文明单位没有按要求设置道德讲堂,落实"一月一堂、一堂一档";"讲文明树新风"公益广告宣传氛围还不够浓厚;"我推荐、我评议身边好人"活动,参与面不广,全市上榜"中国好人"、"福建好人",与兄弟城市比明显落后。

(二)市容环境维护不到位

部分主次干道路面、绿化带、公交站点、广场、公园、小区卫生保洁问题较多;一些人流密集区占道经营、烧烤等现象较为突出;一些路铭牌、广告牌、罗马旗、宣传栏破损脱落修补不及时;一些旅游景点管理还不到位,游客有时意见比较大;城乡结合部、城中村、农村的卫生状况令人担忧。

(三)交通管理问题较突出

交通高峰期岛内城区部分路段、节点、路口阻塞交通现象严重;主次干道、商业街、学校周边等违章停车、占用盲道现象时有发生;出租车拒载绕行、抢道、随意停靠等现象仍然存在;岛内禁行区,电动车违规上路较为突出;岛外城区交通设施不完善、不配套,骑乘摩托车不戴安全帽现象普遍。

(四)食品安全管理较薄弱

部分餐馆环境卫生不整洁、消防设施不合格、证照不齐等;一些农贸市场环境状况差,摊位摆放无序,出售过期伪劣食品等问题时有发生。

(五)志愿服务开展不经常

社区志愿服务站建设水平参差不齐,有的甚至名存实亡;公共场所志愿服务点问题还很多,有的单位主动对接意识差,活动不经常,作用发挥差;公共文明引导还不够普及,作用发挥不够明显,离测评要求存在较大差距。

（六）未成年人思想道德建设还有不足

部分单位（学校）对明确的工作任务落实不到位，存在变通应付。主管部门检查指导还不够有力，职能部门日常监管还存在缺位，校园周边及文化场所还不同程度地存在安全隐患。

三、对策和建议

（一）突出机制建设，全力提升文明城市创建水平

发挥制度优势，建立健全创建工作长效机制，用机制保证实施，用机制激励制约，用机制强化保障。具体要做到"四化"：一是工作责任化。进一步将创建各项指标任务具体分解到各个部门、单位，使之成为各级党委、政府和部门的常态工作目标，做到各司其职、各尽其责。二是创建常态化。要针对市容市貌、交通秩序、食品安全、文化市场等存在的突出问题，坚持日常监管和集中整治相结合，不搞时紧时松、不留空挡死角。三是点评经常化。坚持和完善点评制度，根据不同时期不同问题特点，及时有效地促进重点难点问题的督促整改。四是监督社会化。充分发挥市容考评委等部门的作用，实行专业监督；发挥新闻媒体的作用，开展舆论监督；发挥市民文明巡访团作用，加强群众监督；发挥人大代表、政协委员和民主党派的作用，组织民主监督。要按照《厦门市创建全国文明城市工作奖惩问责暂行办法》强化问责，凡因工作疏漏或不作为而影响迎检工作的，要追究相关责任人的责任。同时，对个人评优、单位评先以及文明单位评比、机关部门综合考评等，实行"一票否决"。

（二）强化教育治理，全力提升社会文明道德风尚

把创建的重点从过去注重抓改善环境、抓硬件建设，转向更多地抓内涵建设、道德提升上来。一是建好用好道德讲堂。进一步推动道德讲堂建设全覆盖，积极探索把道德讲堂融进百姓日常生活，进一步增强道德讲堂活动的实效。二是深化道德领域突出问题专项教育与治理。紧紧抓住食品药品安全、社会服务、公共秩序三个重点，强化日常监管、社会监督和文明引导，依法严厉打击食品药品行业中存在的问题，加大治理"中国式过马路"、行人闯红灯、公共场所违反公德等不文明行为，提升公共文明水平。三是发挥好道德模范、身边好人的示范效应。持续开展"我推荐、我评议身边好人"活动，精心组织道德

197

模范、身边好人的学习宣传,激励人们见贤思齐,形成知荣辱、讲道德、促和谐的文明风尚。

(三)积极搭建平台,全力提升志愿服务工作效应

一是着力壮大志愿者队伍。大力弘扬志愿服务精神,大力传播"学习雷锋、奉献他人、提升自己"的理念,大力宣传各方面志愿服务先进典型,吸引和感召更多市民加入志愿服务行列。二是着力加强阵地建设。继续抓好公共场所文明单位志愿服务对接点、社区志愿服务工作站等建设,进一步完善注册培训、活动组织等运行机制,推动各对接点(站)活动规范化、制度化。三是着力打造活动品牌。持续抓好体现人文关怀的关爱空巢老人、孤困儿童、残疾人、农民工志愿服务活动;抓好公共文明引导、文明交通督导、文明礼仪普及、文化体育指导、文明网络传播等志愿服务活动;抓好低碳节能宣传、关爱海峡、保护水源地、义务植树等志愿服务活动等,努力打造志愿服务品牌。

(四)坚持内外兼修,全力提升基层创建活动张力

要把创建文明城市的经验向基层推进,向农村延伸,向行业拓展,全面打牢文明城市创建基础。一要深化文明社区创建。积极开展文体、科教等"七进社区"活动,结合"美丽厦门"构建,加快实施一批老旧小区改造,不断提升市民群众对文明创建的满意度和幸福指数。二是深化文明单位创建。集中抓好"五个一"建设,引导文明单位在文明餐桌、文明交通、文明旅游、文明网络"四大文明行动"中做表率。引导各类民营企业、新经济组织、社会组织参与文明创建,提高文明单位覆盖面。三是深化文明村镇创建。紧贴跨岛发展战略,加强城乡统筹、以城带乡,组织各级文明单位开展结对帮扶,把文明创建进一步向农村延伸、辐射;认真抓好文明村镇、文明集市、星级文明户创建活动,促进农村环境改善、乡风文明。

(五)完善三位一体,全力提升未成年人思想道德建设实效

加强和改进未成年人思想道德建设,要突出抓好立德树人这个根本任务,抓住学校、家庭、社会"三位一体"教育网络,持之以恒,务求实效。一是充分发挥学校教育的主渠道作用。把社会主义核心价值体系和中国梦宣传教育融入课堂教学、校园文化、师德建设等各个环节,引导未成年人树立正确价值观,坚定理想信念。以"做一个有道德的人"为主题,认真抓好洒扫应对、做美德少年等活动,引导未成年人在参与中修身立德。培育提升文明小博客、学校道德讲堂等品牌活动。二是要充分发挥家庭教育的基础作用。深入开展"争做合格父母、培养合格人才"家庭教育宣传实践活动,积极宣传推广家庭教育的成功

经验,帮助家长树立科学的教育理念,掌握正确的教育方法,提升家庭教育的层次水平。三是要充分发挥社会教育的特殊作用。推进打击网络和手机淫秽色情信息、整治网吧、净化校园周边环境等专项行动,着力解决影响未成年人身心健康的突出问题。认真抓好乡村学校少年宫、心理健康辅导站建设,加强爱国主义教育基地、博物馆、综合实践基地等活动建设使用管理,深化校馆衔接,为未成年开展社会实践创造条件。

四、2014 年精神文明建设预测与展望

2014 年是创建第四届全国文明城市的总评年,测评要求将比文明指数测评内容更多、覆盖更广、标准更高,任务更重。从全局态势上分析,创建形势严峻、竞争激烈。与厦门竞争的同级别文明城市有青岛、成都、大连、南京、宁波、长沙、广州、杭州、深圳等 15 个,其中大连、宁波也都是"三连冠"城市,实力很强、劲头很足。从厦门创建情况分析,地铁开挖、厦深铁路通车等对市容环境、市政设施、社会秩序等城市管理和文明程度提出新的要求;在思想认识上,有些领导干部产生"差不多就行"、"临时抱佛脚"等厌烦情绪,直接影响到创建成效。

但从厦门市创建的优势上看,厦门市创建基础扎实、群众支持率高,创建文明城市"三连冠"为厦门打造了文明"名片",也累积了丰富的创建经验,2012 年和 2013 年全国城市文明程度指数测评排名全国前列等,为新一轮创建打下坚实基础。在十八届三中全会精神的指导下,在"美丽厦门"发展战略等的有力推动下,厦门市精神文明建设水平将持续提升,在第四届全国文明城市创建中将取得优异成绩。

厦门市委文明办

区域篇

思明区经济社会运行情况分析及预测

2012 年年底以来,思明区认真贯彻落实十八大精神,把握稳中求进的工作总基调,坚持转型升级和统筹兼顾,努力建设经济强区、民生强区、文化强区和社会管理强区,促进经济社会发展取得新成效。

一、2012 年第四季度经济运行情况

2012 年第四季度,思明区经济增长呈现稳中趋缓的总体态势。经济总量仍然位居全省、全市前列,完成生产总值 307.67 亿元,占全年总量的 1/3 强,年度增长率 11.2%。但实体经济继续小幅下滑,工业总产值 66.37 亿元,同比下降 1.6%;批发零售业营业额 1 064.76 亿元,同比下降 2.2%;社会消费品零售总额 99.45 亿元,同比下降 3.6%。财政收入和固定资产投资在房地产市场繁荣的带动下保持较快增长,全区财政总收入 23.87 亿元,同比增长 34.4%;全社会固定资产投资 75.55 亿元,同比增长 73.0%;房地产销售 50.79 亿元,同比增长 1.5 倍。但招商引资已出现回弱迹象,当季引进外资项目 27 个,比上年同期减少了 37 个,合同利用外资 6275 万美元,同比下降 3.7%。

二、2013 年 1—9 月经济社会发展情况分析

2013 年前三季度,思明区生产总值累计完成 593.56 亿元,比增 8.1%,三次产业比例为 0.04：16.61：83.35,预计全年 GDP 比增 9%。财政总收入完成 124.55 亿元,比增 14.1%,完成预算的 81.68%,其中:地方级收入 81.53 亿元,比增 17.3%,完成预算的 84.29%;区级收入 40.18 亿元,比增 49.7%,完成预算的 86.76%,预计全年完成财政总收入 152.48 亿元。批准外资项目

116个,合同外资21 995万美元,比降39.3%,完成年计划的73.32%,实际利用外资30 006万美元,比降12.1%,完成年计划100.02%,合同利用内资236.5亿元,比增4.2%,完成年计划118.25%。预计全年合同利用外资完成3.2亿元,实际利用外资3亿元。

(一)经济运行情况:增速总体趋缓

1.工业生产回升乏力

1—9月,规模以上工业累计实现总产值181.73亿元,同比下降0.25%,比去年同期1.3%的增幅下降1.55个百分点。从增幅来看,累计数增幅自4月以来逐月下滑,直至本月出现负增长,而当月数则自5月以来一直负增长。主要依靠重点企业支撑,全区工业产值较大的50家企业中,同比实现增长的有31家,占62%,其中比增超过20%的有10家。企业效益有所下滑,全区规上工业中亏损企业44个,亏损面约为30.1%;利润总额9.98亿元,比降5.0%,分别比上半年和第一季度回落1.1个和22.1个百分点。工业出口继续下行,全区规上工业出口交货值33.87亿元,比降20.8%,降幅分别比上半年和第一季度扩大4.0个和11.4个百分点。

2.商贸业增长放缓

1—9月,限额以上批发零售业完成营业额3 157.63亿元,比增6.4%,增速比半年时回落1.8个百分点。从增速来看,逐月累计增速自5月以来逐月放缓,而当月增幅6月以来都在10%以下。社会消费品零售总额303.95亿元,比增4.4%。零售业方面,百货企业实现零售额27.24亿元,同比增长12.3%;超市类实现零售额34.9亿元,同比下降0.2%;受市场需求低迷以及网络零售冲击等因素影响,家电市场仍不景气,家用电器及音响器材类实现零售额10.01亿元,同比下降19.7%。

3.旅游业态势良好

今年以来各月累计接待国内外游客数及旅游总收入同比增速都在15%以上,1—9月份,全区共接待国内外游客2 808万人次,同比增长15.5%,占全市总量的79.5%;旅游总收入320.39亿元,同比增长15.4%。高端市场接待能力增强,全区五星级酒店已达10家,旅馆业迅速发展,已形成度假型旅馆、商务型旅馆、家庭旅馆和青年旅馆多层次多类型的旅馆结构,提高中低端市场接待力。旅游景点更丰富,配套更完善,"筼筜雅游"投入运营。住宿餐饮业逐步下滑,低谷徘徊。受政策影响,1—9月,限上住宿餐饮业累计完成营业额48.01亿元,比降0.7%,增速持续下滑,其中高端餐饮企业受冲击较大,环岛佳丽、海悦酒店(餐饮部分)、海港城等营业额同比降幅都超过30%,虽然一些高端餐饮积极进行转型,扩大客源,但收效尚不明显。

4. 房地产市场火热

商品房持续热销,1—9月,累计完成销售额171.67亿元,已接近去年全年销售额184.49亿元,同比增长34%,增速比8月(24.1%)加快较多。9月当月销售额29.74亿元,环比8月10.73亿元增长177.17%,同比去年当月的13.81亿元,也增长了115.35。从累计额来看,销售量较大的楼盘有厦禾裕景、源昌君悦山、海峡国际社区等。

5. 固定资产投资形势严峻

1—9月,累计完成投资134.57亿元,比增7.7%,完成区级预期目标175亿元的76.9%,完成市新下达目标240亿的56.07%,落后序时进度18.9个百分点。预计全年完成投资185亿元,与市下达奋斗目标将有55亿元的缺口,压力较大,形势严峻。主要原因:入统地价少(比去年同期少4.6亿元)、轨道交通尚未动工等因素直接影响了固投增长。另外,挂牌地块少直接影响到固投地价款的入统及全年固投的完成,年初计划推出挂牌出让地块17个,计划出让价44.4亿元,目前仅有3个地块挂牌出让,地价款合计10.88亿元。

(二)社会事业发展:全面繁荣进步

统筹各类教育协调发展,加快推进学校改扩建项目建设,云顶学校二期、民立二小等项目完工投入使用,新增中小学学位3 400余个、学前教育学位900个,努力缓解就学难题。公共文化服务日益完善,新建5个社区文体示范点,图书馆、文化馆全面免费开放。投入1 400万元建成17座"24小时自助图书馆",成功举办全国沙滩排球锦标赛和海峡两岸高校沙滩排球邀请赛。两岸首次联办郑成功文化节,并首次实现厦门与台南两地民间包机直航。建设"民生110服务中心"综合服务平台,加快社区网格化建设力度,全区96个社区信息化平台初步建成投用。进一步完善社会救助体系,推进困难群体帮扶"快车道",加大投入提高补助标准,累计发放低保金1 093.47万元。建立智能居家养老紧急援助平台,创新鼓浪屿、莲前"日间入托式"养老服务模式,为"三无老人"提供免费爱心餐桌服务。完善就业帮扶体系,不断拓展就业渠道,城镇下岗失业再就业10 875人。做好校企对接等企业用工服务,帮助企业缓解用工难题。积极推进大学生创业孵化基地建设,建立困难家庭大学生就业"直通车",试行本地生源未就业大中专毕业生实名制服务。

三、存在的主要困难和问题分析

（一）产业结构有待于进一步优化

服务业内部结构仍需不断升级,商业、住宿餐饮业、房地产业、交通运输业等传统服务业的比重较大,1—9月增加值占服务业增加值的45.9%,信息、咨询、会计、律师等新兴服务业的比重较小,只占到29.4%,辐射功能不强。随着工业企业的外迁,在留住企业总部,促进企业向技术研发、产品设计方向转型等方面,仍需要加大力度。同时,受人民币汇率上升、国外市场变化、用工成本提高、原材料价格上升等因素等影响,工业出口增长乏力。

（二）土地开发成本不断加大

思明区作为厦门市中心城区,未开发利用的空间已很少,土地资源短缺,目前拓展发展空间最主要的手段就是通过旧城旧村改造,"要空间靠拆迁",这就涉及征地拆迁问题,而根据新颁布的《国有土地上房屋征收与补偿条例》,征地拆迁遇到的困难和变数更大,多数征地拆迁项目的扫尾要走法律途径,需要较长时间解决,征地拆迁成本上升。征地拆迁难直接影响到项目载体的推进,影响到发展空间的拓展。

（三）区级改革创新难度大

受管理权限制约,区级在政策上自主突破的空间有限,一些大政策的制定、大项目的推进都需要省市甚至国家的批准,如绝大部分金融产业政策都需要国家批准,对台交流交往更要符合中央方针。另外,区级政策对经济发展的影响也小,从产业扶持政策来看,由于区级财政收入分成比例较低,扶持政策力度相对较弱,已经无法起到吸引优质项目落户我区的作用。

四、对策与建议

2014年,思明区要抓住当前美丽厦门共同缔造、跨岛发展提升岛内、综合配套改革、厦漳泉同城化等有利契机,发挥中心城区的区位优势、配套优势和基础优势，以现代服务业为龙头，坚持"高、新、特"产业发展方向，实施现代服务业主导及优先发展战略，大力推动产业转型升级，促进区域经济有效持续发展。

（一）着力融入美丽厦门建设

抓住厦门市正在大力推动美丽厦门共同缔造工作的有利契机，积极对接市里美丽厦门战略规划和各行动计划，抓落实，促提升。一是做好向上对接，着手制定年度工作计划，明确具体思路、举措、项目等，并根据计划跟踪落实，为美丽厦门建设的顺利推进夯实基础。二是做好机制转变。建立分工协作机制，密切配合，形成合力，推动工作方式从单向决策向双向互动转变。三是做好总结推广。注意总结群众满意的、可推广的经验做法。

（二）着力推动产业升级

定位于产业价值链的高端，把服务业作为产业结构优化升级、转变发展方式的战略重点，实现发展水平和发展品质双提升。一是总部经济拓空间增后劲。用好市总部集聚区政策，做好片区的策划和招商资源的挖掘，努力引进实力强、带动力大的总部企业。二是商贸产业提档次谋发展。加强调研和策划，科学引导商圈和特色商业街发展，引导传统商业百货调结构、转方式。三是旅游产业促合作求突破。强化对台旅游合作，吸引更多游客通过厦金航线赴台旅游或来厦旅游；借助厦深铁路等开通吸引外地游客通过高铁进行周末游。四是信息消费强扶持重实效。大力推动面向生产、生活和管理的信息消费快速增长，培育移动互联、物联网、云计算、大数据与电子商务等新兴信息服务业态，积极争取国家专项扶持。

（三）着力增强发展后劲

项目带动是区域经济发展的着力点、突破点和支撑点，继续打好"五大战役"。一是要继续推动一批大项目建设目，紧扣建设程序各个环节，做好跟踪服务，及时协调解难，加强项目督查。二是要积极推动城市更新改造。积极推进东部新区建设，完善公共设施和配套服务。尽快启动片区改造，促进城市有机更新，提升城市综合功能。结合片区改造，加快旧厂房改造提升，坚持"拆、改、留"并举，探索历史文化风貌区成片保护性改造更新机制。三是要积极策划生成项目。健全项目开发策划、前期手续、动工建设、竣工投产的接续机制，形成每年投产一批、在建一批、开工一批、储备一批、策划一批的滚动发展格局。

（四）着力加强区域合作

一方面，强化与周边的产业合作。抓住岛内外一体化、城市轨道交通建设和厦漳泉"同城化"等机遇，积极发挥自身优势，主动参与和推进区域产业分工协作。学习其他地区先进经验，谋划推动"飞地经济"发展，积极与周边交通便利、条件成熟的地区达成共识，积极寻找合作突破空间和发展思路，实现互利共赢。推进旅游资源共享，深化与周边"山、海、楼"旅游合作，着力打造旅游精品线路。另一方面，深化对台交流合作。落实衔接对台放宽现代服务业市场准入相关政策，争取引进商业服务、软件、会展、环境服务、健康服务、文化创意、金融等台湾新领域现代服务业，积极吸引台湾创新型中小企业集聚。加强对台文化旅游交流合作，继续做好两岸品牌文化活动。

（五）着力推动改革创新

持续推进创新型城区建设，加强产学研结合，充分发挥"6·18"、"12·8"等平台作用，促进高校院所、企业与投资机构的对接，促进技术、项目与资金的对接。加快厦门工业设计中心和公共服务技术平台建设，推动设立两岸产业与科技合作发展对接机构，加强与台湾行业协会、同业公会、台湾主要工商团体、生产力中心等合作对接。同时，要密切联系发展实际和宏观环境变化，加强政策储备、研究制定和协调落实。重点围绕"高、新、特"产业发展需要，贯彻落实国家、省、市出台的土地、财税、金融等政策，完善区级政策配套，形成政策合力。完善优秀人才奖励制度，加大人才发展专项资金投入，用好项目、好企业集聚人才，用好政策、好环境留住人才，加快各类专业人才向特色优势产业集聚。

五、2014年思明区发展预测与展望

从国外环境看，全球经济将延续弱复苏态势，仍然面临重大不确定性的挑战。从国内环境看，最近一段时间，包括货币政策和财政政策在内的宏观政策正在悄然发生转变，决策层实行"微刺激"，稳增长意图十分明显。十八届三中全会明确要全面深化改革。但是，由于国内经济长期结构性矛盾与短期周期性矛盾并存，实体经济风险与金融领域风险并存，仍存在不少问题风险。

从海西和全市的发展态势来看，今年以来厦门市经济运行呈现较好的增长态势，随着美丽厦门战略规划的深入实施，结合综合配套改革、海峡西岸经济区、厦漳泉大都市区、岛内外一体化等工作的持续推进,以及轨道交通等项目建设的启动,将有利于思明区拓展空间、提升能级、优化环境。

综上所述,思明区发展面临的外部环境复杂多变,经济下行压力较大,初步预计 2014 年经济增长 8％－9％。从产业来看,预计 2014 年思明区工业难有大的回升,将继续维持低位运行,工业增加值增长 5％左右;预计商贸业营业额比增 8％;社会消费品零售总额预计 2014 年比增 6％;住宿餐饮业难有大的增长,不过企业自我转型调整或见成效,预计营业额与今年持平或略好。房地产业市场调控预计将更加严格,加之明年可售楼盘存量减少,预计总体销量较今年略低。金融保险业随着新引进项目落地见效,预计有较大幅度增长,将成为思明区经济增长的重要支柱,预计年增长 10％左右。

集美大学工商管理学院副教授　陆晓倩

74..

湖里区经济社会运行情况分析及预测

2012 年 10 月至 2013 年 9 月,全球经济复苏依然艰难复杂,国内经济增长并不强劲,产能过剩的问题仍然突出。2013 年也是湖里区"十二五"规划实施的第三年,面对复杂的国内外宏观经济形势和总体经济增速趋缓,湖里区委、区政府积极贯彻落实厦门市委、市政府"美丽厦门"战略规划,加快推进产业转型升级,强力推进重点项目建设进度,加大企业扶持服务力度,及时化解经济运行中的一系列问题,努力确保经济保持平稳较快增长,2013 年 1—9 月份全区累计完成地区生产总值 510 亿元。

一、2012 年 10 月至 2013 年 9 月经济社会发展情况

(一)2012 年 10—12 月经济社会发展情况简要回顾

2012 年 10—12 月,湖里区经济稳步较快增长、工业经济优化提升、第三产业发展壮大、"三维"招商成效明显、项目建设进展顺利、帮扶企业措施有力。2012 年第四季度累计实现地区生产总值 250.37 亿元,规模以上工业总产值 413.80 亿元,财政总收入 19.56 亿元,区级财政收入 4.25 亿元,社会消费品零售总额 62.73 亿元,完成全社会固定资产投资 52.52 亿元。

(二)2013 年 1—9 月经济运行情况分析

1. 经济运行稳中趋好

2013 年 1—9 月,湖里区实现地区生产总值 510 亿元,比增 13.8%,其中第三产业增幅及比重呈现逐月走高的态势;规模以上工业总产值 1 090.8 亿元,比增 19.8%;社会消费品零售额 208.2 亿元,比增 15.1%;固定资产投资额 159.1 亿元,比降 26.6%;合同外资 26 037 万美元,实际到资 22 828 万美元,引进内资 182.0 亿元;财政总收入 833 198 万元,比增 21.5%,其中区级财政收入 264 233 万元,比增 29.6%。第三产业占 GDP 比重 47.1%,对经济增

长的贡献 32.3％,分别比一季度提高 11 个百分点、24 个百分点。

2. 工业增长快中趋缓

2013 年 1—9 月,湖里区完成规模以上工业总产值 1 080 亿元,比增 21.3％。重点企业分化明显。1—9 月年产值超 10 亿元企业涨幅整体回落,龙头企业分化更加明显,宸鸿科技、戴尔(中国)甚至出现下降,而联想移动强劲增长,1—9 月增幅超过 60％,对全区工业增速贡献达到 104％,相当于一家企业贡献了全区规上工业的全部增速,但产能转移的不确定性将对全区后继工业增长带来重大影响。

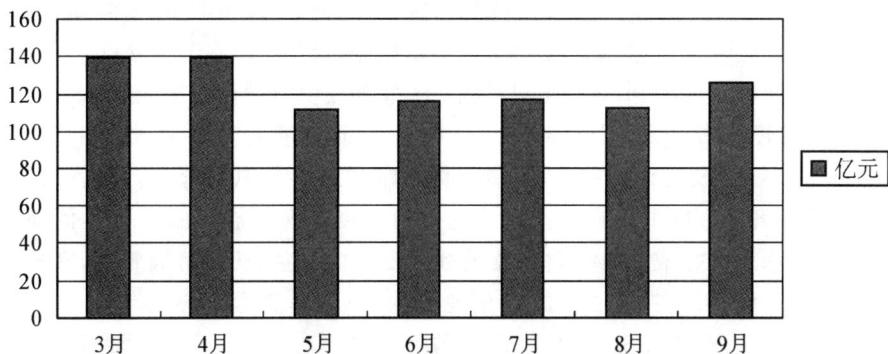

图 1　湖里区 2013 年工业单月生产情况表

数据来源:湖里区统计局

3. 第三产业转型加快

2013 年 1—9 月全区累计完成第三产业增加值 240 亿元,比增 9.5％,占 GDP 比重为 47.0％,达到"十二五"开局以来的最高值,其中物流、商务、金融以及新型房地产业增加值 195 亿元,占全区第三产业增加值的 81.5％,对第三产业增长的贡献达到 75.1％。全区第三产业初步完成了从传统商贸、货物运输向总部经济、电子商务、综合商贸、现代物流等现代服务业转型,居民消费也完成了从生活型消费向享受型消费转型,城区完成了从加快建设向建设与提升同步转型,中心城区功能日益完善。

(1)电子商务带动消费增长

截至 2013 年 9 月底,全区电商企业已达 185 家,其中新注册企业 92 家,1—9 月份万翔网络、名鞋库、瑞行体育等 7 家重点电商企业累计完成零售额 18.65 亿元,比增达 280.31％,占全市同类企业零售额的 78.36％,其中规模超过超市百货零售业,成为继汽车零售业的第二大行业。其中万翔网络 2010 年被商务部评为"电子商务示范企业单位"。"名鞋库"荣获"2012 年度福建省最具影响力电商"等荣誉,斯波帝卡(厦门)有限公司入选淘宝推荐的首批淘品牌。

（2）总部经济助推商贸业发展

2013年37家总部企业1—9月实现商贸营业收入210.33亿元,比增13.59%,2012年完成纳税额17.38亿元,区级税收2.80亿元,分别对全区财政总收入、区级收入贡献达19.7%、13.6%。随着五缘湾商务区建成启用,湖里高新园总部企业相继入驻,两岸金融中心(湖里片区)加快建设,以及市里东部总部经济聚集区规划建设,加快湖里区以仙岳路为轴,环岛路东段为边的扇形商务带形成。

4.项目建设有序推进

2013年1—9月,全区完成全社会固定资产投资158.0亿元,比降26.6%,完成市下达全年任务295亿元的53.6%,落后序时进度21.4个百分点。

重点项目进展顺利。区内51个市、区级重点项目累计完成投资78.57亿元,完成年度投资计划的63.63%。其中38个区级重点项目完成投资51.11亿元,完成年度投资计划的75.34%,略超序时进度。中央湾区、天地阳光广场、大唐·五缘YOHO等18个项目超序时进度。海峡旅游服务中心佰翔五通酒店桩基工程完成,主体招标;蔡塘社区发展中心主、裙楼幕墙施工,室外给排水管网完成;闽南古镇二期施工至地上六层;两岸金融中心启动区A组团建设持续推进,鼎泰和金融中心、众赢国际金融中心、鼎丰国际广场等5个项目土方开挖。厦门眼科中心、牡丹港都大酒店开工建设。

"五大战役"持续深入推进。市级重点项目建设、城市建设战役已完成全年投资任务;市级社会事业民生工程战役、区级重点项目建设、旧村改造战役征地部分任务完成超序时。

5.引资结构更趋合理

2013年1—9月,全区完成合同外资26 037万美元,完成市下达任务2.8亿美元的92.3%;实际利用外资22 828万美元,完成市下达任务2.5亿美元的91.3%;引进内资182.0亿元,完成年度目标的101%。大项目拉动实际利用外资增长,实际利用外资项目中,800万美元以上项目8个,到资额约1.8亿美元,占实际到资总额的84.5%。原有重点企业增资踊跃,31个合同利用外资项目中有18个为增资项目,大盛行、恒安、鼎丰、联发等企业都大幅增资。内资投资势头强劲,新批500万以上内资项目402个,投资总额约46亿元,主要集中在投资和商贸类企业,其中5 000万以上项目23个,如诚泰小额贷款公司注册2亿元,龙星达国际邮轮注册1亿元。增资500万以上内资项目366个,投资总额约68亿元,其中增资5 000万以上大项目31个,翔球、玉鹭、森宝、梅花光电等高新企业增资踊跃。

6.财政收入大幅增长

2013年1—9月全区完成财政总收入833 198万元,比增21.54%,完成

212

预算的 79.3％,高于序时进度 4.3 个百分点,其中区级财政收入 264 233 万元,比增 29.6％,完成预算的 80.4％,高于序时进度 5.4 个百分点。财政收入的大幅度增长主要得益于近几年城市化进程加快推进,存量房地产持续开发建设,带动全区营业税及土地增值税的大幅增长,仅万达广场今年土地增值税清算收入达 6.9 亿元,带动土地增值税增长 99.34％,营业税增长 74.74％。

(三)2013 年 1—9 月社会发展情况分析

1.社会事业良性发展

积极推进"教育强区"创建工作,投入教育经费 4.23 亿元,同比增长 26.17％。新建湖里实验、加州花园等 4 所公办幼儿园,加快县后小学扩建、蔡塘学校迁建等项目建设,推进厦门三中、湖里中学等校安工程建设。支持和指导钟宅、高林等社区开办新幼儿园。加强师资队伍建设,新招聘 189 名教师。教改实验取得阶段性进展。大力推进区公共卫生综合楼、区文体中心、区青少年校外体育活动中心、区老年活动中心等一批民生项目建设。公共文化示范区创建工作在 2 月份市绩效考评中名列各区第一,并作为参加国家验收的重点区,圆满完成 8 月中旬国家验收。在全市率先试点布局 35 台 24 小时自助图书馆,采取云计算模式建立了公共电子阅览室管理平台,这是我省文化领域首个也是全省建立最大的云桌面模式应用。成功举办元宵民俗文化节、城市诵读节、社区文化艺术节、第九届帆船挑战赛、第六届福德文化节等文体活动。培育建设"幸福广场秀"室外广场活动点 172 个,每天参与活动的人数达 6 300多人,全区各街道、社区开展群文活动 500 多场。

积极创建慢性非传染性疾病综合防控示范区,扎实做好人感染 H7N9 禽流感防治工作。强化卫生监管,检查餐饮、医疗机构等经营单位 2.7 万多家次,取缔无证行医 68 处。深入实施"生育文明·幸福家庭"促进计划,1～9月完成免费孕前优生健康检查 3014 对,立案查处"两非"案件 48 件。大力推行社区网格化、精细化、信息化建设,向居民群众提供多样化、专业化和个性化服务。

2.民生保障持续改善

出台 2013 年促进就业优惠政策,兑现各项促进就业金 4 471.34 万元。完成失业人员培训 1 104 人,失业人员再就业 7 663 人。

加快推进城乡居民养老保险工作,累计参保 8 908 人,实现 46 周岁以上符合条件人员参保率 100％。及时落实参保人员各项社会保险待遇,支付社保基金 5 739.57 万元。出台《湖里区困难家庭临时救助实施细则(暂行)》,拓宽社会救助覆盖面,支出医疗救助、临时救助、低保金、动态生活补贴等各类救助金 661.71 万元,发放慈善款物 778 万元;受理保障性住房申请 476 户,发放租金补助 425.4 万元。规范居家养老服务站建设,增投 420 万元推广政府购买专业社工服务项目,在全省率先引入民营企业出资 120 万元,为辖区近 6 000 名 60 岁以上老人购买专业社工综合服务。援助"单亲家庭"项目被列为中央财政支持、社会组织参与社会服务的示范项目。开展"三关爱"志愿服务,为空巢老人、留守儿童、农民工及残疾人等提供近百项的志愿服务。

3. 社会管理不断加强

深化人民调解、行政调解、司法调解的联动机制,排查调处矛盾纠纷 2 737 件,调处成功 2 730 件,调处成功率达 99.7%。做好劳资纠纷化解工作,构建和谐稳定的劳动关系,获评"福建省劳动合同制度实施示范区"。落实领导接访制度,实行定点接访、重点约访、领导包案,一批重点信访问题得到化解。继续深化综合警务改革,加强社会治安综合整治,推进新一轮"城中村"整治,实现对出租房屋和流动人口的有效管理。建立立体防控新格局,严厉打击各类刑事犯罪,群众安全感与满意率持续提升。全面开展安全生产大检查,及时排查和治理危险化学品、道路交通、建筑施工等重点行业领域安全隐患,全区安全生产形势总体平稳。

二、存在的主要问题分析

(一)中小企业生产不容乐观

2013 年 1—9 月,340 家规模以上工业企业主营业务收入增长 6.4%,但主营业务成本增长 8.5%,利润总额下降 31.6%,比全国 1—8 月利润总额增速平均值低 44.4 个百分点,其中 109 家企业出现了亏损,亏损面达 32%,158 家企业利润同比下降,占 47%。

(二)产业发展有待转型升级

一是第三产业比重下降,1—9 月,湖里区第三产业比重为 47%,虽已达到"十二五"开局以来的最高值,但与"十二五"规划目标 55%目标相差 8 个百分点。二是工业发展对龙头企业依赖严重,宸鸿科技、联想移动、戴尔计算机等 3 家企业的工业产值占全区规模以上工业总产值 60%以上,使得工业发展的行业和企业风险较大。三是服务业发展水平不高,湖里区第三产业主要集中在商贸和房地产等传统的第三产业,总部经济、金融服务发展相对滞后。

(三)中心城区功能有待完善

一是中心城区集聚功能有待于进一步提升,商业设施、市政设施和社会设施有待于进一步完善。二是"三旧"改造进展不快,城中村改造难度加大,城区建设和环境有待于进一步改善。三是人口过于密集,2012年湖里区人口密度达到1.31万人/平方公里,为各区最高,城市建设用地趋于紧张,交通拥挤、环境污染等城市病日益严重。

(四)基本公共服务有待提升

基本公共服务距离优质、均衡还有较大差距。外来人口规模大,湖里区现有常住人口中外来人口约为73.6万人,是户籍人口的2.9倍,使得社会资源不足问题日益突出,卫生、医疗、教育资源短缺越来越明显。优质社会资源总量供给不足,难以满足城区居民需要。社会资源布局不甚合理,东部新城的社会设施有待于进一步增加。

(五)社会管理有待加强

随着城区建设的快速推进,各种历史遗留问题和发展中新出现的矛盾相互交织,特别是随着人民群众生活质量的提高和维权意识的提升,维护社会和谐稳定的要求和难度比以往明显增大。同时,大量外来人口在湖里区集聚增加了人口管理难度,对城市管理、社会治安和社区管理提出了更高的要求。

三、对策和建议

(一)"腾笼换鸟"、加速产业转型升级

加快"腾笼换鸟"步伐,大力削减各类污染排放和资源消耗,淘汰一批高能耗、高污染的落后产能,为新经济发展腾出资源和空间。特别是要借助湖里老工业区企业搬迁改造,为老工业区发展新兴产业和现代服务业腾出空间。围绕产业转型升级努力策划生成一批项目,重构产业支撑体系,推动工业转型升级,发展绿色生态经济。大力发展软件信息产业、物联网、文化创意等高端制造业和现代服务业,着重打造环境友好型和资源节约型经济业态,积极培育新的经济增长点。加快形成先进制造业和现代服务业"双轮并转"的发展格局,推动湖里区向现代服务业发达的新型城区转型。

(二)支持重点企业、扶持服务中小企业

进一步落实区领导挂钩联系重点企业、帮扶中小企业制度,着力为企业解决用工、融资、营销等实际困难,提高服务企业的实效。抓紧落实兑现第二批总部企业扶持政策,根据市里修订的促进总部经济发展政策,完善湖里区的政策措施,切实做好市里总部经济聚集区的对接工作,协调市里尽快明确功能定位、开发机制等,密切跟踪已经梳理出的初步符合市里提出的东部集聚区总部企业条件的30家企业,筛选出入驻意向较明确的6个项目进行签约,促进总部企业聚集发展,成为湖里区新的经济增长点。

(三)推进项目建设进度

加强项目督查调度力度。继续抓好项目的督查考核,督促街道与指挥部加大两岸金融中心10个落户项目、湖里高新园22个项目、闽南古镇、埭辽水库改造等一批待建、在建、新建项目的协调力度,及时协调、解决项目建设中的问题。积极做好工业区华信石油厂房、五矿大厦等一批"三旧改造"项目前期各项准备工作,争取及早动工建设。进一步完善征地拆迁体制机制,调配精干力量实施征地拆迁攻坚战,全力保障轨道交通、邮轮母港等市、区重点工程建设,加快推进两岸金融中心(湖里片区)、后埔一枋湖片区、乌石浦、钟宅旧村改造征地拆迁步伐,力争完成年度目标任务。

(四)进一步扩大改革开放、加强海峡两岸合作、实现共同发展

充分发挥湖里区在海峡两岸合作试验区区先行先试优势,研究"对台自由贸易区"建设。同时,以打造海西重要的金融服务功能区、两岸金融合作的实验区为目标,大力吸引各类金融机构在湖里区设立区域总部、分支机构或办事处。同时大力引进台湾产业投资基金,以海峡两岸金融资本的合作带动两岸高科技产业的合作与发展。特别是立足海峡两岸金融合作,面向世界大力引进全球知名的银行、证券、保险、信托、基金等金融机构,以及担保、法律、咨询等中介机构,在海峡两岸金融中心构建金融要素市场。规划建设海峡两岸现代服务业合作示范区和海峡西岸商务营运中心,寻找新兴经济增长点。

(五)多举措创新社会管理、推进创新型城区建设

创新项目管理,提高投资效益。创新金融方式,促进企业发展。创新服务方式,提升服务效能。实施"产业发展创新、产城融合创新、社会管理创新、两岸合作创新"四大创新工程,依靠科技创新驱动经济发展,努力引进一流的科研机构和研发中心。加快实施"人才强区"战略。

四、2014年发展预测与展望

世界银行在其最新的《全球经济展望》报告中称,2014年全球经济将缓速增长,尽管欧元区经济继续收缩,但发达经济体面临的增长风险已经缓解,增长趋向坚挺,而发展中经济体经济将温和回升,预计2014年全球经济增长率为3.0%。

结合湖里区的实际发展情况,预计2014年湖里区生产总值全年将完成700亿元,增长12%。

规模以上工业总产值:预计全年完成1 200亿元,增长15%。

社会消费品零售额:预计全年完成300亿元,增长13%。

固定资产投资:预计全年完成220亿元。

财政总收入:预计全年完成财政总收入126亿元,增长20%,其中区级财政收入完成38亿元,增长20%。

招商引资:预计全年完成合同外资28 000万美元,实际到资25 000万美元。

对于2014年经济实际运行可能出现的问题和困难,湖里区应按照党的十八届三中全会精神,结合国家、省、市出台一系列促进经济和社会转型发展的政策措施,研究进一步扩大改革开放、土地流转改革、社会管理、财税体制、金融放开、行政审批制度改革等一系列改革措施,提早谋划,提早布局,促进湖里区经济和社会转型发展,打造区域经济升级版。

厦门市发展研究中心高级经济师　龚小玮
湖里区发改局　陈琳琳

集美区经济社会运行情况分析及预测

一、集美区经济社会运行概况分析

(一)2012年第四季度经济社会运行情况回顾

2012年,集美区团结一致、开拓创新,推进全区经济社会健康协调发展。第四季度完成指标情况优于前三个季度。全年实现生产总值369.14亿元,增长11%;工业总产值719.8亿元,增长1%;全社会固定资产投资273.27亿元,增长17.5%;财政总收入59.18亿元,其中区级财政收入26.51亿元,分别增长18.3%和26.1%;社会消费品零售总额76.82亿元,增长17.2%;城镇居民人均可支配收入33 764元,农民人均纯收入16 394元,分别增长12%和12.4%。其中第四季度,实现生产总值103.03亿元,固定资产投资46.07亿元,财政总收入12.67亿元,区级财政收入4.78亿元,社会消费品零售总额20.37亿元。

(二)2013年1—9月经济社会运行情况概况分析

2013年1—9月,积极应对复杂多变的宏观经济形势,全区经济继续保持平稳运行态势。部分经济指标表现突出,固定资产投资规模、商品房交易量稳居全市首位,社会消费品零售总额增幅位列全市第一,实际利用外资、财政收入指标超序时。但生产总值、工业总产值和合同利用外资与预期目标仍有差距。初步测算的主要经济指标情况如下:

生产总值296.8亿元,增长10.2%,增幅比年度计划(12%)低1.8个百分点;

规模以上工业总产值526.5亿元,增长5.7%(按可比价计算),增幅比年度计划(12%)低6.3个百分点;

固定资产投资214.5亿元,增长15.2%,完成年度计划的70.33%;

社会消费品零售总额 64.6 亿元,增长 17.6%,增幅比年度计划(17%)高 0.6 个百分点;

合同利用外资 8 280 万美元,完成年度计划的 33.12%;

实际利用外资 29 718 万美元,完成年度计划的 84.91%;

财政总收入 59.29 亿元,增长 27.49%,完成年度计划的 84.85%;

区级财政收入 30.91 亿元,增长 42.23%,完成年度计划的 90.22%;

城镇居民人均可支配收入 28 722 元,增长 12%,增幅与年度计划(12%)持平;

农民人均纯收入 16 650 元,增长 12.4%,增幅比年度计划(12%)高 0.4 个百分点。

1. 工业经济低速增长

1—9 月,因机械产业持续受到严峻外部环境的影响,工业经济增幅持续低位徘徊。全区 428 家规模以上工业企业(年产值 2 000 万元以上企业)实现产值 526.5 亿元,增加值 137.6 亿元(今年起是考核增加值:180 亿,增长 16%),同比分别增长(按可比价计算)5.7% 和 7.8%,增幅分别位列全市各区第 5 名和第 3 名。

重点行业增幅不一。全区产值排名前十行业的企业共有 284 家,累计完成工业总产值 440.09 亿元,比去年同期增长 3.3%,增速高于全区平均水平,占全区规模以上工业总量的 83.59%。其中汽车制造业、金属制品业、有色金属冶炼和压延加工业、电气机械和器材制造业完成情况良好,同比分别增长 13.4%、13.7%、17.61% 和 15.3%。专用设备制造业和体育用品制造业下降幅度较大,同比分别下降 13.6% 和 8.3%。

重点工业企业支撑作用明显。全区 109 家重点工业企业(2012 年累计总产值上亿元企业)产值比去年增加的有 63 家,占重点工业企业单位数的 57.8%;1—9 月累计完成产值 422.04 亿元,比上年同期增长 1.82%,净增产值 7.56 亿元,占全区规上工业净增产值的 74.85%。

2. 固定资产投资喜忧参半

1—9 月,全区固定资产投资规模为历年同期最高水平,一直处在全市前列,特别是建安投资的大幅增长,拉动了 GDP 增长,弥补了工业增加值下降对第二产业增加值的影响。全区共完成固定资产投资 214.5 亿元,同比增长 15.23%,投资总量连续 9 个月居全市第一,增幅 9 月份并列全市第一。但除房地产投资一枝独秀外,其他产业投资均不理想。

房地产投资拉动强劲。全区房地产完成投资 137.15 亿元,占社会固定资产投资的 63.95%,同比增长达 65.02%,其中土地购置费 59.75 亿元,扣除土地款影响,房地产建安量增长 38.46%。

产业投资出现下降。产业项目完成投资 33.17 亿元,仅占全区固投的 15.47%,同比下降 20.42%,其中工业投资 19.84 亿元,同比下降 1.88%,服务业投资 13.33 亿元,同比下降 37.88%。

社会事业投资力度进一步加强,累计完成投资 16.41 亿元,增长 70.58%。

基础设施投资下降。年初安排基础设施投资 68.79 亿元,1—9 月只完成投资 27.73 亿元,完成年度计划的 40.31%,落后序时进度 34.69 个百分点,投资量与去年同期相比下降 46.36%。

重点项目支撑度高。全区共安排 63 个重点建设项目(其中省、市重点项目 39 个,今年计划投资 240.22 亿元;区重点项目 24 个,今年计划投资 18.81 亿元),1—9 月累计完成投资 152.17 亿元,占全社会固定资产投资的 70.88%,完成年度计划的 58.75%。省、市重点项目完成情况明显好于区级,省、市重点项目完成投资 146.86 亿元,完成年度投资计划的 61.14%;区级重点项目完成投资 5.31 亿元,仅完成年度计划的 28.23%。

3. 第三产业拉动作用加大

1—9 月实现第三产业增加值 127.2 亿元,增长 12.6%,增幅比生产总值高出 2.4 个百分点,占生产总值的比重为 42.86%。

房地产销售高位增长。在去年同期较高基数的基础上,1—9 月商品房销售依然持续增长。全区共成交商品住宅套数 14 009 套,同比增长 19.02%;销售面积 159.6 万平方米,同比增长 27.76%;销售总额达 194.51 亿元,同比增长 55.67%。销售价格也一路看涨,1—9 月销售均价为 12 187 元,同比增长 21.83%,9 月销售均价为 13 896 元,同比增长 37.73%,环比增长 8.48%。

社会消费品市场增幅居首位。1—9 月社会消费品零售总额完成 64.57 亿元,增长 17.6%,增幅位列全市第一,但比去年同期下降 0.29 个百分点。汽车类销售拉动限上商贸业增长。1—9 月,限额以上企业完成零售额 12.98 亿元,同比增长 45.92%。其中实现汽车零售额 5.68 亿元,同比增长 211.79%,汽车销售成为拉动社会消费品零售总额增长的主力军。6 月份新开业的集美万达广场涵盖大卖场、百货、电器专卖、品牌专卖店、连锁餐饮、休闲娱乐等,填补了集美老城区大型综合体的空白,目前集美万达百货实现零售额 3 261 万元。

旅游客源有所回升。1—9 月来集旅游总人次数为 342.65 万人次,同比下降 39.4%,但降幅与上半年相比有所回升;如果剔除去年园博苑元宵灯会免费入园的 311 万人次,来集旅游总人次数同比增长为 34.66%。其中,双龙潭景区多项举措挖掘自驾游市场,1—9 月接待游客 28.32 万人次,同比增长 46.65%,增速位居我区各大景区之首。

金融业运行态势平稳。全区存贷款总体稳健增长。9 月末,中资金融机构各项存款余额 350.05 亿元,比年初增加 101.8 亿元,比增 41.01%;人民币贷款余额 276.64 亿元,比年初增加 16.07 亿元,比增 40.09%;中资金融机构存贷比为 79.03%,比年初(79.55%)略有回落,说明金融流动性略有宽松。

4. 完成招商超序时进度

全区累计完成合同利用外资 8 280 万美元,完成年度计划的 33.12%;实际利用外资 29 717.8 万美元,完成年度计划的 84.91%;国内招商引资总额 31.1 亿元,完成年度计划的 141.36%。

"九八"夯实招商工作基础。今年"九八"投洽会加大区域招商和行业招商力度,推动对台产业对接及经贸交流,突出专题洽谈,加强点对点招商,邀请 43 个团组、100 多位境内外嘉宾来集美,在总部经济、软件项目的洽谈上取得了一定进展。

国内招商中重点项目进展顺利。1—9 月国内招商引资仍然保持强劲的势头,提前完成市政府下达任务,在央企、民企招商工作方面有较大进展,引进中交天航局、中交海西总部、富春通信、福大自动化等一批优质项目。规模项目仍然占据主要地位,注册资本 1 000 万元以上的企业达 67 家,总投资额 21.17 亿元,占全区引资总数的 68.07%。

5. 产业升级打造新增长点

狠抓项目招商落地。至 8 月底,引进宇宙盾科技、维优智能科技等注册资本 1 000 万元以上规模项目 49 个;加快培育三菱电机、福士液压等产业链项目;北站万科广场、IOI 棕榈城等大型服务业项目正式动工。深化工业转型升级。与台湾财团法人生产力中心开展第二期企业转型升级诊断,组织电子、电器行业企业经营者赴台实地培训;加快提升"三旧"改造,确定原厦门糖厂片区试点改造,积极推动中铁、摩特等首批 10 个改造项目前期工作。

6. 财政收入超预期增长

1—9 月,全区实现财政总收入 59.29 亿元,同比增收 12.79 亿元,增长 27.49%,完成预算的 84.85%,超序时进度 9.85 个百分点。其中:区级财政收入 30.91 亿元,同比增收 9.18 亿元,增长 42.23%,完成预算的 90.22%,超序时进度 15.22 个百分点。

三大主体税种平稳增长。区级主要税收收入中,增值税增速平稳。增值税完成 26 226 万元,增长 19.83%,主要增收因素是截至 9 月实现营改征 1 855 万元,去年同期无此项收入。营业税增幅继续保持较高增长。营业税完成 117 240 万元,增长 44.32%,主要因素是商品房热销和建安投资进度加快的拉动。企业所得税完成 40 029 万元,增长 12.6%,主要是房地产行业旺销带动企业所得税收入增长。

221

非主体税种收入在土地增值税的带动下大幅增长。城镇土地使用税、土地增值税等其他各项非主体税种合计完成区级税收收入 98 197 万元,同比增 90.47%。其中土地增值税 9 月止入库 37 672 万元,占非主体税种的 38.36%。

7. 城乡居民收入持续增加

1—9 月,集美区农民人均纯收入 16 650 元,增长 12.4%,比年度增长计划超 0.4 个百分点。同期,全省农民人均现金收入 8 965.9 元,同比增长 13%,扣除价格因素实际增长 10.8%。继今年第一季度集美区农民人均收入领跑全省以来,集美区农民收入呈稳步增长势头。农民收入中,务工、经商和房租,以及入股农村集体经济项目等工资性收入,正成为全区农民的主要收入来源。同期,城镇居民人均可支配收入,实现 12% 的增长指标。

加大民生投入,加快发展社会事业。2013 年区级财政安排教育支出 7.85 亿元,增加学前教育、基础教育投入,实施农村义务教育体系建设。安排文体支出 1.07 亿元,推进国家公共文化服务体系示范区创建,完善文体设施。建设公用停车场、公交候车亭,完善道路安全设施,提升公共交通服务。加大基层社区建设投入,提升社区服务管理功能。安排资金 5 亿元,推进城乡环境综合整治,完善城乡基础设施,支持小城镇建设。

二、集美区经济社会运行中存在的困难和问题

(一)经济稳速增长有待新增长点

1—9 月,集美区的生产总值虽稳速增长,但离年度增长目标还差 1.8%。三次产业增长的幅度有差别,第二产业的增幅最小,仅 8.2%,第一产业增幅较大,为 25.1%。要保持经济持续稳定增长,需要加快产业升级和科技创新,培育新的经济增长点。

(二)工业回暖上升有待经济形势

出口形势未有明显好转。上半年规上工业累计实现出口交货值 210.31 亿元,同比增长 0.95%,比规上工业产值增幅低 1 个百分点。出口交货值率也由第一季度的(40.34%)降为 39.84%。

经济回暖不够,致使部分重点企业未按序时进度完成生产计划。产值排名前十的企业中,生产滞后序时进度共有 5 家,只完成生产计划的 56.14%,

滞后产值 48.1 亿元,影响全区规上工业增幅 9.13 个百分点。特别是 4 家龙头企业(金龙、正新、厦工、宝宸)滞后产值 47.61 亿元,极大地影响了全区规上工业的增幅。

(三)固定资产投资结构有待调整

2013 年全区固定资产投资中,房地产投资一枝独秀,而产业投资和基础设施投资都是下降趋势。国家房地产调控政策的变动,房地产市场的波动,将势必对这种不合理的投资结构带来很大冲击。随着工业用地的大幅减少,工业投资缺乏大项目的拉动。国贸商城、数码港等一批重点服务业项目仍未动工建设影响了服务业的投资进度。

(四)公共事业财政支出进度偏慢

1—9 月,全区财政支出 207 036 万元,增长 21.84%,完成本年预算的 53.49%,比序时进度落后 21.51 个百分点。主要是教育、科学技术、城乡社区事务、农林水事务、商业服务业等事务、其他支出 6 项科目支出进度较慢,分别落后序时进度 27.64、16.99、26.03、41.2、36.35 和 30.45 个百分点。表明教育、社区管理等基本公共服务需要加强。

223

三、解决困难和问题的对策建议

(一)大力推进产业转型升级

加快产业转型升级,培育新的经济增长点,是解决困难的根本所在。打造先进制造业基地,重点打造汽车机械装备、轻纺服装产业集群、电子元器件三大产业集群。建设区域性物流基地,推进金龙物流中心、海峡食品物流园、嘉晟供应链等项目建设。培育区域性商贸中心,整合、提升现有商业网点,推动国贸商城、IOI 综合体等项目尽快建成。推进信息软件业集聚区,大力发展文化数字内容产业和数字传播产业,推进电信网、广播电视网和互联网三网融合。发展总部经济集中区,完善环杏林湾、环东海域的商务营运中心布局,吸引跨国公司、央企、知名民企和台湾企业设立地区总部、配套基地、采购中心、营运中心和研发中心。着力发展新兴产业,提升北站片区商圈布局,规模化建设集美物流园、汽车物流中心等专业化物流中心,完善闽台民俗文化古镇,推进中国移动手机动漫基地、灵玲国际马戏城等重点项目建设。

(二)积极打造美丽厦门的示范城区

以新城建设为抓手,进一步加快城市化和产业转型升级步伐。集美新城核心区"三纵三横"主干路网已基本贯通,市政共同管沟完成超过一半并部分投用,以"三馆一心"、市民中心为代表的核心区公建群基本建成,杏林湾商务营运中心、软件园三期等七大产业项目全面铺开。目前要加大项目招引落地力度,着力优化城市建设配套,全力加强社会保障工作,确保早日完成集美北大道、厦门北站北广场、软件园三期、灵玲国际马戏城等项目关键节点扫尾攻坚任务,全力推进地铁一号线征拆任务。同时,加快新城人气商气聚集,加强点对点招商,争取总部经济、现代物流、文化旅游等产业落地和发展尽快能取得实质性成效。

(三)重点跟进实际到资

着重做好央企招商工作,力争中交天津航道局、中铁十四局集团三公司、中国燃气、NBA活力城等项目尽快落地。抓好实际到资工作,重点抓好嘉逊地产、旭鸣实业、宏璟纸品、中骏电气等项目到资。进一步做好项目储备,依托现有项目及空间,充分拓展引资平台,用加大产业集群、产业链和现代服务业项目的引资力度,吸引更多更好的国内外企业来集美投资。

(四)充分发挥财政资金的支出效应

提高教育、科学技术、城乡社区事务、农林水事务、商业服务业等事务、其他支出6项科目支出在财政支出中所占的比重,确保各项公共事务的均衡发展。严格执行预算定额,确保各项支出合情合理、支出进度合乎要求,并履行预算程序,控制不合理开支。将有限的财政资金,最大限度的发挥财政资金促进经济增长、提高城乡人民生活水平的支出效应。

四、集美区经济社会运行发展的展望

2014年世界经济将缓速增长,增长速度在3%以内。中国经济仍会持续稳速增长,增长速度7%～8%。厦门在海洋经济大战略体系中,在新型城镇化建设中,其优势的区位条件和气候环境条件,将促进厦门经济继续稳定增长。

集美作为厦门跨岛建设的主战场,新的一年中,将在经济发展和社会建设中有新的起点和新的飞跃。产业转型升级将有一个新的跨越式进步,三次产业结构中的"强二进三"步伐有新进展,先进制造业和现代服务业互为促进。厦深铁路的开通,为集美的物流业、仓储业、旅游业都带来新的机遇。近年的聚贤集美的人才引进计划,会得到更多响应,有更多高层次高水平的科技文教等方面人才群聚集美。美丽厦门的建设规划蓝图,生态文明和绿色经济,得天独厚的百年集美学村,"海西硅谷"软件园三期建设,台商投资区的拓展,等等,都会在推进集美新发展的同时,不断提高人们的生活水平。

集美大学教授 蒋晓蕙

海沧区经济社会运行情况分析及预测

2012年第四季度至2013年前三季度,海沧区围绕"四个定位"、"三个新的提升"的发展目标,进一步落实《厦门市深化两岸交流合作综合配套改革试验总体方案》,积极开展"美丽厦门·共同缔造"试点行动,经济社会发展势头良好。2012年10月—2013年9月实现地区生产总值415.9亿元,规模以上工业产值966.21亿元,固定资产投资230.78亿元,社会消费品零售总额83.41亿元,区财政总收入71.84亿元,区级财政收入29.1亿元,合同利用外资2.5478亿美元,实际利用外资1.51亿美元,港口货物吞吐量5 212.67万吨,其中集装箱吞吐量361.27万标箱。伴随着经济的发展,海沧的生态环境保护、城区建设、政府服务水平等方面也不断提高,居民文明指数和幸福指数不断攀升。在福建省文明指数测评中海沧区跃居第二,在刚刚发布的《2013年中国中小城市绿皮书》中,海沧区位列2013年度中国最具投资潜力中小城市百强区的第19位,这都充分体现了海沧区经济社会发展的综合实力。

一、2013年1—9月海沧区经济社会发展情况分析

(一)工业发展喜忧参半

欧债危机的影响短期内难以消除,国际、国内市场持续低迷,工业企业普遍面临成本上涨、产品同质、利润微薄、供求失衡等不利局面。喜的是海沧区作为传统工业强区,在逆境中实现了平稳增长。1—9月完成规模工业产值721.82亿元,增长8%,产值和增速在全市六区中均列第三。95家重点工业企业实现产值656.2亿元,占全区规模以上工业产值90.9%,有56%的企业产值保持正增长,其中增产亿元以上的企业达12家。众达钢铁、金龙客车、翔鹭化纤、阳光恩耐等一批企业实现了产值和效益同步增长。1—9月累计工业用电23.29亿千瓦时,与上年同期的21.98亿千瓦时相比增长5.95%,工业

用电增速和产值增速匹配度较好。忧的是,海沧区的工业整体运行效益不佳,利润下滑,亏损面较大。1—8月,260家规模以上工业企业出现亏损的企业有85家,亏损面达32.7%。260家规上企业合计实现利润39.4亿元,与去年同期相比下降2.9%。

(二)服务业发展进入快车道

1.商贸业发展迅速

伴随着岛内外一体化的进程,交通便捷、环境优美、商业设施日益完善的海沧区,今年来商业氛围和人气都获得了提升。1—9月社会消费品零售总额65亿元,增长17.2%,在全市六区中位居前列。沿马青路发展起来的汽车文化商城,依然引领着海沧区零售发展,汽车板块零售额达29.34亿元,同比增长11.39%,占全区限额以上零售额67.2%。受益于石油体制改革,石油类零售额达8.2亿元,同比增长80.88%,占全区限额以上零售额18.78%。而住宿餐饮业,受"三公"政策和"塑化剂"等食品安全负面新闻影响,较为低迷,零售额0.98亿元,同比下降16.66%,仅占全区限额以上零售额0.02%。

2.港口经济亮点纷呈

今年以来海沧保税物流业务发展平稳,码头集装箱业务优势凸显。1—9月,港口物流业快速发展,海沧港口货物吞吐量达4 167.5万吨,超去年全年水平,其中集装箱吞吐量268.91万标箱,分别比增26.3%、19.8%。保税港区"三位一体"优势进一步发挥。世界第四大专业货运物流巨头泛亚班拿与保税港区内博格步轻工制品公司联手在保税港区建立亚太物流分拨中心;瑞声达听力技术项目入驻保税港区,主要从事全球助听器及其相关配件的生产、维修,其物流配送中心也落户保税港区。石油交易中心等临港产业蓬勃发展,截至9月30日,入驻企业203家,累计交易额398.59亿元,其中现货交易额211.04亿元(含税),电子交易额187.55亿元。累计入库税额3 479.73万元。

3.房地产强劲增长

2013年海沧区计划出让9幅地块,土地面积为81公顷,建筑面积200万平方米,总建筑供应领跑全市。其中3幅马銮湾片区地块尤其引人关注。今年8月新阳商住6#地块以总价40.52亿元成功出让,成为厦门市总价新"地王"和岛外单价新"地王"。1—9月,海沧区房地产累计销售套数7 227套,累计销售面积59.35万平方米,均比去年同期大幅增长。

(三)固定资产投资领跑全市

1—9月完成固定资产投资171.45亿元,增长15.4%,增幅全市第一,总量和序时进度全市第二。工业投资是固投一大亮点,同比实现大幅度增长,增幅高居全市六区之首,是全市唯一一个超序时完成进度的区。瑞尔特卫浴、安井食品、法拉电子、船舶重工、长鸿光电等一大批重点项目进展顺利。城市建设战役累计完成投资额居全市六区第一。

(四)招商引资进展顺利

1—9月共审批外商投资项目50个,合同利用外资2.3亿美元,完成市级任务的(2.5亿美元)92%,同比增长43.5%;实际到资1.5039亿美元,完成市级任务的(1.5亿美元)100.3%,同比增长162.8%。其中合同外资的完成总量、完成进度和实际到资完成进度、同比增幅已连续三个月列居各区第一,且实际到资提前半年完成全年任务。在今年的"9·8"投洽会上,海沧区签约项目120个,总投资474亿元,其中外资签约项目数、总投资额、拟利用外资总量、合同外资总量再度蝉联全市第一,加上莅区考察的全球财富500强企业数量,共有五项指标居全市各区之首。招商引资项目中生物医药、光电、新材料等先进制造业项目占合同利用外资比重高(接近九成),千万美元以上大项目比重高(占九五成),内资项目中制造业和服务业比例接近五五开。

(五)财政收入稳定增长

1—9月,海沧区财政收入保持增长并超序时进度完成,预算内财政总收入累计完成59.34亿元,完成预算的86.77%,比增24.6%,增长超过全年目标任务(13%)10.8个百分点;区级公共财政收入23.06亿元,完成预算的86%,比增28.4%,增长超过全年目标任务(16%)12.2个百分点。但收入增长主要依靠房地产税收和非税收入拉动,缺乏可持续性。

(六)社会发展全面提速

海沧区作为全国第九个、海西首个"全国社区管理和服务创新实验区",在民生社会工作方面始终保持"敢为人先"的优势,医疗、教育、交通、就业、文化事业等全面发展。2013年9月以来,海沧以建设"社会共同缔造、老百姓欢迎的新型城镇化城区"为目标,以"美好环境"为基础、"惠民利民"为切入、"同驻共治"为核心、"网格化·微自治"为支撑,构建"纵向到底、横向到边、纵横交互"的社会管理新体系,15项工作取得了阶段性成果,建设了一批政府引领、社区自治、群众参与、统筹协调的完整社区、典范社区。海沧居民的生活水平和幸福指数迅速攀升。1—9月,海沧区城镇居民人均可支配收入、农民人均现金收入实现高基数上的高增长,其中城镇居民人均可支配收入30 053元,同比增长14.3%,农民人均现金收入1 683元,同比增长11.3%。

二、海沧区经济运行中存在的主要问题及原因分析

(一)工业经济上行阻力较大

海沧区规上工业产值离预计目标差距较大,体现了工业发展的困境。首先,海沧区外向型的工业经济与国际宏观环境息息相关,不可避免受当前不利经济环境的影响,发展受阻。其次,海沧工业长期倚仗的化工、机械和电子等支柱产业,今年来发展乏力,尤其是龙头企业翔鹭石化今年量价齐跌更是造成石化产业占工业产值比重继续下降。再次,近年来崛起的生物医药等新兴产业,增速快但总量还不大,尚不能支撑海沧工业整体发展。最后,海沧工业企业缺少在国内外叫得响的品牌,百亿级以上的大企业数量也偏少。

(二)服务业总量偏小发展不平衡

海沧服务业增幅较大,但由于基数较小,总体规模不大,未能成为拉动区域经济发展的主力。从服务业内部构成来看,服务业类别不够丰富,各类别之间发展也不够平衡。其中商贸业得益于汽车、石油制品消费的增长和城区人气的提升,增速较快。物流业得益于东南航运中心建设,发展也较快。除此之外,科技服务业、金融业、进出口贸易、文化产业、旅游业等未有实质性突破,总部经济发展也有待推进。

(三)招商引资工作面临瓶颈

1—9月全区的招商引资指标整体完成情况良好,但是存在的问题不可忽视。一是海沧区面积小,工业用地大部分出让完毕,现存的多为零星工业用地,缺乏引进大项目的土地空间。二是引资以存量企业增资扩产为主,新设项目比重较小。三是引入的项目中现代服务业项目较少。

三、促进海沧区经济发展的几点建议

(一)明确工业发展战略定位

工业是海沧的经济之本,应采取切实有效的办法积极应对不利局面,促进工业经济发展。从战略层面来看,海沧工业正处于转型升级的关键时刻,应以集聚、集群、集约为宗旨,明确产业定位,区分海沧工业发展的支柱产业和主导产业,研究其联动机制。传统的石油、机械和电子等行业基础好、总量大、积聚效应显著,在较长的时间内依然是海沧工业的有力支撑,是支柱产业。而发展潜力大、对于区域内各产业带动效应显著的新兴行业则是主导产业,如生物医药业、汽车及配件产业、节水卫浴业等。海沧应立足未来,审时度势,为主导产业发展开拓空间,力求培养出新的支柱产业,实现新旧产业之间的顺利过渡。

(二)多管齐下促进工业发展

一要统筹规划,为工业发展创造有利的环境,包括公共基础环境、人才环境、土地环境、生产设施等软硬件环境。以生物医药业为例,可加快厦门生物医药港建设,创新招商机制引入有实力的企业进驻,吸引高端人才,打造两岸新兴产业和现代服务业合作示范区。二要立足产业链,探索后向一体化、前向一体化、上下游战略联盟等发展路径,延伸现有产业的发展空间,争强综合竞争力,从而应对日益激烈的竞争环境。三要做好企业协调服务工作,强化政策支持,营造企业发展的良好氛围。促进规模以上工业企业尤其是龙头企业的发展,跟踪长鸿光电、厦烟工业、翔鹭系企业、厦顺铝箔、厦船重工等大型企业,针对每家企业的个性化问题,逐一解决。促进中小潜力型工业企业发展,解决企业用地、用工、用电、融资、税收等方面的问题。帮助企业做大做强,增强企业在国内外的影响力,培育强势品牌。

(三)提升招商水平落实项目实施

一是加大招商力度。打造和宣传海沧良好投资形象,提升海沧知名度和吸引力,奠定招商引资的基础。做好项目包装,开阔视野,拓展招商渠道,主动走出去参加投洽会或召开专场推介会。积极开展海峡两岸产业对接,积极促进与国内外大型企业的对接。二是科学招商。招商引资重点由数量扩张转变到质量提高,严把投资产出密度关、环境保护关和节约利用能源资源关,避免先招商后调整,按照海沧产业发展规划,紧紧围绕支柱产业和主导产业,完善产业上下游链条,形成真正具有竞争力的产业集群。在招商引资工作中,综合利用传统传媒和新兴传媒提供的信息,建立招商引资信息库,发挥现代信息灵通的优势,抓住招商引资的契机。三是促进项目实施。落实投洽会项目对接成果,加强投洽会期间新接触客商和新生成项目的跟踪洽谈,深化投洽会的对接成果。推动一批央企项目落地。加快中储粮厦门产业园、中石油中油海峡项目及华南物流中心、中国人寿养老养生等项目推进。

(四)积聚人气促进零售业发展

人气旺,商机兴。一要发挥海沧青山、海湾、岛屿俱全的自然优势,借助建设美丽厦门试点区域的契机,通过绿道网建设和慢行系统建设,全方位提升人居环境,吸引更多人口入住海沧。二要发挥海沧区联结厦门本岛、集美和漳州的枢纽优势,加大宣传力度,将海沧塑造为购物天堂,吸引更多人流、客流和商流。可将漳州作为推广重点,开通节假日的购物直通车,方便漳州市民到海沧购物。三要推动节庆活动常态化。除巩固原有节庆活动品牌外,更需要推陈出现,增加活动的密度和辐射范围。例如举办更多具有"台味"的活动,增加台北商业街的宣传,让"小台北"成为海沧新的名片。

(五)推动旅游业跨越式发展

今日的海沧,具备满足游客"吃、住、行、游、购、娱"需求的基本能力,应立足本区特色,寻求旅游业快速发展的突破点。一可依托海沧区的工业优势,以先进工业园区和知名龙头企业作为旅游资源,借鉴国内上海通用、上海宝钢、青岛海尔、广州本田、广东美的、北京现代等企业的经验,开发工业旅游。二可整合区内已有的"农家乐"、"有机农场"等旅游资源,组建行业协会,聚零为整、优势互补,实现管理标准化、竞争差异化的局面,提高海沧农业观光旅游的发展水平。三可加快海峡两岸中医药博物馆的建设,结合青礁慈济宫景区,发展富有中国文化内涵的文化旅游。四可综合运用海沧的温泉、森林、绿道、国际医疗等资源,发展高端医疗旅游。

四、2014年海沧区经济发展预测与展望

展望2013年,挑战与机遇并存。宏观层面,后金融危机时代注定是漫长的,国内外经济下行压力较大,海沧以工业和外向型为主的经济结构面对巨大

挑战。产业层面,处于新的发展阶段的海沧区,要顺利渡过工业转型升级的关键期,推动新兴现代服务业快速发展,任务艰巨。但有理由相信,走过 20 年发展历程,拥有东南国际航运中心核心港区,10 万平方公里生物医药港,全国第二大石油交易中心,红酒、石材、钢材等一批大宗货物交易平台,玛瑙、油画、汽车等专业市场,"厦漳泉大都市区金融商务核心区"马銮湾等优势资源的海沧区,2014 年有望在港口物流、生物医药、石油交易、房地产、旅游等领域取得较快发展。此外,凭借优质自然资源和先进社会管理经验,乘着"美丽厦门"战略的东风,海沧必将加快步伐,推动生态宜居新城建设。

集美大学　庄贝妮

同安区经济社会运行情况分析及预测

一、同安区经济社会运行情况概要分析

(一)2012 年第四季度情况回顾

2012 年第四季度中,全区经济社会运行情况比前三季度有提升。全年全区国民生产总值 198.59 亿,其中第四季度 58.02 亿;全年规上工业产值374.79 亿,其中第四季度 98.67 亿;全年固定资产投资 167.8 亿,其中第四季度 63.21 亿;全年社会商品零售总额 60.53 亿,其中第四季度 16.99 亿。

全区的规上工业产值,第四季度完成的高于前三季度的平均数,12 月份单月完成 36.29 亿,是全年单月最高,远高于元月份的 23.76 亿。

全区固定资产投资形势,由年初的高开、年中的低走,到年末的回稳,第四季度的 10、11、12 三个月,固定资产投资增长速度分别是 2.12,10.55,14.85。

全区国民生产总值、全区社会商品零售总额,第四季度完成的数额都超过前三季度的平均水平。

(二)2013 年 1—9 月经济社会运行分析

1.经济社会运行稳中趋好

同安区 2013 年 1—9 月,实现生产总值 147.69 亿元,比去年同期增长 7%,完成年度计划的 66.5%。规模以上工业总产值 297.30 亿元,比去年同期增长 6.9%,完成年度计划的 66.62%。固定资产投资 104.89 亿元,增长 0.3%,完成年度计划的 42.81%。社会消费品零售总额 44.78 亿元,比去年同期增长 6.0%,完成年度计划的 68.9%。合同利用外资 1.63 亿美元,比降 62.8%,实际利用外资 3 亿美元,同比增长 33%。实现财政收入 29.82 亿元,比去年同期增长 21.4%。区级财政收入 15.77 亿,增长 33.8%。

各主要指标的完成年度计划情况来看,除固定资产投资只完成年度计划

不足 50％以外,其他主要指标完成情况良好,尤其是财政收入指标已完成年度计划的 80.5％;实际利用外资提前三个月完成年度计划。各主要指标情况表明全区社会经济运行情况良好,呈稳中趋好的趋势。

全区城镇居民人均可支配收入 28048 元,增长 5％;农民人均纯收入 12 036元,增长 12.2％。在去年农民收入增幅首次超过城镇居民收入增幅的基础上,今年农民收入增速稳定。

(二)工业经济平稳增长

1—9 月,全区 302 家规上工业产值 297.30 亿元,增长 6.9％;销售产值 294.06 亿元,增长 5.1％,产销率达 98.9％。

1—9 月,产值超亿元的企业有 64 家(去年同期 66 家),共完成产值 215.20亿元,增长 9.4％;产值 5 千万～1 亿元的企业有 61 家(去年同期 56 家),共完成产值 40.28 亿元,同比增长 0.8％;工业集中区(同安园)纳入规模以上统计有 63 家,共完成产值 54.82 亿元,增长 7.5％。

重点骨干企业是增长的主力军。产值前 20 名重点骨干企业共完成产值 138.94 亿元,增长 17.6％,有 16 家增长,其中:银祥油脂增长 116.6％,百路达增长 95.3％,华诚实业增长 79.4％,中盛粮油增长 40.3％。

主导产业增长呈现不同走势。1—9 月,同安区的四大主导产业共完成工业产值 180.04 亿元,增长 8.9％,占全区规上工业产值 60.6％,是支撑规上工业产值的增长的主力。但因国内外市场需求变化及对产业的影响程度不同,四大主导产业增长出现不同走势:龙头行业食品医药业产值为 108.29 亿元,增长 14.1％;受房地产业拉升影响,水暖厨卫业产值为 28.59 亿元,增长 26.7％;受国内制造业不景气的影响,机械制造业产值为 31.16 亿元,下降 11.7％;受欧美市场低迷影响,现代照明产值为 12.00 亿元,下降 5.0％。

(三)固定资产投资总额增速持平

1—9 月,全区固定资产完成投资 104.89 亿元,增长 0.3％。分别完成市定和区定全年计划的 42.81％和 51.17％,总量和增幅分居全市第六位和第五位。与去年同期相比,总额的增速持平,但构成却是有升有降。

在增幅不大的同时,按项目投资属性分类,完成投资比例有升有降。其中:工业投资完成 22.48 亿元,增长 10.67％;房地产投资完成 45.45 亿元,增长 51.13％;基础设施完成 23.20 亿元,下降 10.22％;社会事业及其他投资完成 13.76 亿元,下降 51.49％。按项目投资片区来看,同安新城完成投资 43.57亿元,同比增长 27.75％;其他片区(除同安新城之外的区域)完成投资 61.32亿元,同比下降 13％。

工业企业投资增长稳定,1—9月工业企业投资在库项目104个,完成投资22.48亿元,同比增长10.67%,拉动固投增长2.07个百分点。房地产投资增长强劲,1—9月在库项目49个,完成投资45.45亿元,同比增长51.13%,拉动固投增长14.71个百分点。

基础设施投资下降,1—9月在库项目80个,完成投资23.2亿元,同比下降10.22%,拉低固投2.52个百分点。社会事业及其他行业投资下降,1—9月在库项目64个,完成投资13.76亿元,同比下降51.49%,拉低固投13.96个百分点。

(四)现代服务业加速发展

前三季度全区服务业继续保持发展势头。

消费品市场企稳回升。1—9月社会消费品零售总额44.78亿元,比增6.0%,完成市定目标的68.2%。9月份当月社会消费品零售总额为5.31亿元,环比增长9.0%,为5月份以来最高值。其中限额以上完成9.54亿元,比增0.6%。

房地产市场增长迅速。1—9月同安区商品房累计销售面积56.26万平方米,同比增长72.1%。其中:住宅销售48.63万平方米,增长100.3%(当月均价10 287元/㎡,增长45.79%);商业营业用房累计销售面积1.45万平方米,增长164.3%(当月均价12 278元/m²,增长6.75%)。9月份销售较好的楼盘有诚毅温泉健康世界、金帝—中洲滨海城、同城银座·北座、诚毅温泉健康世界、锦辉国际花园、溪堤尚城、磐金文化城、山语听溪、新景上院、新景城市天骄等。

旅游市场运行良好。今年以来,同安区共接待游客384.6万人次,比增17.2%,旅游总收入9.27亿元,比增15.5%,持续高增长的势头。自驾游呈快速增长趋势,乡村生态游品牌效应凸显。举办青岛啤酒节、苏颂文化节等多项节庆活动。华强方特梦幻王国的旅游项目带动作用明显,共接待游客56.89万人次,门票收入10 610万元。已形成以翠丰、盛之乡、金穗园等为龙头的温泉品牌酒店,年接待游客人数超25万人次,年贡献地方税费近1 000万元。

(四)招商引资积极推进

1—9月,全区新引进外商投资项目11个,15家区内外资企业实现增资扩产,共计投资总额32 363万美元,合同利用外资16 286万美元,同比减少62.81%,完成市定目标的54.29%;累计实际利用外资30 037万美元,同比增长32.98%,完成市定目标的100.12%,居全市六区首位。同期,国内招商引资成绩凸显,实现合同利用内资32.3亿元,完成市定任务的161.5%。

（五）现代农业加快发展

2013年持续在现代农业发展方面有新推进。一是发展特色农产品。春节前,组织6个"一村一品"专业村、48家农民专业合作社、24个涉农企业参加厦门第五届特色农产品暨农业龙头企业产品展销会。参展产品包括蔬菜、食用菌、果品、茶叶、粮油、畜禽产品、水产品、加工食品、花卉等9大类近350多个品种,现场销售总额达161.73万元,签订购销合同或意向协议127.3万元,合计289.03万元,比上届增长了21.2%。二是推进农业专业合作社和龙头企业。形成以蜜雪梨为主打产品的后埔村"莲花山花果专业合作社"、以脐橙为主打产品的"内庵古名山脐橙专业合作社"、以黄秋葵为主打产品的美埔村"厦门红得发果蔬专业合作社"、以凤梨释迦为主打产品的"厦门忠旺观光果园"、以花卉文心兰为主打产品的上陵村大祠"厦门缤纷文心兰场"等等。三是提高农业科技水平。如创建以全国五一劳动奖章获得者彭建立同志名字命名的"彭建立劳模创新工作室",促进农业科技人员以老带新、传帮结带。

（六）下大力度改善民生

推进民生工程项目建设。9月底,全区19个民生项目开工率达到100%,比增11%。累计完成投资4.49亿元,比增4.81%,完成年度投资计划的79.28%。

积极落实惠民政策。建立并推广医疗救助"一站式"服务,简化报销手续,为1201人次办理医疗救助,发放救助金234.57万元。健全低保救助体系,为2792户城乡低保和孤儿发放低保金及慰问金1397.28万元。

构建民生保障体系。健全低保救助机制,推行低保季度动态管理和巡查机制,截至9月底,已发放低保金及慰问金1149.9万元,发放孤儿保障金和春节慰问金31.22万元。完善医疗救助制度,拓宽医疗救助范围。截至9月底,办理医疗救助357人次,发放救助金额190.97万元。规范临时救助工作,2013年1月1日起实施《同安区城乡困难家庭临时救助实施办法》,截至9月底,共有145人次得到临时救助,发放临时救助金6.12万元。推进高考助学低保全覆盖。开展"金秋高考助学"活动覆盖全区低保家庭高考子女,共资助186个贫困学生,发放助学金90.15万元。

推进社区网格建设。解决凤山等6个社区的办公用房问题。区财政投入550万元网格化建设经费,为16个社区215名网格工作人员配备电脑。组织对社区主要干部、215名社区网格工作人员、60名社区信息平台管理员的业务培训。启动汀溪镇小城镇网格化建设试点工作,首期建设将投入资金1257.284万元。

（七）财政收入持续增长

2013 年 1—9 月份全区完成财政总收入元,比增 21.54%,完成预算的 80%,比序时进度快 5.51%。其中区级财政收入 264 233 万元,比增 29.6%, 完成预算的 80.4%,比序时进度快 11.35%。

财政收入的增长,得益于经济发展方式的转变和新型服务业业态的发展。 如食品制造业企业,由于加强品牌建设,市场占有率不断提高,到 8 月底入库 税款 8 659 万元,同比增长 31.85%;同期全区汽车配件制造业入库税款 2 360 万元,同比增长 65.51%;几大温泉酒店等温泉旅游业,同期也已入库税收 982.52 万元,同比增收 209.5 万元,增长 27.1%。

二、同安区经济社会运行存在困难及问题分析

（一）GDP 增长速度低于全市水平

从 1—9 月份 GDP 增幅变化情况上来看,总体上保持平稳。从 1 月份开 始,GDP 增幅就一直保持在 7%～7.5%之间,波动幅度较小。总体上看,全区 经济已经企稳,但增长回暖和上升还有待努力,GDP 增幅依然低于全市水平。

（二）固定投资投资后劲不足

固定资产投资中基础设施投资和社会事业投资下滑,新项目落地、投产 少,经济发展还面临着诸多困难与挑战。固定资产投资下降受重点项目影响 较大,43 个省市区重点项目中有 11 个项目尚未开工,计划全年完成投资 10.88 亿元。社会事业及其他投资大幅下降主要原因是:华强文化创意产业园 (一期)、凯歌高尔夫配套(一期)及逊达洪通仓储 1#、2#、3#库等项目的投 资已接近尾声,截至 9 月底比去年同期减少 15.93 亿元的投资额。

（三）工业运行质量仍待提升

全区工业增长主要由重点骨干企业拉动,1—9 月份,产值前 20 名重点骨 干企业总共完成产值 138.94 亿元,增长 17.6%,远高于 6.9%的平均增长水 平。工业企业盈利状况没有大改善,1—8 月,全区 294 家规上企业(不含火炬 园 8 家),有 86 家企业亏损,占规上工业企业数 29.3%,亏损企业亏损额 3.44 亿元,同比增长 46.1%。近年新投产企业数量偏少,工业发展缺乏新的增长

点。缺工率高、用工难,对制造业的影响较大,制约着工业企业生产和工业产值增长。在用工成本上升的同时,有的企业如娃娃哈食品还被迫压缩生产线,直接降低产值。

(四)限上商业零售疲软

全区社会消费品零售总额增长的同时,但限上商业零售疲软。1—9月,限上商业实现零售额 9.54 亿元,占社零总额的 21.3%;限下商业实现 35.24 亿元,占社零总额的 78.7%。由于限上商业企业规模小、结构单一、缺少总部经济、集中度低等,成为制约全区限上商业零售额的主要因素,同时也不利于限下商业零售额的增长。两家汽车公司停业,汽车类销售同比下降 4.1%。民营石油加油站陆续关停,石油及其制品类销售同比下降 12.8%。零售市场商业集中度降低,大型商业企业缩水,致使服装鞋帽日用品类销售下降 11.7%。

(五)社会管理和公共服务有待加强

同安是厦门市的岛外大区之一,也是农村人口较多的区,推进城镇化建设的任务很重。加上厦门城市交通通道的连年推进,同安原有的地理优势已减小,而与岛内成熟的城区相比,医疗、教育等基本公共服务设施和条件,还有相当距离。长年的郊区定位,也对同安区的城镇化社会管理带来不少困难,由乡镇转为街道,社区管理服务都还需要下大力度改变和推进。

三、解决困难问题的对策建议

(一)加快发展方式转变,促进经济健康发展

继续发展先进制造业。拓展现代工业发展平台。坚持抓龙头、铸链条、建集群,扶持做大主导产业,改造升级传统产业。坚持挂钩联系企业制度,落实各项扶持政策,稳定企业生产发展。重视民营经济,善待和支持中小微企业创新发展。

大力发展现代服务业。打造滨海休闲、历史文化、温泉生态等特色旅游,做好区域旅游线路对接。注重发展海洋经济,依托同安湾海洋资源,引进大型滨海旅游、水上运动项目。继续推进莲花国家森林公园、竹坝南洋风情度假区等景区景点建设。继续培育发展城市商圈,引进大型商业中心,推动亚马逊营运中心二期、闽南农副产品物流中心等加快建设,推进新地电子商务园、海尔

虚实网服务园等投建。

（二）加快实施项目带动，促进投资稳定增长

强化项目推动。完善项目推进工作机制，重点解决征地拆迁等节点问题。加快项目引进。依托同安滨海新城、火炬战略性新兴产业同安基地等重点片区，继续深化"三维"招商，积极推动中国移动厦门云计算中心、燕莎品牌商务区、新加坡第一家企业集团酒店综合体等顺利落地。强化先进制造业、现代服务业等产业链招商，促进产业集聚。强化项目主体责任，创造落地条件，提高履约率，盘活闲置工业用地。

（三）加快创新驱动，激发科学发展活力

推进创新体系建设。用好科技三项经费，扶持企业自主创新，支持企业申报各级科技计划。加强知识产权保护。发挥厦门科技创新园、国家农业科技园区等平台作用，深化企业产学研合作，推动海峡农研院、中电 30 所等高新技术研发中心落地建设和进一步发展。

（四）加快城镇化建设，增强固定资产投资后劲

快速推动新城建设。推进厦门科技创新园、高星级酒店群、西柯风情旅游小镇等项目建设。推动金都海尚国际、国贸金沙湾等地产开发。

加大老城改造力度。着力改善城区交通、排污排水、绿化美化。加快实施城区道路工程，打通一批断头路。加快城西市场改造。推动新安洲路、祥平西路立面改造。继续建设"数字城管"，推进城市精细化管理。加强小区物业管理，建设社区办公用房。

加快小城镇建设步伐。突出生态、养生、旅游，打造汀溪特色小城镇。完善水电管网、排污排水、路灯照明、公交站点等市政配套。实施 220kV 高压线迁移。继续实施五显片区改造。规划建设洪塘镇市民服务中心。

四、同安区 2014 年社会经济发展展望

（一）继续保持经济稳速增长

随着岛内外一体化和三城同城化发展战略的不断推进，同安环东海域开发建设进入快速发展阶段，厦门科技创新园、华强文化科技产业基地、迈阿密

式星级酒店群、火炬千亿新兴产业基地等项目相继投入,加上原有投资规模效应 2014 年将集中显现。在世界经济预计复苏的同时,同安区明年经济将继续保持稳速增长。

(二)产业集群创新发展前景良好

岛内外一体化和厦漳泉大都市区建设,为同安区产业互动提供了良好契机。继古龙工业园之后,银祥等企业也将步入"工业旅游"的圈子,传统食品企业摇身转变为旅游热点,"工业游"将成为同安旅游一个新的增长点。华强方特梦幻王国建成运营、海洋公园等项目落地、苏颂文化节等活动举办,也将促进同安的产业转型升级和创新发展。

(三)科技创新引领产业升级

凭借厦门科技创新园和火炬战略性新兴产业同安基地两大平台,以及有中船重工第 725 所厦门新材料研究院及产业化基地、中电科第三十所厦门分所及产业化基地、青岛海尔、亚马逊等诸多科技项目的推动下,同安产业将实现由"力"向"智"的转变。在厦门科技创新园、火炬战略新兴产业基地、智慧城市和网络电商等诸多项目的引领下,同安产业升级将大大加快步伐,不断增加产品的附加值,集聚产业集群,打造和延长产业链,提升和拓展产业的规模效益。

(四)中小企业有更好发展前景

同安有 8 000 多家中小企业,在国家进一步繁荣市场的政策引导下,政府与金融机构合力推出融资新渠道将缓解中小企业融资难题。国家和省、市、区各项鼓励扶持政策也将促进同安中小企业的蓬勃发展。

(五)人们生活水平进一步提高

在经济稳定增长的同时,2014 年同安区的城镇居民人均可支配收入、农民人均纯收入水平都会相应提高。政府将进一步加大对民生事业的投入,基础教育、公共医疗、公共设施建设等基本公共服务会有较大的提升,人们整体生活水平会进一步提高。

集美大学教授　刘广洋

翔安区经济社会运行情况分析及预测

2013 年是全面贯彻党的十八大精神的开局之年,也是加快实施"十二五"规划承前启后的关键之年,同时也是美丽厦门战略规划全面启动的一年。翔安区区委、区政府在《厦门市深化两岸交流合作综合配套改革试验总体方案》指导下,以提高经济增长质量和效益为中心,坚持稳中求进的工作总基调,继续打好"五大战役",加快推进"三带二加一线"开发,持续强化产业支撑,进一步促进城市产业升级和城市经济转型,推动全区经济社会的平稳发展和实力壮大[①]。同时,以美丽厦门战略规划为引领,相应制定新区"十大行动计划"[②],全面开启"十大行动百个项目"建设和"智慧翔安"等名城行动,提升翔安新区先进软实力。

一、翔安区经济社会运行概况分析

(一)2012 年第四季度经济社会运行情况回顾

2012 年翔安区经济总量再创新高,主要经济指标增幅位居全市前列。而第四季度各项指标基本优于前三季度的平均水平,特别是第四季度地区生产总值和固定资产投资分别占全年 29.10% 和 29.75%。全区全年完成地区生产总值 284.31 亿元,增长 15%;规模以上工业总产值 760.62 亿元,增长 20.6%;社会固定资产投资 201.61 亿元,增长 77.2%;全区财政总收入 22.1 亿元,增长 21%;社会消费品零售总额 395 047 万元,增长 41.2%;城镇居民人均可支配收入 28 281 元,农民人均纯收入 11 031 元,分别增长 12.8% 和

---

① 《政府信息公开 厦门市翔安区人民政府 2013 年政府工作报告》,http://www. xm. gov. cn/zfxxgk/xxgkznml/szhch/qzfgzbg/201302/t20130217_615070. htm。

② 《翔安召开战略规划征求意见座谈会 为美丽厦门出谋献策》,http://www. xian-gan. gov. cn/smpd/msjd/201309/t20130906_86449. htm。

13.7％^①。其中第四季度实现地区生产总值 82.72 亿元,规模以上工业总产值 204.17 亿元,社会固定资产投资 59.97 亿元,财政总收入 54 225 亿元,社会消费品零售总额 100 977 亿元。

(二)2013 年 1—9 月经济社会运行情况概况分析

2013 年 1—9 月份翔安区整体经济运行情况良好,分别在工业经济、房地产投资、招商引资、财政收入等四个方面取得了显著成绩。截至 9 月份全区实现地区生产总值 240.54 亿元,本年累计比上年同期增长 16.5％。其中,第一产业增加值 6.51 亿元,增长 3.7％;第二产业增加值 184.18 亿元,增长 18.8％;第三产业增加值 49.85 亿元,增长 6.9％。三次产业比为 2.71：76.57：20.72^②。

1. 工业经济规模持续壮大

2013 年 1—9 月份翔安区工业经济呈现规模扩大的良好态势。一是 182 家规模以上工业企业累计完成工业产值 615.94 亿元,同比增加 23.9％。其中,区属企业完成规上工业产值 104.11 亿元,占全区总产值的 16.9％,火炬(翔安)产业区企业完成规上工业产值 511.83 亿元,占总产值的 83.1％。二是规模以上工业用电量累计 76 481.62 万度,同比增加 9.99％,用电量指标是工业经济发展的"风向标",用电量数据与工业总产值现价增幅基本匹配,坚实印证了翔安区工业经济的稳步增长。三是全区规模以上企业完成销售产值 615.92 亿元,产销率 99.99％,实现出口交货值 446.24 亿元,出口交货值率为 72.45％,同比增加 3.75 个百分点,产销衔接顺畅、出口形势良好。

2. 房地产投资高速增长

截止 2013 年 9 月份,房地产项目投资额为 38.45 亿元,增长 99.2％,高出全市平均水平 84.2 个百分点,增幅全市第一。快速增长的动力:一是泰禾红门、阳光城翡丽湾、恒亿欧洲城、CBD 等商住地块的陆续入统。本年房地产已入统地价 13.3 亿元,同比增加 10 亿元;二是洋唐保障性安居工程、阳光城翡丽湾、首开领翔国际、特房黎安小镇等项目建设工程的投资,累计投资均超 2 亿元。

3. 招商引资成效显著

截至目前,翔安区已对接项目 28 个,包括高仪(中宇)卫浴、中奥游艇增

① 《翔安区 2012 年经济运行情况简析》,http://xatjj. xiangan. gov. cn/tjxx/tjzl/201301/t20130123_66884. htm。

② 《2013 年 9 月份翔安区主要经济指标完成情况》,http://xatjj. xiangan. gov. cn/tjxx/jdsj/201310/t20131021_87404. htm。

资、厦大国家大学科技园等,投资总额达人民币 427 亿元,其中内资项目 20 个,外资项目 8 个,合同利用外资 4.29 亿美元,涉及先进制造业、总部经济、城市综合体、基础设施建设等领域。海峡现代城、如意情白金针菇、泰琛金属等项目在"九八"期间开工开业。另外,在商务办公区招商方面,已基本完成启动区 20 幢楼的招商工作。翔安企业总部会馆首批 6 家企业于 4 月中旬签约入驻后,目前又有 78 家知名企业有意入驻[①]。

4. 财政收入快速增长

2013 年 1—9 月份全区财政总收入 224 295 万元,同比增加 57 520 万元,增长 34.5%。其中:区级财政收入 126 608 万元,同比增加 47 518 万元,增长 60.1%。从税种看,受部分房地产项目清算和土地增值税归属由企业注册地改为项目所在地的政策影响,土地增值税增长最快,累计实现税收入 32 976 万元,同比增加 25 558 万元,增长 345%。其中:房地产业 28 365 万元,增长 276%[②]。

二、翔安区经济社会发展中存在的问题及原因分析

目前翔安区经济社会总体运行良好,但还存在着许多不足,突出表现在以下几个方面:

(一)旅游资源有待开发,旅游产业链尚未形成

翔安区旅游资源有待开发,主要表现在以下几个方面:首先,翔安区拥有海岛资源、森林资源和文化资源等多样化的旅游产品,但旅游资源开发尚显不足,大多都具有规模小、实力弱、开发水平不足等特点,比如已开发的英雄三岛(大嶝岛、小嶝岛、角屿岛)旅游区(对台小额贸易区、战地观光园和小嶝休闲渔村)和香山风景区等旅游景点,大都处于观光层面,仍需进一步开发;其次,邻地诸多的旅游景区开发相对比较成熟,这种相似的旅游资源对翔安区本身就具有一定的遮蔽作用;最后,旅游景点附近的住宿、餐饮、交通、停车场、旅行社等服务设施不健全,结构也不尽合理。未完善的基础设施和配套建设将不能

---

① 《翔安:投资总额创历史新高》,http://www. xiangan. gov. cn/smpd/msjd/201309/t20130910_86532.htm。

② 《翔安区 2013 年 1—9 月经济运行情况分析》,http://xatjj. xiangan. gov. cn/tjxx/tjzl/201310/t20131028_87530.htm。

很好地激发旅游者的旅游动机,而且影响了旅游者对周边旅游产品的消费意愿,从而进一步影响了全区第三产业的发展①。

(二)社会消费品市场增长迟缓,内需不足

截至 2013 年 9 月份,社会消费品零售总额为 29.29 亿元,同比增长1.9%,增长速度居全市各区第六。社会消费品市场增长迟缓的现象主要归因于两方面:一是缺乏稳定强劲的消费拉动力。社会消费品零售总额主要是由高增长的汽车销售额来带动,而全区限上批发零售企业和住宿餐饮企业数量非常少,对消费品市场的带动作用有限。二是缺乏真正意义的商贸中心。商贸片区分布较散、功能不够完善,人流量不大,除新华都和大嶝小镇商圈外,其余大型商圈或专业市场集客能力不强,经营状况不佳。②

(三)产业结构层次低,第三产业发展滞后

近年来第三产业比重呈逐年下滑趋势。2013 年 1—9 月份,翔安区实现地区生产总值 240.54 亿元,第三产业实现增加值 49.85 亿元,占 GDP 的比重为 20.72%,三大产业结构为 2.71∶76.57∶20.72。从第三产业内部结构看,比重较大的有批发零售业、交通仓储邮政业和房地产业等;住宿餐饮、商务服务、居民服务等行业规模较小、层次偏低;现代物流、金融保险、信息软件、咨询调查、文体娱乐等行业发展不足。翔安区服务业发展滞后,其原因主要有两个方面:一是翔安区基础薄弱。服务业相对集中在传统的商贸服务业、交通运输等劳动密集型行业,而计算机信息服务、技术咨询等知识密集型服务业缺乏相应的现代服务业高级专业人才,发展缓慢。二是人均收入较低。2012 年农民人均纯收入 11 031 元,城镇居民人均可支配收入 28 281 元,城镇居民人均消费性支出 11 886 元,均低于厦门其他区。

(四)社会事业发展欠缺良好机制,长期投入不足

在教育方面,翔安区一直致力于教育体制的改革和教育资源的投入,但是仍然存在以下问题:一是教育体制落后,教育编制混乱。在目前中心校管理模式下,一个中心校拥有对多个学校较大的管理权限,区教育局难以在人事、资金、业务管理上进行有效的调动,降低了一线教师的积极性,这不利于翔安区

①《关于翔安区提升三产比重 撑大经济总量的对策研究》,http://xatjj.xiangan. gov.cn/tjxx/tjzl/201301/t20130122_66733.htm。

②《关于翔安区提升三产比重 撑大经济总量的对策研究》,http://xatjj.xiangan. gov.cn/tjxx/tjzl/201301/t20130122_66733.htm。

教育事业的开展。二是前教育资源有限,学前教育发展受限。翔安区公办幼儿园生均面临公用经费不足,办园经费困难的困境,严重制约和影响了翔安区学前教育的发展。由于管理体制不顺,村聘幼儿教师的进出渠道不畅通,不利于学前教育教学水平的提高①。

在医疗卫生方面,翔安区卫生事业的发展与人民群众的实际需要相差甚远,医疗卫生资源紧缺,缺乏高水平医疗卫生服务能力。主要原因在于医疗卫生事业服务水平低,技术人才相对不足。目前,翔安区医疗卫生多项发展指标还落后于全市医疗卫生发展水平,千人床位数、千人医师数、注册护士数以及高级卫生技术人员还远远不够。由于技术人才缺乏,设备、房屋简陋,大部分乡镇卫生院只能看一般常见病,仅有少数的乡镇卫生院能开展下腹部手术,难以保障基本医疗服务和基层医疗需求,更谈不上满足群众多样化的医疗卫生需求。

三、翔安区经济社会发展的对策和建议

针对翔安区经济社会发展中存在的问题,结合翔安区自身区位特点和未来经济社会发展目标,提出以下建议:

(一)发挥区位优势,融入大旅游格局

首先,翔安区应注重自身旅游品牌优势,将海岛旅游、运动休闲、文化民俗、乡村田园、生态旅游等旅游产品打造成不同的品牌进行建设,还可以利用特色旅游商品和纪念品的设计宣传以及特色鲜明的地方小吃和知名餐饮来突出自身独特的乡土文化和海洋文化。其次,目前大嶝英雄三岛旅游区开发相对成熟且在国内具有一定知名度,在积极开发多样化旅游产品的同时,可将大嶝、小嶝作为旅游发展力量主体,吸引人流,并以丰富、特色的集涉台涉金旅游、战地观光、滨海度假、海鲜美食于一体的海岛旅游品牌带动周边旅游片区的发展。最后,尽管周边地区诸多成熟旅游景区对本区有一定的遮蔽效应,但可以借力使力,与周边旅游线路形成串联而非单纯竞争的关系。②

---

① 翔安区政协课题组:《关于促进翔安区社会事业协调发展的若干建议》。

② 《关于翔安区提升三产比重 撑大经济总量的对策研究》,http://xatjj. xiangan. gov. cn/tjxx/tjzl/201301/t20130122_66733. htm。

(二)发展商贸业,激活消费品市场

加快汇景新城商业中心、厦大一条街、新圩镇马塘商务区等新兴商圈发展,逐步扩大商贸区的整体影响和集聚效应。着力培育翔安南街、大嶝海鲜一条街、国际汽车交易市场等特色市场,加快繁荣马巷古镇商圈,提升改造新店新兴街商业街区。同时,在城市综合体以及商业街区规划建设中,结合翔安城市特色,通过资源整合强化特色,形成独具翔安特色的城市综合体和商业街区①。充分挖掘专业市场资源,利用大嶝对台小额商品交易市场区位特色积极开展两岸购物节等主题活动和产品展销会,进一步扩大大嶝对台商品市场对周边的辐射力量。进一步发展贡香文化城、翔安贡香文化龙头企业及"翔壶"东铸玄雕坊等翔安特色文化产业项目,基于香文化打造文化主题馆,开创贡香地域文化品牌。

(三)发展新兴服务业,带活翔安服务业全局发展

推进火炬(翔安)保税物流园区的升级改造,充分利用保税物流园区的特殊政策优势,发展国际物流和区域物流互动的现代物流产业。大力推动翔安区南部新城建设对示范区服务业的对接,提高翔安区金融服务、商贸服务、文化创意等现代服务业的发展。

支持和引导品牌连锁便利店发展,完善便民的小型商贸服务网络,满足园区居民的基本消费需求。同时,以市场需求为导向,依托文教园区培养实用型职业教育、技能培训的专业技术人员。鼓励并扶持这些院校以短期培训的形式为本区域转产、转业人员提供适用型技术教育和技能教育,顺利实现本地被征地人员、上岸渔民的转产、转业。

(四)完善社会事业发展机制,加大投入促进社会事业全面发展②

教育方面:一方面应加快教育体制改革,改变翔安区传统的教育管理模式,打破中心校模式,形成直属校带周边学校的"一带多"模式,中心校不再拥有人事、资金权限,不再有教师职数编制,其主要任务是进行质量监控、开展教研活动,使其真正成为名师、骨干教师成长的摇篮。同时,加大从全国范围内引进教育人才力度,加强教师职业技能教育、思想教育等,着力打造一支高水平教师队伍。另一方面,加大教育资金投入,促进学前教育不断发展。翔安区政府要加大学前教育投入,并将其逐步纳入义务教育范畴;加大对学前教育基

---

① 翔安区政协课题组:《关于加快翔安区商贸服务业发展的若干建议》。
② 翔安区政协课题组:《关于促进翔安区社会事业协调发展的若干建议》。

础设施和师资力量的投入,健全以区财政为主,镇(街)财政扶持的保障机制,保障学前教育发展。

医疗卫生:加强医院人才引进工作,提高医疗卫生服务水平。根据翔安区自身情况,引进人才的考查和考试标准不能与岛内大医院同等,应适当降低门槛,建议区政府要制定符合翔安区实际的人才引进战略,简化人才引进程序,并适当给予优惠待遇。积极开展区内医院与市级以上大型医院的交流协作和培训,通过进修深造、访问研修、学术交流等形式,提高翔安区医院诊疗水平;正确处理好引进人才和本地人才的关系,既要重视引进人才,又要稳定现有人才队伍,构建选人用人的激励机制。

四、2014 年翔安区经济社会展望

2013 年,全球经济复苏仍然很艰难,国内经济受全球经济和自身经济结构调整等多种因素影响,已经进入了"结构性减速"阶段。虽然需求和供应相对都比较平稳,物价上涨也较为温和,但同时也存在着制造业产能过剩和增长下行压力大的问题。今年厦门市启动总体规划战略研究工作,形成了"美丽厦门"战略规划。未来,厦门将向多中心组团转变,意味着六个区将承载着不同的城市功能分工,从而形成相互支持、相互补充的"一岛一带多中心"的空间布局①。这将意味着,翔安在未来发展中应紧紧抓住"美丽厦门"建设这一新的历史机遇,以美丽厦门战略规划为引领,以"十大行动计划"为战略抓手,立足翔安的区位、资源和产业优势,切实把各项规划落实到具体行动上,大力推动两岸新兴产业和现代服务业合作示范区、轨道 2 号线、翔安机场等重大项目建设,加快实现翔安产业发展、新城建设和人民生活"三个新跨越"②。

厦门大学经济学院教授　张传国
厦门大学经济学院研究生　柳　丛

---

① 《美丽厦门规划"一岛一带多中心"》,http://www.xm.gov.cn/xmyw/201308/t20130811_703562.htm.

② 《翔安召开战略规划征求意见座谈会 为美丽厦门出谋献策》,http://www.xian-gan.gov.cn/smpd/msjd/201309/t20130906_86449.htm.

专题篇

厦门市的适度人口规模与城市发展

改革开放以来,厦门市从一个城市建成区面积不足 30 平方公里(1978年),常住人口少于 30 万人的中等城市,发展壮大为城市建成区面积达到264.3平方公里(2012 年),常住人口为 367 万(2012 年)的大城市。在 2003 年到 2012 年的十年间,厦门市常住人口年均增速为 4.1%,厦门进入一个人口规模迅速扩张时期。在世界范围的城市化和大都市化的背景下,我国正处于一个城市化加速时期。根据城市发展的集聚规律,不同规模的城市人口集聚的速度是不同的,对于东部地区沿海经济发达的城市,人口集聚的速度要远远大于全国平均水平。也就是说,人口城市化过程中,人口往往向大城市或者大都市圈地区集聚。虽然近年来厦门市城市发展的速度非常快,但能否很好地适应这一人口规模迅速扩张趋势值得探讨。尤其是目前厦门城市发展进程中出现的拥堵、看病就医上学难、生态环境污染等等城市承载力不足的现象,说明需要选择恰当的城市发展道路,采取相应的政策措施,才能保证厦门城市健康持续地发展。

一、厦门市人口规模迅速扩张

(一)城市人口发展的实证规律

1.世界范围的城市化与大都市化

(1)世界人口分布的一般趋向

二战后的几十年,当代人类社会发展的重要标志之一是"人口大爆炸",到2011 年,世界人口已达 70 亿。而且全世界 2/3 的人口生活在陆地面积 1/7的土地上,形成了世界人口三大密集区。最密集的地带是南亚、东南亚、中国东部地区、朝鲜半岛和日本列岛(不包括北海道),其次是欧洲(不包括北欧及东欧的一些地区),再次是北美的大西洋沿岸及五大湖区。从三大人口密集区的分布可以看出,世界人口分布一般具有趋向沿海,趋向平原,趋向温暖湿润气候的特征。在温带生态带和临海地带(距海岸线或江海联运航道100公里以内),人均GDP和以每平方公里GDP衡量的经济活动的空间密度很高,临海的温带生态带占世界上有人居住的陆地面积的8%,却拥有世界人口的23%,GDP的53.4%。中国的人口分布正是这三种人口趋向的结合,人口密度自沿海向内陆按距离呈圈层状递减。①

(2)世界范围内的城市化

城市化(urbanization)是一个人口集中的过程,农村人口向城市转移,城市人口比重不断上升,城市规模不断扩大。城市的本质不是人口规模而在于其临近性,它把人聚集在一起,也把住宅区、工作场所和文化机构聚集到一起。如表1所示,1950年,世界城市化水平是29.1%,2011年已经达到52.1%,增长了23个百分点。20世纪90年代以来,在经济全球化和区域一体化的共同作用下,世界范围内的城市化趋势更是显著。目前,全球城市化水平已经超过50%,我们已经全面进入了"城市"世纪。在全球城市人口继续扩张的同时,发达国家城市化水平高,早在1950年城市化水平已经达到50%;发展中国家城市化的绝对水平虽然偏低,但速度快,而且中小城市的数量较多。

表1　　　　世界城市化水平及其变化率:1950—2030年

	城市化率(%)					变化率(%)		
	1950	1975	2000	2003	2030	1950—1975	1975—2000	2000—2030
非洲	14.9	25.3	37.1	38.7	53.5	2.12	1.54	1.22
亚洲	16.6	24	37.1	38.8	54.5	1.47	1.75	1.28
欧洲	51.2	66	72.7	73	79.6	1.02	0.38	0.3
拉美与加勒比	41.9	61.2	75.5	76.8	84.6	1.52	0.84	0.38
北美	63.9	73.8	79.1	80.7	86.9	0.58	0.28	0.31
大洋洲	60.6	71.7	72.7	73.1	74.9	0.67	0.06	0.1
发达地区	52.5	67.2	73.9	74.5	81.7	0.99	0.38	0.33
欠发达地区	17.9	26.9	40.5	42.1	57.1	1.62	1.63	1.14
世界	29.1	37.3	47.1	48.3	60.8	0.99	0.93	0.85

资料来源:U. N. (2005). World Urbanization Prospects. The 2003 Revision.

---

① 彭际作:《大都市圈人口空间格局与区域经济发展》,华东师范大学,2006年。

(3)世界人口的大都市化

表 2 的数据显示,从 1970 年到 2011 年,1 000 万以上的城市的人口占城市总人口的比重从 2.9% 上升到 9.9%,上升了 7 个百分点。而低于 50 万人口的城市的人口占城市人口比重从 61.6% 下降到 50.9%,下降了 9.7 个百分点。这显示了世界城市化发展的一般趋势,大都市化是世界人口城市化的重要特征之一。

表 2   世界各类城市其人口占城市总人口数比重

城市地区分类	人口比重	
	1970 年	2011 年
1 000 万以上	2.9	9.9
500 万~1 000 万	8.0	7.8
100 万~500 万	18.0	21.3
50 万~100 万	9.4	10.1
低于 50 万	61.6	50.9

资料来源:United Nations Department of Economic and Social Affairs/Population Division. *World Urbanization Prospects*:*The* 2011 *Revision.*

1950 年,纽约是全世界仅有的人口超千万人的国际大都会。2003 年,全世界人口规模在 1 000 万以上的城市集聚体已经达到 20 个,并且还有更多的城市正在加入。其中 12 个是在过去 20 年内进入这个行列的,其中,发达国家只占 4 个,发展中国家占了 16 个。美国《外交政策》杂志和美国麦肯锡咨询公司联合公布的《2025 年全球最具活力城市排行榜》预测:到 2025 年,人口规模在 1 000 万以上的城市集聚体将达 28 个,中国将占 10 个,世界进入了超巨型城市的时代。18 世纪,人口增长和技术进步导致欧洲的农业地区人口达到饱和,人们必须离开乡村到城镇求生。随后 150 年,欧洲经历了城市化过程,形成了今天我们看到的欧洲城市格局。很多专家相信,今天在亚非拉地区也正在发生同样的人口迁徙过程,城市人口呈现爆炸式增长。从农业地区来的移民不断涌入城市。如果南半球的城市:农村人口比例与欧洲和北美一样,稳定在 25%,那么,在接下来的几十年里,仅非洲和亚洲就会有超过 5 亿的人口要到城市谋生,相当于每两个月就产生一个曼谷(800

万人口)的城市人口。[①] 比较表1中发达地区和欠发达地区人口城市化水平变化率的数据,同样也可以说明第三世界国家的人口城市化是当今世界人口城市化的主体。

中国人口迁移的主流方向同样也是大都市化。2012 年中国官方的统计数字显示,自然村在过去十年里由 360 万个锐减到只剩 270 万个。这意味着,每一天中国都有 80～100 个村庄消失。2000 年,我国百万人口以上的大城市仅为 92 个,2010 年已达到 137 个,增加了 48.9%。[②] 如果按照百万人口以上大城市的人口增长幅度计算,则增长的速度更要高得多。当然,随着大城市中心地段的房租等生活开支不断增加,城市集聚的成本逐渐大于其收益,人口又会外迁至离核心城市较近的郊区或中小城市,从而形成了由核心城市与卫星城市群构成的大都市圈。目前,中国的京津唐地区、长三角地区、珠三角地区、中部城市集群、成渝地区等大都市圈都在不断集聚人口和扩大城市地盘。[③]

2.诺瑟姆曲线与中国的城市化进程

(1)"诺瑟姆曲线"的内容概述

美国著名城市学者诺瑟姆(Ray M. Northam)1979 年通过对欧美国家一两百年城市化率(以城市人口占总人口比重来计算)的变化情况进行实证研究,提出了可以揭示城市化发展水平同发展阶段对应关系的"诺瑟姆曲线"。该曲线将城市化过程概括为一条稍被拉平的 S 形曲线(an attenuated S),如图 1 所示,城市化进程大致上被划分成三个阶段。第一个阶段是初期阶段(initial stage),在该阶段,城市化率低于 25%,第一产业和农村人口在经济社会结构中占很大比重,人口增长模式处于"高出生率,高死亡率"的阶段,处于"罗斯托经济成长阶段论"中所划分的传统农业社会状态。第二个阶段是加速阶段(acceleration stage),城市化率达 30%～70%,随着工业化速度的加快推进,人口向城市迅速聚集,第二产业成为国民经济的主导产业,第三产业比重上升,人口增长模式转变为"高出生率,低死亡率"。进入加速阶段后,城市化就好比一把双刃剑,既蕴藏着良好的发展契机,又会带来农业用地大量减少、城市环境污染严重、交通拥挤、产业结构转型不协调等问题。第三个阶段是后期阶段(terminal stage),城市化率超过 70%,经济发展以第三产业和高科技产业为主导,人口增长模式向"低出生率,低死亡率"转变,进入高度城市化以后,城市人口比重的增长又趋于缓慢甚至停滞。

---

① 引自:http://www.economist.com/node/1120305(2002-5-9)。
② 按市辖区常住人口计算。
③ 李迅雷:《中国人口正趋向大城市化而非城镇化》,华尔街日报中文网,2013-10-07。

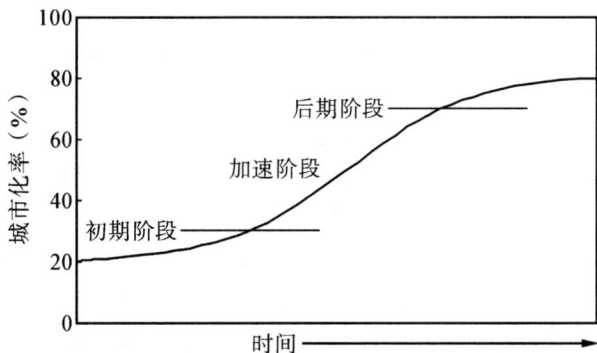

图 1　诺瑟姆曲线

诺瑟姆曲线的原始模型可以表示为：

$$Y=\frac{1}{1+Ce^{-rt}} \tag{1}$$

其中，Y 代表城市化率；t 代表时间；C 是积分常数，代表城市化起步的早晚，C 越小，城市化起步越早，越大则越晚；r 是积分常数，代表城市化发展速度的快慢，r 越大，城市化速度越快，越小则越慢。随着系数 C 和 r 的取值不同，可以表示出不同形状的 S 型曲线，描绘出不同轨迹的城市化发展进程。

（2）对"诺瑟姆曲线"的常见误读

对"诺瑟姆曲线"的常见误读有三个：

第一，将"诺瑟姆曲线"视为公理，放之四海而皆准，经常被我国学者在研究城镇化问题时当作普遍适用的规律加以引用或作为分析范式，被广泛应用到我国各个地方城镇化进程的研究与预测中。[1] 事实上，连诺瑟姆本人在其原著中都承认，诺瑟姆曲线仅仅是对一般情况的描述，历史上存在着两种与之不一致的情况：其一是有些地区的人口城市化在进入后期阶段之后，城市化率可能下降；其二是由于城市人口外迁，人口向农村迁移可能会取代向城市迁移，城市化率下降，如美国在 1950—1970 年间，每 100 人迁移进大都市区，就相应地有 131 人离开大都市区。同期，乡村人口增长了 75％，50 年代，在迁徙人口中只有 40％迁移进城市，60 年代也只有 50％的迁徙人口是流入城市的。[2]

---

① 段学慧、侯为波：《不能照搬"诺瑟姆曲线"来研究中国的城镇化问题》，《河北经贸大学学报》2012 年第 4 期。

② 陈明星、叶超、周义：《城市化速度曲线及其政策启示——对诺瑟姆曲线的讨论与发展》，《地理研究》2011 年第 8 期。

第二,误以为世界上所有地区的人口城市化过程终点是100%,进而得出人口城市化率越高越好,人口城市化速度越快越好的错误结论。诺瑟姆曲线的终点是80%左右,不同国家不同城市的人口城市化终点是不尽相同的,有的可能在70%或60%左右就稳定了。持城市化率越高越好观点的人忽略了农业在国民经济中的基础地位,尤其是对于像中国这样面积广大人口众多的大国就更是如此。

第三,误以为诺瑟姆曲线的第二阶段是指人口城市化的速度处于加速状态。确实,从字面上来看,是容易让人误解的,事实上,诺瑟姆曲线中第二阶段的"加速"一词,是和前后两个阶段相比,人口城市化速度较快,曲线斜率较大形状较陡峭,并不是指在这一阶段中,人口城市化的速度在不断加快。

(3)中国城市化进程中的诺瑟姆曲线

中国学者周一星(1995)[①]首先将诺瑟姆曲线引入中国,其后该理论在中国学界产生了重要影响,引发了国内学术界对诺瑟姆曲线在中国适用程度的大讨论。本文借鉴刘亚辰和周健(2009)[②],通过对我国1978年以来的人口城市化率(见表3)进行线性回归,发现我国的人口城市化进程曲线具备诺瑟姆曲线特征,正沿着"稍被拉长的S型曲线"继续发展(见图2)。1996年,我国的城市人口占总人口比重超过30%,也就是说1978年到1996年对应于诺瑟姆曲线的初期阶段。而1996年至今,城市化率在30%到70%之间,呈现逐年上升趋势,这表明我国城市化进程目前正处在诺瑟姆曲线的第二个阶段——加速阶段。

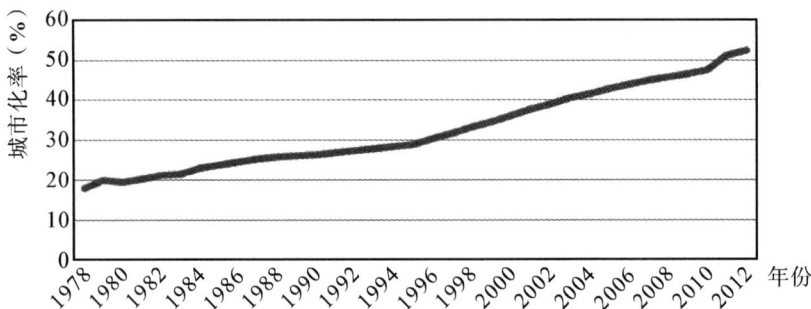

图2　中国城市化进程曲线

①　周一星:《城市地理学》,商务印书馆1995年版,第88页。

②　刘亚臣、周健:《基于"诺瑟姆曲线"的我国城市化进程分析》,《沈阳建筑大学学报(社会科学版)》2009年第1期。

表3　　　　　　　　　　中国历年城市化率(1949—2012年)

年份	城市化率(%)	年份	城市化率(%)
1978	17.92	1996	30.48
1979	19.99	1997	31.91
1980	19.39	1998	33.35
1981	20.16	1999	34.78
1982	21.13	2000	36.22
1983	21.62	2001	37.66
1984	23.01	2002	39.09
1985	23.71	2003	40.53
1986	24.52	2004	41.76
1987	25.32	2005	42.99
1988	25.81	2006	43.90
1989	26.21	2007	44.94
1990	26.41	2008	45.68
1991	26.94	2009	46.59
1992	27.46	2010	47.50
1993	27.99	2011	51.27
1994	28.51	2012	52.57
1995	29.04	\	\

数据来源:《中国统计年鉴2012》,城镇人口按城市常住人口计算。

另外,从三次产业结构演进趋势来看,如图3所示,我国城市化发展各个阶段也同时符合诺瑟姆曲线所揭示的产业结构发展规律:在初期阶段以第一产业为主;在加速阶段第一产业比重下降,第二、三产业比重上升;在后期阶段,第三产业成为主导产业。

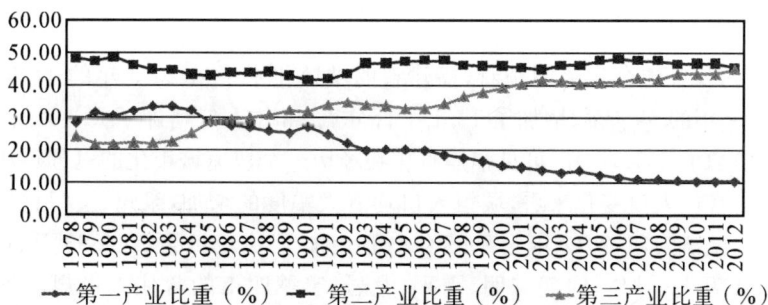

图3　中国三次产业结构演进图

数据来源:中经网统计数据库。

上述分析说明:不仅发达国家,而且发展中国家,已经有越来越多的人居住在城市。中国也正处于城市化的加速阶段。人口向城市集聚,并且更多地向沿海发达地区的大城市集聚,这是城市的规模经济与范围经济带来的集聚效应。厦门地处我国东北沿海地带的发达地区,因此,不仅自改革开放以来,其城市人口规模得到了迅速扩张,而且这一过程现在仍在继续进行中,厦门及其周边的泉州、漳州部分地区正在连为一体,成为中国东南沿海的一个重要都市区——厦漳泉大都市区。

(二)厦门市人口规模迅速扩张的趋势

根据厦门市统计局公布的常住人口数据[①],2001 年厦门市的常住人口为 219 万,2012 年为 367 万,11 年间增加了 148 万人,增长了 67.6%,年均增速为 4.81%。从图 4 可知,大部分年份的常住人口规模每年净增加 13 万人以上。后文将有对厦门市人口规模扩张态势更为详述的分析。

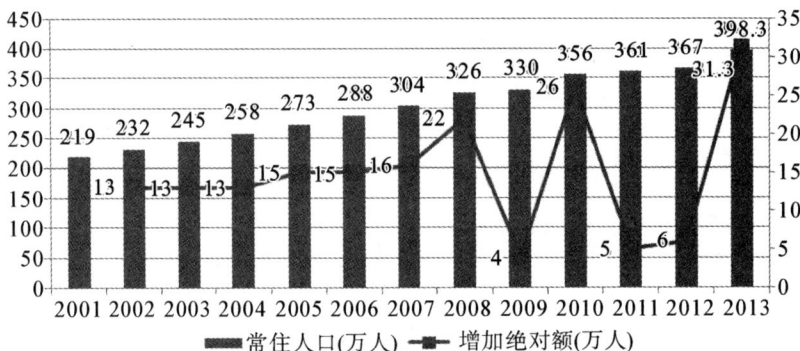

图 4　厦门市常住人口及其变化

注:2013 年的数据来自 2013 年 11 月 25 日厦门卫视新闻公布的厦门统计局预估数据,不进入正文分析,仅供参考。

数据来源:根据历年《厦门市特区年鉴》计算。

同时,从福建全省范围来看,福建省的城镇化水平从 2005 年的 47.5%,增加到 2012 年的 59.6%,增加了 12.1 个百分点,常住人口增加了 213 万,但是城镇人口增加了 554.76 万,可见福建省正在经历一个快速城市化的过程。从九个地区市的常住人口变化来看,城镇人口均有大幅度的增加,泉州、厦门、福州、漳州四地的城镇人口,2012 年比 2005 年分别增加了 146.39 万、144.93 万、108.03 万、72.91 万人;但是,同期三明、南平、龙岩、宁德四市的常住人口规模不增反减。福建省的人口正在向沿海经济发达的福州、厦门、漳州、泉州的城市集聚。而福建省人口的发展态势是符合前文描述的城市人口变化的实证规律的。

---

① 《厦门经济特区年鉴 2012》公布的厦门市历年常住人口数做了较大幅度的调整,图 4 采用调整后的数据。为了保持全省人口数据的一致性,表 4 中上 2005 年的厦门市常住人口数据沿用未做调整的数据。

表 4

2005 年和 2012 年福建省九地区市常住人口及其变化

	年末常住人口数（万人）			城镇化水平（%）			城镇人口（万人）			乡村人口（万人）		
	2005 年	2012 年	差额	2005 年	2012 年	差额	2005 年	2012 年	差额	2005 年	2012 年	差额
全省	3 535	3 748	213	47.5	59.6	12.1	1 679.1	2 233.86	554.76	1 855.92	1 514.14	−341.78
福州	666	727	61	54.5	64.8	10.3	362.97	471	108.03	303.03	256	−47.03
厦门	225	367	142	80.1	88.6	8.5	180.23	325.16	144.93	44.78	41.84	−2.94
莆田	281	281	0	47.5	51.8	4.3	133.48	145.56	12.08	147.53	135.44	−12.09
三明	264	250	−14	42.1	52.1	10	111.14	130.25	19.11	152.86	119.75	−33.11
泉州	762	829	67	46.5	60.4	13.9	354.33	500.72	146.39	407.67	328.28	−79.39
漳州	470	490	20	38.7	52	13.3	181.89	254.8	72.91	288.11	235.2	−52.91
南平	288	263	−25	46.2	51.6	5.4	133.06	135.71	2.65	154.94	127.29	−27.65
龙岩	274	257	−17	38.5	49.4	10.9	105.49	126.96	21.47	168.51	130.04	−38.47
宁德	305	284	−21	38.2	50.6	12.4	116.51	143.7	27.19	188.49	140.3	−48.19

数据来源：根据历年《福建省统计年鉴》整理计算。

二、厦门市城市发展与人口规模扩张的适应性

(一)厦门市城市发展进程

有文字记载的厦门历史始自唐代。唐五代时期,厦门隶属泉州清源郡的南安县。9世纪初,南安县设置大同场。公元933年,大同场升格为同安县,厦门改隶同安。唐代厦门叫"新城",9世纪中叶,改"新城"为"嘉禾"。"厦门城"建于明朝洪武年间,至今已有600多年,经过20世纪20年代至30年代的一次海内外大规模的投资改建和拓展,形成了具有一般公共社会配套设施的海港城市,奠定了现在厦门本岛西南隅约6平方公里的旧城区的基础。该期间城市扩张以原有商埠至中山路一带老城区向岛东南部延伸,在厦港、蜂巢山以及厦门大学一带形成新的城市建成区,1933年岛内建成区面积达到5.66平方公里。

1949年中华人民共和国成立后,厦门市政府的第一个城市总体规划将厦门的城市性质定为港口城市,兼备全国性的疗养、风景城市和国防城市。此阶段厦门市行政管辖范围多次扩大,从厦门岛及鼓浪屿延伸到整个厦门湾,行政管辖面积从128平方公里增加到1 573平方公里,极大地扩展了厦门城市发展的腹地。由于受到台湾海峡两岸军事对峙的影响,1978年以前,厦门城市建设受到一定限制,但仍得到较快发展。填海造地成为该时期城市建成区面积扩张的主要来源。连接岛内外的交通建设发展迅速,建成区逐渐向文灶、金榜山、梧村、莲坂和江头等地扩展,1973年岛内城市建成区面积达到11.47平方公里。

1978年实行改革开放政策后,厦门被开辟为经济特区,规划性质为海港风景旅游城市。1980年10月在厦门岛湖里划出2.5平方公里土地成立经济特区,1984年特区范围进一步扩展,包括整个厦门岛和鼓浪屿。1988年设厦门为计划单列市,赋予省一级的经济管理权限,1994年厦门被正式批准为副省级城市。在此阶段,厦门各项城市建设迅猛发展,社会经济发展一度超出原规划的内容,城市总体规划几经修改,以本岛为中心,海湾片区众星拱月的多核单中心城市结构基本确立,厦门岛在全市政治、经济、文化中心的地位越加突出。在该阶段,岛内城市建成区扩张迅速,湖里工业区、象屿保税区、坊湖工业区、筼筜新区、东渡新区、东区和莲花新区以及高崎机场建设先后兴起,建成区面积增加到87.45平方公里,然而,同期整个厦门市的城市建成区面积不过

104 平方公里,厦门市虽然行政辖区有 1 573 平方公里,但是城市布局仍然基本上集中于厦门岛的 136 平方公里之内,众星捧月型的海湾型城市构架尚未得到充分展现。

　　2003 年厦门市进行行政区调整,将岛内的 3 个区合并为 2 个,将岛外 3 个区拆分为 4 个。2005 年城市总体规划修订提出优化本岛、扩展岛外的城市空间发展方针,建设重点从岛内进一步向岛外延伸,厦门市进入海湾型城市建设阶段。岛内兴起新一轮的土地开发和建设,该阶段城市建成区发展方式主要是岛内外交通连线建设和组团新区开发,建成区扩展的方向主要是岛内东部和北部仅留的未开发利用区域,如枋湖新区、五缘湾新区。厦门市城市建成区面积 2011 年达到 246.3 平方公里,比 2003 年增加了 142.31 平方公里,8 年内扩大了一倍多。连通岛内外的跨海大桥(杏林大桥和集美大桥)及快速公交系统(BRT)建设并投入运营,巩固和提升了厦门岛在海湾型城市发展中的核心地位。岛内工业企业大批向岛外迁移,原工业用地大片转变为商业和居住用地,同时老城区被大面积改造,岛内城市化从空间扩张转向内部深入发展阶段。

表 5　　　　　　　　　　　　**厦门市行政区划演变**

年代	行　政　区　划
1911	厦门岛从同安分出,成立思明县
1914	厦门岛设立市区和禾山
1935	厦门岛成立厦门市,1937 年设立市区、禾山
1946	厦门岛设厦南、厦西、厦港和禾山 4 个区
1949	设思明、开元、厦港和禾山 4 个区
1950	设思明、开元和禾山 3 个区
1953	集美镇纳入厦门市管辖范围
1958	同安县纳入厦门市管辖范围
1978	厦门岛设思明和开元 2 个区,包括部分郊区
1987	厦门岛设思明、开元和湖里区 3 个区
2003	厦门岛设思明(含鼓浪屿)和湖里 2 个区

　　资料来源:咨涛、李新虎等:《厦门岛城市空间扩张特征及其影响因素》,《地理学报》,2010 年第 6 期。

(二)厦门市城市发展趋势

1. 厦门市城市建设现状及趋势

从上述厦门市城市化历程可以看出,改革开放以来尤其是进入 21 世纪以来,厦门市的城市发展一直保持较快速度。从图5来看,2001—2012年最低增速都要大于7%。到2012年,厦门市城市建成区面积已经达到264.3平方公里。然而,厦门市的总面积虽然1 573平方公里(不包含滩涂面积),但是受地形地貌所限,可用于城市建设开发的面积大约为50%。据《厦门市土地利用总体规划(2006—2020年)》描述:厦门土地资源匮乏,适宜建设的土地非常有限。厦门市陆域面积小,仅1 652平方公里(包含滩涂面积),占全省土地总量的1%,并且有一半土地是山地。根据《厦门市建设用地适宜性评价》研究,全市不宜建设用地约为821平方公里。所以,若将全部可开发土地均用于城市建设,厦门市的城市建成区面积最大可达到750~800平方公里。

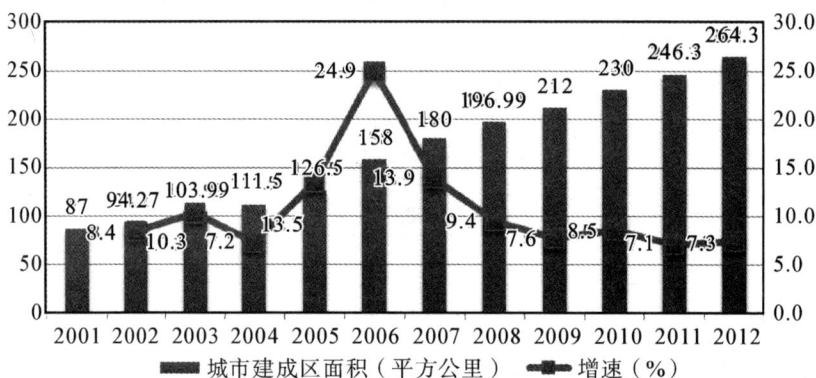

图5　厦门市城市建成区面积及增速

数据来源:根据历年《厦门经济特区年鉴》相关数据计算。

表6　　　　　　　　　　　　　　2011年厦门市土地利用现状

单位:平方公里

全市土地面积	1 573.16
思明区	75.31
湖里区	65.78
集美区	255.9
海沧区	170.36
同安区	649.73
翔安区	356.08
城市建成区面积	246.3
土地利用现状(含滩涂面积)	1 699.39
农用地	975.6

续表

耕　地	204.96
园　地	185.18
林　地	494.22
其他农用地	91.23
建设用地	527.41
居民点工矿	409.93
城　市	271.08
建制镇	45.9
农村居民点	67.89
采矿用地	16.52
风景名胜及特殊用地	8.53
交通运输用地	95.77
水利设施用地	21.71
未利用地	196.38

资料来源:根据《厦门市经济特区年鉴(2012)》整理。

2. 厦门市人口密度现状及趋势

由于近年来城市建成区面积增加的速度大于常住人口的集聚速度,所以,厦门市的城市建成区人口密度逐年下降。根据 2010 年至 2013 年的《福建省统计年鉴》,厦门市城市人口密度自 2009 年到 2012 年,每平方公里分别为 11 317 人、12 042 人、10 678 人以及 10 325 人,呈现出下降的状态。因缺乏厦门市各区的城市建成区数据以及城镇人口数据,所以,笔者只能根据可获得的数据对厦门市城市人口密度的分布进行推算。首先,厦门市岛内目前开发程度已经接近饱和。根据《厦门市土地利用总体规划 2006—2020》要求,到 2020 年,岛内除山体、水面外,大部分为城市建设用地,不再保留耕地,不安排土地开发整理复垦,不划定基本农田保护区;建设用地总规模为 100.81 平方公里,其中城乡建设用地总规模控制在 78.91 平方公里。根据吝涛、李新虎等在《厦门岛城市空间扩张特征及其影响因素》所作的测算,2007 年岛内城市建设面积已经达到 97.64 平方公里。可见,厦门岛可利用的城市建设用地最大为 100 平方公里,目前已经接近完全开发状态。2012 年岛内常住人口为 183 万人,所以岛内的城市人口密度大约为 18 300 人每平方公里。2012 年厦门市常住人口总数为 367 万人,其中 325.16 万为城镇人口,城市建成区面积为 264.3 平方公里,所以,假设岛内人口全部为城镇人口,可推算得到岛外的城市人口密度大概为 8 652 人每平方公里。

根据相关学者的研究发现,伦敦、巴黎、纽约和东京四个大都市圈,在上世纪 90 年代初,城市核心区域 CBD(中央商务中心)居住人口密度分别为 6 296人/平方公里、10 696 人/平方公里、24 636 人/平方公里和 7 238 人/平方公里[①];中国城市的城市建成区常住人口密度都较高[②],天津市 2010 年市内六区常住人口密度为 23 896 人/平方公里,上海 2009 年全市人口密度为 3 030 人/平方公里,但是 17 个区中有 8 个区人口密度低于 6 000 人/平方公里,剩下的9 个区人口密度均高于 15 000 人/平方公里,其中,黄浦区达到了惊人的42 869 人/平方公里,广州市 2009 年有 3 个区人口密度低于 3 500 人/平方公里,但是剩下的 4 个区人口密度大于 12 000 人/平方公里,越秀区达到了30 796 人/平方公里。可以看出,中国城市的城市建成区人口密度中心外围差异很大,中心地区的居住人口密度普遍在 1～2 万人/平方公里。厦门的岛内城市人口密度大于 18 000 人/平方公里,岛外人口密度为 8 652 人/平方公里,与中国城市的一般特征是基本一致的。

(三)厦门城市发展与人口规模的适应性

厦门市城市最大发展空间为 750～800 平方公里,若按照一般规划标准(人均 100 平方米)的活动空间测算,厦门市可以容纳 800 万人;若按照国际大都市圈核心区域平均人口密度 20 000 人/平方公里算,厦门市似乎可以容纳1 600 万人,但是,这种测算没有考虑到厦门城市的自然特征和资源承载力。实际上,厦门市规划局的《厦门市城市总体规划专题报告》(2004 版)之三根据相关研究指出:厦门适宜建设用地为 640 平方公里,土地人口容量应控制在400 万人以内,水资源人口容量宜以 300 万人为限。厦门市环境保护科研所研究显示,在假设全市市政管网完善,污水处理厂的废水量达到最终规模,满负荷运转,并达标排放,同时考虑污水处理厂污水回用,在这样的理想模型下,水资源人口极限容量为 310 万人。目前厦门常住人口规模已经接近 400 万,岛内常住人口超过 180 万,交通、用水压力可见巨大。虽然,可以通过兴建基础设施来提升城市人口容量,但是,根据本章前面的分析,厦门市人口规模的扩大趋势还将持续一段时间。我们在后面将会预测厦门市未来的人口规模,

---

① 详见吴雪明:《世界城市的空间形态和人口分布——伦敦、巴黎、纽约、东京的比较及对上海的模拟》,《世界经济研究》2003 年第 7 期。

② 由于中国统计数据中没有一致的人口密度公布,学者普遍用常住人口除以城市建成区面积来计算居住人口密度,所以,本文所引用数据来自正式出版的论文《城市人口密度的中日比较及对城市研究的反思》,作者周建高和王凌宇,发表于《现代城市研究》,2013年第 7 期。

根据预测,到2020年要突破500万人,届时厦门能否承载这么大规模的人口,是需要特别注意研究的。在城市发展中,调控人口规模和结构使之与经济社会发展需要相匹配,与城市综合承载力相适应,对厦门的长远发展具有十分重要的意义。所以,本章将测算厦门市在2020年的适度人口规模,给厦门调控人口政策提供一定的参考标准。

三、厦门市城市发展的适度人口规模

城市适度人口容量既取决于交通、学校、医院等城市基础设施的供给量,水、土地、供电、绿化、空气等资源环境的承载力,还取决于城市发展定位、政策取向等因素。本节采用多目标决策方法,基于不同的城市发展愿景对厦门城市适度人口规模进行系统测算,期望对厦门城市化过程中的人口调控、产业升级调整、社会经济发展战略制定提供相应的启示。

(一)多目标体系构建

在经济发展、社会生活和生态环境等目标的多重约束下,厦门市的适度人口规模到底是多少?要回答这一问题,我们必须先弄清楚以下几点:第一,从经济发展角度,目标期上中等发达国家的消费水平是多少;第二,从社会生活角度,厦门水资源的人口承载力是多少? 第三,从生态环境角度,在保障必备的建设用地下,厦门的生态绿地基本保有量是多少? 厦门合理的人口密度应该是多少? 厦门适度人口规模目标体系的确定取决于厦门的经济发展阶段和厦门的资源环境禀赋,基于《厦门市国民经济和社会发展第十二个五年规划纲要》和《厦门市城市总体规划专题报告》中指出的厦门市社会经济生态发展目标,我们把厦门适度人口规模解构成经济发展适度人口规模、社会生活适度人口规模和生态环境适度人口规模。

(二)城市发展愿景设定

参考了靳玮等(2010),依据决策者对经济、社会和生态这三类要素供给水平的重视程度,我们设定三种城市发展愿景,通过构造判断矩阵计算出各愿景下经济发展、社会生活和生态环境对适度人口规模的影响权重,如表7所示。城市发展愿景1是经济发展导向的,对有利于经济发展的要素重视程度最高,使得社会福利和生态环境两方面的要素供给不足;城市发展愿景2是当经济发展从过热走向温和,城市规划者逐渐从基础建设投资转向有利于社会福利提升的社会保障系统和公共服务等方面要素的提供;城市发展愿景3中城市规划者则更强调生态环境对构建宜居城市的重要性,通过增加绿地面积,增加环卫投入和治理污水等方式提升城市生态环境品质。

表7   厦门市城市发展愿景设定

影响权重	城市发展愿景1	城市发展愿景2	城市发展愿景3
经济发展(W_e)	0.57	0.40	0.33
社会生活(W_s)	0.29	0.40	0.33
生态环境(W_r)	0.14	0.20	0.33

(三)子目标下适度人口规模测度

1.经济发展适度人口规模

依据不同时期的厦门市地区生产总值的预测值和居民预期要达到的生活水平所对应的人均生产总值,可以求出动态的厦门市经济发展适度人口规模,其公式如下:

$$Se_t = GDP_t / PGDP_t$$

其中,Se_t 为 t 时期厦门市经济适度人口规模,GDP_t 代表 t 时期厦门生产总值,$PGDP_t$ 代表为了保持一定生活水平的人均生产总值。1978—2011 年厦门市地区生产总值及其环比增长率的数据来自历年《厦门经济特区年鉴》以及中经网统计数据库,并将其换算成 2000 年不变价的真实 GDP。从 1978 年到 2011 年,厦门市的地区生产总值年均增长率为 16.61%。通过观察厦门 GDP 时间序列的散点图,我们假设回归模型具体形式如下:

$$GDP_t = C \times \exp(z \times T) + vt$$

其中,GDP 是厦门市地区生产总值,C 是常数项,z 是待估计参数,T 是时间项(以 1978 年为起始年,取值为 1,其他年份以此类推),vt 是误差项。使用 Eviews 6.0 统计软件,使用最小二乘法对回归模型进行估计得:

$$GDP_t = 18.54 \exp(0.1376T) + vt$$

t 统计量	13.81	59.04
p 值	0	0
$R^2 = 0.996159$		调整 $R^2 = 0.996039$

在此模型基础上,我们可以对厦门市未来各年的 GDP 进行预测,预测结果见图 6。

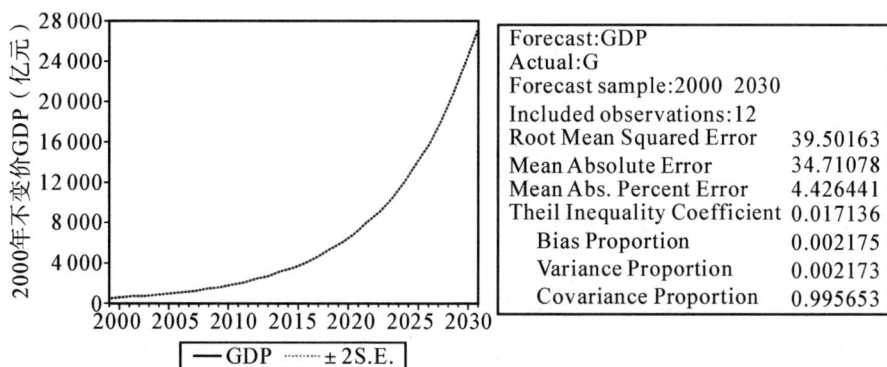

```
Forecast:GDP
Actual:G
Forecast sample:2000 2030
Included observations:12
Root Mean Squared Error        39.50163
Mean Absolute Error            34.71078
Mean Abs. Percent Error         4.426441
Theil Inequality Coefficient   0.017136
    Bias Proportion             0.002175
    Variance Proportion         0.002173
    Covariance Proportion       0.995653
```

图 6　厦门市 2000—2030 年 GDP 总量(2000 年不变价)预测图

根据《2012 年厦门经济特区年鉴》记载,厦门按常住人口计算的人均 GDP 是 70 832 元/人(2011 年当年价),按照当年汇率折合 10 962 美元/人,换算成 2000 年不变价,相当于 56 264 元/人。按照预测 GDP 总量的同样方法,我们可以对厦门市未来各年的人均 GDP 进行预测。相对来说,厦门市的人均 GDP 是很高的,基于此预测结果,并根据厦门市政府提出的十二五规划、城市化进程要求和未来预期时间内实现发达国家生活水平,以及厦门市人均 GDP 的发展速度一般低于 GDP 发展的一般规律,确定厦门市未来 30 年内应达到的生活水平对应的人均 GDP,进而确定出厦门的经济发展适度人口规模如表 8。

表 8　厦门市经济发展适度人口规模及相应的人均 GDP(2000 年不变价)

年份	GDP(亿元)	人均 GDP(元/人)	人口规模(万人)
2015 年	3464.75	61673.63	561.79
2020 年	6895.43	75622.34	911.82

2.社会生活适度人口规模

2013 年 6 月 BRT 爆炸案之后,厦门的交通运输情况引起社会各界的广泛关注,尽管近年来厦门市的交通基础设施在不断改善,但是厦门市的交通便利情况并没有得到明显缓解,交通现状不容乐观,交通基础设施的可承载人口仍然是有限的,这类因素显然是厦门城市适度人口规模的重要制约因素。所以在社会生活适度人口规模的计算上,本章选取对厦门交通人口承载力进行估算。2011 年,全市城市公共客运总量为 10.22 亿人次,比上年增长 2.2%。其中公共汽车占主导地位,客运量为 8.02 亿人次,占总量的 78.3%,公交日均客运量 219.2 万人次;出租车客运量 2.20 亿人次,占总量的 21.7%。2011 年,厦门市人均公路里程数为 10.34 公里/万人,远远低于发达国家水平,2006

267

年日本每万人拥有公路里程数为 93.68 公里,德国为 78.15 公里,英国为 66.14公里,高于中国香港(2.91 公里)和新加坡(7.65 公里)。参照厦门大学人口所吴喜平等学者的预测,厦门 2020 年公路里程数最低为 1 928 公里,最高为 2 399 公里,人均公路里程数最低为 7.65 公里/万人,最高为 20 公里/万人。由此估算出厦门市社会生活适度人口规模最高承载为 314.59 万人。

3. 生态环境适度人口规模

厦门市是 2004 年联合国人居环境奖获得城市,应该说适宜人居的生态环境一直是厦门的优势。大力建设"宜居厦门"是厦门"十二五"时期的发展目标之一。建设森林城市是厦门未来发展的战略目标。生态环境适度人口有多个表征方式,其中关键性的指标是维系高品质人居环境所需的公共绿地[①]。公共绿地是指供人们游览休息的各种公园、动植物园、陵园、花园、游园以及林荫道绿地,它在吸滞灰尘、美化环境、净化空气和调节小气候等方面具有重要意义,而且也是城市居民接触自然和进行游憩活动的重要场所。[②] 厦门市 2003—2011 年公共绿地面积及人均公共绿地面积如图 6。如图所示,2011 年厦门市公共绿地面积是 29.44 平方公里,全市人均公共绿地面积为 15.89 平方米。按照这些年厦门市绿化建设速度,估计到 2020 年厦门市公共绿地面积为53.39平方公里。参照中华人民共和国住房和城乡建设部《国家园林城市标准》和已被评为国家园林城市的秦岭—淮河以南城市的平均水平,考虑了森林城市的建设目标和历年人均公共绿地增长速度,厦门市 2020 年人均公共绿地面积目标设定为 26.94 平方米。由此估算出厦门市生态环境适度人口规模为198.15 万人。

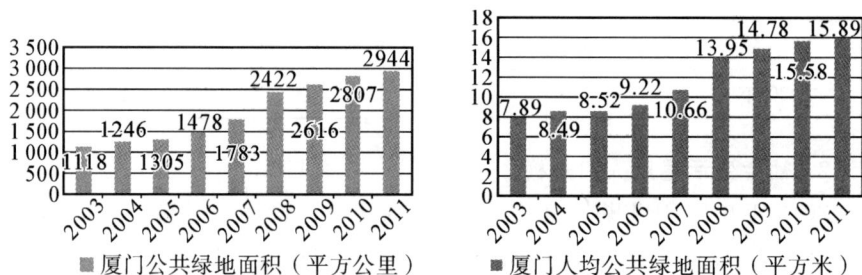

图 7 厦门市公共绿地面积和人均公共绿地面积

---

① 王爱民、尹向东:《城市化地区多目标约束下的适度人口探析——以深圳为例》,《中山大学学报(自然科学版)》2006 年第 1 期。

② 李仰征、马建华、段海静:《基于公共绿地条件的郑州市适度人口分析》,《河南科学》2006 年第 6 期。

(四)综合适度人口规模测度

厦门市综合适度人口规模:$S_x = W_e \times S_e + W_s \times S_s + W_r \times S_r$,其中 S_x 是厦门市综合适度人口规模,S_e、S_s 和 S_r 分别代表经济发展、社会生活和生态环境承载人口,W_e、W_s 和 W_r 分别代表其权重。将所有数据代入求得 2020 年厦门市未来的综合适度人口在城市发展愿景是注重经济发展时为 638.71 万人,在城市发展愿景是专注社会福利提升时为 530.19 万人,在城市发展愿景是构建宜居城市时为 470.10 万人(见表 9)。

表 9　　　　　　　厦门市城市发展综合适度人口规模的测算

适度人口规模	经济发展	社会生活	生态环境
(万人)	911.82	314.59	198.15
影响权重	城市发展愿景 1 注重经济发展	城市发展愿景 2 专注社会福利提升	城市发展愿景 3 构建宜居城市
经济发展(W_e)	0.57	0.40	0.33
社会生活(W_s)	0.29	0.40	0.33
生态环境(W_r)	0.14	0.20	0.33
综合适度人口规模 (万人)	638.71	530.19	470.10

资料来源:作者测算。

综上,在中国城市化进程加速阶段,人口向沿海发达地区集聚,城市向大都市圈的经济发展是一个必然规律。在这样的大背景下,厦门未来十年内人口规模将会持续扩张。在本文的后面,我们预测厦门在 2020 年人口规模突破 500 万,厦门能否承载这样的人口规模?经测算得到厦门在 2020 年的人口适度规模在 638.71 万至 470 万之间,选择不同的发展愿景意味着不同的城市承载能力,而要实现相应的承载能力,城市发展的道路选择至关重要。

参考文献:

[1]彭际作:《大都市圈人口空间格局与区域经济发展》,华东师范大学,2006 年。

[2]段学慧、侯为波:《不能照搬"诺瑟姆曲线"来研究中国的城镇化问题》,《河北经贸大学学报》,2012 年第 4 期。

[3]陈明星、叶超、周义:《城市化速度曲线及其政策启示——对诺瑟姆曲线的讨论与发展》,《地理研究》,2011 年第 8 期。

[4]刘亚臣、周健:《基于"诺瑟姆曲线"的我国城市化进程分析》,《沈阳建

筑大学学报(社会科学版)》,2009 年第 1 期。

[5]李迅雷:《中国人口正趋向大城市化而非城镇化》,华尔街日报中文网,2013-10-07。

[6]吴雪明:《世界城市的空间形态和人口分布——伦敦、巴黎、纽约、东京的比较及对上海的模拟》,《世界经济研究》,2003 年第 7 期。

[7]周一星:《城市地理学》,商务印书馆,1995 年版。

[8]周建高、王凌宇:《城市人口密度的中日比较及对城市研究的反思》,《现代城市研究》,2013 年第 7 期。

[10]靳玮、徐琳瑜、杨志峰:《城市适度人口规模的多目标决策方法及应用》,《环境科学学报》,2010 年第 2 期。

[11] 王爱民:《尹向东城市化地区多目标约束下的适度人口探析——以深圳为例》,《中山大学学报(自然科学版)》,2006 年第 1 期。

[12]李仲征、马建华、段海静:《基于公共绿地条件的郑州市适度人口分析》,《河南科学》,2006 年第 6 期。

[13]吝涛、李新虎等:《厦门岛城市空间扩张特征及其影响因素》,《地理学报》,2010 年第 6 期。

课 题 负 责 人:李文溥
课题组主要成员:李静、陈贵富、余长林、王燕武
执　　　　　　笔:李静、刘珊珊、李文溥

厦门市人口规模的历史演变及增长预测

厦门自改革开放以来,社会经济发展取得了令世人瞩目的成就。2012 年地区生产总值(GDP)2 815.17 亿元,按可比价格计算,比上年增长 12.1%。其中,第一产业增加值 25.30 亿元,增长 0.5%;第二产业增加值 1 363.85 亿元,增长 13.3%;第三产业增加值 1 426.02 亿元,增长 11.0%。三大产业结构为 0.9:48.4:50.7。按常住人口计算的人均地区生产总值 77 340 元,增长 10.4%,折合 12 252 美元。①

随着经济高速发展,厦门市的人口迅速增长。特区设立之初,厦门人口不过 97 万,2012 年,厦门市的常住人口增长至 367 万。其中,户籍人口 190.92 万。户籍人口中,城镇人口 154.52 万人,思明、湖里两区合计 91.43 万人,占 47.9%。全市人口出生率 14.95‰,人口死亡率 3.97‰,人口自然增长率 10.98‰,比上年增长 3.88 个千分点;男性人口和女性人口分别为 95.05 万人、95.87 万人,性别比为 99.1(女性为 100)。厦门在充分利用地缘优势和政策优势的同时,也充分利用了人口转变带来的人口红利。

本章拟通过分析厦门市人口规模的历史演变,总结特征,建立人口预测模型,从模型测算数据对今后发展趋势进行预测和判断,为"十二五"经济发展、为"转型发展、创新驱动"的发展方向提供具有一定参考性的数据和理论依据。

一、厦门人口规模历史演变的特征

与深圳、珠海等经济特区不同,据《厦门市志》记载,厦门在中华人民共和国建国之初就已经是个具有 20 万人口的城市。在最初设立特区的 1980 年,厦门市的人口已经达到 93.4 万人,但是,限于当时的城乡分割制度,厦门人口主要是户籍人口,流动人口和迁移人口极少。自设立特区以来,吸引了大量国内外人才和劳动力来厦创业务工经商,本地人口也迅速增长。据《厦门市

---

① 本文中未标注出处的相关数据均来自《厦门经济特区年鉴》(1986—2013 年)。

2010年第六次全国人口普查主要数据公报》显示,2010年厦门市共有常住人口353.1347万人,远远超过了"十一五"期间厦门市官方做出的275万人的预测值。可见,厦门人口变化远比想象得要快些。厦门特区建设以来人口转变具有以下特点:

(一)厦门人口规模呈稳定扩大趋势

2001—2008年,厦门市的常住人口增长速度较快而且较为稳定,2009年起,常住人口增长率的波动较为剧烈,2001年至今,常住人口年均增长率高达5%,常住人口由2001年的219万人增加到2012年的367万人(见图1)。

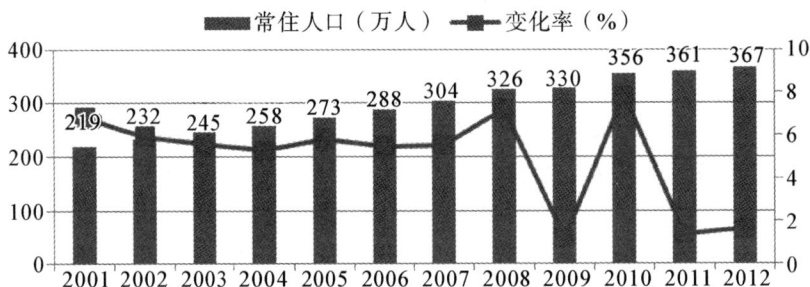

图1　常住人口及变化率

资料来源:《厦门经济特区年鉴》(2002—2013年)。

常住人口中,户籍人口稳定增长的趋势则更加明显。户籍人口从1981年的95.08万人增加到2012年的190.92万人,年均增长率为2.2%。2003和2004年的年增长率波动较大,2005年后的4年增长速度加快,2009和2010年有所回落,从2011年开始,增长率又再度回升到2.7%以上(见图2)。

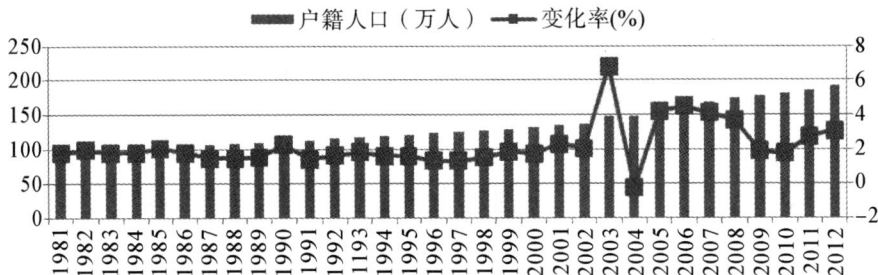

图2　户籍人口及变化率

资料来源:《厦门经济特区年鉴》(1982—2013年)。

厦门市户籍人口的出生率、死亡率和自然增长率从1978年到2012年平均分别为14.27‰、5.23‰和9.04‰,总体呈下降趋势。2001年以后,出生率略有回升,死亡率较稳定,自然增长率也开始回升。户籍人口的自然增长率的稳定回升,是近 10 多年户籍人口稳定上升的最主要原因(见图 3)。

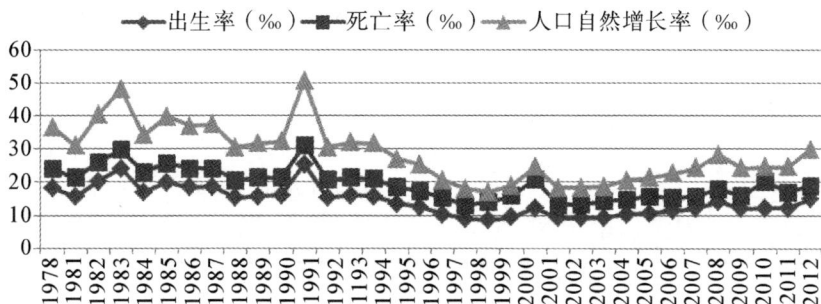

图 3　户籍人口的出生率、死亡率和自然增长率

资料来源:《厦门经济特区年鉴》(1979—2013 年)。

(二)外来人口增加迅猛

厦门市的登记暂住人口变化率波动较大,2010 年开始,增长迅猛,2010、2011 和 2012 年的增长率分别高达 33.87％、70.11％和 45.79％。2011 年,登记暂住人口高达 224.5 万人,首次超过户籍人口数量(见表 1 和图 4)。从登记暂住人口的构成来看,2010 年以前,务工比重基本上在 90％以上,2010 年开始,务工比重开始下降。

表 1　　　　　　　　　　登记暂住人口情况

	合计	变化率(%)	务工	务工占比(%)
1996	406 146		381 415	93.91
1997	461 257	13.57	433 154	93.91
1998	489 504	6.12	450 828	92.10
1999	426 289	−12.91	402 382	94.39
2000	447 335	4.94	405 780	90.71
2001	498 347	11.40	416 093	83.49
2002	618 738	24.16	613 542	99.16
2003	725 952	17.33	685 258	94.39
2004	695 682	−4.17	653 526	93.94
2005	783 531	12.63	776 967	99.16
2006	889 283	13.50	879 765	98.93

续表

	合计	变化率（%）	务工	务工占比（%）
2007	947 177	6.51	941 279	99.38
2008	1 007 405	6.36	950 427	94.34
2009	985 860	−2.14	913 621	92.67
2010	1 319 754	33.87	1 174 143	88.97
2011	2 245 089	70.11	1 287 116	57.33
2012	3 273 191	45.79	1 979 447	60.47

资料来源：《厦门经济特区年鉴》（1997—2013年）。

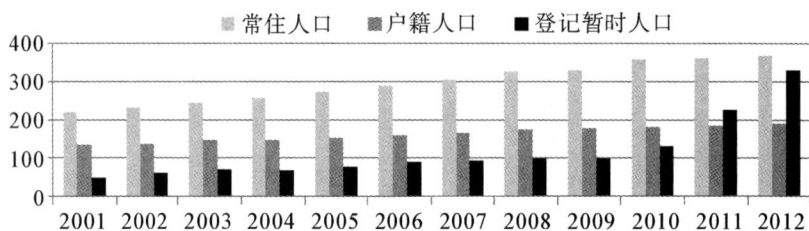

图4　常住、户籍和登记暂住人口

资料来源：《厦门经济特区年鉴》（2002—2013年）。

　　在经济低迷时期，登记暂住人口的变化率为负，在经济较热时期，登记暂住人口的增长率加快。我们使用2001—2012年的数据，发现实际GDP与登记暂住人口的相关系数高达0.88。可见，登记暂住人口和经济的发展速度具有高度的正相关关系。

（三）人口城乡分布走向均衡

　　从普查数据来看，第六次全国人口普查资料显示，截至2010年11月1日零时，厦门岛内（思明区、湖里区）常住人口186.13万人，占全市总人口的52.71%，同第五次全国人口普查（2000年11月1日零时）相比基本持平，仅下降0.7个百分点，半数以上人口依旧选择居住在不足全市土地面积10%的岛内。全市六区常住人口均有不同程度的增幅，增幅最大的是海沧区233.76%，增幅最小的是翔安区19.99%；除海沧区外，还有两个区常住人口同"五普"相比增长超过了100%，分别是：湖里区125.33%、集美区100.86%，这主要是由于全市产业结构调整，生产型企业逐步向工业园区、高新技术产业园区集中，吸引了大量外来人口向这些区域流动。

　　从年度数据和各区户籍总人口来看，思明、同安和翔安区一直占据户籍人口总数的前三名;湖里区从 2009 年开始超过了集美区从第五位上升到第四位;海沧区的户籍人口总数一直处在第六位(见图 5)。

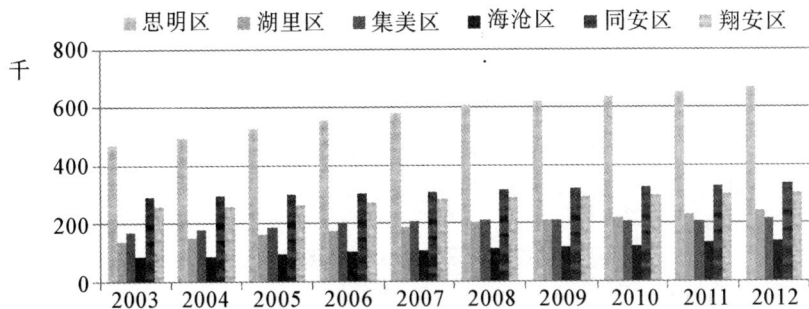

图5　各区户籍总人口

资料来源:《厦门经济特区年鉴》(2004—2013 年)。

从各区户籍人口变化率来看,思明和集美区总体呈下降趋势;海沧、同安和翔安区相对稳定;湖里区的变化率则相对较大(见图 6)

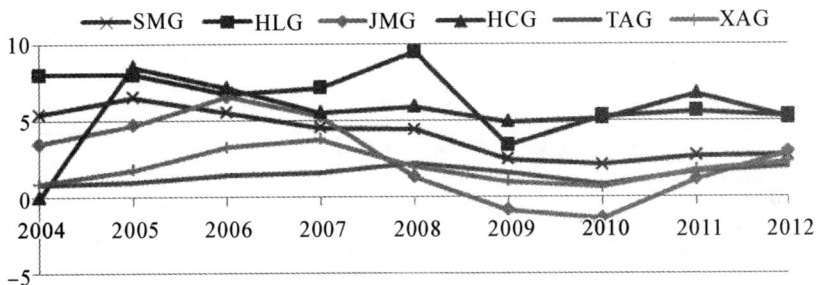

图6　各区户籍人口变化率

注:(1)SMG、HLG、JMG、HCG、TAG 和 XAG 分别为思明、湖里、集美、海沧、同安和翔安区户籍人口变化率。(2)2003 年 5 月经国务院批准,同意厦门市调整部分行政区划。调整的主要内容包括:1.思明区、鼓浪屿区和开元区合并为思明区,原三区的行政区域划归思明区管辖。(2)将杏林区的杏林街道办事处和杏林镇划归集美区管辖。杏林区更名为海沧区。(3)设立翔安区,将同安区所辖新店、新圩、马巷、内厝、大嶝 5 个镇划归翔安区管辖。行政区划调整后,市辖思明、湖里、集美、海沧、同安和翔安 6 个区。

资料来源:《厦门经济特区年鉴》(2005—2013 年)。

从各区户籍城镇人口来看,思明、湖里和同安区的增长相对稳定;海沧和翔安区的户籍城镇人口分别在 2006 年和 2009 年有了较大幅度的增长(见图 7 和表 2)。

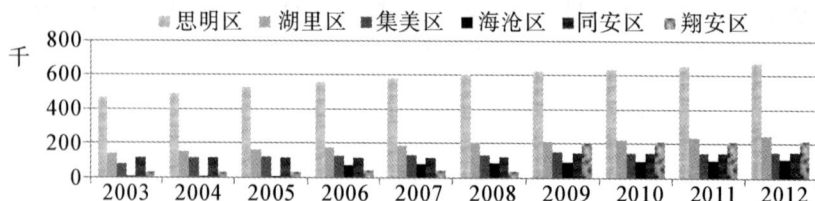

图7 各区户籍城镇总人口

资料来源:《厦门经济特区年鉴》(2004—2013 年)。

表2　　　　　　　　　各区户籍城镇人口变化率

	思明区	湖里区	集美区	海沧区	同安区	翔安区
2004	5.42	8.03	43.08	0.93	1.46	−0.39
2005	6.53	8.00	5.20	2.26	0.87	−0.32
2006	5.51	6.74	4.10	1277.06	−0.26	56.73
2007	4.51	7.12	4.46	6.46	0.52	1.59
2008	4.39	9.48	2.07	6.90	2.43	−21.43
2009	2.45	3.38	9.66	5.78	19.57	468.36
2010	2.13	5.30	−1.08	6.30	0.79	0.52
2011	2.68	5.60	0.29	8.02	1.92	1.95
2012	2.74	5.30	3.32	5.89	2.40	2.54

资料来源:《厦门经济特区年鉴》(2004—2013 年)。

(四)劳动年龄人口比例上升,"人口红利"犹存

第六次全国人口普查资料显示,截至 2010 年 11 月 1 日零时,厦门市常住人口 353.13 万人,厦门市常住人口中,0～14 岁人口 45.35 万人,占 12.84%;15～64 岁人口 291.69 万人,占 82.60%;65 岁及以上人口 16.10 万人,占 4.56%。根据国际通行标准,一个国家或地区 65 岁及以上人口占总人口的比例达到 7% 以上以后便称为"老年化社会",厦门市尚未进入老龄化社会。同第五次全国人口普查(2000 年 11 月 1 日零时)相比,2010 年,厦门市 0～14 岁人口比重下降了 1.64 个百分点,15～64 岁人口比重上升了 2.16 个百分点,65 岁及以上人口比重下降了 0.52 个百分点。十年来,厦门市的人口年龄结构优化,劳动年龄人口比例上升,非劳动年龄人口比例下降,一方面是由于人口再生产长期稳定在"低出生、低死亡、低增长"的阶段,另一方面是由于城市化和工业化吸引了大量外来劳动力的流入。人口总抚养比(非劳动年龄人口

数与劳动年龄人口数之比)从"五普"的 24.31％降低到 21.07％,劳动力资源丰富,社会抚养负担较轻,厦门市仍处于有利经济发展的"人口红利"期。

(五)人口文化结构在提升

"六普"数据显示,在厦门市的常住人口中,文盲人口(15 岁及以上不识字的人)为 8.86 万人,同"五普"相比,文盲人口减少了 1.16 万人,文盲率从"五普"的 4.88％降低到 2.51％,文盲人口比重大幅下降。每 10 万人中,具有大学文化程度人数从"五普"的 8 367 人上升到 17 799 人,增加了 9 432 人,增幅达 112.73％;高中文化程度人数从 17 651 人上升到 18 909 人,增加 1 258 人,增幅为 7.13％;具有初中程度人数从 35 927 人下降到 34 670 人,减少了 1 257人,降幅为 3.5％;具有小学程度人数从 27 566 人下降到 19 475 人,减少了 8 091人,降幅为 29.35％。具有小学、初中程度人数减少,具有高中、大学程度人数增长,人口拥有学历重心呈现出由小学、初中向高中、大学转移的趋势,平均受教育程度明显提高。

二、人口规模与增长预测的研究概述

目前,人口预测的方法很多,较为典型的如平均增长量法、平均增长率法、一元线性回归法、指数函数法、幂函数法、多元回归模型法、灰色系统 GM(1,1)法、logistic 曲线模型法、MALTHUS 人口模型法、神经网络预测法、系统动力学法等。改革开放以来,国内一些学者也对人口预测算法模型进行了研究和创新,如上世纪 70 年代末 80 年代初,宋健和于景元等人建立了人口发展的偏微分方程,将中国的人口研究从定性分析引入定量分析,对人口数量、出生率,死亡率等人口指数进行了预测,曾在国内得到较为广泛的应用。厦门大学人口研究所吴喜平等学者预测厦门市人口发展可分为三个时期:2005—2020年为人口增长期,全市总人口以每年约 10 万的速度递增;2020—2030 年为人口过渡期,全市总人口基本稳定在 375 万～440 万之间;2030—2050 人口进入负增长期,全市总人口呈逐年下降趋势。[①] 本文将使用平均增长率法和罗吉斯蒂曲线模型法,利用最新的数据对厦门市户籍人口和常住人口进行预测。

---

① 吴喜平、米红、韩娟:《厦门市适度人口容量的测算》,《发展研究》2006 年第 10 期。

三、厦门市户籍与常住人口增长预测

（一）户籍人口的预测

1. 传统预测模型

户籍人口受自然增长和净流动两个参数影响。确定将这两个因素作为户籍人口模型的参数。应用传统的人口预测模型，预测值应等于人口基值加上静态人口变动（出生人口－死亡人口），同时再加上人口迁移的净值（迁入人口－迁出人口），可用公式表示为：

$$P(t) = 人口基数 + 自然增长 + 净流动$$

上述公式可整理为：

$$P(t) = P_0(t_0) + [P_b(t) - P_d(t)] + [M_i(t) - M_e(t)]$$

其中，$P(t)$ 表示 t 时刻人口预测值，$P_0(t_0)$ 表示基期的人口规模，$P_b(t)$ 表示到 t 时刻所出生的人口数，$P_d(t)$ 表示到 t 时刻所死亡的人口数，$M_i(t)$ 表示从基期到 t 时刻的迁入人口数，$M_e(t)$ 表示迁出人口数。现假定人口自然增长率 r 为 $b-d$（b 为出生率，d 为死亡率），ΔP 为人口机械增长率，则上述公式可简化为：

$$P_t = P_{t-1}(1 + \bar{r} + \overline{\Delta P})$$

厦门市及各区传统预测模型的户籍人口预测结果如表 3 所示。户籍人口的自然增长率思明区最低，为 5.87‰，最高为湖里区的 11.65‰。湖里区的人口机械增长率最高，为 54.20‰，但是区域面积最大的同安和翔安两个区的人口机械增长率却处在最低的两位，分别为 7.89‰ 和 7.41‰。较低的人口机械增长率也导致上述两区户籍人口占比分别由 2012 年的 18% 和 16% 下降到 2020 年 15% 和 14%（见图 8）。

表 3　　　　　　　　　厦门市及各区传统预测模型的户籍人口预测结果

	全市	思明区	湖里区	集美区	海沧区	同安区	翔安区
$\bar{r}$(‰)	7.29	5.87	11.65	6.71	9.34	6.95	7.34
$\overline{\Delta P}$(‰)	25.82	34.67	54.20	22.64	39.35	7.89	7.41
	户籍人口 （万人）						
2012	190.92	66.90	24.54	21.48	13.93	33.46	30.61
2013	197.24	69.61	26.15	22.11	14.61	33.96	31.06
2014	203.77	72.43	27.87	22.76	15.32	34.46	31.52
2015	210.51	75.37	29.71	23.43	16.07	34.97	31.98
2016	217.48	78.42	31.66	24.12	16.85	35.49	32.45
2017	224.68	81.60	33.75	24.83	17.67	36.02	32.93
2018	232.12	84.91	35.97	25.55	18.53	36.55	33.42
2019	239.81	88.36	38.34	26.30	19.43	37.10	33.91
2020	247.74	91.94	40.86	27.08	20.38	37.65	34.41

注：人口自然增长率 $\bar{r}$ 与人口机械增长率 $\overline{\Delta P}$ 为 2003 年到 2012 年 10 年平均值。2013年及之后的数据为预测数据。

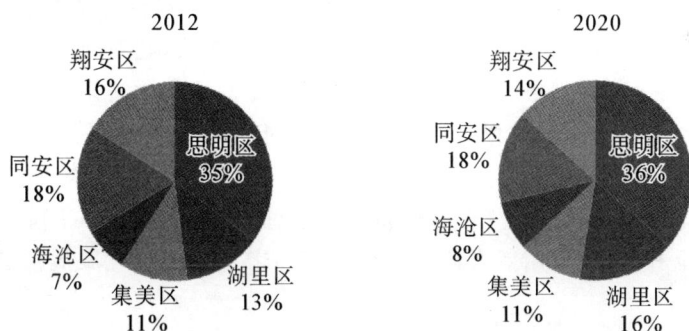

图 8　2012 年和 2020 年各区户籍人口占全市的比重

注：2020 年各区户籍人口为预测值。

2. 罗吉斯蒂(logistic)模型

罗吉斯蒂曲线(Logistic Curve)是由比利时数学家维哈斯特(P. F. Verhulst)在研究人口增长规律时提出来的,又称为生长理论曲线。该曲线所描述现象的特征与龚伯兹(Gompertz)曲线类似。其曲线方程为：

$$\overset{\cdot}{Y}=\frac{1}{K+ab^t}$$

其中:K,a,b 为未知参数;t 为时间。

由于罗吉斯蒂曲线的倒数是修正指数曲线,因此,仿照修正指数曲线参数的确定方法,可得 $S_1=\sum\limits_{t=0}^{m-1}Y_t^{-1}$,$S_2=\sum\limits_{t=m}^{2m-1}Y_t^{-1}$,$S_3=\sum\limits_{t=2m}^{3m-1}Y_t^{-1}$,则有:

$$\begin{cases} b=\left(\dfrac{S_2-S_1}{S_3-S_2}\right)^{\frac{1}{m}} \\ a=(S_2-S_1)\dfrac{b-1}{(b^m-1)^2} \\ K=\dfrac{1}{m}\left[S_1-a\left(\dfrac{b^m-1}{b-1}\right)\right] \end{cases}$$

罗吉斯蒂模型最初多被用作进行农业生态系统研究。罗吉斯蒂曲线,也叫 S 型曲线。罗吉斯蒂模型是一条 S 型曲线,且对于拐点是对称的,它描述某些经济变量由开始增长缓慢,随后增长加快,达到一定程度后,增长率有逐渐减慢,最后达到饱和状态的规律性。因此,它也常被用作描述多种单年流行病害的季节流行动态以及汽车生产与销售规律等。同样的,用罗吉斯蒂曲线来预测现阶段我国城市人口发展规律是合适的。

罗吉斯蒂模型,考虑了人口总数增长的有限性,且提出了人口总数增长的规律,即随着人口总数的增长,人口增长率逐渐下降。罗吉斯蒂模型将研究对象的某数量指标泛称为变量。当变量随时间逐渐增长,它对时间的变化率开始单调增加,逐渐达到最大值,然后单调递减,变量的变化逐渐趋于饱和。这一类过程称为饱和增长过程。它有三个显著的特征:其一为单调递增性,其二为增长有限性,其三为形状呈 S 形。罗吉斯蒂模型缺点在于在短期内如 30～50 年内人口增长可能呈上升趋势,如人口生育率上升、死亡率下降等原因而导致人口上升。下面,用罗吉斯蒂曲线对厦门市户籍人口发展规模进行预测和计算。

用罗吉斯蒂曲线对厦门市户籍人口发展规模预测的结果如表 4 所示。用罗吉斯蒂曲线对厦门市户籍人口发展规模预测的结果与传统预测模型的预测结果比较来看,前者的预测值明显大于后者。从表 4 的结果来看,预测残差和百分比误差都比较小,所以用罗吉斯蒂曲线对厦门市户籍人口发展规模预测的结果要准确。

利用罗吉斯蒂曲线结算的结果的平均绝对误差为:

$$S_y=\sqrt{\frac{1}{n-1}\sum_{t=0}^{31}(Y_t-\hat{Y}_t)^2}=2.420836(万人)$$

$$MAPE = \frac{1}{32}\sum_{t=0}^{31}\left|\frac{Y_t - \hat{Y}_t}{Y_t} \times 100\%\right| = 0.013568$$

表 4　　　　　　　　　厦门市罗吉斯蒂模型的户籍人口预测结果

t	年份	Y_t（万人）	$\dfrac{1}{Y_t} \times 10^6$	预测值 $(\hat{Y}_t)$	预测残差 $(Y_t - \hat{Y}_t)$	百分比误差 $\left(\dfrac{Y_t - \hat{Y}_t}{Y_t} \times 100\%\right)$
0	1981	95.0847	10 516.939	97.09807	−2.01337	−0.02117
1	1982	96.9823	10 311.16	98.30639	−1.32409	−0.01365
2	1983	98.7542	10 126.152	99.5684	−0.8142	−0.00824
3	1984	100.5647	9 943.8471	100.8875	−0.32283	−0.00321
4	1985	102.6669	9 740.2376	102.2675	0.399405	0.00389
5	1986	104.541	9 565.625	103.7124	0.828629	0.007926
6	1987	106.1036	9 424.7509	105.2266	0.877018	0.008266
7	1988	107.6834	9 286.4824	106.815	0.868433	0.008065
8	1989	109.3299	9 146.6287	108.4828	0.847075	0.007748
9	1990	111.8592	8 939.81	110.236	1.623227	0.014511
S_1			97 001.63			
10	1991	113.4512	8 814.3625	112.0808	1.370396	0.012079
11	1992	115.3556	8 668.8466	114.0244	1.331232	0.01154
12	1993	117.4934	8 511.1164	116.0745	1.418946	0.012077
13	1994	119.4208	8 373.7506	118.2397	1.181107	0.00989
14	1995	121.3642	8 239.6621	120.5297	0.83453	0.006876
15	1996	123.0037	8 129.8367	122.9551	0.048638	0.000395
16	1997	124.6729	8 020.9893	125.5278	−0.8549	−0.00686
17	1998	126.5925	7 899.3621	128.2613	−1.66876	−0.01318
18	1999	128.9876	7 752.6832	131.1705	−2.18289	−0.01692
19	2000	131.267	7 618.0609	134.2725	−3.00545	−0.0229

续表

t	年份	Y_t（万人）	$\dfrac{1}{Y_t} \times 10^6$	预测值（$\hat{Y}_t$）	预测残差（$Y_t - \hat{Y}_t$）	百分比误差 $\left(\dfrac{Y_t - \hat{Y}_t}{Y_t} \times 100\%\right)$
S_2			82 028.67			
20	2001	134.3599	7 442.6968	137.5864	−3.22648	−0.02401
21	2002	137.1588	7 290.8191	141.1342	−3.97537	−0.02898
22	2003	147.1579	6 795.4218	144.9408	2.21711	0.015066
23	2004	146.7731	6 813.2376	149.0349	−2.26184	−0.01541
24	2005	153.2168	6 526.6994	153.4497	−0.2329	−0.00152
25	2006	160.3838	6 235.0437	158.2234	2.160366	0.01347
26	2007	167.2356	5 979.5881	163.4009	3.834737	0.02293
27	2008	173.671	5 758.0137	169.0345	4.63653	0.026697
28	2009	176.9983	5 649.7718	175.1862	1.812059	0.010238
29	2010	180.206	5 549.2048	181.9299	−1.72392	−0.00957
S_3			64 040.497			
30	2011	185.2646	5 397.6853	189.3539	−4.08934	−0.02207
31	2012	190.92		197.5653	−6.64527	−0.03481
32	2013			206.6945		$b = 1.018516$
33	2014			216.903		$a = -6836.58$
34	2015			228.3919		$k = 17135.45$
35	2016			241.416		
36	2017			256.3023		
37	2018			273.4778		
38	2019			293.511		
39	2020			317.1755		

（二）常住人口预测

用罗吉斯蒂曲线对厦门市常住人口发展规模预测的结果如表5所示。

表5　　　　　　　　厦门市罗吉斯蒂模型的常住人口预测结果

t	年份	Y_t（万人）	$\frac{1}{Y_t}\times 10^6$	预测值（$\hat{Y}_t$）	预测残差（$Y_t-\hat{Y}_t$）	百分比误差 $\left(\frac{Y_t-\hat{Y}_t}{Y_t}\times 100\%\right)$
0	2000	205	4 878.04878	206.12717	−1.12717	−0.00550
1	2001	219	4 566.21005	218.48751	0.51249	0.00234
2	2002	232	4 310.34483	231.36438	0.63562	0.00274
3	2003	245	4 081.63265	244.75280	0.24720	0.00101
S_1			17 836.23631			
4	2004	258	3 875.96899	258.64447	−0.64447	−0.00250
5	2005	273	3 663.00366	273.02753	−0.02753	−0.00010
6	2006	288	3 472.22222	287.88647	0.11353	0.00039
7	2007	304	3 289.47368	303.20198	0.79802	0.00263
S_2			14 300.66856			
8	2008	326	3 067.48466	318.95096	7.04904	0.02162
9	2009	330	3 030.30303	335.10651	−5.10651	−0.01547
10	2010	356	2 808.98876	351.63799	4.36201	0.01225
11	2011	361	2 770.08310	368.51120	−7.51120	−0.02081
S_3			11 676.85956			
12	2012	367.0		385.68859	−18.68859	−0.05092
13	2013			403.12951	$b=0.92815$	
14	2014			420.79056	$a=3819.82236$	
15	2015			438.62604	$k=1031.55170$	
16	2016			456.58834		
17	2017			474.62847		
18	2018			492.69657		
19	2019			510.74249		
20	2020			528.71631		

283

从表 5 的结果来看,预测残差和百分比误差都比较小,利用罗吉斯蒂曲线结算的结果的平均绝对误差为:

$$S_y = \sqrt{\frac{1}{n-1} \sum_{t=0}^{12} (Y_t - \hat{Y}_t)^2} = 3.585559(万人)$$

$$MAPE = \frac{1}{13} \sum_{t=0}^{12} \left| \frac{Y_t - \hat{Y}_t}{Y_t} \times 100\% \right| = 0.00728$$

传统预测模型假定静态人口变动(出生人口—死亡人口)和人口迁移的净值(迁入人口—迁出人口)在今后是不变的情况下预测今后的人口规模,过去的人口的自然增长率与人口机械增长率机械地决定了今后的人口规模,显然这种预测方法问题较大。罗吉斯蒂曲线预测方法预测残差和百分比误差都比较小,所以这种方法对厦门市常住人口发展规模预测的结果比较准确。但是人口增长受多种因素的影响,任何一种模型都不能完整地预测其发展情况,具体采用何种模型,应该按照实际情况加以选择,如能将各种定性和定量模型有机地结合将是比较理想的预测方法。

四、预测人口增长新特点推断

(一)总体趋势看,三大人口因素将呈现不同发展趋势

1. 常住人口总量:增速将减缓

从图 9 预测结果来看,厦门市的常住人口呈逐年增长的态势,在 2013 年就将突破 400 万人,在 2019 年将突破 500 万人,但是增长率却是逐年下降的。

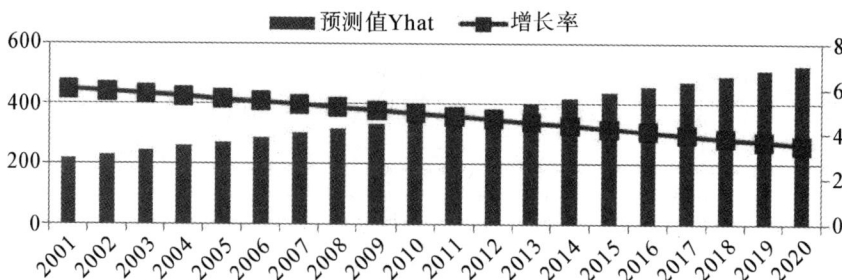

图 9 厦门市常住人口及增长率预测

注:常住人口预测值为左轴(万人);常住人口增长率预测值为右轴(%)。

2. 户籍人口:将平稳发展

户籍人口受自然增长和净流动两个参数影响。厦门市户籍人口的出生率、死亡率和自然增长率从1978年到2012年平均分别为14.27‰、5.23‰和9.04‰,总体呈下降趋势。从2001年以后的数据来看,出生率从低谷略有回升,死亡率较稳定,自然增长率从低谷开始回升。户籍人口的自然增长率的稳定回升这也是近10多年户籍人口稳定上升的最主要原因。从厦门市2003—2012各区户籍人口机械增长率来看,这一变量容易受到经济发展和厦门市相关人口政策的影响(见图10)。预测自然增长率的稳定回升这种趋势会持续下去,但是净流动则将受到厦门市未来相关政策的影响。

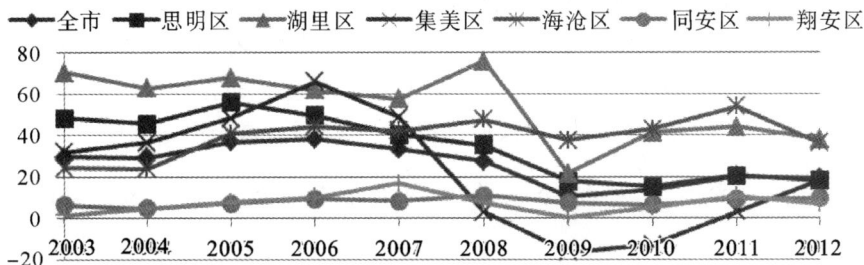

图10 厦门市各区户籍人口机械增长率2003—2012(‰)
资料来源:《厦门经济特区年鉴》(2004—2013年)。

3. 登记暂住人口:仍然量大,但经济转型发展、创新驱动的程度将影响到登记暂住人口在厦门发展趋势,随着经济增速减缓而减缓

从世界经济看,受欧债危机、日本地震、西亚北非局势动荡等多重因素影响,世界经济复苏步伐明显减缓,经济发展的外部环境比较严峻。从国内经济看,外部市场需求低迷加上国内产能过剩,导致中国工业生产增长乏力,经济增速存在下行风险。从厦门市自身经济来看,2013年1—5月份,我市经济出现了以下需要关注的问题:(1)规模以上工业企业利润下滑。1—5月,1 658家规上工业企业中,亏损企业553家,比上年增长7.17%,亏损面达33.4%。规模以上工业企业实现利润总额85.18亿元,下降6.5%,规模以上工业企业利税总额146.76亿元,下降0.8%,其中股份制企业利润下滑严重,利润总额和利税总额分别下降18.1%、13.1%。(2)部分第三产业指标增幅持续低迷。运输、仓储及邮政业增加值增长6.4%,比上季度下降1个百分点;批发和零售业增加值增长6.7%,累计4个月增幅在7个百分点以下;住宿业和餐饮业增加值增长4.3%,累计5个月增幅在5个百分点以下;社会消费品零售总额增长7.4%,增速位于全省最后一位,低于全省增幅6.2个百分点。(3)房地产业增幅逐月回落。随着"国五条"厦门市细则的出台,对于抑制外地居民购房的政策效应开始显现,刚性购房需求比重增加,部分购房者理性持币观望,第二季度当月房地产业增加值累计增幅分别为48.7%、29.5%、20.6%,呈明显下降趋势,上半年全市商品房销售面积增长57.8%,比一季度下降72.1个百分点。(4)产业结构亟待优化。从上半年我市税收情况分析,税收总收入增长13.6%,第三产业增长16.6%,占税收总收入比重从55.8%上升到57.3%,增加1.5个百分点。从税收结构上看,房地产业税收增长60.4%,占税收总收入比重从19.1%上升到26.9%,增加7.8个百分点;而批发零售业税收下降幅度较大,占税收总收入比重由上年同期的15.1%下滑到11.3%,下降3.8个百分点;房地产业的税收增量占税收总收入增量的85%,占地方级税收增量的88%,产业结构亟待调整优化。

综合以上因素,户籍人口将保持平均自然性增长;登记暂住人口随着较快的经济发展速度而增加,但随着经济发展趋缓后,登记暂住人口的增加也会趋缓;常住人口呈逐年增长的态势,但是持续一段时间,增长率会逐年下降。

(二)从结构因素看,各类人口因素基本适应经济发展,但还存在着矛盾性

1. 从人口性别结构来看,人口性别比略微提高,出生人口性别比偏高

"六普"资料显示,厦门市常住人口中,男性人口183.22万人,占51.88%;女性人口169.91万人,占48.12%。常住人口性别比(以女性为100,男性对女性的比例)略有提高,从"五普"的107.09提高到107.83。分年龄人口性别比呈现出生人口性别比最高,随着年龄增大逐渐下降的变化规律,并在55岁左右开始低于100。其中,0~15岁人口性别比一直在120左右,男性人口大大高于女性,主要是由于全市长期偏高的出生人口性别比。厦门市出生人口性别比从"五普"的111.69提高到118.37,十年均高出正常范围(国际公认出生人口性别比正常水平103~107),长此以往会造成将来婚姻年龄段男女两性人口比例失调,给社会发展带来一定负面影响。

对策:加强宣传教育,形成强大的舆论氛围;加快发展步伐,建立有利于控制出生人口性别升高的利益导向机制;抓好优质服务,筑牢控制出生人口性别比升高的大堤;综合治理,严厉打击非法鉴定胎儿性别和选择性别的终止妊娠行为。多管齐下,坚决遏制出生人口性别比升高势头,统筹解决人口问题,为厦门市的和谐发展提供良好的人口基础。

2. 从年龄结构看,劳动年龄人口比例上升,"人口红利"犹存

"六普"资料显示,厦门市常住人口中,0—14岁人口45.35万人,占12.84%;15—64岁人口291.69万人,占82.60%;65岁及以上人口16.10万人,占4.56%。根据国际通行标准,一个国家或地区65岁及以上人口占总人

口的比例达到 7% 以上以后便称为"老年化社会",厦门市尚未进入老龄化社会。同"五普"相比,0～14 岁人口比重下降 1.64 个百分点,15～64 岁人口比重上升 2.16 个百分点,65 岁及以上人口比重下降 0.52 个百分点。厦门市人口年龄结构优化,劳动年龄人口比例上升,非劳动年龄人口比例下降,一方面是由于人口再生产长期稳定在"低出生、低死亡、低增长"的阶段,另一方面是由于大量外来劳动力的流入。人口总抚养比(非劳动年龄人口数与劳动年龄人口数之比)从"五普"的 24.31% 降低到 21.07%,劳动力资源丰富,社会抚养负担较轻,厦门市仍处于有利经济发展的"人口红利"期。

对策:调结构,促发展是下阶段人口工作的重要环节之一。一方面要坚持社会自我调节和市场机制在人口调节中的主体功能;另一方面要进一步转变经济发展方式,促进社会发展模式稳定。

3. 从文化结构看,文化程度不断提高,基本适应经济转型的新要求,但离厦门建立高科技人才基地要求甚远

从厦门市 6 岁以上人口受教育情况 2005—2009 年的人口抽样调查数据来看,小学毕业及小学以下的人口占比呈下降的趋势,从 2005 年的 34.91% 下降到 2009 年的 28.69%;初中毕业的人口占比略有下降;高中毕业的人口占比则有所增加,从 2005 年的 18.6% 上升到 2009 年的 19.57%;大专及大专以上毕业的人口占比呈稳定上升趋势,从 2005 年的 11.15% 上升到 2009 年的 17.93%.

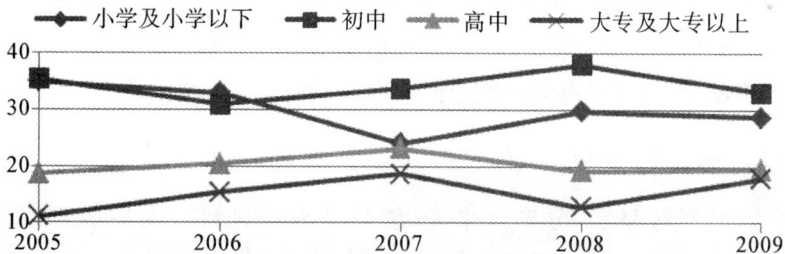

图 11 厦门市 6 岁以上人口受教育情况 2005—2009(%)
注:图中数据为 2005—2009 年人口抽样调查资料。
资料来源:《厦门经济特区年鉴》(2006—2010 年)。

"六普"资料显示,厦门市常住人口中,文盲人口(15 岁及以上不识字的人)为 8.86 万人,同"五普"相比,文盲人口减少 1.16 万人,文盲率从"五普"的 4.88% 降低到 2.51%,文盲人口比重大幅下降。每 10 万人中,具有大学程度人数从"五普"的 8 367 人上升到 17 799 人,增加 9 432 人;具有高中程度人数从 17 651 人上升到 18 909 人,增加 1 258 人;具有初中程度人数从 35 927 人下降到 34 670 人,减少 1 257 人;具有小学程度人数从 27 566 人下降到 19 475

人,减少 8 091 人。具有小学、初中程度人数减少,具有高中、大学程度人数增长,人口拥有学历重心呈现出由小学、初中向高中、大学转移的趋势,受教育程度明显提高。

对策:继续加大高端人才引进,提高厦门人才素质,以先进制造业、文化创意产业和现代服务业为依托,建设人才高地;同时加快社会发展急需的各类人才的培养,动员社会力量在进一步办好我市现有的各级各类高校,重点加强对民办高校的支持。

4. 从行业结构看,行业调整正在有序推进,但离转型发展新战略要求还有一段距离

"六普"资料显示,厦门市常住人口中,就业人口 250.20 万人(根据人口普查长表数据推算,下同),同"五普"相比,增加 99.84 万人,增长 66.40%,年平均增长率 5.22%。男性就业人口 140.82 万人,占 56.28%;女性就业人口 109.38 万人,占 43.72%。就业人口性别比从"五普"的 119.10 上升到 128.74。就业结构优化,全市一、二、三产业人口占就业人口比重由"五普"的 20.23:42.27:37.50 调整为 0.61:47.03:52.36。第一产业就业人口比重下降 19.62 个百分点,第二产业就业人口比重上升 4.76 个百分点,第三产业就业人口比重上升 14.86 个百分点;就业人口结构调整呈现"一产下降、二产稳定、三产上升"的特点。

对策:摒弃以前的粗放型发展方式,以提高质量和效率为发展重点,逐步实现工业企业从劳动密集型向技术密集型提升。以保护环境为发展出发点,以可持续发展为发展方向,大力发展绿色环保产业。大力发展第三产业,尤其是生产型服务业,在提高第三产业的效率方面争取取得突破。

(三)从空间布局看,人口密度全省最高,岛内高于岛外

"六普"资料显示,分区域来看,厦门岛内(思明区、湖里区)常住人口 186.13万人,占全市总人口的 52.71%,同"五普"相比基本持平,仅下降 0.7 个百分点,半数以上人口依旧选择居住在不足全市土地面积 10%的岛内。全市六区常住人口均有不同程度的增幅,增幅最大的是海沧区 233.76%,增幅最小的是翔安区 19.99%;除海沧区外,还有两个区常住人口同"五普"相比增长超过了 100%,分别是:湖里区 125.33%、集美区 100.86%,这主要是由于全市产业结构调整,生产型企业逐步向工业园区、高新技术产业园区集中,吸引了大量外来人口向这些区域流动。

"六普"资料显示,厦门市人口密度不断增大。全市常住人口密度从"五普"的每平方公里 1 312 人增加到每平方公里 2 078 人。分区域来看,厦门岛内人口密度 13 192 人/每平方公里,岛外 1 166 人/每平方公里,同"五普"相

比,分别增加 5 037 人和 497 人。岛内岛外人口密度高低差距加大,差距从"五普"的 4.6 倍扩大到 11.3 倍,岛内每平方公里的人口增幅高于岛外,说明岛外尚有较大的人口发展空间。

厦门岛内人口规模日趋饱和,未来人口增长空间主要在岛外。岛内外一体化是厦门市委、市政府提出的重要战略举措,通过实施岛内外"规划发展一体化、基础设施建设一体化、基本公共服务一体化"等举措,科学发展"全域厦门",提升岛内,拓展岛外,实现岛内外均衡协调。随着岛内外一体化建设持续推进,以及全市海湾型城市建设的快速推进以及放宽落户岛外政策作用的发挥,岛外海沧、集美、同安、翔安等区人口增长将会加快,全市人口区域分布将更趋合理。

对策:通过实施岛内外"规划发展一体化、基础设施建设一体化、基本公共服务一体化"等举措,科学发展"全域厦门",提升岛内,拓展岛外,实现岛内外均衡协调。在规划发展和基础设施建设方面,将适度超前建设交通、通讯、供电、供水、燃气以及公共安全等方面的基础设施,大力推进岛外新城建设,提高城市管理水平;在公共服务方面,将尽快完成岛内外基本公共服务政策的修订和统一,加快形成覆盖城乡的基本公共服务体系和社会救助体系,扩大公共财政覆盖农村的范围,大力推进城乡基本公共服务均等化,在就业、教育等基本公共服务方面,充分考虑岛外和农村的需求,并适当予以倾斜照顾;在完善市政交通路网构架方面,构建大运力公交体系,在形成市域内"半小时生活圈"的同时,加强对外交通通道建设,构筑厦漳泉同城化快速通道,形成闽西南"一小时交通圈"。在基础设施建设和管理方面应该进一步解放思想,切实鼓励社会各种力量的参与。

课 题 负 责 人:李文溥
课题组主要成员:李静、陈贵富、余长林、王燕武
执　　　　笔:朱若然、陈贵富、李文溥

厦门市城市化与人口规模的关系研究

改革开放三十多年来,中国经济快速发展,伴随着经济增长的是逐步加速的城市化进程。随着经济发展方式的转变与产业结构的不断转型升级,如何有效推进城市化成了中国当前及未来发展的重要议题,这不仅仅决定着中国未来人口规模及结构的发展方向,也将对未来中国的产业结构升级转型和经济健康可持续发展产生深刻影响。

当前,中国城市化进程发展到了一个新的阶段,城市化发展亟待由速度扩张向质量提升方向转变。2012 年中央经济工作会议提出:"要积极稳妥推进城镇化,着力提高城镇化质量。城镇化是扩大内需的最大潜力所在,要围绕提高城镇化质量,因势利导、趋利避害,积极引导城镇化健康发展。要把有序推进农业转移人口市民化作为重要任务抓实抓好。"2013 年 7 月 9 日,李克强总理在广西主持召开部分省区经济形势座谈会上强调,要推进以人为核心的新型城镇化。"新型城镇化"的提出释放了中国在未来城镇化发展方向将进行转型的信号。这意味着未来中国新型城镇化建设,将会依照"公平共享"、"集约高效"和"可持续"三个原则,推动城镇化发展由速度扩张向质量提升方向进行转变。在这一政策大环境下,厦门市继续推动城市化进程,提升城市化水平与质量,逐步推动城乡一体化进程,显得尤为必要。在推进城市化进程中,城市化与人口规模和结构的关系是一个亟待研究与解决的重要课题。

厦门市三十多年来的发展首先得益于特区的现行优势带来的工业化,在改革开放初期,在相对封闭的经济体中利用政策优势作为对外开放的窗口,使得厦门市能够获得工业化发展的资本,快速推动工业化;其次得益于工业化带来的城市化,工业化的进程必然导致了城乡结构的变化,农村人口逐步转化为城市人口,进而改变收入水平、需求结构,使得工业化带来的产品多样化能够适应城市人口的需求结构,同时也使得更为依托于城市发展的服务业能够发展起来。然而在全国开放程度越来越高,各地工业化快速推进的现今,沿用旧有方式显得越来越不符时宜,而厦门市未来城市化发展的突破点在于能够抢先推行大城市化战略,做大厦门,使得厦门市能够奠定其在厦漳泉大都市区中的核心地位。虽然厦门市就常住城市人口规模而言已成为福建省最大城市,但是并没有和省内周边城市拉开足够的差距,因而厦门市核心地位尚不明显。做大厦门,实现厦门市的大城市化,首先在于人口的城市化,构建具有工业基础,服务业能够自发集聚的大城市需要依托足够大的人口规模,厦门市应该在人口吸纳方面做出努力;其次在于土地的城市化,提供相应的公共基础设施与基础服务,为必要的配套产业的形成,需要合理规划城市土地,对应人口的城市化进程推进土地城市化进程;最终需要均衡发展,实现人口布局与产业布局、生活设施布局的均衡,城市与农村的均衡、本地人口与外来人口的均衡以及厦门市与周边城市互动关系的均衡。因而厦门市处理城市化与人口规模关系的核心问题在于做大与均衡发展,适度扩张城市规模,注重城市架构的拉开与城市各区的均衡发展。

由此,本文内容的结构安排如下:第一部分探讨人口规模与城市化之间的互动关系,并提出了当前厦门市城市化与人口规模和结构之间的关系;第二部分分析厦门市城市化的发展现状,从厦门市的城市功能定位变迁探讨城市化进程中的水平和质量分析,最后研究了厦门市城市化背景下的城乡一体化进程现状,并结合人口规模来揭示厦门市城市化发展的成就与问题;第三部分分析厦门市城市化发展与当前人口规模和结构之间的关系及其需要解决的重要难题;第四部分提出了解决厦门市城市化与人口规模和结构关系的政策建议。

291

一、城市化与人口规模和结构的关系

城市化是人类生产活动与方式由农村向城市转化的历史过程,一方面表现为农村人口不断转化为城市人口,另一方面表现为城市功能的不断发展与完善,这不仅仅是城乡人口结构的转变,也包含了产业结构及其空间分布的转变。其本质在于城市社会经济不断发展所引起的城乡人口比例、城乡关系、城市功能、城市文化与城市价值观念的实质性变化。一个国家、一个地区逐步实现城市化是生产力达到一定水平的必然产物,第一产业发展所产生的农产品剩余是其发展的初始动力,第二产业的发展则是城市迅速发展的根本动力,而当城市发展到一定阶段,则第三产业的发展将为城市化进程提供后续动力。总体而言,城市化对于一个城市的人口规模与结构、产业结构转型和经济发展等都会产生重要影响。首先,城市化有利于一个地区人口结构的转化,城市地区能够创造出比农村更多的就业机会,能够大量吸纳农村剩余劳动力,使得劳动力从第一产业向第二、三产业逐步转移,最终实现农村人口向城市人口的转化,同时解决因存在大量剩余劳动力及潜在失业所带来的农村社会问题。其次,城市化有利于一个地区整体产业结构的调整,城市的发展有赖于二三产业的发展,因此在城市化进程中,二三产业的比例提升,进而实现一个地区产业结构向现代的产业结构转化。第三,城市化有利于一个地区有效提升整体产业的生产效率,城市地区的发展有利于生产要素的聚集,企业与个人能够通过集中化的公共基础设施与服务以及相应集约化的服务行业的发展,有效提高生产效率,一方面提升工业与服务业的劳动生产率,另一方面也为周边农村的第一产业发展提供更为高效的技术、信息与物流服务,带动第一产业劳动生产率的提升。

（一）城市化与人口规模和结构的关系

城市是人口集聚的地区,城市规模的发展与人口规模和结构有着密不可分的关系,城市未来发展方向也与人口年龄和素质结构息息相关。

城市化对人口规模结构的影响是显而易见的。首先,一个地区城市化水平越高,相应的二三产业发展程度越高,从而能够提供的就业岗位越多,对劳动力的需求也越大,从而具备吸纳更大人口规模的能力,吸引该地区农村居民就近转化为城市人口以及吸纳外来人口进城务工。其次,一个地区城市化水平越高,其所能够提供的公共基础设施与服务就越完善,这就能够使得劳动力在选择工作地区的非工资因素考量上更为偏好该地区,进而吸纳更多的人口流入该地区。再次,随着一个地区的城市化处于不同的发展阶段,对劳动力的不同需求会对流入城市的人口结构造成影响,例如在城市化快速发展阶段,工业化是城市化的主动力,呈现出第二产业工人为主流的人口就业结构,而随着城市化的深化,城市化将更多依赖服务业的发展,高科技人才与服务业从业人员比例就会快速上升。最后,在城市化发展到一定阶段时,城市物价水平、生活成本的提升使得人口流向城市的激励减弱,可能造成城市环境的恶化及公共技术设施与服务的缺位,会导致城市人口比重稳定在一定水平或减少。

人口规模结构对城市化的影响则相对复杂。根据城市建成区面积、功能定位、产业发展水平以及相应的公共基础设施与服务配套水平情况,可以大致推算出一个城市合理的人口规模以及最大的人口容量,在不超过合理人口规模的一定范围内,城市人口规模的增长有利于城市化进程的推进,这表现在:第一,人口规模的增长能够提供更为充足的劳动力,促进城市产业的发展,进而带动城市化的同步发展;第二,城市人口规模的增长能够产生较大的产品与服务需求,促进城市经济发展;第三,人口集聚将强化竞争,促进学习效应,提高社会经济发展的效率;第四,城市人口规模的增长会使得城市生活方式、城市文化价值观对周边农村地区的扩散更为明显,在价值观上更偏向主流,进而推动农村生产生活方式的改变,推动城乡一体化进程,加快城市化进程。而合理的人口年龄结构与素质结构,则能够深刻影响到未来城市发展所面临的人口老龄化压力以及产业升级换代的走向。

然而,当人口规模增长过快,超过一个城市所能承受的合理人口规模时,人口规模的继续增长将不利于城市化的推进与城市化质量的提高。首先,人口的过度膨胀会造成住房紧张与交通拥挤,提高城市生活的成本,降低城市生活的质量。其次,人口的过度膨胀与城市有限的自净能力不匹配,造成环境污染,大大提高污染的治理成本。再次,人口的过度膨胀与城市有限资源不匹配,进而为争夺有限资源产生的社会纷争,大大影响城市社会稳定程度,造成诸多治安问题。最后,人口的过度膨胀,在不合理的人口年龄结构下,将会大大影响未来城市发展潜力,造成庞大的社会养老负担,城市吸引力下降,进而影响城市的可持续发展。此外,常住人口中户籍人口与非户籍人口结构也深刻影响着一个城市的城市化质量。

因此,城市化与人口规模结构两者密不可分,一个地区在城市化进程中要合理规划人口规模,防止人口过度膨胀,同时要注重人口年龄结构与素质结构,推动城市化和人口规模与结构的协调发展。

(二)厦门市在推进城市化进程中仍需考虑合理的人口规模和结构

2012 年厦门市拥有户籍人口 190.92 万人,常住人口 367 万人,然而,土地面积与厦门大致相当的深圳市却容纳了 1 000 多万常住人口,厦门市人口规模可以说是相对偏低的,因而在未来一个时期的城市发展过程中,做大厦门将成个主旋律。

就厦门市近年来的经济发展趋势,以及城市基础设施与服务提供水平来看,虽然人口规模快速增长造成了一定的困扰,但就目前发展状况来说,还处于可控可持续范围之中,厦门市拥有更大城市人口规模,向更大城市继续演进是合理的。这并不意味着厦门市在未来城市化发展中可以掉以轻心,市政服务水平与市政设施数量的提供以及周边经济腹地发展状况将会决定未来厦门市人口规模容量,影响着未来厦门市人口结构,同时现有的人口规模和结构也会影响着未来厦门市城市化进程。

293

二、厦门市城市化的发展现状分析

(一)厦门市城市功能定位不断变迁,人口规模和结构契合度利弊共存

进入 21 世纪以来,厦门市在城市功能定位上有了很大的转变。随着经济特区政策优势的减弱,厦门正逐步根据国内外发展形势与两岸关系的发展扩充其功能,转变其定位。2010 年,经国务院批准,厦门经济特区的范围从厦门岛(含鼓浪屿)扩大至全市辖区,大大推动了其功能定位的转型。厦门市开始从原来的海岛型城市定位逐步拓展到海湾型城市,城市功能区逐步向岛外延伸,从21 世纪伊始的向海沧西扩,到现今对岛内东部地区以及同安和翔安两区的规划,可以看出厦门市整体城市功能区的向外延伸,海湾型城市基本成型。

厦门市很好地结合国内外经济形势与当地的有利条件,扩充其城市功能内涵。厦门市城市功能基本定位为:依托海岛旅游与风景资源发展为“旅游会展城市”、“花园城市”、“宜居城市”;依托良好的港口优势与逐步发展的陆路交通建设东南国际航运中心,打造两岸海运枢纽和区域性物流中心;依托对台关系、海峡西岸经济区建设大潮,构建大陆对台贸易中心、两岸金融服务中心,定位海峡西岸经济区重要中心城市;依托厦漳泉同城化趋势,作为闽南地区的中心城市,不断提升区域协作水平,促进厦漳泉大都市区建设进程。与 2006 年相比,2011 年厦门市从事租赁和商务服务业人员占全社会劳动从业人数的比重从 2006 年的 3.2% 提升到 6.3%,住宿和餐饮业从业人员则从 2.5% 提升到 2.9%,这反映了厦门市人口从业结构符合“旅游会展城市”的定位;而批发零售贸易业从业人员占全社会劳动从业人数的比重则从 2006 年的 13.4% 快速增长到 2011 年的 24.0%,人口从业结构与其打造两岸海运枢纽及区域性物流中心相互契合;另外,厦门市常住人口规模与泉州、漳州两市的比,分别由 2006 年的 0.3:1 和 0.49:1 提升到 2012 年的 0.44:1 和 0.75:1,而常住城市人口规模与泉州、漳州两市的比分别由 2006 年的 0.51:1 和 1:1 提升到 2012 年的 0.65:1 和 1.27:1,厦门市在厦漳泉大都市圈中的中心地位进一步加强,人口规模的增长符合区域中心的城市定位。厦门市常住人口从 2001 年的 219 万人到 2012 年的 367 万人,短短 11 年就增加了近 150 万人;而户籍人口则从 2001 年的 134.36 万人增长到 2012 年的 190.92 万人,11 年间也增长了 50 多万。厦门市人口规模的快速增长,一方面促进了整个城市经济

快速发展、推动了厦门市城市化进程、拓展了厦门市的城市空间,另一方面也带来交通拥挤、社会保障支出压力加大等问题。

表1　　　　　　　　　厦门市2010年人口普查各区常住人口情况

	常住人口数(人)	比重(%)
厦门全市	3 531 347	100.00
思明区	929 998	26.33
湖里区	931 291	26.37
集美区	580 857	16.45
海沧区	288 739	8.18
同安区	496 129	14.05
翔安区	304 333	8.62

数据来源:厦门市2010年第六次人口普查公报。

　　而从厦门市2010年人口普查各区人口规模来看(表1),厦门市常住人口基本都集中在思明、湖里两区,比重为52.7%,半数以上常住人口集聚在占全市不到10%的土地面积、经济发展程度较高、基础设施相对完善的岛内地区,人口分布不平衡,这也同时扩大了人口规模增长对城市发展的负面影响,交通的拥挤度提升、人居环境恶化等等因素影响到岛内地区未来可持续发展。由此,厦门市人口规模与结构对于城市功能定位的发展是利弊共存的:一方面,厦门市整体人口规模与结构基本上是符合厦门市城市功能定位发展的,整体上是契合城市功能定位;但另一方面上,由于厦门市依赖岛内发展这一路径约束以及岛外发展规划尚未完全展开,各区人口分布失衡的问题在短期内将会制约厦门市城市功能定位的实现,将给人口规模和结构契合未来城市功能定位发展带来一定的不利影响。

(二)厦门市城市化水平与质量较高,城乡一体化问题亟待解决

1.厦门市城市化水平较高,近年来有较大的提升

　　2006年至2012年,厦门市城市化水平[①]有显著的提升,从2006年的68.11%飙升至2012年的80.93%。特别是2008年至2009年飙升了11.05

---

　　① 就城市本身而言,城市的城市化水平似乎是一个伪命题,但是,在中国,城市的行政辖区内,包含着大量的农村地区,而城市化往往体现在城市行政辖区范围内的城市建成区面积扩大以及当地农村人口的市民化,这里的厦门市城市化水平,正是从行政辖区角度进行的讨论。城市化水平以户籍人口中城镇人口占比来衡量,福建省统计年鉴非农业人口比例也采用相同数据。

个百分点,这主要归因于城乡户籍人口统计口径的变动(图1)。从厦门市内各区城市化水平来看(图2),其中,翔安区因城乡户籍人口统计口径变动而从2008年的12.63%飙升至2009年的71.13%,这是厦门市城市化水平飙升的主要原因。由此可见,排除统计口径变动的影响,厦门市的城市化水平在70%左右是相对合理的。

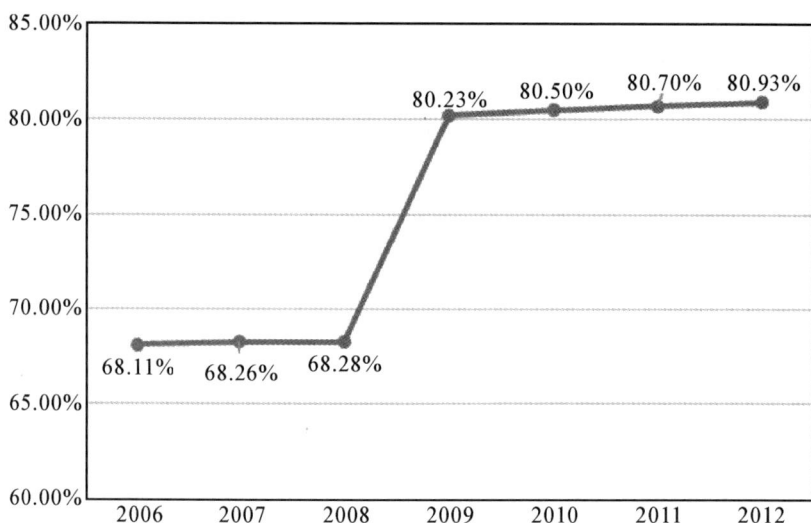

图1 厦门市2006—2012年城市化水平情况(户籍人口口径)

数据来源:厦门市历年统计年鉴与2012年统计公报。

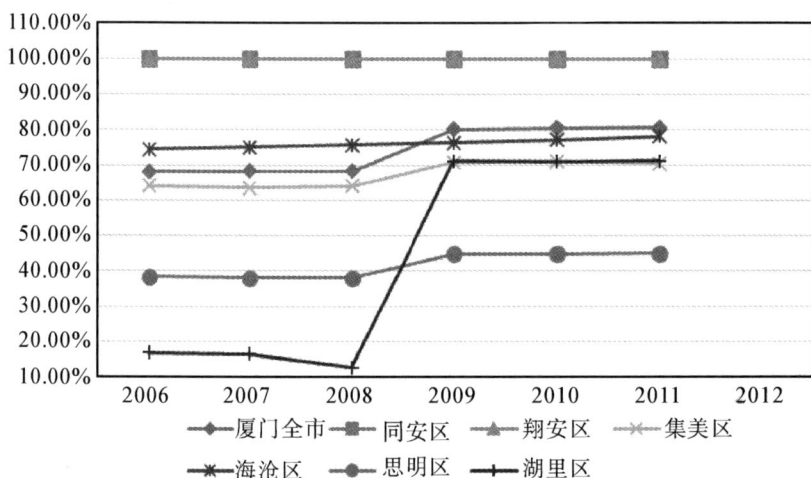

图2 厦门市2006—2012年各区城市化水平情况(户籍人口口径)

数据来源:厦门市历年统计年鉴。

　　然而城市化水平不能单看户籍人口的城市化水平,由于城乡二元结构,大量的外来务工人员的流入,厦门市常住人口接近户籍人口的两倍,2010年厦门市拥有常住人口 353.1347 万人,其中城镇人口为 311.9413 万人[①],以常住人口计算的城市化水平为 88.33%,处于相对较高的水平。这一城市化水平表面数据不能反映厦门市的真实城市化水平有如此之高,真实的城市化还应包含市民化水平。根据 2010 年年底常住人口数据与户籍人口数据进行调整(图3),在常住人口中拥有户籍的城镇人口占到 41%,拥有户籍的农村人口占到 10%,而非户籍城镇人口占到 47%,高于户籍城镇人口比例,也就是大量外来务工人员虽居于城市并不完全享有城市户籍相应的市民待遇,外来务工人员是否享有与厦门市户籍人口同等的市民待遇切实影响到厦门市整体的城市化水平,能否给予超过户籍城镇人口比例的非户籍常住人口相应的市民待遇是厦门市城市化进程中需要解决的现实问题。

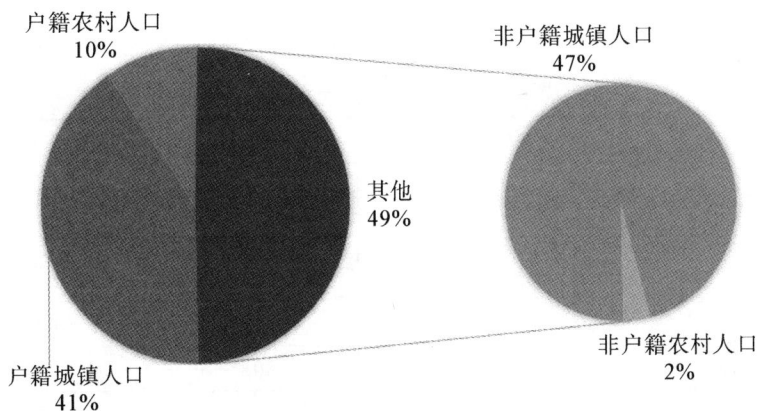

图3　厦门市 2010 年人口结构情况

数据来源:作者根据厦门市 2010 年第六次人口统计公报与 2011 年统计年鉴计算而得。

2. 厦门市城市化质量稳步提高

(1)厦门市经济发展水平不断提高,服务业快速成长,助推作用逐步凸显

　　在人均 GDP 方面(图4),从 2006 年到 2012 年,厦门市有了较快的增长,除去 2008 年、2009 年以及 2012 年,无论是按户籍人口计算还是按常住人口计算,都保持了两位数的增长率;而且就增长率走势来看,除了 2012 年,按户籍人口计算的人均 GDP 增长率都超过了按常住人口计算的人均 GDP 增长率,这从一个侧面反映了外来务工人员对厦门市经济增长的推动作用,也说明了外来务工人员数的增长速度快于厦门市户籍人口数的增长速度。

---

①　2010 年第六次人口普查数据,截至 2010 年 11 月 1 日零时。

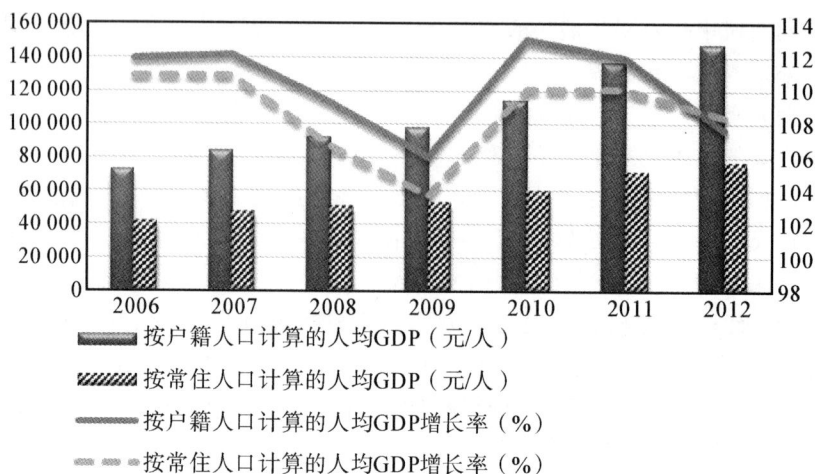

图 4　厦门市 2006—2012 年人均 GDP 与其变动情况

数据来源:厦门市各年统计年鉴与 2012 年统计公报。

表 2　　　　　　　　厦门市 2006—2012 年三次产业占比情况

	第一产业	第二产业	第三产业
2006	1.5	52.3	46.2
2007	1.3	50.2	48.4
2008	1.3	47.8	50.9
2009	1.2	47.3	51.6
2010	1.1	49.7	49.1
2011	1	51.1	47.9
2012	0.9	48.8	50.3

数据来源:厦门市各年统计年鉴与 2012 年统计公报。

　　在三次产业结构方面(表 2),从 2006 年到 2012 年,厦门市产业结构有了微小的变化,第一产业比重继续下降,第二产业结构除了 2010 年与 2011 年有所反弹,整体仍处于下降趋势,而第三产业则与第二产业趋势相反,这反映了厦门市城市经济产业结构逐步向服务型城市定位发展。其中第二产业稳步发展,给城市发展以必要支撑,而服务业占比逐步提升,反映了厦门市整体城市功能的发展与服务外延的扩散,服务业的助推作用逐步凸显,这样的产业结构有利于吸纳更大的人口规模,也需要更大的人口规模来提供必要支撑。由此在第三产业从业人员占比方面(图 5),厦门市从 2006 年的 40.44% 增长到 2011 年的 51.10%,第三产业从业人员占比有较大的飞升,厦门市服务业的发展,城市服务功能的增加,吸纳了大量的劳动力以给予产业支撑。

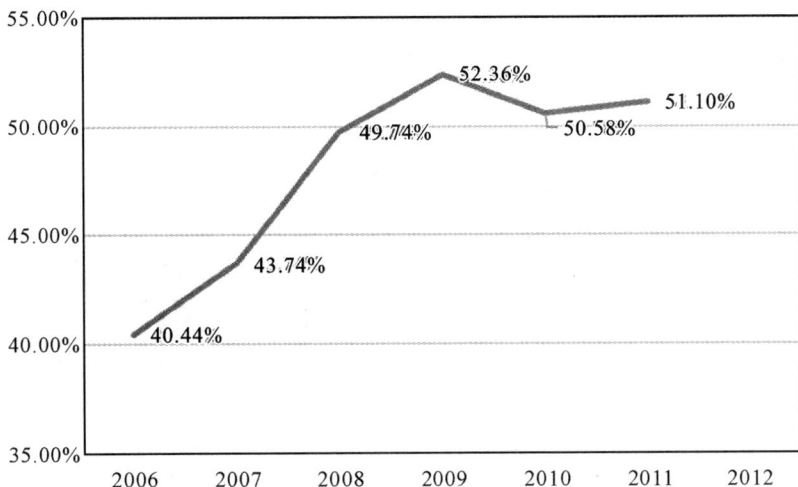

图5 厦门市2006—2012年第三产业从业人员占比情况
数据来源:厦门市各年统计年鉴。

而就第三产业内部结构方面(图6),厦门市主要的服务行业截至2011年占比在10%以上的有批发和零售业、房地产业、金融业和交通运输、仓储及邮政业,其中表现最为突出的是金融业,在"十一五"规划期间及"十二五"规划的开局之年保持占比提升的趋势,这与厦门市努力构建两岸金融服务中心,大力提升服务业不无关系。从占比变化趋势可以看出,厦门市根据其城市功能定位的变化,服务业内部结构在不断变化,而金融业的持续发展,符合上述城市

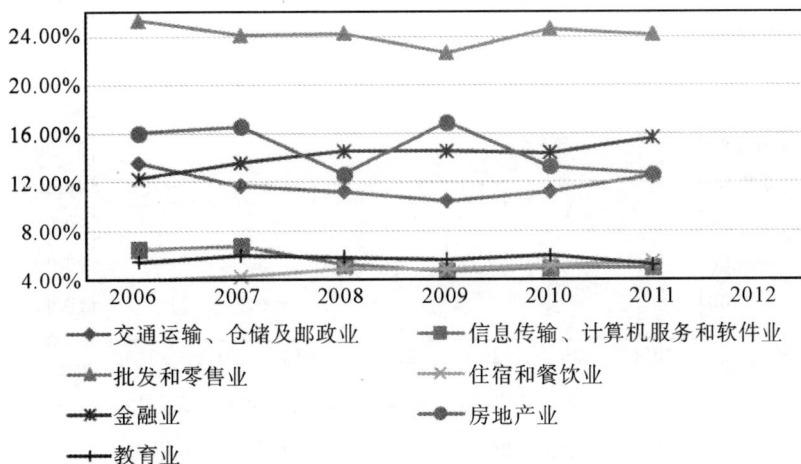

图6 厦门市2006—2012年第三产业内部主要行业增加值占比情况
数据来源:厦门市各年统计年鉴。

功能定位变迁,承接产业升级转型,进一步吸引高素质外来人口,逐步形成能够承载更大人口规模的厦漳泉大都市圈核心区。

(2)厦门市市政设施与服务水平不断提升,略快于人口规模增长速度

在市政设施与服务水平上,厦门市在多个方面有明显改善。城市供水供电人均量的不断增加反映了其能够保证工业发展以及日益增长的人口规模产生的用电用水需要(图7);通讯方面人均拥有电话数不断增加以及移动电话数的快速增长,体现了厦门市通信基础设施的发展、提供通讯服务能力的提升(图8);文化教育方面,每万人拥有大学生数的提升反映了厦门市人口素质结构的优化,人均公共图书馆藏书的快速增加则体现了其在文化方面的投入与相应城市化质量的提升(图9);医疗卫生方面,每万人拥有的卫生技术人员数及卫生机构床位数虽然增长缓慢,但是其总量的提供略快于常住人口增长,基本能够满足人口规模快速增长而产生的医疗卫生需求(图10);而居住条件与环境方面,人均绿化覆盖面积的快速增加与建成区绿化率的提升(图11),城镇与农村居民人均住房面积略有提升(图12),则反映了居民生活环境质量并没有因为人口规模的快速增加有所下滑,居住条件与环境基本能够支撑与服务人口规模的快速增加。然而在交通方面的表现并不理想,虽然每万人拥有公交车数量在2008年后逐步回升,出租汽车数也快速增加,体现了厦门市公共交通取得了发展,但是相比于人均民用车辆数的飞速增长,一定程度说明公共交通工具提供方面相对滞后,尚不能完全适应日益增长的人口规模引致的

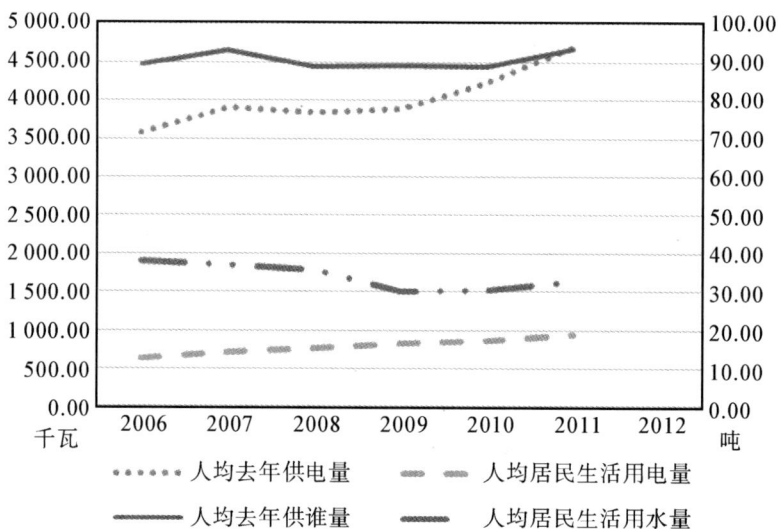

图7　厦门市2006—2012年人均供水供电情况(常住人口口径)

数据来源:厦门市各年统计年鉴。

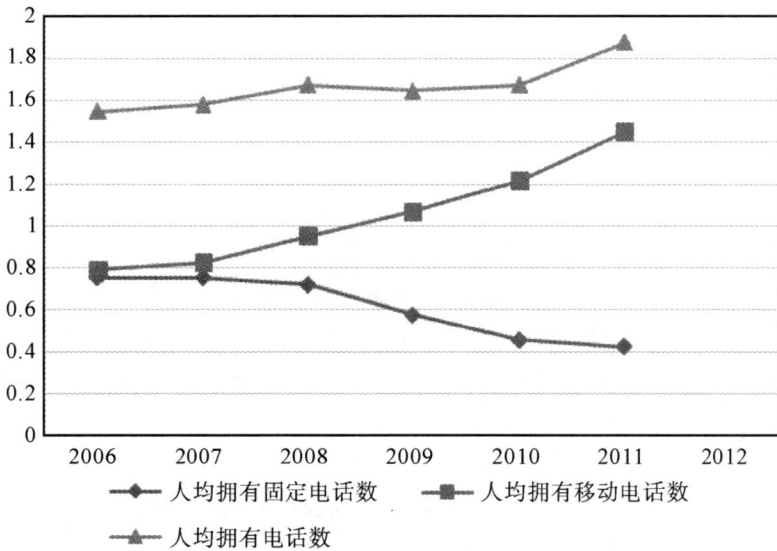

图 8　厦门市 2006—2012 年通讯人均水平情况(常住人口口径)
数据来源:厦门市各年统计年鉴。

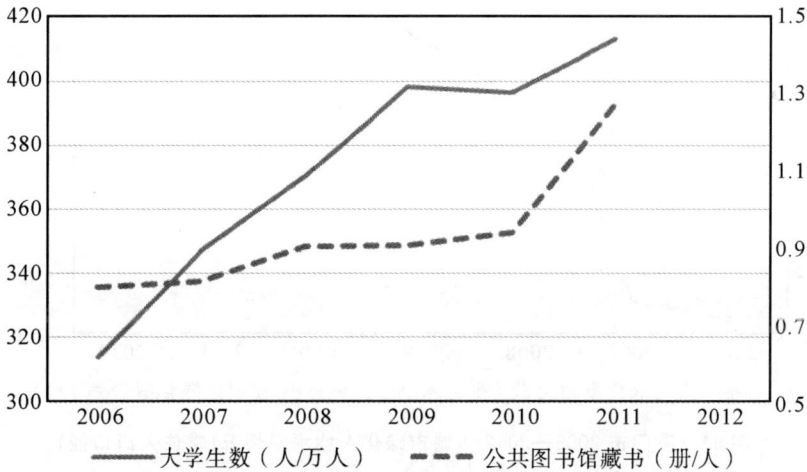

图 9　厦门市 2006—2012 年文化教育人均水平情况(常住人口口径)
数据来源:厦门市各年统计年鉴。

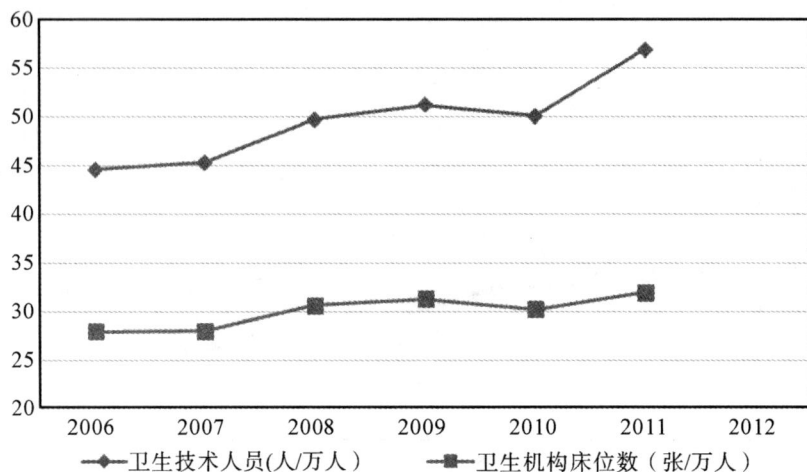

图 10 厦门市 2006—2012 年医疗卫生人均水平情况（常住人口口径）

数据来源：厦门市各年统计年鉴。

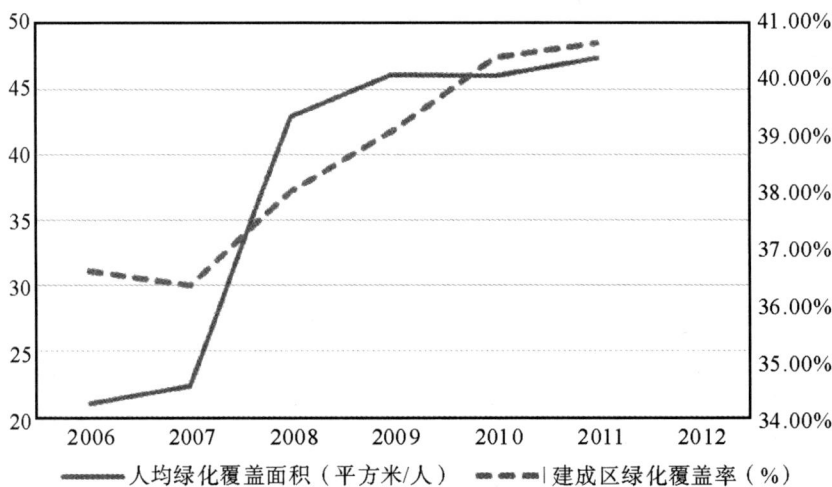

图 11 厦门市 2006—2012 年城市绿化人均水平情况（常住人口口径）

数据来源：厦门市各年统计年鉴。

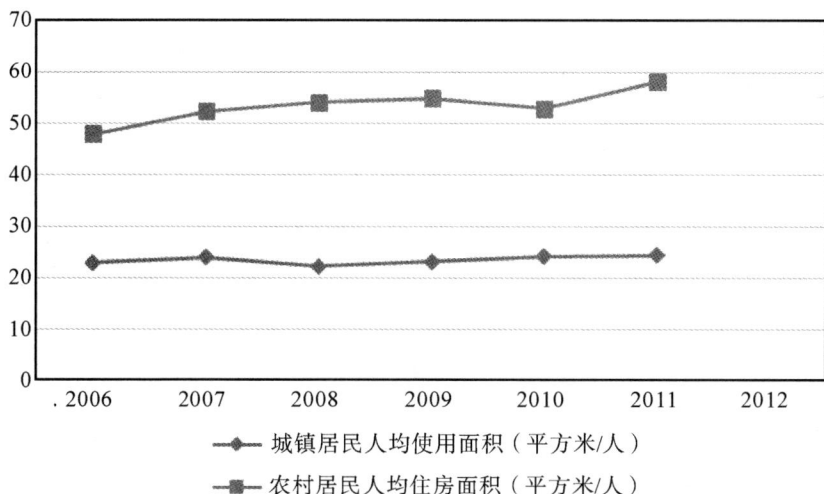

图 12　厦门市 2006—2012 年城乡住房面积人均水平情况(常住人口口径)
数据来源:厦门市各年统计年鉴。

需求(图 13);另外交通基础设施方面虽然人均城市道路面积不断提升,但因为人民生活质量提升及城区外扩带来的私有车辆需求增加,道路拥挤度有增无减,一定程度上对居民的工作与生活质量产生了不利影响(图 14)。总体上说,厦门市市政设施与服务提供还是能够基本适应人口规模增长的需要的,但在交通方面仍然需要投入更多精力以求改善。

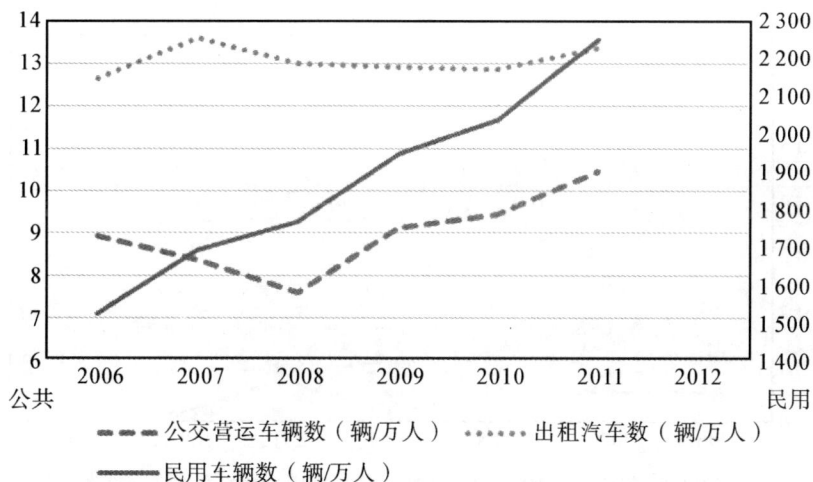

图 13　厦门市 2006—2012 年人均公共交通供给与民用车辆情况(常住人口口径)
数据来源:厦门市各年统计年鉴。

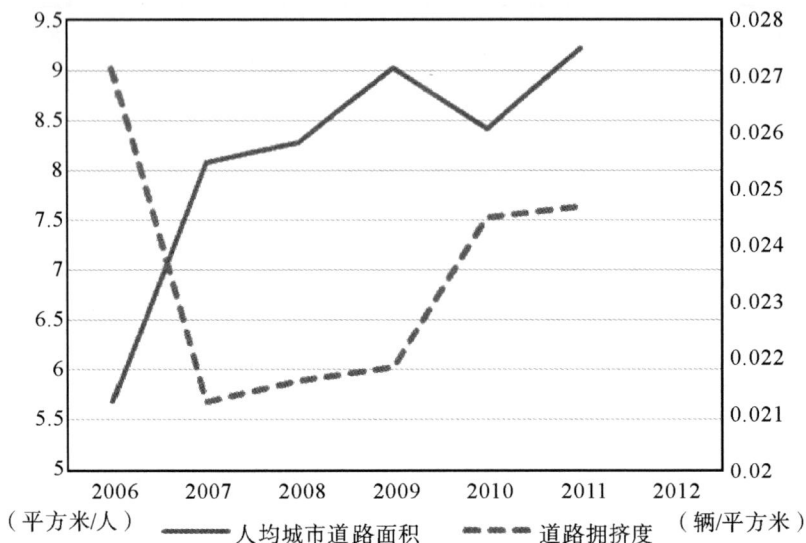

图14　厦门市2006—2012年交通基础设施人均水平情况(常住人口口径)
数据来源:厦门市各年统计年鉴。

(3)厦门市城市社会保障水平提升,农村社会保障发展堪忧,外来人口市民化待遇有待解决

在社会保障提供方面(图15),厦门市无论是养老保险参保人数,还是基本医疗保险参保人数的增长率,都高于常住人口的增长率,反映了厦门市近年

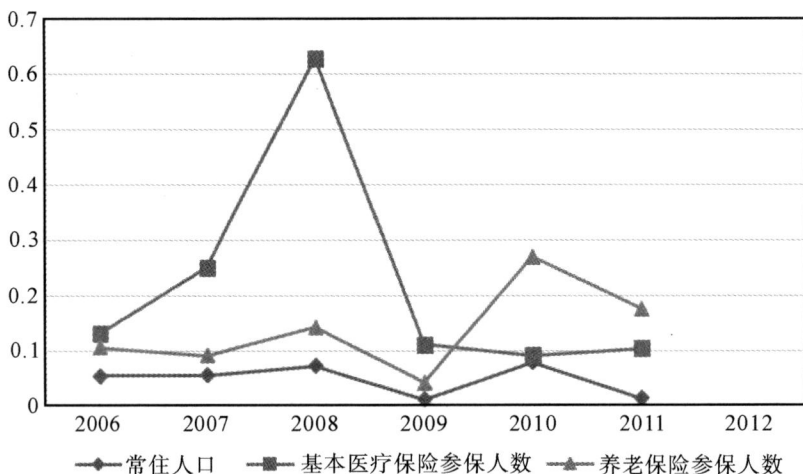

图15　厦门市2006—2012年社会保障参保人数与常住人口增长率情况
数据来源:厦门市各年统计年鉴。

来在社会保障方面尽可能地把更多常住人口纳入厦门市社会保障体系。厦门市农村养老保险的参保人数在 2009 年之前都低于常住农村人口增长,长期处于负增长局面,而且在 2011 年出现大幅下降的情况(图 16)。在城乡一体化的过程中,城镇与农村养老保险体系出现如此倒挂的现象则是需要尽快着力解决的。图 17 显示,养老保险参保比率近年来有较大的提升,医疗保险参保比率提升速度更是快于养老保险;然而农村社会养老保险参保比率则在不断

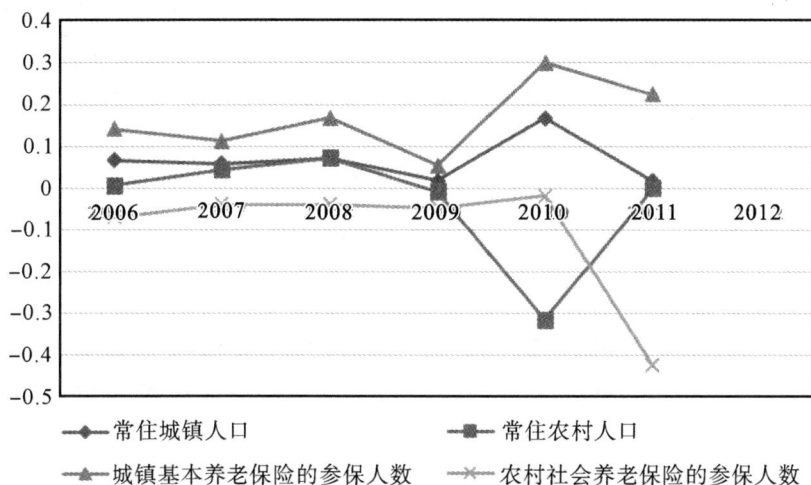

图 16 厦门市 2006—2012 年城乡常住人口与养老保险参保人数增长率情况
数据来源:厦门市各年统计年鉴。

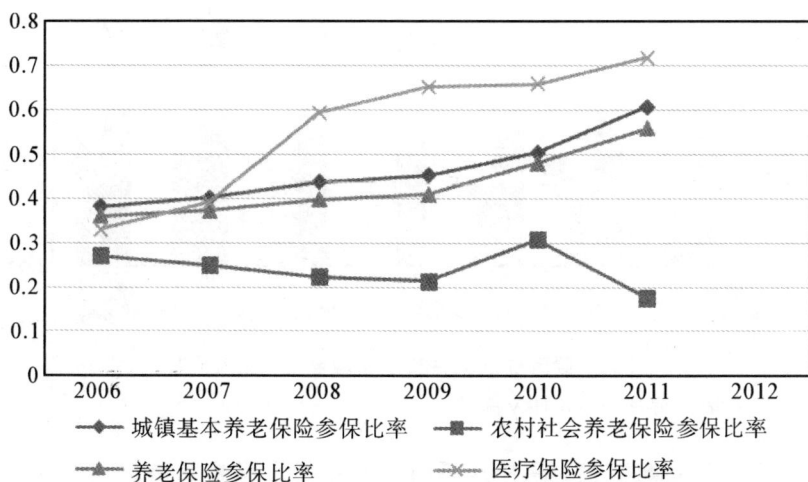

图 17 厦门市 2006—2012 年各类社会保障参保比率情况(常住人口口径)
数据来源:厦门市各年统计年鉴。

下降,2011年已经低于20%,农村社会养老保险参保人数与常住农村人口数的缺口越来越大,这将会影响厦门市农村社会环境的稳定。总体上看,养老保险参保比率达到60%以上,医疗保险参保比率也达到70%以上,但是仍然有三成左右的常住人口没有纳入社会保障体系,而其中更多是外来务工人员,外来务工人员市民化问题仍然存在。

3.厦门市城乡一体化进程发展较慢,城乡差距拉大

(1)厦门市城乡收入稳步提升,但城乡差距略有扩大,农村相对生活水平下降

一个区域的城市化并不单单依靠外来人口流入定居市区以及市区建设面积的外扩促进当地居民逐步市民化这一途径,还能依靠城乡之间的差距缩小,促进城乡一体化来使得当地农村居民逐渐改变工作模式和生活方式与城市日常生活相契合的方法来实现,这可以通过城乡收入情况以及恩格尔系数这两个侧面看出。

在城乡收入比方面(图18),厦门市虽然在2010年之后城乡收入比有所下降,但相较于2006年,2012年的城乡收入比仍有小幅上升,城乡收入差距扩大不利于农村居民逐步融入现代的城市生活方式,不利于就地城市化进程的推进。

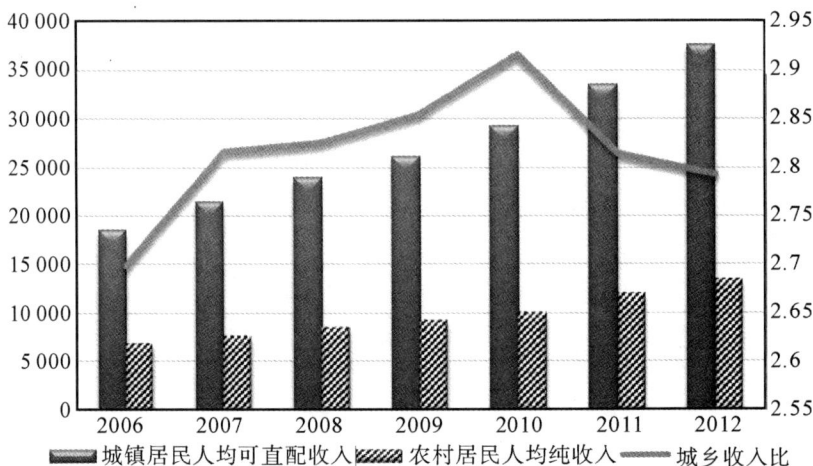

图18 厦门市2006—2012年城乡人均收入情况

数据来源:各年厦门市统计公报。

在恩格尔系数方面(图19),厦门市城镇居民恩格尔系数在2008年至2009年国际金融危机期间有明显提升,用于食品方面的个人消费支出比率有所提升,虽然人均可支配收入继续提升,但从侧面也反映了收入增加的同时生

活成本的提升；厦门市农村恩格尔系数呈现出缓慢增长趋势，2012 年的43.5％为近七年来的高点，而在农村居民人均纯收入稳步增加的背景下，这更能反映农村生活成本的增加以及农村生活水平的相对下降。这加剧了由于城乡收入比增大带来的生活水平的差异，厦门市城乡真实生活水平在近年来高速城市化的背景下却悄悄拉大了，这将严重影响厦门市未来城市化进程。加之农村社会保障参保率下降的影响，农村地区未来可能会浮现诸多社会问题。

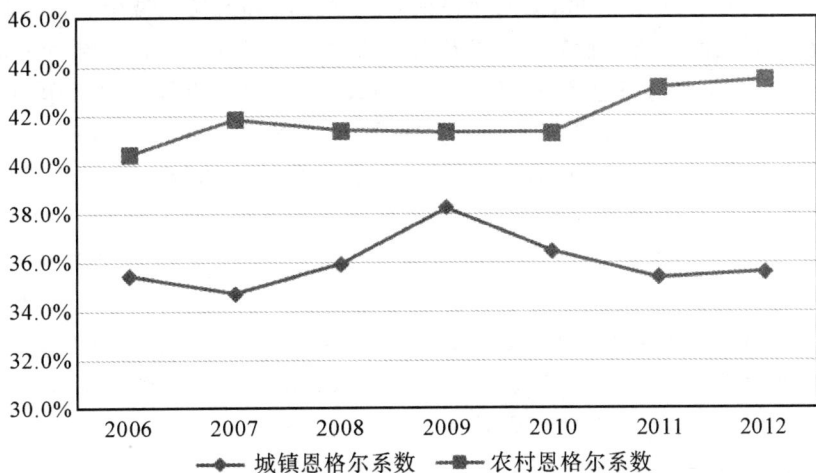

图 19　厦门市 2006—2012 年城乡居民恩格尔系数情况

数据来源：各年厦门市统计公报。

　　总而言之，厦门市城市化水平较高，城市化逐步进入依赖于第三产业发展的阶段；城市化质量不断提升，所能提供的公共基础设施与服务水平不断提升；但城乡一体化中暴露出的城乡差距拉大、农村社会保障发展较慢以及城市化过程中外来人员市民化问题则会逐渐困扰着厦门市城市化进程的推进。

三、厦门市城市化与人口规模和结构的关系

　　（一）城市功能定位要求合理扩大人口规模，规划各区人口分布，加强厦漳泉区域协作

　　厦门市城市功能定位要求厦门市要合理扩大人口规模，以满足工业扩张需求以及服务业自我集聚的需求；但同时要避免人口过度增长，以保证厦门市

不因过度的人口膨胀而导致城市环境质量下降,以及城市基础设施建设与基础设施服务提供方面的城市财政压力提升;关键的是合理规划各区人口分布,避免过多人口涌入岛内,造成区域性人口规模结构与环境质量、基础设施服务提供的错配。

首先,现有的城市功能定位需要一定的人口规模支撑,同时需要优化人口结构。为发展打造东南国际航运中心,厦门市则需要一定的人口规模以支撑相关运输物流行业的发展,从而建设两岸海运枢纽和区域物流中心。大陆对台贸易中心、两岸金融服务中心以及海峡西岸经济区重要中心城市的功能定位则一方面需要与周边经济腹地的产业与人口规模产生互动,尤其利用泉州、漳州两市作为多数台胞祖籍地的人文优势;另一方面也需要适当增加本市产业规模,吸纳金融人才,从而能支撑符合城市功能定位的对台承接产业发展以及金融服务行业的发展。而厦门市城市创新能力的提升,以及工业化的转型,需要吸纳更多高素质人才与配套服务业的从业人员迁入,优化人口结构。

其次,现有的城市功能定位需要合理规划各区人口分布,加强厦漳泉区域合作。2012 年厦门拥有常住人口 367 万人,在福建省排名第四,排在泉州、福州、漳州之后,而市辖区常住人口 325.16 万人,在福建省内排名第一,半数以上的常住人口聚集在岛内地区,造成区域性人口规模结构与基础设施服务提供的错配,使得岛内交通拥挤,城市生活质量较难快速提升,不利于现有的城市功能定位发展。因此,从城市功能定位考虑,需要合理规划各区人口分布,避免错配现象继续深化,人口分布向岛外倾斜,也有利于更加契合各区的功能定位,以岛内第三产业为主,海沧—集美二区二三产业并重,翔安—同安二区第二产业崛起的产业圈层的建立,也需要相对平衡的人口分布以支撑。

再次,从区域上看,作为闽南地区的中心城市,作为厦漳泉大都市区的核心地带,需要厦门市拥有一定的人口规模,以维持中心城市的地位,厦门市近年来常住人口规模快速增长符合这一要求。然而厦门市半数以上常住人口"蜗居"于厦门岛内地区,这种人口规模与集中形势并不利于厦门市对外辐射能力的提升,从而减弱了与泉州、漳州两市的区域协作水平。从目前厦漳泉同城化趋势上看,厦门市城区向泉州漳州两市方向扩展,同时吸纳更大的人口规模是必要的。同时,作为区域协作所需的产业差异化发展以及利用厦门市服务业辐射能力提升的现状,在人口结构方面,厦门市需要吸纳更多的第三产业从业人员,以服务于整个闽南地区,加之厦门市城市创新能力的提升,对高科技人才的需求与吸纳能力提升,因而也要求厦门市人口年龄结构与素质结构、就业结构的调整适应于城市功能定位。因此就目前厦门市产业从业人员结构以及人口规模结构上看,2010 年人口普查反映出人口的青壮年化、第三产业从业人员占比以及高素质人口占比提升的现状是符合厦门市现有的城市功能定位的。就总体人口规模上看,以目前经济社会情况以及厦门市城市功能定位,目前 300 万至 500 万的人口规模是相对合理的,是经济社会环境能够支撑的;同时随着厦门市城市化进程的推进与厦漳泉同城化的深入展开,厦门市东部地区的开发能够容纳更多的人口,长期发展后,未来厦门全市保持在 800 万至 1 000 万常住人口仍可能是相对合理的。但与此同时则需要关注厦门市岛内岛外人口的不均衡问题,随着岛内第二产业的外移及岛外产业与新城区的建设,逐步将岛内居民吸引到岛外发展,加强与泉州、漳州两市区域协作、人口互动关系是未来厦门市形成合理城市人口规模,契合城市功能定位的重要议题。

总而言之,厦门市城市功能定位与其所拥有的人口规模结构是基本契合的,未来本市的发展以及厦漳泉区域协作需要更大的人口规模来支撑,但仍需合理控制人口规模,合理规划各区人口分布,加强厦漳泉大都市区的区域协作与人口规模和结构互补以促进大都市区的发展与厦门市城市功能内涵的扩展。

(二)厦门市总体人口结构符合发展趋势,人口规模分布极不均衡问题亟待解决

第二节分析表明,厦门市城市化进程较为类似于深圳市,两市所拥有的行政区划土地面积相近,都有较高的城市化率,同时也拥有大量的外来人口,作为先行者,深圳市能够给予厦门市一些参考。

为了在厦漳泉同城化背景下考察城市化与人口规模结构关系,除了深圳市、厦门市外,我们还加入了泉州、漳州两市第六次人口普查数据进行对比(表3)。表 3 显示,城市化水平较高的深圳市和厦门市在人口结构上较为类似,年龄结构上由于外来人口数量巨大,因而 15~64 岁人口占比较高,而人口素质结构上,大学程度人口占比相较于城市化水平较低的泉州、漳州两市高了十多个百分点。相比厦门市,深圳市老龄人口较少,人口素质上初中程度以上人口占比超过 90%,而且更偏向于更高素质人口。从此角度上看,厦门市未来发展方向可以参照深圳市城市化经验,吸纳更多的外来青壮劳动力,同时优化人口素质结构。当然厦门市更能够利用周边城市化水平较低,能够更多地吸纳周边人口,这一方面在语言文化上减少冲突,另外有利于加强区域协作、产业转移与结构优化。就此而言,厦门市目前的人口规模结构是相对合理的,也利于未来城市及大都市区的发展。借鉴深圳市城市化发展经验以及目前深圳市千万常住人口的容量,厦门市目前 300 万~500 万的常住人口规模是相对合理的,而未来发展能够达到 1 000 万左右人口也是可行的,另外目前的人口年龄结构、素质结构也是处于相对优质的结构,与周边的泉州、漳州两市能够相互补充,因而整体人口规模结构发展趋势总体上说是有利于城市化进程推进的,也是城市化过程的必然要求。

表 3　　　　　　　　各市 2010 年人口规模结构情况

	人口规模	人口年龄结构		
	常住人口数（人）	0～14 岁人口占比（%）	15～64 岁人口占比（%）	65 岁及以上人口占比（%）
深圳市	10 357 938	9.84	88.40	1.76
厦门市	3 531 347	12.84	82.60	4.56
泉州市	8 128 530	14.50	79.51	5.99
漳州市	4 809 983	16.79	74.69	8.52

	人口素质结构				
	大学程度人口占比（%）	高中程度人口占比（%）	初中程度人口占比（%）	小学程度人口占比（%）	文盲程度人口占比（%）
深圳市	17.18	23.97	44.05	8.88	0.48
厦门市	17.80	18.91	34.67	19.47	2.51
泉州市	5.71	11.76	43.74	29.22	2.16
漳州市	5.93	10.84	38.18	34.46	2.66

数据来源：2010 年各市人口普查公报。

　　而从各区人口情况上看（表 4 和表 5），厦门市半数以上常住人口集中在思明、湖里两区，而深圳市则是宝安、龙岗两区；厦门市常住人口与户籍人口比例最高的是湖里区，达到 422.10%，集美和海沧两区也在 200% 以上，而深圳市都在 200% 以上，宝安和龙岗两区排名前 2；在人口密度上，厦门市人口密度最高的也是思明和湖里两区，达到每平方公里一万人以上，而深圳市则是罗湖、福田两区，其他各区都大于厦门市岛外各区，但人口密度分布相对均匀。这从中反映了厦门市虽然在总体人口规模结构上符合城市化发展趋势，但是人口空间分布的不平衡将会制约厦门市未来城市化进程，主城区人口的过度集中不利于城市环境的优化，进而降低了对高素质人口的吸引力，不利于人口素质结构的进一步升级。

表 4　　　　　　　　厦门市全市与各区 2010 年人口情况

	常住人口数（万人）	各区常住人口在全市的比重（%）	户籍人口数（万人）	各区户籍人口在全市的比重（%）
厦门市	353.13	100.00	180.21	100.00
思明区	93.00	26.34	63.41	35.19
湖里区	93.13	26.37	22.06	12.24
集美区	58.09	16.45	20.64	11.45
海沧区	28.87	8.18	12.41	6.89
同安区	49.61	14.05	32.28	17.91
翔安区	30.43	8.62	29.40	16.32

续表

	土地面积 （平方公里）	人口密度 （人/平方公里） ［常住人口口径］	人口密度 与全市平均 水平比率（%）	常住与户籍 人口比（%）
厦门市	1 573.16	2 245	100.00	195.96
思明区	75.31	12 349	550.13	146.66
湖里区	65.78	14 158	630.70	422.10
集美区	255.90	2 270	101.12	281.43
海沧区	170.36	1 695	75.50	232.66
同安区	649.73	764	34.02	153.71
翔安区	356.08	855	38.07	103.50

数据来源：2010 年厦门市人口普查公报、2011 年厦门市统计年鉴。

表5　　　　　　　　深圳市全市与各区 2010 年人口情况

	常住人口数 （万人）	各区常住人口在 全市的比重（%）	户籍人口数 （万人）	各区户籍人口在 全市的比重（%）
深圳市	1 037.20	100.00	251.03	100.00
罗湖区	92.45	8.91	45.36	18.07
福田区	131.96	12.72	61.32	24.43
南山区	108.94	10.50	47.61	18.97
宝安区	450.51	43.44	50.88	20.27
龙岗区	232.43	22.41	41.34	16.47
盐田区	20.91	2.02	4.51	1.80

	土地面积 （平方公里）	人口密度 （人/平方公里） ［常住人口口径］	人口密度 与全市平均 水平比率（%）	常住与户籍 人口比（%）
深圳市	1 991.64	5 208	100.00	413.18
罗湖区	78.75	11 740	225.43	203.81
福田区	78.66	16 776	322.13	215.20
南山区	186.58	5 839	112.12	228.82
宝安区	723.16	6 230	119.62	885.44
龙岗区	849.85	2 735	52.52	562.24
盐田区	74.64	2 801	53.79	463.64

数据来源：2010 年深圳市人口普查公报、2011 年深圳市统计年鉴。

进一步深究原因,相比各区三次产业结构上看(表6),厦门市第三产业占比最高的是思明区,其次是湖里区,但在50%以下,而深圳市则是罗湖、福田、盐田三区都在70%以上;结合常住人口占比、人口密度以及常住与户籍人口比,厦门市在人口地域分布上极不平衡,常住人口集中在二三产业发达、城市化水平最高的岛内地区,而其中外来人口则主要集中在湖里区,在第三产业发达的思明、工业快速发展的集美、海沧两区也有所分布;相比之下深圳市则比较平均,人口密度较大的罗湖、福田两区拥有发达的第三产业,宝安、龙岗两区虽然人口规模较大,但人口密度不高,且集中发展第二产业。因此,厦门市的各区人口分布结构与产业结构的契合不太合理,虽然,从总体上看,厦门市人口规模和结构与产业结构契合程度还是相对较高的,城市化质量也相匹配,但是,就分区上看,厦门市人口分布极不平衡性将会影响到城市质量提升以及产业发展;厦门市产业结构虽然逐步形成"思明湖里—集美海沧—同安翔安"三阶层分布趋势,但是岛内外产业层级差别还是相对明显,加之岛内外基础设施服务配套的差异,短期内难以改变人口分布向岛内集中的趋势。借鉴深圳市的经验,厦门市需要进一步合理规划各区产业分布,将岛内人口逐步分流,优化岛外基础设施服务的提供,增加岛外地区对人口的吸引力,进而减弱人口规模结构与基础设施与服务环境的错配程度。

表6　　　　　　厦门市、深圳市全市与各区2010年产业结构情况

	第一产业占比(%)	第二产业占比(%)	第三产业占比(%)
厦门市	1.12	49.73	49.15
思明区	0.07	19.37	80.56
湖里区	0.00	52.03	47.97
集美区	1.62	62.56	35.82
海沧区	0.58	73.47	25.95
同安区	5.79	55.72	38.49
翔安区	3.73	78.14	18.13
深圳市	0.07	47.21	52.72
罗湖区	0.02	9.32	90.66
福田区	0.04	10.56	89.40
南山区	0.07	60.35	39.58
宝安区	0.08	65.47	34.44
龙岗区	0.11	68.68	31.21
盐田区	0.02	26.82	73.16

数据来源:2011年厦门市、深圳市统计年鉴。

因而,厦门市城市化主要呈现"思明湖里—集美海沧—同安翔安"三阶层分布,而人口也主要密集分布在产业较为发达、城市化质量较高的岛内地区,进而这样的不平衡性将会约束整体产业的发展、城市化进程以及加剧因人口规模膨胀带来的"城市病"问题。参照未来厦漳泉三市区域协作趋势,厦门市城市外扩以及岛内核心区域人口外迁是大都市区建设的必然之举,一方面有利于缓解岛内人口规模过度膨胀问题,另一方面也有利于加强与泉州、漳州两市的物质与信息的交流。

(三)厦门市城市化进程与当前人口规模结构相对契合,潜在问题仍然较多

从厦门市城市化整体进程与人口总规模结构相适度上看,两者的关系总体上是相契合的,城市化进程引致了当前的人口规模与结构,而当前的人口规模与结构也影响着未来城市化进程的推进。

目前厦门市整体的城市化水平处于较高水平,结合产业结构可以判断,城市化的助力逐步以第二产业为主转向第三产业为主,进而相应的人口规模结构要求也在转变;同时厦门市的城市化质量也在不断提升,公共基础设施与服务水平不断提升,社会保障水平不断提升,吸纳更优人口规模结构的能力不断提升,也对当前人口规模结构的变化依赖性更强,这些都是厦门城市化进程与人口规模结构互动关系中利好的一面,但在城市化进程与人口规模和结构变化过程中两者的互动关系仍然存在不利因素,需要在未来城市化进程中逐步解决。

第一,在土地城市化与人口城市化关系方面,厦门市土地城市化扩张速度明显快于人口城市化速度,城市建成区面积从 2006 年的 158.00 平方公里增长到 2011 年的 246.30 平方公里,6 年间增长了 55.89%,而常住城镇人口则增长了 36.95%[①],城市用地规模弹性系数(城市用地增长率/城市人口增长率)达到 1.51,高于杨风(2012)提及的 1.12 的合理水平。"摊大饼式"的城市化发展模式在厦门市有所体现但尚不严重,土地城市化速度快于人口城市化速度一方面虽然有利于人均基础设施与服务水平的提升,有利于缓解人口规模提升带来的拥挤问题,但另一方面有限的土地资源最终仍会制约城市的发展,另外没有相应产业转移的情况下城区的快速扩张也带来巨大的公共交通压力,不利于就近工作,对居民工作生活带来不便,同时也给政府财政增加巨大的建设与维护压力。

厦门市的现状问题在于各区人口布局与产业布局及生活设施布局不均衡,部分产业区与居住区距离较远,土地城市化速度快于人口城市化速度,加

---

① 常住人口数据有调整,根据城镇化率与调整后常住人口数据计算。

之岛内外人口分布不均匀,造成上下班高峰期公共交通压力巨大。例如,就BRT而言,即使在上下班高峰期,第一码头至火车站一段车内仍然较为宽松,但湖里、集美、同安整段则会出现异常拥挤状况。这从一方面反映了土地城市化过快带来的弊病;另一方面土地城市化的过快发展,城区的迅速扩大,加之公共交通工具提供相对不足,从而厦门市私家车数量的飙升也对城市环境恶化以及道路拥挤度提升带来更多的困扰。另外,市政服务与基础设施的提供成本也随着城区面积扩大而不断地增加。虽然厦门市在这一方面尚不严重,但是仍然是值得关注的重要问题。人口分布不均以及新城周边基础设施与产业配套无法及时跟上导致了常住人口仍然朝着基础设施相对完备,产业发展较为成熟的岛内地区,尤其是湖里区进一步集中,这一趋势短期内无法改变,是困扰厦门市城市化进程的一个重要问题。

第二,在常住户籍人口与非户籍人口非平等性方面,厦门市仍然存在一些需要解决的实际问题。在人口户籍与非户籍结构中,厦门市三百多万的常住人口中有近半数为外来人员,根据人口年龄结构与素质结构推算,其中很大部分来自农民工。鉴于厦门市基本养老保险与基本医疗保险的覆盖率还不够高,可以推断外来务工人员中仍有相当部分没有参加基本城市社会保险,但包含在城市人口之中,这种统计口径的城市化水平虚高并不能切实反映一个城市的真实城市化水平;同时由于户籍人口与非户籍人口待遇上的差异性,也导致这部分外来务工人员的消费需求无法充分激发,只能作为区域间收入转移的媒介,加之城市中物价提升、房价飙升的现象存在,对于买房定居的可能性也受到经济性约束而大大降低。厦门市仍然可以做出一些努力去改进,以防止未来由于城市生活成本提升过高,对外来务工人员吸引力下降而导致的劳动力缺失及人口老龄化带来的城市没落。因而解决好农民工市民化待遇问题也是重中之重,是解决未来城市活力与竞争力,影响城市化进程的关键钥匙。

外来务工人员市民化待遇问题是近来城市化的重要议题,由于户籍制度准入机制的限制,外来务工人员子女就学问题以及居住问题仍然是厦门市急需面对的问题。虽然厦门市社会保障性住房逐步向外来务工人员开放申请,但本地居民仍然拥有较大的优势,外来务工人员是否享受到同等的市民待遇仍值得商榷。当然,如果一步到位解决外来务工人员市民化待遇问题,这将会使得政府财政压力过大,地方政府财力无法承受。关于市民化待遇问题,从理论上讲,外来务工人员为城市的发展提供了动力,理应受到相同的市民待遇,但现实并非如此。如果逐步解决市民化待遇问题,则有利于厦门市保有对外来务工人员的吸引力,进而推动产业的发展,提供更多的税源,进而为市民待遇的平等化提供财力支撑,最终推动人口城市化的真正实现。

第三,在城乡一体化进程方面,厦门市表现相对较差,无论从农村社会养老保险参保率的快速下降,还是从城乡收入差距扩大以及恩格尔系数反映出的农村生活成本上升等问题,都反映了城乡一体化过程的问题。虽然城乡收入差距的存在是吸纳周边农民流向城市,转化为城市居民的一个必要条件,但是相应的技能不匹配以及生活和生产习惯的不一致,使周边农户无法短期融入城市生活,转化为城市居民的一个重要限制。而且在土地城市化过快发展的过程中,所在区域的农村居民通过行政方式就地转换为城市居民造成一部分城市化水平的虚高。由于这些居民生活方式与习惯并不是一朝一夕能够转换以及劳动方式与收入并没有很快发生变化,因此也存在城乡一体化以及市民化问题,从而也是厦门市未来城市化发展中需要注意的重要问题之一。

城乡一体化问题与外来务工人员市民化待遇问题一样重要,是解决当地农村人口与外来务工人员如何有效融入城市,成为市民的重要问题,然而厦门市在这方面仍然相对薄弱。如果解决好这一问题,能够为厦门市产业发展提供更多的劳动力,同时激活原有农村居民与外来务工人员的消费需求,促进内需,保证地区内供需和谐,最终为厦门市的经济发展与城市化进程提供助力。

第四,在公共基础设施与服务水平方面,厦门市虽然在人均量上有了很大提升,但在人口规模快速增加的背景下,对于公共资源的争夺也相对激烈,同时对财政收支状况也面临巨大的挑战。就财政收支状况上看,厦门市 2012 年地方级财政收入 422.91 亿元,财政支出 462.7 亿元,存在一定的缺口,这就需要基金收入进行弥补。而基金收入的重要部分则来源于土地出让金,这可能对未来厦门市房价一定的助推作用,影响整体城市生活成本上升,进而在经济上减弱对外来人口的吸引力,不利于吸纳更多人口推动城市产业发展与保持城市竞争力。此外,人口规模快速增加也增加厦门市财政压力、未来社保压力,同时也影响公共基础设施服务提供水平,因而控制合理人口规模对于城市化发展是必要的。

公共基础设施与服务水平问题则与人口规模有更深的互动关系,公共基础设施与服务水平的改善对人口规模的增加有正向的促进作用,而人口规模的快速增加使得人均公共基础设施与服务水平在供给增长较慢的情况下趋于下降,弱化了公共基础设施与服务水平改善对人口迁入的吸引力。另外,两者对政府财政支出都有较大的压力,需要地方政府财力作为支撑,但是人口规模的增加提供的劳动力促进了产业发展,也给了政府更多的税源。因此,如何解决好公共基础设施与服务水平、人口规模以及政府财政收支三者的关系是解决厦门市未来人口城市化问题的巨大挑战。

第五,在城市区域人口与经济发展不平衡方面,厦门市也存在较大问题。厦门市城市化发展主要呈现"思明湖里—集美海沧—同安翔安"三阶层分布,人口除集中在发达的岛内地区外,还存在着高度城市化地区出现类"贫民窟"、

"城中村"现象的出现,例如在繁华的中山路周边的老城区中公共基础设施服务提供水平下降,集中相对贫困人口,周边市容市貌较差,有潜在的类"贫民窟"现象,还有外来人口相对集中的湖里区中存在几个区域集体用地建设的租房提供量较多、房租相对低廉、周边生活成本较低而吸纳了较多的外来人口,也存在潜在的类"城中村"现象。人口高度集中以及对公共资源的"争夺"加剧,可能导致社会治安问题较多,潜在的社会不稳定因素增加。人口规模快速增加以及人口结构逐步优化带来的相对低素质人口潜在失业压力增大,区域人口与经济发展不平衡现象的加剧都将给社会稳定与公共安全带来了巨大的挑战。

总而言之,虽然厦门市城市化进程与人口规模结构相对契合,但仍然存在土地城市化与人口城市化关系、常住户籍人口与非户籍人口非平等性、城乡一体化、公共基础设施与服务水平、城市区域人口与经济发展不平衡等相关问题,这是厦门市城市化过程中需要重点解决与人口规模和结构密切相关的重要问题。

四、总结与政策建议

(一)厦门市城市化与人口规模结构关系相对和谐,喜中有忧

城市化和人口规模结构是相辅相成的,城市化进程有效推进应该与合理的人口规模结构相互呼应,如果人口规模过快发展,不及时调整人口结构,则会影响城市化质量;而良好的城市化质量是吸纳更多人口规模,借以推进产业结构升级换代、保持城市综合竞争力的保障。

就目前来看,厦门市人口规模相对适中,人口年龄结构青壮年居多,人口素质结构逐步高素质化,这一人口规模和结构是适应厦门市城市功能定位的变迁,同时也与厦门市较高的城市化水平与城市化质量相匹配的;而厦门市较高的城市化水平、不断提高的经济发展水平、快速成长的服务业、不断提升的市政设施与服务水平以及日益提升的城市社会保障水平都是厦门市能够吸纳目前人口规模,形成相对优质人口结构的保障,两者的良好互动将促进厦门市未来城市化进程。

但在城市化与人口规模结构良好互动的背景下,厦门市仍然潜藏着一些亟须解决的实际问题,这将会影响厦门市未来城市化进程与方向:

(1)土地城市化速度快于人口城市化速度,"摊大饼式"城市化模式问题仍然存在。

(2)外来人口市民化待遇问题相对缓和但依旧存在;

（3）城乡一体化进程存在缺陷，城乡收入差距略有拉大，农村生活成本提升，农村养老保险参保率下降，农民融入城市生活方式问题有待解决；

（4）公共基础设施与服务水平受人口规模压力增大，城市财政压力提升；

（5）城市区域发展不均衡，人口分布极不平衡，类"贫民窟"和"城中村"现象依然存在。

外来人口市民化待遇问题、城乡一体化问题以及人口分布不均的问题，这是现阶段厦门市亟待解决的重要现实问题。

（二）厦门城市化与人口规模和结构关系的处理应着手在人，重视公平，重在和谐

城市化本质在于城市社会经济不断发展所引起的城乡人口比例、城乡关系、城市功能、城市文化与城市价值观念的实质性变化。而其与人口规模结构关系最为密切，因而城市化与人口规模和结构两者之间的关系的处理是城市化进程中所需处理问题的重中之重。

厦门市城市化进程中处理其与人口规模结构关系时应着手在人，无论是在外来人口市民化待遇方面，还是城乡一体化方面，以及人口分布不均方面，都是处理与"人"的关系，更要重视公平问题，重在形成外来人口与当地人口的和谐、城市居民与农村居民的和谐，区域与区域间人的和谐。由此，本章提出以下政策建议：

第一，土地城市化速度与人口城市化速度相协调。土地城市化速度与人口城市化速度相协调是要求城市化发展方式从速度扩张向质量提升方向转变，一方面通过合理地统筹优化现有城市功能区，使得人口布局、产业布局与生活设施布局有机结合，另一方面通过在未来的城市功能布局规划中侧重卫星城的建设，确定主城和卫星城的分工和强化两者之间的联系，避免"摊大饼式"城市化模式带来的一系列问题，为适应已有的土地城市化速度大于人口城市化速度，更应该推动人口城市化速度的提升，在合理布局的前提下充分吸纳与经济社会及未来发展趋势相适应的人口规模，做大厦门，向工业良性发展、良性互动、服务业自我集聚、自我优化的更大型城市转变。

第二，逐步给予外来人口市民待遇，建设包容性城市。逐步给予外来人口市民待遇一方面是在政策允许范围内逐步松动户籍限制，能够给予外来人口子女同等的受教育权利，能够真正吸纳外来人口来厦定居，另一方面则是能够在政策法规上有一定突破，在充分给予外来人口与厦门本籍户口一致的社会医疗养老保险待遇之外能够逐步放开经济保障房、廉租房等福利供应，给予外来人口足够的人文关怀，使其以厦门为家，为"第二家乡"贡献力量。这样才能够解决不同人口不同待遇问题，才能更为注重社会公平，减少只是通过统计口

径虚增城市化水平程度,有效吸纳外来人口融入当地城市生产生活方式习惯。

第三,着力弥补城乡差距,努力吸纳"新进市民"。在城市化过程中不单一依靠土地城市化,扩大城区以吸纳周边农民直接转化为市民,而是要能够切实提升周边农民收入,激发农村居民消费需求,缩小与城市生活方式习惯的差异性,促进小城镇的集中,缩小城乡差距,从而逐步达到就地城市化的效果。另外,对于因城区扩大而直接转化为市民的"新进市民"则提供更为有效的就业信息平台,同时适度地提供职业技能培训,进而将其吸引至城市就业、融入城市生活;在社会养老医疗保障方面逐步开展城乡同步,进而缩小在社会保障方面的城乡差距。

第四,继续推进公共基础设施建设,提高公共基础服务水平,注重财政支出结构。在公共基础设施与服务方面,则需要在进行合理的城市规划,保证使用效率的前提下,继续推进公共基础设施建设,提高公共基础服务水平;要合理规划城市财政收支状况,节省不必要的财政支出,合理提升人文和民生方面的投入,营造新型人文城市。

第五,合理规划城市人口与产业空间分布,逐步转移岛内人口,维持社会稳定。合理规划城市人口与产业空间分布则是要在厦漳泉同城化的背景下,逐步建立卫星城区,将岛内人口逐步引导向岛外空间,一方面能够舒缓岛内巨大人口压力,另一方面则能够通过卫星城区加强与泉州、漳州两市周边地区的经济与人口联系,维持与两市的物质流与信息流的畅通。同时注重社会民生,改善中心城区一些类"贫民窟"、"城中村"现象,在能维持原有厦门历史文化风貌的老城区,保留其文化特色,而不能维持原有特色的老城区则可在适当提供下一代一定职业培训,提升其经济水平进而举家迁出老区的背景下,逐步迁出原住人口,避免产生较大社会冲突,最终达到逐步改造老城区风貌目的。同时,逐步完善各区的基础设施服务水平,减少类"城中村"现象出现,在重视规划的合理性以及充分保障区内民众的权益的前提下逐步推进城市化进程。

总而言之,城市化是一个循序渐进的过程,存在问题的解决需要一定的耐性与容忍度,厦门市城市化与人口规模和结构两者之间的关系相对契合,有利于未来城市化的发展。厦门市在未来的城市化进程中应该从速度扩张转向质量提升,应该着手在"人",重视吸纳更大人口规模,重视人口布局与产业布局、生活布局相适应,重视经济社会以及市民待遇的公平,重视在城市化进程中推进与合理人口规模和结构的和谐互动。

课 题 负 责 人:李文溥
课题组主要成员:李静、陈贵富、余长林、王燕武
执　　　　　笔:余长林、李泽扬、李文溥

人口扩张背景下的厦门市政府
公共服务供给研究

　　作为区域性中心城市,近些年来,厦门市人口增长趋势十分迅猛。第五次全国人口普查(2000年)到第六次全国人口普查(2010年)之间,福建省超过2/3的人口增长集中在厦门市。人口规模的增大,一方面为厦门市经济社会发展做出了巨大贡献,但同时也对厦门市的地方公共服务提供提出了严峻的挑战。尤其是在交通设施、公共卫生、教育资源、城市环境保护以及社会治安等直接关系民众切身利益的民生服务方面,随着人口的增长,城市拥挤效应渐显,城市居民的日常生活出行、消费成本渐趋上升。

　　随着厦漳泉大都市区建设的稳步推进,以及向莆铁路、厦深铁路等连通厦门与周边地区重要交通干线的开通,厦门区域性中心城市的位置将进一步得以巩固,对周边地区的吸附效应也将进一步增强。因此,如何应对未来人口流入持续增长对政府公共服务品供给的稀释效应,克服大城市病的发生,将在很长一段时期内成为厦门市政府需要考虑的重大问题。

一、厦门市五普到六普十年间人口变化的
情况简析

(一)人口增长迅速,增量较大

　　与2000年第五次全国人口普查相比,2010年第六次人口普查显示,厦门市常住人口为353.13万人,同比增加147.82万人,约占福建省同期人口增长的67.8%,年平均增长率高达5.57%。从年龄构成看,0~14岁人口为45.35万人,占12.84%;15~59岁人口为283.30万人,占80.22%;60岁及以上人口为24.49万人,占6.94%,其中65岁及以上人口约为16.10万人,占4.56%。不同年龄段人口比重呈现两头下降、中间上升的变化趋势。

·(二)岛内外分布有所改善,但局部仍存在较大差异

表1为两次普查期间,厦门市各行政区划的人口数和比重变化情况。可以看出,岛内(思明区和湖里区)的人口占比在十年间下降 0.71%,但仍高达 52.7%。以湖里区为例,2010 年湖里区人口占比较 2000 年上升 6 个百分点,增长总数近 52 万,增幅超过 125%,占到全部新增人口的 1/3 以上。岛外区域,面积最大的同安区和翔安区(原同安区)人口仅增长约 22 万,人口比重由 35.53% 下降到 22.67%;而集美区的人口增长较为显著,其人口翻了两番有余[①],这与其作为与厦门岛联系最紧密的岛外城区和厦门高等教育的集聚地之一的地位是分不开的。总体上,厦门市岛内外的人口均出现明显增长,其中,岛内人口主要增长在湖里区,岛外人口增长则以集美区为主。考虑到岛内面积不及厦门市的 1/10,岛内的人口密度远较岛外高,人口持续向岛内涌入的情况并未发生明显改变。

表1　　　　　　　厦门市 2000—2010 年人口增长对比

第六次人口普查			第五次人口普查		
区划	人口数(万人)	比重(%)	区划	人口数(万人)	比重(%)
厦门市	353.13	100	厦门市	205.31	100
思明区	93.00	26.33	鼓浪屿区	1.96	0.96
			思明区	13.66	6.65
			开元区	52.71	25.67
湖里区	93.13	26.37	湖里区	41.32	20.13
海沧区	28.87	8.18	杏林区	22.70	11.06
集美区	58.09	16.45	集美区	14.87	7.24
同安区	49.61	14.05	同安区	58.09	28.29
翔安区	30.43	8.62			

数据来源:《福建省人口普查资料》(2000 年、2010 年)。

(三)非户籍人口比重明显提高,构成人口增长主要部分

2000 年,厦门市非户籍人口(外来人口)约为 73.53 万人,占全市人口的比重为 35.81%;到 2012 年,厦门市非户籍人口激增到 172.93 万人,同比增

---

① 扣除杏林镇和杏林街道约 8 万人。

加 99.4 万人,约占到厦门市五普到六普之间人口增量的 2/3,占总人口的比重提高到 48.97%,年均上升 1.31 个百分点(表2)。分区域看,湖里区的非户籍人口最多,比例也最高,分别为 71.07 万人和 76.31%;集美区次之,分别为 37.45 万人和 64.47%。

表 2   2000—2010 年厦门市各区域外来人口及其比例变化

区划	2010 年			区划	2000 年		
	户籍人口(万人)	非户籍人口(万人)	非户籍人口占比(%)		户籍人口(万人)	非户籍人口(万人)	非户籍人口占比(%)
厦门市	180.20	172.93	48.97	厦门市	131.78	73.53	35.81
思明区	63.41	29.59	31.82	鼓浪屿区	1.64	0.33	16.66
				思明区	10.47	3.18	23.30
				开元区	29.57	23.13	43.90
湖里区	22.06	71.07	76.31	湖里区	11.38	29.94	72.46
海沧区	12.41	16.46	57.02	杏林区	13.94	8.76	38.58
集美区	20.64	37.45	64.47	集美区	10.17	4.70	31.61
同安区	32.28	17.34	34.94	同安区	54.61	3.48	5.99
翔安区	29.40	1.03	3.38				

注:表中的非户籍人口可定义为外来人口。

数据来源:《福建省人口普查资料》(2000 年、2010 年)。

总体而言,五普到六普十年间,厦门市人口增长十分迅速,其中,非户籍人口的流入是主要原因。这些外来人口为厦门的经济发展做出了巨大贡献,促使厦门的经济规模进一步扩大,进而吸引更多的外来人口流入。从公共服务的角度来看,为服务外来人口的迅猛增长,政府需要额外投入财政资金,提供公共交通设施、文体设施、水电供应、教育卫生资源等,如果供给不能及时跟进,势必将摊薄辖区内居民享有的公共服务水平。

二、厦门市政府公共服务提供的总体情况分析

(一)研究范围的界定

2003 年 10 月召开的中共十六届三中全会首次明确提出将提供"公共服

务"作为政府职能之一。温家宝总理在十届人大二次会议的政府工作报告中强调:"各级政府要全面履行职能,在继续加强经济调节和市场监管的同时,更加注重履行社会管理和公共服务职能"。这个新概念和目标的明确提出,表明我国要在更加清晰的理念指导下,全面系统建立与自己国情相适应的公共服务体系。

何谓公共服务?经济理论认为,个人消费的物品和劳务,按照排他性和竞争性的程度,可分为私人物品和公共物品。其中,私人物品,又叫做私人服务(包含劳务),一般具有强烈的排他性和竞争性,主要是为了满足个人特殊需求;公共物品,又叫做公共服务(包含劳务),则是非排他性和非竞争性,主要是为了满足与社会上每个人都有利益关系的公共需求。由于公共物品往往不具备经济上的利润回报,一般认为,公共物品的供给要由政府部门来主导提供①。由此,所谓的公共服务是指,政府部门筹集社会资源,通过提供公共物品和劳务的方式来满足社会公共需求的过程。然而,由于公共物品和劳务概念涉及的范围太广,既包含公共产品提供,又隐含政府筹集资源能力、服务能力和治理能力改善的内容②,很难进行全面的分析和比较,有必要将其分类,并择取重点分析。目前来看,较科学的划分是将城市公共服务界定为政府在包括社会保障和就业、基本医疗和公共卫生、公共安全、基础教育、住房保障、公共交通、城市环境、文化体育、公职服务水平等方面的提供水平和能力③。而囿于统计数据的缺失,我们仅将分析视角主要集中在一些基础性公共物品,如水电、交通基础设施等,以及一些社会性公共物品,如包括教育、医疗卫生、社会保障以及环境保护等方面的讨论。

(二)现状分析

1. 城市基础设施投资增长较快,基础性公共物品供给改善

2000 年以来,厦门市国民经济和社会发展取得了辉煌的成就,年均经济增速基本维持两位数以上的增长态势。2012 年厦门市地区生产总值(GDP)

---

① 这里,当前的学术界还存有争论。其焦点在于:公共物品的供给,市场也是可以参与的。传统的自由主义经济理论更是认为,"管得越少的政府就是越好的政府";凯恩斯主义则驳斥了这一观点,竭力主张政府应当加强对市场运行的干预,全面承担起公共服务产品的生产与供给职能。参阅:马庆钰,《关于"公共服务"的解读》,《中国行政管理》,2005 年第 2 期。

② 陈昌盛、蔡跃洲(2007)认为公共服务不仅包含通常所说的公共产品,而且也包括那些市场供给不足的产品和服务。广义的公共服务还包括制度安排、法律、产权保护、宏观经济社会政策等。

③ 中国社科院:《公共服务蓝皮书:中国城市基本公共服务力评价(2011—2012)》,社科文献出版社 2012 年版。

达到 2 817 亿元,增速约为 12.1%;地方财政收入 432.3 亿元,是 2000 年的 8.4 倍。在此背景下,厦门市的基础设施建设规模较过去有了长足的提高。 2000 年,厦门市基础设施投资总量规模为 38.7 亿元,到 2012 年,该数值上升 到 370.3 亿元,增长 8.57 倍,年均增速为 20.7%(图 1)。其中,2002—2012 年累计投资总额达 2 604 亿元,约为 1981—2001 年基础设施投资总和的 52 倍。自 2006 年起,每年的基础设施投资规模平均超过 300 亿。

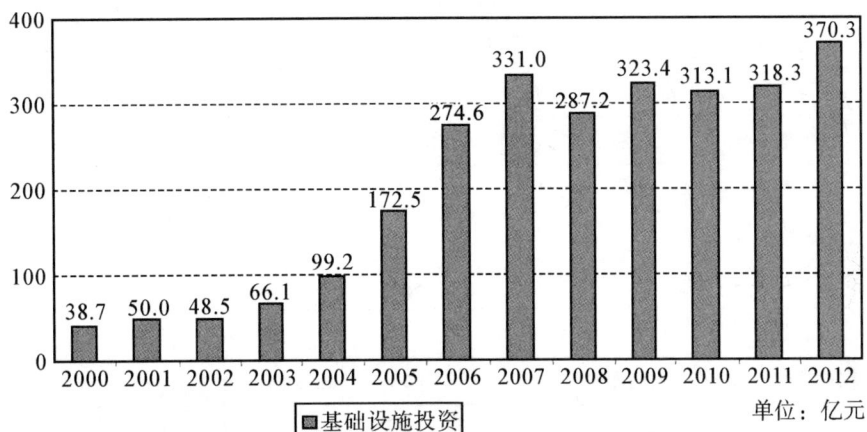

图 1 2000 年以来厦门市基础设施投资总量变化

注:2008 年后不计入文化、教育和卫生方面的投资。

数据来源:整理自历年《厦门经济特区年鉴》。

具体来看,2000—2010 年,全年供水量大幅提升,由 1.93 亿吨增加到 3.17 亿吨;供气管道长度由 451 公里增加 1 683.14 公里,增长了 2.7 倍;全年 用电总量由 43.33 亿千瓦时提高到 150.59 亿千瓦时,增长近 2.5 倍;园林绿 地面积由 2 993 公顷增长 15 296 公顷,增长 4.1 倍;建成区绿化覆盖率从 35.77% 提高到 40.4%,提高了 4.63 个百分点;年末实有道路长度从 586 公 里增长到 1 212.6 公里,增长了 1 倍多;年末实有公共汽车营运辆和出租汽车 数,从 1 036 辆、3 814 辆增长到 3 363 辆、4 574 辆,增幅分别达 224.61%、 19.23%。从人均拥有量看,除个别指标外,多数指标也是提高的。其中,人均 生活用电量由 406.47 千瓦时增加到 943.22 千瓦时;每万人园林绿地面积由 14.6 公顷提高到 43.32 公顷;每万人道路长度从 2.86 公里上升到 3.43 公 里;每万人公共汽车由 5.05 辆增长为 9.52 辆;每百人公共图书馆藏书由 1.03 册增加至 1.86 册;人均供水量和每万人出租车数则是下降的,分别由 2000 年 人均 94.3 吨和每万人 18.60 辆,下降为 2010 年的 89.67 吨和 12.95 辆(表 3),每万人出租车数的较大幅度下降,已在一定程度上造成了市民出行不便。

表 3　　　　　　2000—2011年主要城市基础设施指标的变化情况

	单位	2000 年	2005 年	2010 年	2011 年
全年供水量	亿吨	1.93	2.38	3.17	3.37
人均供水量	吨	94.30	87.01	89.67	93.46
供气管道长度	公里	451	—	1 683.14	1 691
全年用电总量	亿千瓦时	43.33	89.97	150.59	169.30
居民生活用量	亿千瓦时	8.33	15.43	30.57	34.05
人均生活用电量	千瓦时	406.47	565.03	865.74	943.22
园林绿地面积	公顷	2 993	4 615	15 296	15 944
每万人园林绿地面积	公顷	14.60	16.90	43.32	44.17
建成区绿化覆盖率	%	35.77	36.82	40.4	40.64
年末实有道路长度	公里	586	872.6	1 212.6	1 341
每万人道路长度	公里	2.86	3.20	3.43	3.71
年末实有公共汽车营运辆	辆	1 036	2 610	3 363	3 770
每万人公共汽车数	辆	5.05	9.56	9.52	10.44
年末实有出租汽车数	辆	3 814	3 646	4 574	4 825
每万人出租车数	辆	18.60	13.36	12.95	13.37
每百人公共图书馆藏书	册	1.03	1.26	1.86	2.49

注:表中人均指标都是以常住人口作为估算的基数。下文如无特别注明,均为一致的处理方法。

资料来源:整理自《厦门市特区年鉴》(2012 年)。

交通基础设施方面,随着汽车消费的普及化,民用汽车的数量大幅度提高,导致城市交通环境日益拥挤,每百平方米道路的民用汽车数由 2004 年的 0.95 增长到 2011 年的 1.41(图 2)。2012 年,按常住人口计算,厦门市每千人拥有小汽车为 140 辆,约为全国平均水平的 7 倍。

2.科教文卫支出比重落后于全国水平,社会性公共物品供给情况堪忧

2000 年至今,厦门市政府在科学技术、教育以及文化卫生等方面的投入呈现出逐渐上升的趋势,由 2000 年的 12.87 亿元,稳步提升到 2011 年的 90.11 亿元。如果加上环境保护支出、社会保障和就业支出,2011 年,厦门市科教文卫、环境保护及社会保障方面的支出达到 132.49 亿元(图 3)。但是,如果从支出占总财政支出的比重上看,近十几年来,厦门市政府在科教文卫方面的支出占比并无明显变化。2000 年,科技三项费、教育事业费、科学事业费

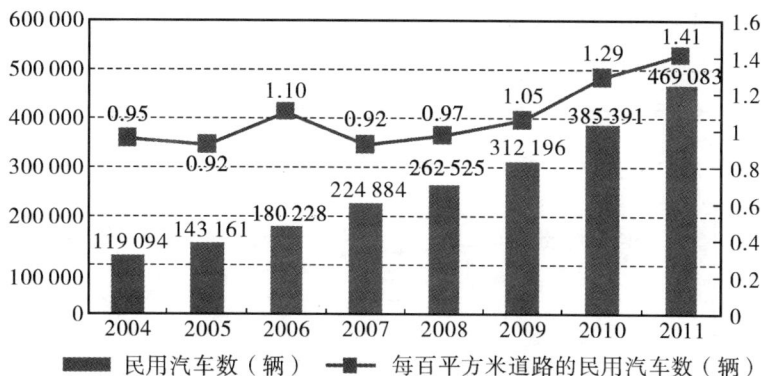

图2　厦门市民用汽车数量的变化

资料来源:整理自历年《厦门市特区年鉴》。

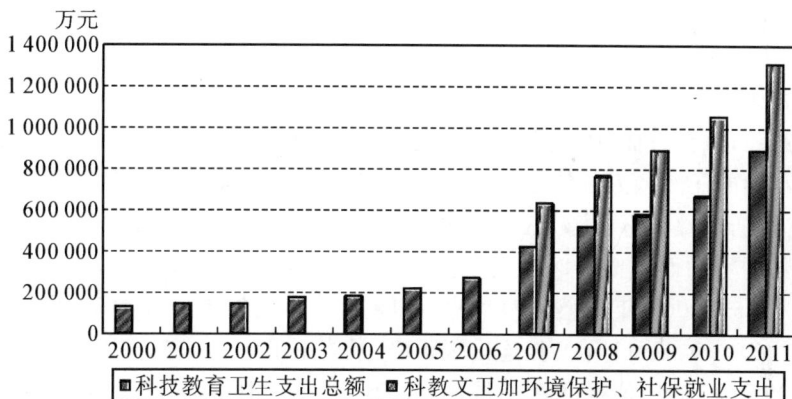

图3　2000—2011年厦门市社会性公共物品方面的财政支出

注:2000—2006年科技教育卫生支出主要包括科技三项费、教育事业费、卫生经费和科学事业费;2007—2011年,支出主要包括科学技术、教育、文化体育与传媒、社会保障和就业、医疗卫生以及环境保护支出。

资料来源:整理自《厦门经济特区年鉴》(2000—2012年)。

以及卫生经费之和占财政支出的比重约为21.8%;到2011年,科学技术、教育、文化体育与传媒以及医疗卫生支出之和占财政支出的比重仅略微提高到23.2%。即使加上环境保护支出、社会保障和就业支出,2007—2011年五年间,其占财政支出的比重也仅从31.9%上升至34.1%(图4)。而全国2011年的比重约为38.5%,明显高于厦门市,作为一个经济发展水平较高的东部沿海城市,厦门的科教文卫、环境保护及社会保障支出比例低于全国水平,其中原因,显然值得检讨。从满足社会不断增长的需求角度看,厦门市政府在教育、医疗卫生、环境保护、科学技术、社会保障等社会性公共物品方面的供给增

325

长有限,已经难以满足不断发展的城市扩张所带来的社会公共服务需求比例增长以及提高居民生活质量的发展需要。

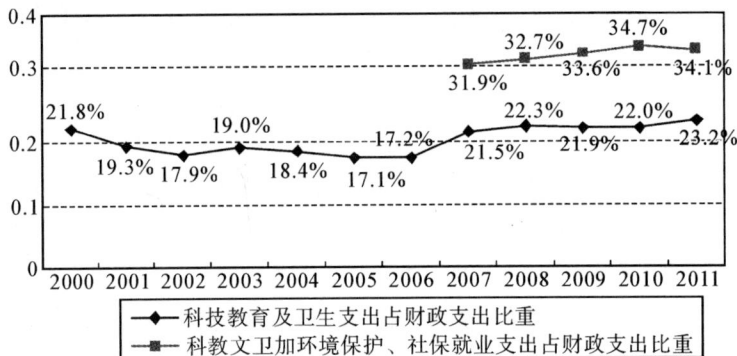

图4 2000—2011年厦门市社会性公共物品方面的财政支出占比
资料来源:整理自《厦门经济特区年鉴》(2000—2012年)。

具体来看:

第一,教育方面,中小学师生比变化反复,未能稳步提升。2000年,厦门市中小学专任教师人数约为1.27万人,到2011年,这一人数增加到1.85万人。但是,反映教育资源是否充裕的一个重要指标——师生比,却没有随着教师人数的增加而提高。2000年,厦门市中小学师生比约为0.054,2003年提高到0.059,2004年回落至0.057,但随后连续五年上升至最高2009年的0.061,2010年、2011年又接连出现下降,最终下滑为0.056,基本上回到2000年的水平(图5)。值得注意的是,2000年,全国的中小学师生比约为0.048,明显低于厦门市;2011年,全国的中小学师生比达到0.061,超过了厦门市的

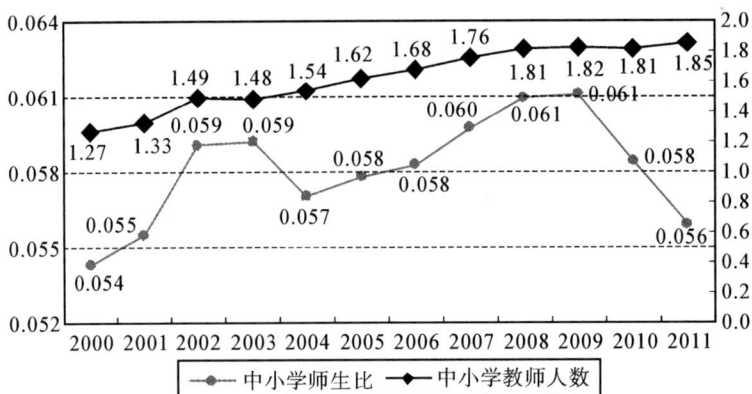

图5 2000—2011年厦门市中小学专任教师人数及师生比变化情况
资料来源:整理自《厦门经济特区年鉴》(2000—2012年)。

水平。这说明,近十一年来,在教育资源提高方面,厦门市不仅出现纵向水平的历史比较下滑,而且横向比较上,也滞后于全国的发展水平。

第二,医疗卫生方面,提供各项服务的能力参差不齐。其中,每万人拥有的医生数较高,但每万人拥有的病床数则相对较低。2011 年,厦门市每万人拥有医生数为 23.8 人,远高于全国平均 18 人的水平,但每万人拥有病床数仅为 29.4 张,明显低于全国平均 35.0 张的水平。

医疗机构种类较为齐全,2011 年,全市医疗卫生机构总计 1 262 个,其中医院 38 个,基层医疗卫生机构 1 193 个,专业公共卫生机构 25 个,不同类型的机构数量互有消长,保持稳定。从纵向比较看,2000—2011 年,每万人拥有的医生数基本保持逐年增长的趋势,而每万人拥有的病床数则变化相对平稳,且在不同的年份略有起伏,但整体上,同样保持上升的势头(图 6)。

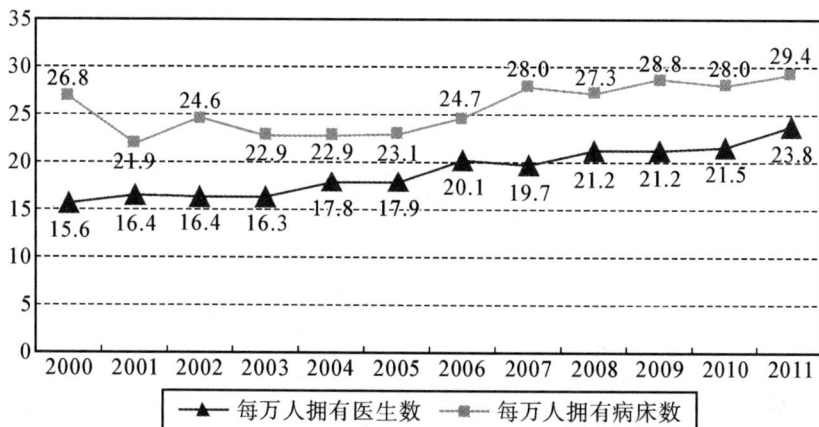

图 6　2000—2011 年厦门市每万人拥有医生数和病床数的变化情况
资料来源:整理自《厦门经济特区年鉴》(2000—2012 年)。

第三,社会保障方面,厦门市基本实现了养老保险和医疗保险在制度上的全覆盖,参保人数逐年保持稳步增加态势。截至 2012 年底,厦门市城镇基本养老保险参保人数为 210.45 万人;医疗保险参保人数为 280.49 万人;失业、工伤和生育保险参保人数分别为 160.45 万人、160.26 万人和 149.72 万人(表 4)。从保障水平上看,厦门市的标准普遍高于国家和福建省的标准。主要体现在:一是城乡居民基础养老金的发放标准为每人每月 200 元,远高于国家和福建省每人每月 55 元的标准;企业职工养老金平均水平为每人每月 2 485元,比全国的 1 850 元和福建省的 1 880 元的平均水平,分别高出 635 元和 605 元。二是职工医疗保险报销比例达 85% 左右,城乡居民医保门诊和住院报销比例分别达 50%、75% 以上。在医保年度内,职工和城乡居民医保的基金最高支付限额分别为 50 万元、45 万元,达到并超过国家医改要求的职工平均工资和居民可支配收入的 6 倍和 8 倍以上。此外,厦门市确定的社会保障财政补助标准也要高于国家和福建省的标准。例如,国家对居民参加养老保险各档次的补助标准均为 30 元,福建省为 30～75 元,而厦门市确定的补助标准为 45～90 元;2013 年,厦门市城乡居民医保财政补助标准为每人每年390 元,高于国家 280 元的补助标准。

表 4   2006—2012 年厦门市社会保险参保人数变化

单位:万人

年份	城镇养老保险参保人数	医疗保险参保人数	失业保险参保人数	工伤保险参保人数	生育保险参保人数
2006	89.12	95.01	77.12	72.71	23.68
2007	99.14	118.86	84.83	96.55	78.13
2008	115.8	193.62	100.98	104.2	92.94
2009	121.96	215.18	105.07	111.08	98
2010	158.61	234.87	125.6	121.8	115.4
2011	194.1	259.29	148.65	147.83	137.32
2012	210.45	280.49	160.45	160.26	149.72

数据来源:整理自《厦门经济特区年鉴》(2000—2012 年)以及 2013 年厦门市国民经济和社会发展统计公报。

第四,科技投入方面,研发经费支出的增速加快,但占经济总量的比重还较小,而且低于全国水平;每万人拥有的科技活动人员数则远远高于全国水平。2006 年厦门市每万人拥有的科技活动人员数为 99.00 人,到 2008 年,提高至 107.46 人,接近全国水平的 3 倍。2011 年,进一步攀升至 178.14 人;不过,在研发经费内部支出占 GDP 比重方面,厦门市一直要低于全国平均水平。2008 年,厦门市研发经费内部支出约为 26.57 亿元,占同期 GDP 的比为1.65%,低出全国平均水平 1.06 个百分点,仅为全国水平的 60.89%。到2011 年,研发经费内部支出迅猛增长至 68.86 亿元,占到同期 GDP 比重的2.71%,也仅相当于全国 2008 年的水平(表 5)。

表5　　　　2002—2011年厦门与全国的科技投入方面的比较

年份	厦　门		全　国	
	每万人拥有科技活动人员数(人)	R&D经费内部支出占GDP比重(%)	每万人拥有科技活动人员数(人)	R&D经费内部支出占GDP比重(%)
2002	44.78	0.97	25.08	2.22
2003	43.22	1.32	25.41	2.30
2004	49.01	1.47	26.78	2.50
2005	55.32	1.56	29.17	2.62
2006	99.00	1.98	31.43	2.66
2007	104.35	1.69	34.39	2.67
2008	107.46	1.65	37.41	2.71
2010	163.46	2.47	—	—
2011	178.14	2.71	—	—

注:(1)2009年的厦门市数据缺失;(2)厦门市2002—2005年的科技活动人员数和研发经费内部支出数据取自规模以上工业企业科技研发情况;2006—2011年则是全社会科技开发活动。

数据来源:整理自《厦门经济特区年鉴》(2003—2012年)及CEIC数据库。

　　第五,环境保护方面,由于地处沿海,自然环境优越,厦门市的环境保护工作保持在较高的水平,但从服务提供的角度看,同样面临短缺挑战。2011年,厦门市绿化覆盖面积17 104公顷,是2000年3 187公顷的5.4倍;年污水处理量为21 329万立方米,约为2000年的2.5倍,污水处理率也由2000年的62.63%,提高到90.4%,增加了27.77个百分点(表6);工业固体废物综合利用率为91.55%,工业废水排放和粉尘排放的达标率分别高达99.97%和100%,生活垃圾无害化处理率99.1%;排水管道总长度为2 124公里,约为2000年的2.41倍。不过,排水管道密度反而较2000年有较大幅度的下降,由每平方公里10.75公里减少为8.62公里(表6)。另外,每公里道路的环卫职工人数和环卫机械数不升反降,分别由5.03人、0.54辆下降为4.31人、0.52辆。特别是,自2006年以来,这两个指标连续五年下降(图7)。可见,与迅速扩展的城市范围、不断增长的道路相比,环卫人员及环卫机械的增长速度偏低,供给不足,现有的环卫人员与环卫机械不得不承担更大范围的环境保护工作,这可能造成环境卫生这一公共品的供给不足及供给质量下降。

表6　　2000—2011年厦门市部分反映环境保护工作能力的指标变化情况

年份	年污水处理量（万立方米）	排水管道总长度（公里）	排水管道密度（公里/平方公里）	污水处理率（%）	生活垃圾清运量（万吨）
2000	8 535	880.7	10.75	62.63	35.6
2001	8 571	936	10.76	59.74	40
2002	9 295	950	10.08	60.86	47.1
2003	12 965	1 169	11.25	92.11	55
2004	11 138	1 236	11.09	76.55	52.42
2005	12 705	1 296	10.25	77.03	61
2006	15 378	1 406	8.90	82.89	71
2007	16 484	1 506	8.37	84.71	83.18
2008	17 661	1 655	8.40	96.45	87.05
2009	19 459	1 700	8.02	94.05	87.42
2010	19 866	1 737	7.55	90.96	94.45
2011	21 329	2 124	8.62	90.4	95.87

注：排水管道密度是根据排水管道总长度除以城市建成区面积得到的。
资料来源：整理自《厦门经济特区年鉴》（2003—2012年）。

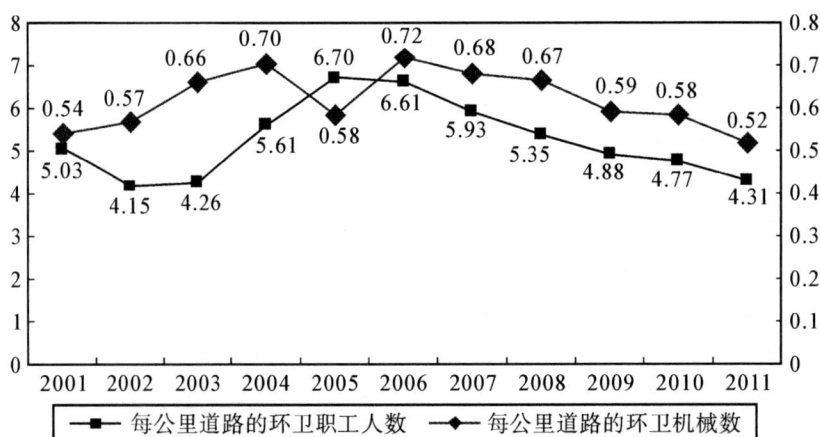

图7　2001—2011年厦门市每公里道路环卫职工人数及环卫机械数变化情况
资料来源：整理自《厦门经济特区年鉴》（2000—2012年）。

最后,社会治安服务方面,厦门市社会治安的总体情况较好。2012 年,厦门市共破获各类刑事案件18 265起,比增 13.84％。其中,八类严重暴力案件破案数同比增加 10.34％,现行命案破案率达到 95.52％。① 2012 年,厦门市以 95.85％的社会治安满意率连续三年荣居福建省年度社会治安满意率测评第一位;在全国 38 个主要城市的横向比较中,厦门市的公共安全满意度排名第二。但是,目前厦门市公共治安的主要问题是警力紧张。截至 2012 年年底,按常住人口计算,厦门的警力配备仅为每万人 8 名左右,在全国 38 个主要城市中排名最末,约为 15 个副省级城市平均水平(每万人 15.8 名)的一半。基层派出所民警月均加班时间为 120 个小时,最多的月加班 197 小时,严重超负荷运转。② 警力不足,显然不利于社会安定秩序的长久维持,供给亟待得到改善。

三、厦门市公共服务提供存在的问题及原因分析

(一)存在的问题

1. 用于公共产品、公共服务的财政投入不足导致公共产品、公共服务的供给增长落后于人口城市化进程

主要体现在:一是尽管厦门市基础设施投资的增速较快,但是仍然严重落后于城市常住人口的增长速度。因此,厦门市多项基础性公共服务表现出"总量上升、人均持平或下降"的特点。如厦门市的人均供水量出现下降,每万人拥有公共交通车辆数一度下降,每百平方米道路的民用汽车数持续上升等,都在说明基础性公共服务的增长相对滞后,出现了不同程度的供给瓶颈。二是对社会性公共物品的财政投入力度不够,科教文卫、环境保护、研发经费等方面支出比重甚至低于全国平均水平,是导致教育、医疗、环卫等公共产品、公共服务的供给不足的重要原因。

2. 区域配置不平衡,岛内外差距较大

由于经济总量和人口集聚的差异,厦门市公共资源配置在整体上呈现出岛内外不平衡。2003—2011 年,岛内的思明区和湖里区的产出占全市的 GDP

---

① 引自网络资料:http://www.xm110.xm.fj.cn/ldjx/zthd/gzsfwrm/119442.htm。

② 引自网络资料:http://xiamen.xmtv.cn/2012/12/27/VIDE1356607276973412.shtml。

的比例基本维持在 60％左右，再加上，人口也主要集聚在岛内（表 2），使得大量的公共资源向岛内倾斜。岛内的社会消费品零售总额超过了全市的 75％，商场、体育场馆、中小学、医院等各类生活设施密度远高于全市平均水平。岛内多数街区的公共服务处于步行可至的范围内，生活便利，而岛外则普遍较差（图 8）。良好的生活设施条件、较高的生活质量进一步吸引人口向岛内集中，从而使岛内外人口分别高度不均衡，岛内生活空间相对拥挤。

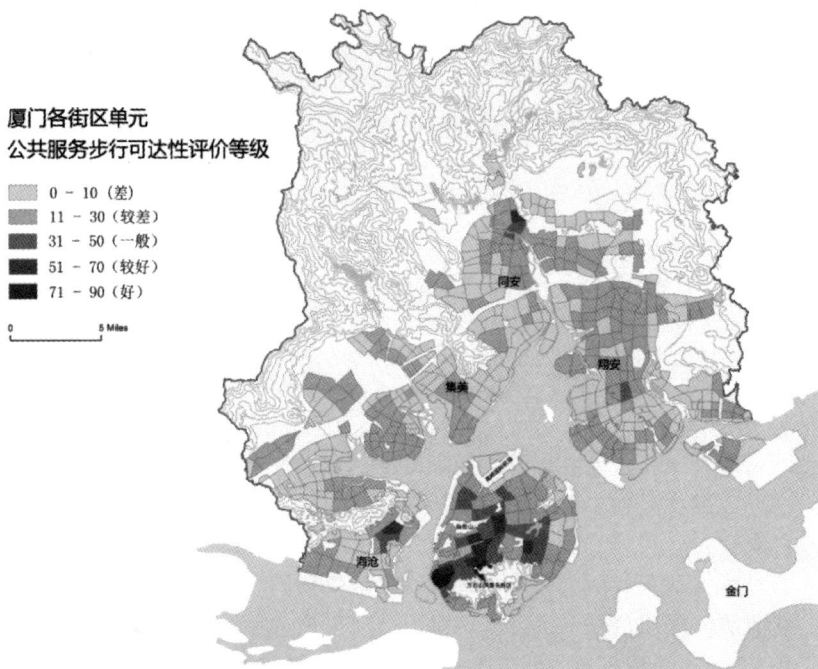

图 8　厦门市各街区单元公共服务步行可达性评价

资料来源：王慧、黄玖菊、李永玲、阎欣：《厦门城市空间出行便利性及小汽车依赖度的分析》，《地理学报》2013 年第 68 卷第 4 期。

除生活条件外，在社会性公共物品供给方面，岛内外区域同样存在较大差异。医疗方面，全市市属市管医院共 35 家，思明区占 20 家，湖里区占 7 家，岛外其他四个区仅 8 家。全市所有三级甲等医院都集中于岛内，岛外医疗卫生资源较为缺乏。即使考虑到人均拥有量，思明区和湖里区的人均卫生经费、每万人拥有床位数和每万人拥有卫生机构数也均高于其余 4 个区，每一指标最高和最低的区差异可达 2 至 3 倍①。教育方面,从中小学及幼儿园开设情况来看,岛内也远远领先于岛外。统计数据显示,全市 30% 左右的教育资源集中于思明区。特别是中学班级数,思明区占比达 38%。不过,从使用情况看,岛内教育资源紧张的程度反而要更为突出。截至 2012 年 6 月,思明区共有 127 所幼儿园,962 个班,在园幼儿总数达 31 932 人,平均每班达 33 人,总体趋于饱和;其中,公办幼儿园 51 所,仅能覆盖总适龄幼儿数的 51.5%;由于外来务工人员相对集中在湖里区,湖里区全区在园幼儿生数共 21 237 人,其中,11 所公办园中的幼儿生数高达 2 646 人。

3. 投入技术效率出现增长趋势分化,改善公共品供给的难度加大

利用非参数效率评估方法——马姆奎斯特指数(Malmquist),我们考察了 2001—2011 年厦门市城市基础设施投资转化为基础性公共物品提供,以及科教文卫支出转化为社会性公共物品提供的技术效率变化。其中,基础性公共物品包括排水管道密度、人均供水量、每万人道路长度、每万人公交营运车辆数、每万人拥有出租车辆数、人均公共绿地面积等 6 个产出指标,投入指标为城市基础设施投资占 GDP 的比重;社会性公共物品包括中小学师生比、每万人拥有医生数、每万人拥有病床数、每百人公共图书馆藏书数、每公里道路环卫职工人数、每公里道路环卫机械数、污水处理率、每万人拥有科技活动人员数、研发经费内部支出占 GDP 比重等 9 个产出指标,投入指标为科学支出占财政支出比重、教育支出占财政支出比重和医疗卫生支出占财政支出比重等 3 个指标。结果显示,2001—2011 年间,城市基础设施投资的技术效率在多数年份是无效率的,但是在 2007 年以后开始稳步提高,总体上呈现逐渐向上的态势;而科教文卫支出在多数年份的技术效率值都大于 1,表明尽管社会性公共物品的供给相对更为不足,但相关支出的转化效率还是较好的。但是,值得警惕的是,从整体趋势上看,科教文卫支出的转化技术效率是在逐渐下降的(图 9)。这对于改善社会性公共物品供给是不利的。

4. 交通条件日益拥挤,环境压力上升

2012 年,厦门市每千人拥有小汽车 140 辆,约为全国平均水平的 7 倍。其中,有将近 60% 集中在岛内,导致核心路网严重负荷。2012 年,主干路网整体交通负荷度达 0.71,个别区域超过 0.9;与此同时,公交分担率仅为 32%,远低于香港、巴黎等大城市 70% 左右的水平。激增的机动车数量和日益增长的日均拥堵时间给环境带来了巨大的压力。以往的研究显示,厦门市主要的空气污染来源为机动车尾气、工业废气和道路扬尘,其中,机动车尾气贡献率

---

① 陈振明、李德国:《基本公共服务的均等化与有效供给——基于福建省的思考》,《中国行政管理》2011 年第 1 期。

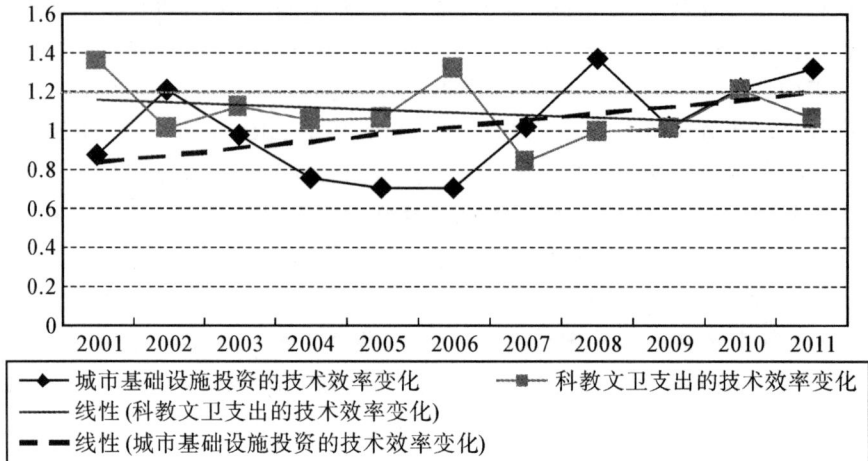

图9 厦门市财政投入与公共品产出的技术效率变化

注:大于1表示技术有效率;小于1表示技术无效率。

数据来源:作者估算。

超过40%。自采用空气质量指数(AQI)标准以来,截至2013年10月,观察到二氧化氮为主要污染物的天数为84天,PM2.5为主要污染物的天数32天,占比分别为28.7%和11%,两者均主要来自于机动车尾气;观察到PM10为主要污染物的天数为20天,可能来自于道路扬尘。以API标准进行纵向比较,可以发现,2013年的空气质量较2012年有一定程度的下滑。虽然厦门市已采取一些手段试图改善这些问题,但总体而言,效果并不明显。2012年,《厦门市城市轨道交通近期建设规划(2011—2020年)》获得国务院批准,根据《规划》,到2020年,首期将建成3条线路,总里程达到75.3公里,形成放射状的城市轨道交通基本体系。项目已于2013年动工,可望于2016年建成第1条线路,届时将在一定程度上缓解交通和环境压力,但由于部分建设明挖的需要,在动工到建成期间,交通条件和空气质量将进一步受到负面的冲击。

5. 技术研发方面,缺乏为中小企业服务的公共平台

目前,厦门市有近10万家中小企业,产值占全市GDP的比重达到60%,但科研投入却未可乐观。当前的技术服务平台大多属于大型企业内部使用、定向服务以及政府强制检测等范围,面向中小企业开展的公共服务还比较少,缺乏相应的服务平台建设,以激发中小企业的科技创新活力。2012年,全市规模以上工业企业的R&D人员约为3.53万人,折合全时当量2.89万人年;R&D经费内部支出69.13亿元。其中,大中型企业R&D人员折合全时当量2.44万人年,占比为84.5%;R&D经费内部支出60.43亿元,占比为87.4%,

这也就意味着产出占厦门GDP60％的十万家中小企业,在R&D人员及经费上只占不到15％的份额,中小企业的发展及技术进步难以获得足够的R&D支持。

6.公共服务的供给主体较为单一,社会力量参与率不高

厦门市的公共服务还主要是由政府垄断供应,供给主体较为单一,缺乏通过相关法律、财政、税收等方面的扶助,以激励各种社会力量为城市公共服务的发展贡献力量,使得政府供给为主、市场和社会供给为辅的供应机制未能充分发挥应有作用。此外,作为公共服务的直接受众,老百姓对公共服务的需求和建议在公共服务的供给中至关重要。但同样的,当前厦门市民参与政府公共服务的程度并不高,主要表现为:一是缺乏参与意识,民众大多只是被动地接受公共服务,并没有意识到自身在公共服务中的作用;二是沟通渠道不畅。民众对于自身所享有公共服务的满意度及意见无法有效地反馈到政府相关部门,直接影响民众参与的积极性;三是民众对公共服务、公共产品的供给缺乏有效的决定、监督、管理、制约能力,社会公共服务、公共产品的供给水平、数量、结构与公众需求有差距,质量难以令人满意,投入产出效率有待提高。

(二)原因分析

1.地理面貌复杂,岛内外基础设施水平不均衡

厦门市位于"闽南燕山断坳带"东缘,以断块丘陵、断陷谷地—港湾以及岛屿为主,地势地貌构成类型多样,有中山、低山、高丘、低丘、台地、平原、滩涂等。全市土地总面积1 573.16平方公里,其中,低丘、台地占据62.5％,平原和滩涂,各占14％和7.7％。复杂的地形地貌使得厦门市基础设施建设的难度较高,需要耗费更多的人力、物力和时间成本。此外,厦门原来的主要核心城区位于厦门岛上,与岛外区域相对割裂。尽管当前已建成厦门大桥、集美大桥、杏林大桥、海沧大桥、翔安隧道等一系列交通要道加强岛内外联系,但是,在岛外居住、到岛内上班仍需要较长的通勤时间,相当的通勤成本,这就制约了居住人口向岛外的转移,也增加了对出入岛交通线路的依赖。

2.人口增长

针对厦门市公共服务的供给,人口增长带来的压力主要有两个:一是常住人口迅猛增长对已有公共物品供给的人均摊薄效应。如本章第一节所述,五普到六普之间,厦门市进入人口高速增长期。2000—2005年,年均增长13.6万人;2006—2010年,年均增长16万人,呈加速上涨趋势。常住人口增长的主要来源是非户籍人口,主要流入渠道包括产业引进、购房进入、投靠入户等;户籍人口的增长则相对平稳。二是大量的暂住人口同样需要占用或消费公共物品资源。2000年,厦门市登记暂住人口约为44.7万人,年平均人口约为43.7万人;2010年,登记暂住人口总数上涨为132.0万人,年平均人口达到115.3万人,加上常住人口353.13万,厦门市总人口约为485.13万人,接近500万人规模;2011年,登记暂住人口异常增长到224.5万人,一年增长将近92.5万人,非常可观。即使是年平均人口,增长人数也达到67.9万人[①],三者相加,厦门市现有人口已经超过500万(图10)。

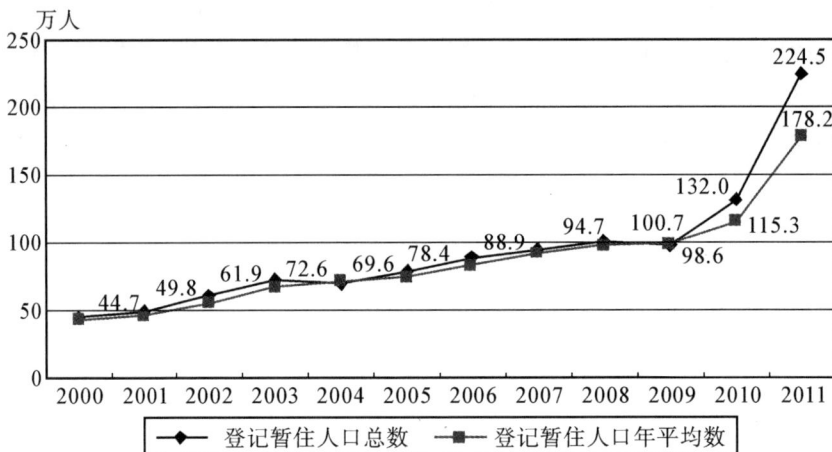

图 10　2000—2011 年厦门市登记暂住人口估算

数据来源:《厦门经济特区年鉴》(2012 年)。

由于暂住人口的流动性较强,其对政府提供的公共物品消耗有较强的隐蔽性,难以被统计。实际上,它不仅会影响政府公共物品总量上的供求关系,而且也会给政府提供公共物品带来两难——完全将其等同于常住人口,会造成公共投入过大,出现公共产能过剩;如果考虑不充分,又会造成公共资源短缺,难以满足居民的公共服务需求。表7为2000—2010年按照不同折算比例将暂住人口转换为常住人口之后的厦门市部分人均基础性和社会性公共物品供给变化情况。我们用服务人口来通称转换后的总人口概念。可以看出,变化最大的是每万人拥有病床数,按常住人口估算,还能保持十年正增长,而按0.5系数换算的服务人口估算,就已经转正为负,十年间不仅没有增长,反而出现下滑。其余指标则均出现不同程度的增长率下降。

---

①　据作者调查,厦门公安局对该数据会有所调整。相对而言,2010年第六次人口普查的数据会比较准确。

表7　　　2000 年与 2010 年不同折算系数下厦门市部分指标增长变化情况

单位：%

指　　标	常住人口	登记暂住人口		
折算系数	1.0	1.0(6 个月)	0.5(3 个月)	1/6(1 个月)
人均供水量	−0.89	−19.51	−12.04	−5.17
每万人道路长度	29.95	5.53	15.32	24.33
每万人公交营运车辆数	106.65	67.82	83.39	97.72
每万人拥有出租车数	−28.16	−41.66	−36.25	−31.27
人均公共绿地面积	155.37	107.39	126.63	144.33
每万人拥有医生数	52.61	23.94	35.44	46.02
每万人拥有病床数	9.44	−11.12	−2.87	4.71

注：(1)表中人均指标所用到的人口数据为：服务人口＝(常住人口×折算系数＋登记暂住人口×对应的折算系数)。(2)按照登记暂住人口一年中居住的时间差异，我们设计了三种情况，分别是：居住时间接近六个月，设为1；居住时间为三个月，设为0.5；居住时间为一个月，设为1/6。(3)表中的数据代表与2000年相比，2010年的数据增长变化情况，衡量的是十年总增长率。

3. 第三产业发展相对滞后，人才相对匮乏

厦门市第三产业发展相对滞后，人均服务产品占有量较低，削弱了城市对于高端人才的吸引力，在一定程度上抑制政府公共服务的供给增加与质量提升。当前，厦门市的医疗、教育、金融产业，或因政府投入不足，或因缺乏名牌企业，对外来人才缺乏吸引力。市内知名大学较少，本地人才培养能力相对有限，再加上，人才毕业后多选择往北京、上海、广州、深圳等机会更多的大城市发展，产业内人才匮乏的现象较为严重，制约这些产业往高端化、优质化的发展。

4. 地方政府服务意识不够，相关法律法规存在制度缺失

尽管厦门市政府在改进自身服务方面已经做了很多工作，但仍然存在较大的服务质量问题，突出体现在：政府工作人员的服务态度和办事效率两个方面[1]。工作人员服务态度不佳损害政府形象，增加工作过程中的摩擦，无形中提高了公共服务的成本；办事效率低下则直接影响公共服务的供给质量。人力资源理论研究表明，组织成员的素质对组织效率有较大影响。就地方政府公共管理者而言，如果他们服务意识强、通晓政策、执行力强和服务能力高，他们在公共服务管理与供给过程中就会赢得公民信任与合作，从而提高公众对

---

① 陈振明、孟华、邓剑伟等：《公共服务发展的质量评价与持续改进——厦门市的案例研究》，《东南学术》2011年第2期。

政府公共服务供给的合法性认同,进而提高政府公共服务供给效率和供给能力。因此,表面上看,这只是工作人员个体的素质问题,但实际上反映了政府还未能充分地从"管理型思维"转换为"服务型思维"。可以说,地方政府公共管理者的素质和能力高低直接影响地方政府公共服务供给能力。此外,当前的法律法规也还存在制度缺失、规则不明晰和执行难等问题,造成"无法可依"和"有法难依"的现实困境,严重影响地方政府公共服务供给能力。新制度经济学的理论表明,制度才是经济增长的核心要素,技术进步只是制度作用的外化结果或表象,制度的核心作用在于提供确定性预期、激励生产性努力和节约交易成本。因此,健全的公共服务法律体系和法治观念能有效保障公民预期和提升政府公共服务的供给能力。

5. 信息不对称导致政府和民众之间难以协调公共服务的供给与需求

近年来,厦门市一直提倡"服务型"政府的建设,通过市长专线、市民热线、"行评代表接待室"等方式,力图畅通民情民意上达、加强政策法规咨询和举报投诉受理等服务。但目前来看,这些沟通模式的交易成本还相对较高,并且信息传递的有效性存疑,双方互信程度有限。民众利益与偏好表达机制与渠道的缺乏,会使得政府无法真正了解公共服务的社会需求,导致供非所需、政策滞后和结构失衡,从而影响政府公共服务供给能力。

四、增强厦门市政府公共服务供给的措施建议

尽管厦门市人口的快速扩张摊薄了人均公共服务供给的水平,造成了一定程度上的供给短缺,但本章的分析发现,除了人口因素外,还存在其他影响公共服务供给的重要因素。例如,在社会性公共物品方面,2000年至今,厦门市政府不仅存在相关支出比例相对下降的情况,而且支出的效率出现下降的趋势。这无疑提醒我们,不能将当前厦门市公共服务供给存在的总量不足、区域配置不均衡等问题,简单地归咎于人口规模的扩张,还应重视其他因素的调整和改进。

事实上,仅就人口扩张本身,我们也不能轻率地做出"人口增长不利于公共服务提供"的结论。理论上,人口的流入会带来劳动力供给的增加,促进产出水平上涨,增加政府收入,进而推动政府支出,提高公共物品的供给水平。以中学师生比为例,利用2003—2011年厦门市区一级的数据,在控制财政支出和经济总量规模之后,面板模型回归的结果显示,人口的增长反而是有利于中学师生比的提高,但主要是归功于自然增长的人口,外来人口的流入(人口

机械净增长)则没有显著的正效应(表8)。原因主要在于:外来人口的流入多以务工为主,对本地教育资源的"挤占"或刺激作用,需要较长的滞后时间来体现。以登记暂住人口的数据为例,尽管历年的比例数据有所起伏变化,但平均而言,2000—2010年,厦门市登记暂住人口中的外来务工人员占比高达0.94(图11)。不过,外来人口的流入会不会稀释其他社会性和基础性公共物品的供给,囿于数据的缺失,我们无法对此进行科学的实证研究,需要另行分析。

表8　　　　2003—2011年厦门市区级数据的面板OLS模型回归结果

因变量:中学师生比	回归方程		
	方程(1)	方程(2)	方程(3)
估计方法	FE	FE	FE
人口总量	0.043** (3.17)	—	—
人口自然净增长量	—	0.007** (2.39)	—
人口机械净增长量	—	—	0.002 (1.63)
控制变量			
财政支出占GDP比重	−0.198* (−2.23)	−0.236 (−1.40)	−0.223 (−1.36)
经济规模占全市比重	0.251** (2.60)	0.192* (2.21)	0.167 (1.82)
截距项	−0.483** (−0.2.61)	0.013 (0.80)	0.051* (2.55)
检验项			
组内R^2	0.5984	0.4630	0.3408
面板设定F检验	7.10***	5.47***	4.94***
Breusch-Pagan LM检验	0.00	0.04	0.47
Modified Wald heteroskedasticity检验	38.64***	56.45***	53.52***
Hausman检验	20.57***	15.28***	11.19**
样本个数	47	46	45

注:(1)估计系数中()里面的数据表示稳健标准差下的t统计量;(2)符号***、**、*分别表示系数估计通过1%、5%、10%的显著性水平检验;FE表示固定效应模型;(3)人口变量都是取对数值。为避免内生性,所有变量均滞后一期;(3)面板设定F检验的原假设为混合回归优于FE模型,带***表示在1%的显著性水平上拒绝原假设;Breush-Pagan LM检验的原假设为混合回归优于随机效应模型;Modified Wald heteroskedasticity检验原假设是不存在组间异方差;Hausman检验的原假设为随机效应模型优于固定效应模型。最

终选择固定效应模型 FE 作为方程回归的方法。

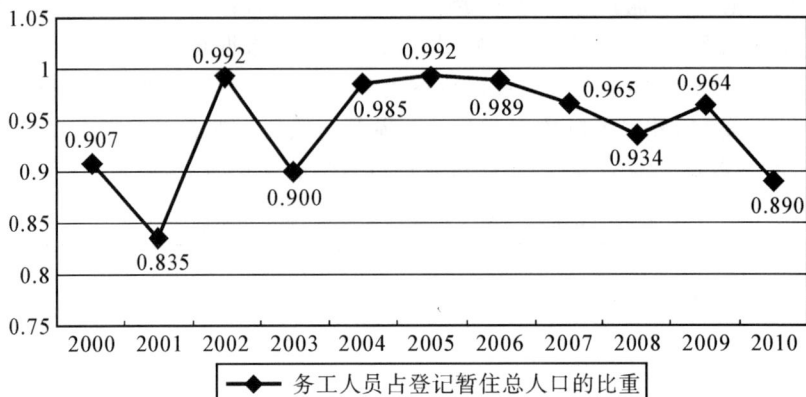

图 11   2000—2010 年登记暂住人口中务工人员占比

数据来源:整理自《厦门市特区年鉴》(2012 年)。

综上所述,在前面对厦门市公共服务提供存在的问题及原因分析的基础上,借鉴已有研究成果,我们认为,增强厦门市政府公共服务供给的实现路径主要有:

第一,保障公共服务供给的资金供给,特别是科教文卫、社会保障及环境保护方面的支出。厦门市政府应当更新财政理念,积极整合各种资源,加强对民众公共服务需求偏好等信息的收集与分析,按照公共服务的稀缺度、民众对公共服务的需求度和满意度排序,优化公共财政资金对不同公共服务领域与项目的分配结构,重点增加社会性公共服务投入,降低公共服务供给的边际成本,建立规范的转移支付制度,平衡岛内外及区域间财政提供公共服务的能力差异,提高政府公共服务的供给效率与能力。

第二,充分做好应对外来人口继续涌入的准备,通过整合优质教育、医疗卫生服务资源的岛内外均衡配置,优化产业空间布局,加快岛外新城建设以及构建更为有效的交通网络体系等措施,有序引导外来人口,向岛外转移、向新城转移,避免岛内拥挤成本的进一步提高。同时,改变传统单中心的城市化模式,借助建设厦漳泉大都市区的契机,平衡跨行政区域间的公共服务水平差异,鼓励和引导外来人口向大都市区其他中心区域转移,利用广阔的腹地空间来消化人口扩张对本地居民公共产品需求带来的侵蚀效应。

第三,调整政府职能,发展社会组织,建立以政府供给为主,其他主体(私营部门和第三部门)共同参与的一主多元的公共服务供给机制。首先,要调整政府职能,构建有限但有效的政府,为社会和市场力量参与公共服务供给提供空间。具体包括:把一部分竞争性、经营性强的传统公共产品交给民间去投资,减轻财政负担,并将财政在生产领域的投入转移到提供基础教育、卫生、文化等公共服务和健全社会保障体系上来。其次,要发展社会组织,建立政府与社会合作的多中心治理结构,形成政府与非政府组织的合作伙伴关系,推动地方公共服务供给社会和市场化。公共服务供给的理论与实践表明,政府、社会组织和市场组织在公共服务供给中各具优势,三者"合作"供给公共服务的效率倾向于逼近最优。在政府公共服务供给存在资金约束的前提下,依靠政府单一主体供给地方公共服务是不可能的。因此,政府可选择一些具有部分竞争性或部分非排他性特征的公共服务,通过合同承包、特许经营、政府补贴、凭单制、自由市场、志愿服务等多种方式,引入社会资本参与供给,或政府与社会组织或私人资本合作供给,实现地方公共服务供给的主体多元化、资金来源多元、公共服务社会化和与市场化。

第四,树立政府服务意识,加强对政府管理者的教育与培训,提高其公共服务水平。市区两级政府应转变发展观和管理观,树立科学全面的以人为本的发展观和重服务的管理观,及时推进政府从经济建设型政府转为公共服务型政府。可借鉴国外经验,通过建立恰当的激励机制,对政府公共管理者实行业绩奖励制度,改变每年自动提升增加政府管理者工资的惯例,设立奖励基金,奖励那些在公共服务工作中表现优秀的人。

第五,充分利用信息技术,实行政务公开,构建政府与民众之间有效的信息传递与沟通渠道。完善政府电子政务服务平台建设,继续构建和完善一站式政府服务中心,一方面可以为公民提供更方便快捷的服务,节约公民"享受"服务的成本;另一方面,网络服务平台与服务中心有助于政府部门收集和分析公民对公共服务的偏好信息,为公共服务供给决策或政策调整提供依据和参考,进而提高政府公共服务供给的能力。另外,应当进一步完善民众参与供给决策的有效渠道,通过促进政府与民众之间的互动,使服务供给信息与服务需求信息对称。

第六,构建政府公共服务供给的绩效评估机制与监督机制,提高政府公共服务供给的评估能力与监督能力。公共服务的绩效评估是一个系统性概念,应当包括政治评估、经济评估和社会评估等。其中,社会评估是最重要的,主要是社会组织、企业和公民个人对服务的满意度评估。吸取民众参与政府绩效评估是构建政府公共服务供给的绩效评价体系不可或缺的重要环节。通过构建民众参与地方公共服务绩效评估的有效渠道与机制,可以杜绝地方政府的"不作为"和"乱作为"行为,保障地方公共服务的有效供给。此外,供给主体的多元化,不仅政府要受社会与公民的监督,参与公共服务供给的社会主体和市场力量也要受到有效地监管。政府职能部门需要建立市场主体的准入与退出机制、质量标准制定与鉴定、价格监督等,以约束和监督市场、社会主体的公共服务供给情况,保障民众的利益不受侵害。

第七,加强对离退休老人、收入困难户、外来务工人员和农村居民等弱势群体的公共服务水平提供,实现公共服务的公平化和平等化。要进一步扩大城乡基本社会保障和最低生活保障的覆盖范围,建立和完善外来务工人员的子女就学、社保迁移、社会救济和转移支付工作方案,加大对农村和农业的支持力度,确保农村人口基本公共服务的提供,包括公共卫生和基本医疗服务、基础教育、提供清洁水源、提供计划生育服务、提供预防和治疗流行病与地方病服务、提供农业科技知识和技能培训等,缩小岛内外、城市与农村公共服务水平提供的差距。

最后,加快和完善公共服务领域的法规建设。在市政府现有职权范围内,深化政府责任制,建立和健全与公共服务相关的法规条例,完善地区社会保障法规体系,建立和完善在社会各阶层广泛参与基础的政策听政制度,努力使得政府公共服务提供走上法治化、规范化的轨道。

课题组负责人:李文溥
课题组主要成员:李静、陈贵富、余长林、王燕武
执　　　　笔:王燕武、李文溥

经济社会转型与厦门市服务型政府建设

党的十八大报告指出,要建设职能科学、结构优化、廉洁高效、人民满意的服务型政府。厦门市服务型政府建设,既是服务公民、为民发展的必然要求,也是适应经济社会转型、实现科学发展的现实需要。进一步推进政府职能转变,完善基本公共服务体系,建立健全公共参与机制,努力提高政府效能,不断推进服务型政府建设,是厦门市实现科学发展新跨越的重要支撑。

一、服务型政府的意蕴、特征与建构思路

(一)服务型政府的意蕴与特征

服务型政府首先体现了"服务行政"的理念,该词最早见之于德国行政法学家厄斯特·福斯多夫 1938 年发表的《作为服务主体的行政》一文。[①] 国内学界对服务型政府的研究开始于本世纪初,张康之较早提出了"服务型政府"概念,认为只有通过政府类型的根本性变革,即服务理念对传统的统治理念和近代以来的管理理念的替代,建立服务型的政府模式,才能有效限制政府的规模。[②] 刘熙瑞认为服务型政府区别于管制型政府,是"在公民本位、社会本位理念指导下,在整个社会民主秩序的框架下,通过法定程序,按照公民意志组建起来的以为公民服务为宗旨并承担着服务责任的政府"。[③] 迟福林认为"公共服务型政府"是相对于"经济建设型政府"而言的,是"为全社会提供基本而有保障的公共产品和有效的公共服务,以不断满足广大社会成员日益增长的

---

① 参见程倩:《"服务行政":从概念到模式——考察当代中国"服务行政"理论的源头》,《南京社会科学》2005 年第 5 期。

② 张康之:《限制政府规模的理念》,《行政论坛》2000 年第 4 期。

③ 刘熙瑞:《服务型政府——经济全球化背景下中国政府改革的目标选择》,《中国行政管理》2002 年第 7 期。

公共需求和公共利益诉求,在此基础上形成政府治理的制度安排"。① 施雪华则突出"服务"的核心价值,将服务型政府定义为"在公民本位、社会本位理念指导下,在民主制度框架内,把服务作为社会治理价值体系核心和政府职能结构重心的一种政府模式或曰政府形态"。② 于文轩等人认为,服务型政府应该是"一个廉政效能、透明公开、民主参与,为企业和民众的可持续发展创造良好的制度环境,提供优质公共产品和服务,赢得人民群众信任、爱戴与支持的政府"。③

综合上述学者的研究,我们认为服务型政府是践行公益、法治、公正、透明、责任等现代行政理念,以公民需求为本位,以多样化的公共服务供给为手段,以提供公平、优质、高效、便捷的公共服务为目标的政府形态。它应当具备如下特征:

服务公民。服务型政府以服务而不是管制作为界定政府职能的核心价值;以公民为中心,以满足公众日益多元化的公共需求为导向;关注民生,以发展社会事业和解决民生问题为重点;以公共服务的质量或公众满意度作为政府绩效考核的核心。

公正廉洁。服务型政府独立于个人、家族和利益集团之外,坚持独立和中立原则,以公平公正、廉洁清明的行事准则服务公民。

法治政府。法治是服务型政府建设的根本保障。政府和市场、社会的分界与互动,需要相关法律作为基础。政府在法治框架下转变政府角色,依法界定政府职能,依法界定政府间、部门间的权责关系,依法规范行政权力运行。

责任政府。责任政府,是现代政府应该具备的品质。建设服务型政府,不能只是行政机关的一时激情,需要严格的政府责任制度作为保障。一个政府只有在符合社会需要、履行服务职能、保障社会利益的情况下,才是有效的、合法的。

高效政府。反应迟钝、效率低下的政府往往被认为是无能的政府。服务型政府在强调公正、法治、公益等理念的同时,也强调结果,注重办事效率与效果,要对公民的需求作出及时的反应。

透明政府。实行信息公开,及时通过各种途径传播包括政府预算、公共开

---

① 迟福林:《全面理解"公共服务型政府"的基本涵义》,《人民论坛》2006年第5期。

② 施雪华:《"服务型政府"的基本涵义、理论基础和建构条件》,《社会科学》2010年第2期。

③ 于文轩、林挺进、吴伟:《提升政府治理水平,打造服务型政府——2011连氏中国服务型政府指数及中国城市服务型政府调查报告》,《华东经济管理》2012年第7期。

支、政策制定与实施、法律条款等与公共利益相关的各种政府信息,保障公民知情权与监督权。

(二)服务型政府建设的路径

在服务型政府的定义与特征之下,学者针对如何建设服务型政府提出了不同的看法。许耀桐、傅晋豫提出当前中国建设服务型政府的主要任务是:深入贯彻以人为本的理念;确立政府职能有限理念;推进政府法治建设;推进政府民主化建设;建立权力相互制约和相互协调的运行机制;推进政府机构大部制改革;实行省直管县(市)体制;推进政府绩效建设;推进政府透明化建设;推进政府责任建设;推进政府电子政务建设;推进政府反腐倡廉建设。①

薄贵利从公共政治体制、公共行政体制、公共财政体制的角度提出了建设服务型政府的战略重点:切实加强法治建设,积极稳妥地推进地方自治,改革和完善选举制度,扩大公民有序的政治参与,构建社会主义公共政治体制;加快政府职能转变步伐,将政府主要职能尽快转变到公共服务上来,优化政府组织结构,创新行政运行机制,转变政府管理方式,构建社会主义公共行政体制;加大政府基本公共服务的投入,尤其要加大对农村和落后地区基本公共服务的投入,科学配置各级政府的财力,构建社会主义公共财政体制。②

郁建兴、高翔在总结中国服务型政府建设的基本经验,分析政府转型面临的困境后,提出要进一步澄清服务型政府的目标、任务和主要内容,完善、巩固服务型政府建设的基本理念;重构各层级政府职能,调整财政支出责任,合理划分政府间公共服务职责;保障、落实公民的社会权利,建立基于公民权利构建的普遍性、统一性和发展性的社会政策体系;调整公共财政支出的结构和比例,以公共预算改革为突破口完善公共财政体制;完善现有纵向问责机制,建立以社会力量为主体的横向问责机制,以政府管理体制改革助力政府职能转变。③

徐艳晴认为,当前改革的战略调整方向是由管制型政府向服务型政府转变,其路径是:完善法律体系,坚定推行依法治国的方略;实现公共服务的生态供给,达到可持续发展;进行限权改革,规范政府的所作所为;完善服务绩效评

---

① 许耀桐、傅晋豫:《当前中国服务型政府建设的主要任务》,《行政论坛》2013年第3期。

② 薄贵利:《论服务型政府建设的战略目标与战略重点》,《国家行政学院学报》2012年第4期。

③ 郁建兴、高翔:《中国服务型政府建设的基本经验与未来》,《中国行政管理》2012年第8期。

估体制;建设电子服务化政府;塑造服务性政府形象。①

我们认为服务型政府建设需要形成一个具有可持续性的内在动力机制,形成一种从行政理念、行政机构到行政运作机制、行政技术的系统思维,避免服务型政府建设"碎片化"。我们可以从服务理念、服务内容、服务主体、服务方式四个方面寻找建设路径。

一是重塑服务理念。即以服务为宗旨,以公民为本位,首先考虑公民利益的实现,围绕公民需求与权利开展政府管理工作,把促进社会公平正义、维护公民的根本利益作为出发点和落脚点。同时,厘清政府、市场、社会的互动边界,"充分尊重市场配置资源的基础性作用,充分尊重社会自主管理,树立政府职能'兜底'的观念,并且对政府在构建市场/社会运行的基本制度、匡正和补充市场/社会失灵、培育市场/社会主体等职能中进行逻辑先后排序"。②

二是调整服务内容。即改革行政管理体制,明确各级政府职能,尤其是依法明确公共服务在政府职能中的主导地位和核心地位。政府全面履行经济调节、市场监管、社会管理和公共服务职能,在致力于调整经济结构、推进经济转型升级的同时,更加注重社会建设,着力保障和改善民生,提高社会管理能力,实现经济社会的协调与可持续发展。

三是优化服务主体。为了向公民提供高质量、高效率的公共产品与服务,公共产品与服务的生产与供给主体多元化也是服务型政府建设的题中之意。2011年"十二五"规划明确提出:"发挥政府的主导作用,强化社会管理和公共服务职能,建设服务型政府,提高服务型管理能力。发挥人民团体、基层自治组织、各类社会组织和企业事业单位的协同作用,推进社会管理的规范化、专业化、社会化和法制化。广泛动员和组织群众依法有序参与社会管理,培养公民意识,履行公民义务,实现自我管理、自我服务、自我发展。"③政府在承担公共服务供给责任之外,需要与市场、社会主体紧密合作,充分调动市场、社会力量共同参与公共服务生产与供给,支持和引导行业组织、中介组织规范运作、有序发展,充分发挥行业组织、中介组织在提供公共服务中的作用。

四是革新服务方式。在服务理念、服务内容、服务主体之外,服务型政府建设还需要进行服务方式、管理手段和政策工具方面的创新,采取公共服务外包与购买、"一站式"行政服务中心、网络问政平台、电子化政府等措施,从实践操作层面上朝服务型政府靠拢。结合政治经济与社会环境、政策工具的本身属性、政府内部管理工具与外部政策工具之间的匹配等因素,进行服务方式、

① 徐艳晴:《服务型政府建设的路径选择》,《辽宁行政学院学报》2012年第9期。
② 郁建兴、徐越倩:《服务型政府》,中国人民大学出版社2012年版,第26页。
③ 《中华人民共和国国民经济和社会发展第十二个五年规划纲要》,新华网。

政策工具的组合与优化。

(三)服务型政府建设的重要意义

可以说,在中国改革开放已有 30 余年的当下,经济社会发展成就显著,但隐藏在巨大成就背后的经济、社会问题也逐渐显现,政府改革远远滞后于经济社会发展的需要。因此,在大力发展经济的同时,破除唯 GDP 发展论,革新政府管理模式,大力推进政府行政体制改革,全面提升政府治理能力,促进经济发展方式转变,建设服务型政府,成为摆在我们面前的紧迫而又重要的课题。

建设服务型政府是践行"为人民服务"宗旨,坚持群众路线,维持政府合法性的必然要求。能否满足公民的需求,迅速而有效地解决现实问题,提供公民所需要的服务,是现代政府正当性能否存续的关键要素之一。"为人民服务"、"一切为了群众,一切依靠群众"道出了服务型政府的根本性质和价值取向。建设服务型政府,不应背离人民利益,而要虚心听取群众意见,广泛吸纳群众智慧,完善各项方针政策,使之反映和符合最广大人民群众的利益要求和愿望,不断满足城乡居民日益增长的公共需求。只有建设服务型政府,解决人民群众最关心、最直接、最迫切的利益问题,优质高效地提供公共服务,才能体现出政府的人民性质,增强人民群众对政府的认同感。

建设服务型政府是转变政府职能,改革行政管理体制,加强政府自身建设的需要。改革开放以来,各级政府以发展为导向,其角色行为体现出了鲜明的经济建设型政府的特征:"政府以发展经济为首要职能,并以经济建设主体的角色直接介入微观经济过程,政府有限的公共资源主要用于经济建设,政府绩效考核以 GDP 和财政收入增长等经济指标为圭臬",[①]而在民生幸福、民主政治、文化繁荣、社会和谐、生态文明等方面存在一定的非均衡性和滞后性。变革政府治理模式,从全能政府到有限、有效的服务型政府转变,从发展型治理模式向服务型治理模式转变,关键就是要建设服务型政府,改善政府管理与服务,切实有效地转变政府职能,实现公共服务的公共性、回应性。所以,建设服务型政府是加强政府自身建设、加快行政管理体制改革的重要任务,也是合乎中国政府发展的逻辑的历史任务。

建设服务型政府是转变经济发展方式,实现科学、持续发展的需要。当前中国的经济发展模式存在不平衡、不协调、难以持续等问题,表现在自主创新能力不足、投资与消费关系失衡、经济结构不合理、区域与城乡发展不协调、能源消费总量增长过快等方面。曾经有效促进经济增长的发展型政府反过来成

---

① 何显明:《服务型政府建设的路径选择及其行政逻辑——基于浙江"庆元模式"的个案研究》,《中国行政管理》2006 年第 9 期。

为经济发展遭遇困境的因素之一,因为政府改革仍然落后于经济体制转轨进程,政府的目标、体制、行为、功能等仍然存在许多不适应甚至阻碍市场经济与社会发展的方面,政府决策机制的封闭性导致社会多元利益失衡,缺乏有约束力的公民参与机制。[①] 加快政府自身的改革,实现政府职能的转变,建设服务型政府,创造一个好的制度环境,以促进经济发展方式转变和实现中国经济持续发展,并进一步完善社会主义市场经济体制。

建设服务型政府是创新社会管理,实现社会公平正义的需要。在改革与社会的关系中,存在一种悬浮式结构,表现为改革凌驾于社会之上,呈现一种居高临下的特点,其过程依靠组织化的力量通过官僚体系自上而下地传递,公民只是改革成果的最终享用者,只是服从和接受改革,而且往往还只能被动地接受;改革游离于社会领域之外,地方政府改革通常被局限于政府领域,改革在政府和社会之间存在明显的界限,而公民和中介性组织基本上被排除在外,无法形成改革的重要参与力量,也就无法施加影响力。由于缺乏政府与社会关系的互动机制,政府改革常常"飘忽不定",难以契合社会需求与社会发展的整体趋势。[②] 与此同时,结构性失衡矛盾突出,社会阶层日益分化,迫切要求推进政府转型,建立多元利益协调机制,建立健全公民参与机制,实现经济社会发展的公平性和协调性。因此,服务型政府的建设对于创新社会管理、增进社会公平正义、构建社会主义和谐社会具有重要的现实意义。

二、厦门市经济社会发展呼唤服务型政府建设

改革开放 30 多年以来,厦门市在建设服务型政府方面取得了很好的成绩,其经济和社会发展为进一步推进服务型政府建设奠定了良好基础。

(一)厦门市服务型政府建设的基础

1. 经济实力比较雄厚

厦门市经济快速发展,发展效益和质量不断提升,为厦门市服务型政府建设提供了坚实的经济基础。2012 年,厦门全市共实现地区生产总值(GDP)

---

① 郁建兴、徐越倩:《服务型政府》,中国人民大学出版社 2012 年版,第 21～22 页。
② 沈荣华:《由表及里:地方服务型政府建构向度研究》,《苏州大学学报》2011 年第 5 期。文中悬浮式结构是指在整个改革过程中,改革的动力机制基本脱离社会领域,处于一种"悬浮"于社会之外的状态。

2 817.07亿元,比上年增长12.1%,增幅居全国15个副省级城市第二,呈稳中有升态势,人均地区生产总值77 392元(折合12 313美元),增长10.4%,分别是全国、全省平均水平的2.0倍和1.5倍。厦门市地方级财政收入422.91亿元,增长14.1%,高出本市GDP增幅2个百分点,占GDP的15%,居15个副省级城市首位。厦门城镇居民人均可支配收入37 576元,高出15个副省级城市平均水平5 810元。厦门能耗指标进一步降低,万元GDP耗电649.23度,比上年减少3.62度,万元生产总值耗水11.1吨,减少0.33吨,在15个副省级城市中处于领先水平。① 同时,厦门市消费对经济的贡献度与投资对经济贡献度更加接近,改变了长期以来经济发展过度依赖投资的局面;经济外向度比上年下降了8个百分点,表明内需在国民经济发展中的地位稳步提升,内外需趋于协调发展;中心城市功能进一步提升,服务周边地区的能力不断加强;技术创新对经济推动作用加大,全市高新技术产值规模稳居全省首位,增幅高于全市工业平均增幅8.3个百分点。②

2. 民生建设卓有成效

厦门市民生建设成绩显著,走在全省乃至全国前列。在"十一五"期间,厦门市义务教育均衡发展走在全国前列,实现城乡基本医疗卫生服务体系全覆盖,公立基层医疗机构全部实施国家基本药物制度,完成农村义务教育和公共卫生体系建设,文化体育惠民工程取得实效,建成文化艺术中心等一批重大社会事业项目。在社会保障领域,基本建立"全民社保城市"的政策框架,城乡一体化医保政策体系被国家誉为"厦门模式";2013年年初,厦门在全国率先实现了全市所有公立医院一次性取消所有的药品加成,进一步提高全体参保人员医疗保险待遇,职工大病保险报销比例达95%,为全国最高,城乡居民大病保险报销比例全国领先。③ 保障性住房建设管理模式成为全国"蓝本",实现低保家庭廉租住房应保尽保;五年新增就业97万人,城乡居民收入年均增长10%以上。在生态环境建设方面,实施重大海域生态修复工程,主要污染物减排、建成区绿化覆盖率保持全国、全省领先水平。精神文明建设和"平安厦门"持续推进,连续两届获得"全国文明城市"称号,群众治安满意率居全省前列。④ 2012年,厦门市财政预算68%以上投入到民生和社会事业。在生态城市建设上,厦门市投入11亿元植树造林,造林绿化4.3万亩,城区实现"步行500米有绿地,15分钟到公园";实现饮用水源达标率99.6%,空气质量优良

---

① 《沿海城市经济增长放缓厦门发展相对较好》,厦门市人民政府网。
② 《厦门经济转型成效凸显》,厦门市人民政府网。
③ 《厦门2012经济社会发展成绩单》,厦门市人民政府网。
④ 《厦门市国民经济和社会发展第十二个五年规划纲要》,厦门市人民政府网。

率达 100％,城市生活垃圾无害化处理率达 100％,多项指标达到甚至超过国际水平。

3. 服务型政府建设稳步推进

厦门市在服务型政府建设方面已有很好的经验。2002 年,厦门市首次提出"建设依法行政廉洁高效的服务型政府"。[①] 经过十余年的努力,厦门市在加大公共服务投入、促进基本公共服务均等化、优化社会组织管理与服务、建设政务服务中心和电子政务平台、开展政府绩效评估、改革行政审批制度等方面积累了很好的经验,取得了一定的成绩。2012 年,厦门市政府办理人大议案 9 件、建议 314 件,满意率 98.5％;办理政协提案 562 件,满意率 97.2％。推进依法行政,连续 6 年获得全省依法行政绩效考评第一名。开展"下基层、解民忧、办实事、促发展"和"深化效能建设年"活动,治理庸懒散,建立直接联系群众服务基层常态机制。75 个行政事业单位进驻厦门市政务服务中心,为市民提供 600 多项"一站式"服务,同时电子政务云投入运行。[②]

厦门在最近两年的连氏中国服务型政府十佳城市中连续排名第一,[③]在华盛顿中国研究中心发布的《2014 年中国 100 大最佳市政府》中排名第二。[④]由此可以看出,厦门市在服务型政府建设方面已经取得了有目共睹的成绩,为下一步建设服务型政府打下了很好的基础。

4. 政策优势与区位优势明显

厦门市具有良好的政策优势和区位优势,可以先行先试,进行体制机制创新。厦门市地处中国东南沿海,直面金门岛,是祖国大陆离台湾最近的城市之一,同时作为经济特区、国家综合配套改革实验区,可以在推动科学发展和深化两岸交流合作的重点领域和关键环节率先试验,创新两岸产业合作发展、两岸贸易合作、两岸区域性金融服务中心建设、两岸文化交流合作、两岸直接往来等方面的体制机制,配套推进区域合作、行政管理、对外开放等支撑体系建

---

① 《厦门市第十一届人民代表大会第五次会议政府工作报告》,厦门市人民政府网。

② 《厦门市第十四届人民代表大会第二次会议政府工作报告》,厦门市人民政府网。

③ 参见于文轩、林挺进、吴伟:《提升政府治理水平,打造服务型政府——2011 连氏中国服务型政府指数及中国城市服务型政府调查报告》,载《华东经济管理》2012 年第 7期;新加坡南洋理工大学南洋公共管理研究生院课题组:《完善服务型政府体系,实现全面均衡发展——2012 连氏中国服务型政府调查报告》,载《经济研究参考》2013 年第 10期。值得一提的是,连氏中国城市服务型政府指数由服务型政府公众视角、服务型政府企业视角和基本公共服务三大子维度构成,强调中国服务型政府建设在加大基础公共服务的投入和产出的同时,全面提升和加强地方政府在政府效能建设、政府信息公开、公民参与、社会管理等方面的思想意识和能力,注重公众和企业界对服务型政府建设的需求。

④ 《中国最佳市政府厦门获佳评》,《厦门日报》2013 年 11 月 1 日第 1 版。

设,构建两岸交流合作先行区。① 尤其在服务型政府建设方面,厦门市可以在行政审批改革、电子政务建设、事业单位改革、公务员管理、政府绩效评估、公共资源配置市场化改革等方面不断先行先试,逐步形成体制机制创新优势,建立精简、高效的行政管理体制,为密切两岸交流合作营造优越的政府服务环境。

(二)厦门市服务型政府建设的意义

毋庸置疑,厦门市的经济社会发展也面临诸多风险和挑战。厦门市外向型经济在 2008 年金融危机后的全球经济环境中面临更大的挑战;不平衡、不协调、不可持续问题在国内经济社会发展中依然突出,给厦门市发展带来新的问题;全国重要区域发展规划相继获批,新一轮的区域改革发展竞争更加激烈,厦门市面临更大的竞争压力。② 因此,建设服务型政府对于厦门市具有不同寻常的意义:

第一,厦门市建设服务型政府,具有重要的示范意义和标杆作用。经济特区是改革开放中的"窗口"、"试验田"。作为经济特区、国家综合配套改革实验区的厦门市可以先行先试,进行行政改革,建设服务型政府,可以更好地发挥推动科学发展、促进社会和谐的排头兵作用,更好地发挥厦门在福建跨越发展和海峡西岸经济区建设中的龙头带动作用,更好地推进经济特区科学发展新跨越,努力走在中国特色社会主义实践的前沿。

第二,厦门市建设服务型政府,是为民发展的需要。服务型政府,以公民为本位,以服务为宗旨,注重以人为本,注重统筹协调。厦门市建设服务型政府,要把保障和改善民生作为加快转变经济发展方式的根本出发点和落脚点,重视各项社会事业的发展,大力推进岛内外基本公共服务均等化,努力使全体市民在发展中受惠,以求实现经济发展与社会和谐的有机统一。

第三,厦门市建设服务型政府,是转型发展、科学发展的需要。"十二五"时期,是厦门市全面推进海峡西岸经济区建设和厦门经济特区扩大到全市后的第一个五年,是厦门市转型发展、科学发展、跨越发展的关键时期。厦门市建设服务型政府,全面深化改革开放,可以进一步增强厦门经济特区发展的动力和活力,促进经济结构战略性调整,加快转变经济发展方式,提高经济发展的质量和效益,成为厦门市科学发展新跨越的重要支撑和制度优势。

总之,厦门市建设职能科学、结构优化、廉洁高效、人民满意的服务型政

① 《厦门市深化两岸交流合作综合配套改革试验总体方案》,厦门市人民政府网。
② 《厦门市国民经济和社会发展第十二个五年规划纲要》,厦门市人民政府网。

府,既是"时代的召唤",也是"人民的期待"。①

三、国内外服务型政府建设的经验与启示

(一)新加坡:组织构建与理念变革

新加坡作为一个城市国家,其政府以廉洁和高效著称。新加坡政府注重政府工作的改进和对公务员服务理念的培养,不断提升政府的公共服务质量。

通过"法定机构"提高政府服务效率和质量。为了加快推行新加坡的社会和经济发展计划,新加坡政府在 1959 年至 1961 年建立了两个至今仍发挥重要作用的法定机构——经济发展局和建屋发展局,其设立是为了解决新加坡在建国之初亟待解决的两大问题:失业问题和住房短缺问题。在随后的 40 多年间,新加坡政府成立了很多这样的法定机构,到 2006 年已经有 63 个法定机构在促进新加坡社会和经济发展方面发挥着重要的作用。

改变高级公务员的工作理念。新加坡政府设立了政治学习中心,要求高级公务员参加课程学习。通过这个课程的学习,政府的高级公务员有机会和领导人交流讨论时事问题和关于公共政策的制定问题,从而转变他们在殖民政府时期的思维方式,逐渐树立起为全新加坡公众服务的理念。新加坡政府还鼓励公务员利用节假日和周末参加公益活动。公务员与总理部长们一起参加活动,有机会相互了解,并得以了解社会各阶层的生活状态。

增强公众对公共服务的监督。新加坡政府在 1961 年就设立了中央投诉局来处理公民对公务员的投诉。1985 年,为了给新加坡人提供一个渠道来理解政府的主要政策并参与公共政策制定与实施,人民行动党政府设立了"民意处理组",加强政府公共政策与公众意见的互动。1991 年,新加坡政府成立了"服务改进组",搜集公民对改进政府部门和法定部门服务质量的意见,同时任命 90 名高级公务员担任"服务质量经理",分散到各个政府部门和法定部门来处理公民对高级公务员的投诉,协助服务改进组工作。

在全球公共服务改革的推动下,1995 年新加坡政府推行了"21 世纪公共服务计划",强调在未来复杂多变的环境下,公共服务必须有所超越而不能局限于保持一致性和连续性,应提高灵活性和促进创造性。通过运用现代管理工具和技术,适应持续变化的环境,以提高工作效率和效能,高质量、礼貌待

352

① 《厦门市第十四届人民代表大会第二次会议政府工作报告》,厦门市人民政府网。

人、迅速的回应来满足公众的需求,同时关注公务员的士气和福利。这是新加坡政府推行的最新改革计划,至今仍在进行。

(二)台北:系统规划与品质管理

台北市政府通过系统方式,提升行政机关的服务质量,提供公民需要的服务。与此同时,与时俱进地、前瞻性地思考未来发展,追求符合和超越公众预期的服务质量,以品质管理来助推服务型政府建设。

第一,系统规划。台湾地区"行政院"规划服务品质考核制度,早在1996年就出台了《全面提升服务品质方案》,以考评来达到积极的管理,并于2007年提出服务品质续阶计划——《政府服务创新精进方案与评奖实施计划》,以期进入由品质管理走向品质创造的新阶段,还于2011年颁布《政府服务品质奖评奖实施计划》与《政府服务品质奖评奖作业手册》。台北市政府相应颁布了提升政府服务品质实施计划。

第二,顾客导向。以顾客为主体,促使政府重视自身责任。重视服务于民,关心公民感受,广开公众建言渠道,要求政府出台的政策符合公民的需求。政府关注的焦点为顾客,以顾客利益为出发点。顾客有选择的权利,而不仅仅是被动地接受。为了追求顾客满意,政府提供的服务必须符合社会大众需求,定期进行公众意见调查,分析调查结果,把公众意见转换为服务政策或措施,以便改进服务。

第三,以考评促提升。"行政院"研究发展考核委员会及各级机关研考单位负责考核为民服务工作,形成为民服务工作内容规划考核制度。设立"政府服务品质奖",作为为民服务品质考核的主要奖项,制定评奖实施计划,撰写评奖作业手册,把考核制度具体化。通过考评促进为民服务工作质量的持续改进,便捷服务程序,丰富服务信息,创新服务方式,整合服务资源,达到提升服务品质的目的。

为了理解市民需求,追踪服务绩效,并有效针对每一位市民的需要来提供各项贴心、便捷、创新的公共服务,台北市政府采取了一系列有力措施,"1999市民热线"就是一个典型案例。考虑到"电话与手机"是台北市民最熟悉和最常使用的沟通方式,台北市政府于2005年1月25日正式启用了1999市民热线,即第一代话务中心,共设置话务席次31席,每月计有5万通话务。第一代话务中心历经4年多运作后,台北市政府参考美国纽约市政府311专线的运营经验,对"1999市民热线"进行了升级优化,升级后改名"1999台北市民当家热线",于2008年7月3日正式启用,除将原先31席话务人员席次提升至115席外,更强化了原有的市政咨询、转接电话与申诉建议等服务,同时整合了与民众生活息息相关的派工案件受理及流程管控服务。为了使听力障碍者也能

353

享受"1999台北市民当家热线"的便利服务,台北市政府自2010年6月1日起,正式提供1999手语视频服务,透过免费的Skype软件让听力障碍者借由手语视频与1999手译员以手语沟通市政相关服务,并自2012年1月1日起,正式提供每日24小时、全年无休的服务,使听力障碍者也能享受贴心、便利的市政服务。

目前"1999台北市民当家热线"提供的话务服务包括:咨询服务,即由话务人员提供一般性、告知性的市政咨询服务;转接服务,即由话务人员转接民众来电至业务单位或承办人员的服务;陈情服务,即由话务人员受理民众以电话陈述有关台北市行政兴革的建议、行政法令查询、行政过失的举报或行政上权益的维护等具体陈情案件,并输入单一申诉系统的服务;派工服务,即由话务人员受理民众以电话方式申请台北市政府各业务机关派工,并输入派工系统的服务。台北市政府制定了《"1999台北市民当家热线"话务服务作业规范》,并多次予以修正。为了了解市民对于话务服务质量的感受,台北市政府研究发展考核委员会对话务服务进行市民满意度调查。

"1999台北市民当家热线"自2008年7月3日上线服务至2012年10月31日止,累计已服务8 960 237通电话,受理545 547件陈情案件与1 100 176件派工案件,平均每月服务172 312通电话,受理10 491件申诉案件与21 157件派工案件,成效良好,以高效、优质的公共服务满足了市民的各项需求。①

(三)香港:市场化与多元化

香港特区政府创新政府管理模式,以市场为导向,以市民为中心,实行公共服务供给组织的多中心化、公共服务供给模式的多元化,大大提高了公共服务的效率、公正与专业化水平。

在公共服务供给主体与供给模式方面,除了核心公共服务由政府直接提供外,香港大部分城市公共服务是由政府向社会进行购买,形成了由政府、商业组织、民间组织、私人机构等组成的多元供给模式,公共服务被划分为三种供给模式:(1)私人不愿意生产或者无法生产必须由政府提供的核心公共服务,如社会治安等;(2)政府主管、授权私人提供公共服务,主要是那些盈利率不高或盈利前景不明朗,但投资庞大的公共物品,如公共汽车、电力、海底隧道等;(3)完全由私人提供公共服务,如香港社会福利署通过服务外判,以公开招标方式提供护理和护养安老照顾服务等。②

---

① 《台北市1999市民热线优化计划简介》,台北市政府网。
② 李德、黄颖:《经验与借鉴:香港政府公共服务改革对我国内地的启示》,《探索》2011年第4期。

在社区服务方面,政府和民间组织合作开展社区服务工作,政府在社区服务中主要扮演政策制定、财政支持和服务监管的角色,而具体社区服务工作多由民间组织来实施。政府和民间组织一般通过购买服务方式合作,具体方式一般为政府根据居民对社区服务的需求信息确定相关服务项目,再"发包"给一些经资质认定的民间组织,并为其提供经费支持。民间组织承担服务项目后,按政府预定的要求开展工作,为居民提供社区服务,属于"政府出钱,民间组织办事"的社区服务合作模式。民间组织拥有数量众多、专业技能突出的职业社会工作者,香港多家大学设有社工系,每年培养大量社工专业毕业生,为社会源源不断地输送专业社工人才。人数充足、优质能干的社会工作者队伍是香港民间组织提供专业性强、效果良好的社区服务的保证。[①]

在信息公开方面,1995 年香港特区政府制定《公开资料守则》,并经 2003 年 9 月和 2010 年 6 月两次修订,成为政府各个部门公开资料以及市民获取政府信息的正式法律依据。它规定了资料公开的内容和形式,须公开的信息范畴包括:各部门每年须公布其组织结构的详情、所提供服务的项目、其服务表现承诺及履行各项承诺的情况,以及按类别划分的部门纪录一览表、已公布或以其他方式提供的资料一览表、查阅非按惯例公布的资料的程序及收费。每当政府首次推出或更改某项公共服务时,负责的部门须公布足够的资料,说明新增服务的性质或服务有何改变,以及哪些人会受影响。香港特区政府各部门主要负责本部门的人事架构、职责范畴和服务承诺等书面资料的对外公开。政府新闻处则负责统筹、规划和协调特区政府整体的信息传播,肩负着向市民提供公共信息服务、向外界说明和推介香港的责任。同时,香港特区政府运用信息与网络技术,为市民提供一站式的网上政府信息和服务,还利用最新的媒介工具抢占信息高地。[②] 香港特区政府在信息公开方面的政策措施,为香港树立了公开、透明、廉洁、高效的服务型政府形象。

(四)南京:公开化与民主化

作为较早开展服务型政府建设的地方政府,南京市于 2002 年提出了建设服务型政府的目标,并详细制订了"一年构建框架,三年逐步完善,五年全面完成"的服务型政府建设计划,采取"分步实施,全力推进"的具体实施方略,以形成行为规范、运转协调、公正透明、廉洁高效的行政管理体制。

第一,实行政务公开,保障公民知情权。一是保障公民对基本政务信息的

---

① 朱红权、王凤丽:《英美国家及中国香港地区成功社区服务经验启示》,《经济研究导刊》2011 年第 27 期。

② 闫肃:《香港特区政府的信息公开管理》,《中国行政管理》2011 年第 6 期。

知情权。各级各部门的文件,除法律、规章明文规定不宜公开的以外,全部通过政府公报、政府网站和新闻媒体向社会公开。2003年10月建立了政府新闻发言人制度,定期向社会公布重要政务信息。二是保障公民对政府决策的知情权。南京市委、市政府的一些重要会议均邀请新闻界参加,并建立了决策听证和公示制、预告制、通报制,增加政府决策的透明度。三是保障公民对地方立法的知情权。南京市人大常委会坚持召开立法听证会,重视发挥立法咨询小组的专家作用,制定了《关于公民旁听市人大常委会会议的暂行办法》,邀请公民代表旁听人大常委会的一些重要会议,并通过报纸、网络等多种渠道征求公民对法规草案的意见。

第二,畅通言路,吸纳公民参与政府决策,推进政府决策民主化、科学化。2002年以来,在推进政务公开的同时,南京市委、市政府积极吸纳公民参与城区规划以及公交月票、公园门票、自来水和液化气价格调整等问题的决策。通过公示和听证制度等方式让公民享有知情、参与、监督的权利,不仅促进了政府决策的民主化、科学化,赢得了公民的理解和支持,还共同实现了城市建设的目标。南京市委、市政府及各级政府部门借助“市长信箱”、“局长信箱”、“热线电话”、“领导接待日”、“市民论坛”等多种形式和渠道与群众直接交流对话,加强了政府与公民间的沟通,赢得了公民信任。

第三,从严治政,接受公民监督与评价。以设立投诉中心为载体,实现群众监督的规范化。为方便投资者和群众监督,南京市政府于2002年设立了外商投诉中心、私营个体经济咨询投诉中心、民营科技企业投诉中心、行政效能投诉中心4个投诉受理机构,将地址、电话向社会公布,并将群众投诉处理情况纳入市政府督查范围。同时还研究制定了《南京市行政过错责任追究暂行办法》,明确规定了追究什么、追究谁、谁来追究、如何追究等具体内容。

(五)深圳:组织再造与体制创新

2009年以来,深圳市政府以大部门体制改革为重点,转变政府职能,优化组织结构,创新体制机制,大力推进服务型政府建设。①

第一,调整机构与职能。部门“同类项合并”,在发展改革、财政、规划和国土资源、卫生和人口计生、人居环境、文体旅游、市场监管等10个领域实行整合,政府工作部门由46个精简至31个,精简率达33%。强化社会管理和公共服务职能,增加和加强相关职能73项。同时将有关政府职能转移给社会组织,充分发挥社会组织的作用。2009年,深圳市民政局公布《各部门不再从

① 李志红:《推进大部门体制改革努力建设服务型政府》,《中国机构改革与管理》2011年第1期。

事、不再直接办理事项》目录,明确将 17 个委局原来承担的办理职业培训认证、行业评定等 100 多项事项全部交由社会组织承担。

第二,创新体制机制。深圳市将市政府机构统称为工作部门,并根据部门职能定位作出区分,突破现行政府行政架构的限制,建立起委、局、办的政府架构。主要承担制定政策、规划、标准等职能,并监督执行的大部门,称为"委";主要承担执行和监督职能的机构,称为"局";主要协助市长办理专门事项,不具有独立行政管理职能的机构,称为"办"。"局"工作中涉及政策、规划、标准等重大决策制定及重要工作部署的,须经相应的"委"审核同意;应定期向"委"报告工作,接受"委"的指导、监督;在执行过程中发现"委"的重大决策及重要工作部署需要调整变更的,应及时报告"委","委"要及时研究回复。建立委、局、办的政府架构,合理配置和运用决策权、执行权、监督权,以求解决某些方面权力过于集中、缺乏有效监督、执行不力等问题。

第三,简化办事流程。一是推行"一站式"服务。深圳大力整合行政资源,推进集中办公,实现从多头服务向集中服务的转变。二是推行"一个窗口"对外。深圳明确提出,凡能交"窗口"办理的事项,全部由"窗口"直接办理,实行"一个窗口对外,内部分流处理"的综合受理模式。三是推行"电子窗口"办事。深圳在改革中充分利用现代网络科技,试行预约服务、网上预审、网上年检、网上申报和审批代码证等服务,尽可能减少企业和市民的往来次数。

(六)青岛:电子化与便捷化

青岛市的电子政务建设一直走在全国的前列。1996 年,青岛市建成了全国党政机关中布局最完整的政务系统——金宏网;开通了国内第一个严格意义上的政府网站——青岛政务信息公众网;2002 年 3 月 12 日,青岛市委、市政府印发的《青岛市电子政务工程 2002—2005 年规划纲要》,就提出了建设网络环境下的"一体化政府",为社会提供"一站式服务"的电子政务发展目标。在十几年的电子政务探索中,青岛市把电子政务的功能定位为政务公开、为民服务、公众参与,不断推进服务型政府建设。①

在政务公开方面,青岛市所有部门的政务公开信息全部通过政府门户网站统一发布。青岛市政府电子政务和信息资源管理办公室发挥全市大一统的一网式办公环境的优势,建立了全市统一的信息公开网上管理、备案和发布系统。以 2009 年为例,组织各部门公开政府信息 1.75 万件,同比增加 68%;网上统一受理政府信息公开申请 160 件;贯彻实施《政府信息公开条例》以来累

357

---

① 刘惠军:《建设网上一体化政府推进一站式公共服务——"青岛政务网"建设模式创新》,《电子政务》2010 年第 Z1 期。

计公开 12 大类 31 小类的 3.6 万条政府信息,网站信息总量达到 30 余万条。

在为民服务方面,青岛市整合全市政务资源,为社会提供"一站式"公共服务。充分发挥青岛市统一网上审批平台的优势,统一组织 57 个政府部门发布网上办事服务 3 350 项;组织教育、卫生、计划生育、水电气暖等 9 个领域 1 300 余个公共企事业单位发布办事服务信息 1 万余件;组织网上导引式服务 20 类。截至 2010 年年底,统一构建了 47 个部门 190 项审批业务系统,为 52 个部门虚拟了 70 多个公众服务网站。

在公众参与方面,青岛市创新政府门户网站功能,畅通政府与公民沟通互动渠道,构建了"政府在线"(60 个部门和 12 个区市政府统一的网上信箱)、在线访谈、网上听证、意见征集、建议提案、公务员效能投诉、纪检监察信箱、12380 干部选拔任用举报信箱等网上政民互动服务体系,全面拓展公众参与渠道,广泛听取民意,及时回应公众需求。其中"政府在线"每年受理市民咨询、求助、投诉、建议约 3 万件。2009 年,组织部门和区市领导开展"在线访谈"73 次,现场回答问题 2 359 个,市级媒体摘登和报道 45 次,开展网上意见征集和调查 32 次。在年终开展的政府部门"向市民报告、听市民意见、请市民评议"活动中,政府门户网站成为发布信息、征集意见、反馈结果的主渠道,许多市民意见和建议成为市政府决策的重要参考依据。

在工作创新方面,青岛市在市、区(市)、街道(镇)三级机关形成了大一统的一网式办公环境,提高了行政效率;将市、区(市)两级 3 000 多项审批服务事项全部纳入统一网上审批平台办理,增强了业务协同和联合服务能力;将 5 800 多项行政处罚事项细化量化自由裁量基准逐步纳入统一网上执法平台管理和运行,有效规范了行政行为;对审批、执法、公共资源交易、重要资金管理使用等 20 多个领域实行电子监察,有效强化了行政监督;在全市机关统一建设了政府信息公开数据库,并通过政府门户网站统一发布,推动了阳光政府建设。[①]

青岛市通过完善电子政务基础条件,整合电子政务资源,创新电子政务模式,使电子政务实现了快速发展,成为优化政务环境、创新政务模式的重要动力,有力地推动了服务型政府建设。

(七)国内外服务型政府建设的启示

纵观国内外地方政府建设服务型政府的实践进程,发现建设服务型政府的目标和内容主要是培植公共服务的理念,创新公共服务体制,优化公共服务的布局和结构,改进服务态度和服务方式方法,精简行政审批和行政办事程序。国内外服务型政府建设多彩多姿,各有千秋,富有启发。

---

① 《青岛市电子政务发展"十二五"规划纲要》,青岛政务网。

以发展社会事业和解决民生问题为重点,逐步形成惠及全民的基本公共服务体系。服务型政府建设要以保障和改善民生为重点,切实保障人民群众最关心、最直接、最现实的利益。以新加坡为例,为解决建国之初的失业问题和住房短缺问题,设立经济发展局和建屋发展局,为新加坡的经济和社会发展做出了重大贡献,尤其是后者采取了一系列措施建设公共住房并推行"居者有其屋"计划,成功地解决了新加坡的住房短缺问题。

公共服务供给主体多元化和供给方式多样化。服务型政府的建设离不开市场、社会力量的参与,要充分调动市场、社会主体的积极性,共同参与公共服务的生产与供给。香港特区政府在直接提供核心公共服务之外,向社会购买大部分城市公共服务,形成了由政府、商业组织、民间组织、私人机构等组成的多元供给模式,尤其是政府和民间组织在社区服务领域的合作带给我们深刻的启示。

充分利用先进技术。建设服务型政府,要充分利用现代科技,拉近政府与老百姓的距离,增强政府与社会的互动效果,提高办事效率,简化办事流程,以便更好地为老百姓服务。台北市政府利用 Skype 软件为听力障碍者提供贴心、便利的市政服务;香港特区政府推出"香港政府一站通",为市民提供一站式的网上政府信息和服务;深圳市推行"电子窗口"办事;青岛市建设统一网上审批平台。这些都是利用现代科技来提供和改进公共服务的典型案例。

强调结果。服务型政府建设要以行之有效的制度、方式,为老百姓提供优质、高效、便捷的公共服务,强调政府产出的效率与效能,重视公民的满意度,切实解决公众的现实问题。台北市政府研究发展考核委员会对"1999 台北市民当家热线"话务服务进行市民满意度调查,新加坡政府为搜集公民对改进政府部门和法定部门服务质量的意见而成立"服务改进组",都是持续改进服务质量、高度重视服务结果的表现。

重视公民参与,加强政府与公民的互动。服务型政府建设的最终目的是不断满足城乡居民日益增长的公共需求。服务型政府要能够及时回应社会需求与民意。在建设服务型政府的过程中,要努力提高公民参与的质量,保障公民的有序参与,创新公民利益表达与政府回应的互动机制。无论是新加坡人民行动党政府设立"民意处理组"来加强政府公共政策与公众意见的互动,还是南京市邀请公民代表旁听人大常委会的一些重要会议,都是为了听取群众意见,吸纳群众智慧,形成政府与公民的互动机制,完善各项方针政策,以便更好地服务公民。

课 题 组 长:朱仁显
课题组主要成员:刘建义　黄雀莺　丁世林
主 要 执 笔 人:丁世林　朱仁显

厦门市服务型政府建设的路径和绩效

一、厦门市服务型政府建设的路径

厦门市的服务型政府建设至今已经走过了 11 年的历程。2002 年年初，厦门市政府工作报告中首次提出"建设依法行政廉洁高效的服务型政府"，服务型政府建设自此成为历届政府的执政目标。2011 年 2 月，厦门市十三届人大六次会议批准《厦门市国民经济和社会发展第十二个五年规划纲要》，该规划纲要指出，"以建设法治政府和服务型政府为目标，加快转变政府职能，深化行政管理体制改革"。2011 年 12 月，厦门经济特区建设 30 周年之际，国务院批准实施了《厦门市深化两岸交流合作综合配套改革试验总体方案》(以下简称《综改方案》)，厦门成为继深圳之后的第二个"国家综合配套改革实验区"。《综改方案》明确提出到 2020 年"形成完善的服务型政府管理体制"的目标。综改试验区的批准，更为厦门市服务型政府建设提供了新的助力和契机。

这十多年来，厦门市一直秉持开拓创新、立足现实、稳扎稳打的精神，在实践中不断推进服务型政府的建设，取得了骄人的业绩。从厦门市建设服务型政府的路径选择来看，厦门市政府主要从转变政府经济职能、优化公共服务、创新社会管理、促进依法行政、提升政府效能这五个方面持续推进服务型政府建设。

(一)转变政府职能

1. 深化行政审批制度改革，减少行政许可事项

行政审批制度改革是厦门市转变政府经济职能、深化行政改革的突破点。1999 年 3 月，在参照深圳等兄弟城市改革经验的基础上，厦门市在全省率先发起行政审批制度改革。从 1999 年至今，厦门市政府已经先后进行了六轮行政审批制度改革。

行政审批制度改革包括两个方面的内容：其一是减少政府对经济的微观

干预,对现有的行政许可项目进行"合法性"和"必要性"审查。重点是清理、取消和调整行政审批项目:凡是国务院和省政府已经明令取消的行政审批事项,一律停止审批并向社会公布;凡是公民、法人或者其他组织能够自主决定,市场竞争机制能够有效调节,行业组织或者中介机构能够自律管理的事项,一律不再增设行政审批项目,凡是能下放的行政权力一律下放。其二是提高行政审批的效率,削减行政审批的环节和时限,建立健全首办负责、首问负责、一次性告知等制度。

2012 年,厦门市完成了第五轮行政审批制度改革,开始启动第六轮改革。至 2013 年 5 月,前五轮改革绩效显著:一是市级审批事项由 1999 年的 1 177 项精简至 339 项,减少率达 71.2%;二是审批环节压缩在 5 个以内,148 项实现"一审一核"两个环节办结;三是审批时限均压缩至法定时限的 40% 以内,113 项实现即来即办一次性办结。第六轮审批制度改革的目标是:争取市级审批事项再压缩 25%,这些事项有的转为备案,有的转为一般管理事项,还有一些法律依据已失效或没有上位法依据的,将会同法制部门逐步取消;争取省里再下放厦门部分审批事项的审批权限;将 10% 左右的市级行政审批事项的审批权限下放或部分下放至区级部门;压缩审批时限,争取全市审批事项审批时限进一步压缩到法定时限的 35% 以内。

2. 推进政社分开、政事分开、政企分开、政资分开

转变政府职能的另一重要工作是实行国企和事业单位改革,推进四个"分开"。从 2002 年开始,厦门各类行业协会、中介机构和技术鉴定、评定、检验机构逐步与行政机关剥离,回归其社会中介组织的职能,实行"政社分开"。对原有的事业单位分类进行整合撤并和改制,对撤并后的事业单位的经费体制进行必要的改革。2006 年开始,对市政设施维护,绿化养护,垃圾清扫、清运、处理,公路桥隧养护等劳动密集型的公用事业单位实行"干管分离、以事定费"的改革,取得了明显成效;2012 年,改革公立医院管理体制,组建公立医院发展管理中心,着手实施"管办分开"模式创新。"管办分开"意在理清政府和市场的边界,使得卫生执法部门能够中立、公平地对待公立医院和民营医院。自 2013 年 3 月 1 日起,厦门市所有市属、区属公立医院全面实施医药分开,彻底取消药品加成,取消药品加成后,厦门市公立医院减少的合理收入的 82% 将通过调整医疗服务价格,由医保统筹基金支付,10% 将由财政专项经费补助,8% 由公立医院加强成本管理来自行消化。这意味着厦门结束了在我国实行近 60 年的公立医院药品加成政策和"以药补医"机制。

2004 年以后,政府机关与所属宾馆、招待所、培训中心等企业逐步脱钩,国有企业改革稳步推进,政府逐渐转移企业管理职能,企业自主经营权逐步得到落实,政府微观经济管理职能进一步弱化。① 2006 年,厦门市国资委成立,厦门市国有企业实施了新一轮的重组整合,共有 80 多家国有企业完成改制,共分流安置职工近 8 000 人,按照"突出主业,合并同类资产"的原则,各集团企业加快业务重组,优化资源配置。同时通过实施关闭、出让、破产等多种方式加大劣势企业退出力度,经过整合,国有企业的监管体制得到理顺。2013 年 9 月,国务院国资委王文斌副主任在与福建省政府国资委、厦门市政府国资委进行的座谈会中,对厦门国企改革和国企监管工作给予了充分肯定。②

3. 深化公共资源配置市场化改革

2005 年开始,厦门正式启动公共资源配置市场化改革,至今在公共资源配置领域已推进了 70 多项改革。这一改革改变了以往由行政权力决定公共资源配置的状况,既提高了资源利用效率,又从源头上防治权钱交易等腐败行为。改革重点是引入多元化的投资主体,通过公开招标出让产权、特许经营权、政府购买公共服务等方式,吸引社会资本通过公平竞争进入原由政府垄断的投资、经营市场,营造有效竞争的市场结构。2011 年 1 月,厦门出台了全国首部关于公共资源市场化配置的地方法规,并于当年 5 月份正式施行。2012 年 2 月,厦门市财政局成立公共资源监管处,专门负责公共资源市场配置监管工作。目前厦门市公共资源市场化配置已经从土地矿产、政府采购、建筑工程、户外广告等重点监管领域,逐步拓展到公共房产、公共设施和公共服务领域。这些法律的制定以及政府管理配套的跟进,都走在了全省甚至全国前列。③

4. 发挥对台优势,放宽市场准入,营造良好的投资环境

近几年来,厦门在发挥对台优势,充分利用经济特区对台交流合作先行先试政策的同时,一直致力于深化投融资体制机制改革,进一步开放投资领域,降低市场准入门槛,完善和落实鼓励社会资本投资、创业投资的政策措施,在切实扩大社会资本投资的同时,营造良好的投资环境。

2012 年,厦门全面启动两岸金融中心建设和东南国际航运中心建设,出台了《鼓励金融业发展的若干意见和促进股权投资类企业发展的若干规定》,为两岸投资者营造良好的硬件和软件环境。2013 年 6 月,《海峡两岸服务贸易协议》签署。该协议明确了两岸服务业市场开放清单,其中台湾对大陆开放

---

① 岳世平:《厦门经济特区服务型政府建设的主要做法和经验回顾》,《厦门特区党校党报》2009 年第 5 期。

② 厦门国资委办公室:《国务院国资委王文斌副主任对厦门国资监管和国企改革工作给予充分肯定》,厦门市人民政府国有资产监督委员会网站,http://www. xmgzw. gov. cn/Pages/Home/NewsDetail. aspx? id=22728,2013-9-27。

③ 郑洁瑜:《公共资源市场化配置改革初探》,《特区财会》2012 年第 4 期。

共 64 项,大陆对台湾开放共 80 项,开放领域涉及商业、通信、建筑等诸多行业,并在两岸 ECFA 服务贸易早期收获的基础上,更大范围地降低了市场准入门槛,为台湾服务业拓展大陆市场提供了广阔的发展空间。协议无疑为厦门在两岸合作中的"先行先试"提供了政策保证。

5. 以财税和产业政策稳增长、调结构、促转型

在重视发挥市场配置资源的基础性作用的前提之下,厦门积极实施相应的财税和产业政策,为经济增长、产业结构调整和经济转型创造条件。2012年,厦门进一步推进市对区财政体制改革,完善房屋拆迁补偿机制,以促进区域经济社会发展;启动营业税改征增值税试点,营造有利于产业升级、结构优化的财税环境,全年为企业减负 23 亿元;出台促进工业、稳定生产的相关措施,进一步加大对小微企业的政策扶持力度,出台信贷支持和出口补助等政策,全年提供财政扶持资金达到 36 亿元;出台加快创新体系建设、加快海洋经济和旅游产业发展的实施意见,积极推动产业结构调整和经济转型①。

至 2012 年年底,全市拥有规模以上高新技术工业企业 336 家,占到全市规模以上企业数的 22.4%,完成工业总产值 1 877.38 亿元,占全市规模以上工业总产值的 42.4%;产业调整步伐加快,第三产业占了经济一半份额,现代服务业进一步发展,酒店、旅游、会展业获得了加速发展。近年来,中国旅游研究院和携程网发布的大小黄金周的人气排行榜,厦门一直稳居境内旅游目的地前两位并荣膺"2012 年国内最佳旅游目的地",于第十届中国区域(旅游)经济可持续发展高峰论坛上荣获"2012 全球最佳休闲旅游浪漫地"称号。②

6. 强化市场监管,建设质量强市

在提高企业经营自由度、激发市场活力的同时,厦门市政府并未忽略作为市场监管者的重要角色。2012 年 9 月,厦门获批成为首批争创"全国质量强市示范城市"。厦门市创建"质量强市"工作成效显著,敢于创新,问题企业约谈制、质量工作绩效考核、质量诚信体系建设、食品安全"道德讲堂"、食品安全监管机制等许多工作走在全国、全省前列。

至 2013 年 8 月,厦门已经建成流通环节食品安全监管系统,1 万多家企业的 6 万多种食品实现全程网上监管;建成肉品质量安全信息可追溯系统,85%以上上市肉品实现"正向跟踪、反向追溯",推行食品卫生监督量化分级管理制度,量化率达 99%以上;大中型工程及其他工程一次验收合格率均达到

---

① 《2012 年厦门市第十四届人民代表大会第二次会议政府工作报告》,厦门市人民政府官网,http://www.xm.gov.cn/zfxxgk/xxgkznml/szhch/szfgzbg/201302/t20130217_615091.htm,2013-9-26。

② 参见《2013 厦门市情》,厦门市统计局编印,第 5～6 页,2013 年 4 月。

100%,新建民用建筑 100%达到国家建筑节能标准要求;在全国率先开通 800 免费投诉电话、旅行社等级评定工作,游客满意度连续 3 年进入全国前 10 位,旅游服务质量得到大幅度提高;实行公立医院托管社区医院等医疗资源重组方式,投入 2 亿元改造提升社区医疗卫生服务中心和卫生院,改善基本医疗质量;促进教育质量均衡发展,在全国率先实现义务教育完全免费、中等职业教育学费全免,外来务工人员子女免费就读公办校比例达 80.8%;促进环境质量持续改善,投资 200 多亿元,修复海洋生态,削减二氧化硫和化学需氧量,新建污水干管 376 公里;主动发布 PM2.5 检测值,空气质量优良率 100%,集中式饮用水源水质达标率 100%;在全国率先开展质量工作绩效考评,产品质量、品牌发展、环境绩效、能源消耗、公共卫生发展等质量指标连续 4 年列入对区委、区政府绩效评估指标体系,分值达 28%。

"质量强市战略"列入 2013 年市委市政府七项重大任务之一,并就其组织了专项绩效评估,评估结果作为组织部、公务员局、文明办及相关部门考核领导干部和评先评优的重要依据。2013 年 7 月 15 日,福建省质量强省工作领导小组办公室组织由产品质量、工程质量、服务质量等方面专家组成的考核验收组,完成了对厦门创建"全国质量强市示范城市"工作的预验收,并打出了"优秀"的分数。在 2011—2012 年中国城市基本公共服务力评价项目调查中,厦门市民的食品安全满意度在 38 个城市中得分名列第一。

(二)优化公共服务

1. 加大民生投入

厦门市政府一直秉持"以人为本"的原则,优先保障民生投入,有针对性地解决民生难题。与 2011 年相比,厦门在 2012 年继续加大对就学就业和"医食住行"等民生领域的投入。按照统计数据,2012 年民生支出占公共财政支出的比重达 67.8%,比上年提高 2.8 个百分点。最大的投入是在公共教育领域,共投入 26.5 亿元,主要用于幼儿园、中小学建设以及校舍加固,以及其他推进教育均等化的各项措施;医疗卫生支出 12.7 亿元,城乡居民医保财政补助标准提高到每人每年 360 元,居民医保门诊和住院报销比例分别提高至 50%和 75%,基本公共卫生服务经费提高到年人均 40 元,家庭参保人员实现医保互助共济,第一医院急诊综合楼、口腔医院新院等投入使用,基层卫生机构设施设备进一步完善;投入 12.7 亿元建设 2.9 万套保障性住房;提高低保补助标准和企业退休人员基本养老金,对困难残疾人发放生活补助;投入 7.4 亿元支持公交发展,新增和更新公交车 450 辆,建成一批停车楼及人行天桥;投入 4.3 亿元支持就业困难人员、高校毕业生就业创业,全市 2012 年新增就业 20.3 万人,荣获全国创业先进城市;文化体育投入 5.3 亿元,文体事业加快发展。

依据《2013 年厦门市公共财政预算支出预算表》，厦门市 2013 公共财政预算总支出 4 699 018 万元，而位居财政支出前五位的仍然都是民生项目，分别为：教育 759 593 万元，交通运输 653 109 万元，城乡社会事务 530 640 万元，社会保障 340 412 万元，医疗卫生 242 056 万元。①

2. 推进岛内外一体化

2010 年 6 月，在厦门特区成立 30 周年之际，国务院批准厦门经济特区扩大到全市，由此开始了岛内外一体化的进程。推进岛内外一体化的重要指导思想和方针是"规划一体化、基础设施建设一体化、基本公共服务一体化"。

经过近三年来的努力，岛内外一体化成效明显。一是财政不断加大对岛外公共基础设施建设的投入，使岛内岛外逐步形成一体化的立体交通体系，为岛外城乡一体化奠定了良好的基础。二是加快改善农村生产生活条件，支持旧村改造新村建设。三是支持四大新城建设。至 2012 年，四大新城建设已经完成投资 430 亿元，集美、海沧、同安、翔安新城分别完成建筑面积 198 万、174万、113 万、70 万平方米。2012 年 9 月厦大翔安校区正式开学，当年入驻5 000 多名学生。洋唐保障性安居工程、红坑安置房粗具规模。同集路改造步伐加快，海翔大道 2 期、海沧隧道连接线、滨海东大道开工建设，集美北大道等干线交通路网建成通车。

与此同时，岛内外公共服务一体化进程也在加快。首先是通过规划实施，改变原来的城乡二元结构，将优质的教育、医疗卫生、文化资源按科学发展观的要求，统筹布局到岛内外广大城乡地区，实现基本公共服务资源条件的一体化；其次是逐渐减少岛内外居民在享受公共服务上的政策差别，同步推进岛内外教育、公共医疗卫生、社会保障体系的一体化，公共服务一体化的实质即是推进岛内外居民享受基本公共服务的均等化。

3. 促进基本公共服务均等化

如上所述，在厦门，促进基本公共服务均等化的目标和推进"岛内外一体化"是紧密结合、相辅相成的，当然，均等化的内涵更广，因为公共服务均等化的对象既包括岛内外不同片区的厦门本地居民，也包括来厦的外来务工人员。近年来，厦门在促进基本公共服务均等化方面的努力主要体现在以下方面：

（1）促进公共教育服务均等化。厦门以保障适龄儿童少年和进城务工人员随迁子女平等接受义务教育为目标，努力缩小城乡、区域、校际差距，提高义务教育办学水平，通过实现教育在布局、投入、师资、机会和质量五个方面的均

---

① 参见厦门市政府网站，http://www. xm. gov. cn/2013rd/2013xxkd/201301/t20130108_607414.htm，2013 年 9 月 23 日。

衡,持续推进教育均等化。1996年,厦门基本普及九年义务教育,基本扫除青壮年文盲,小学入学实行划片招生就近入学的办法;自1998年起,小升初招生采取由电脑随机派位免试就近入学的办法,基本解决了义务教育择校问题,各类等级考试成绩均已不作为义务教育入学和升学的依据。从2005年起,在厦门市公办小学就学的进城务工人员随迁子女全部进入公办初中就学,在民办小学就学后进入公办初中的达70%。2007年,厦门市率先成为福建省第一个全面实现"高水平高质量普及九年义务教育"的设区市,2009年又成为全省第一个全面实现"对县督导"的设区市,同年被教育部授予全国义务教育均衡发展先进地区。2010年,进城务工人员子女在公办校接受义务教育比例达68.8%,就读公办初中比例达82.2%。2011年秋季起,厦门将进城务工人员随迁子女免费接受义务教育从公办学校扩大到民办学校,实现全市免费义务教育。2012年,厦门在全省率先实行中等职业教育免学费、农村义务教育阶段学生营养膳食补助,统一全市中学生的生均公有经费,完成义务教育学校标准化建设。新建、改扩建公办幼儿园23所,新增学位6 600个。完成13所中小学建设,新增学位1.2万个,对民办中小学购买国标校车给予补助,进城务工子女接受公办义务教育比例进一步提高。2013年春季学期起,厦门岛内外幼儿园的预算内生均公用经费定额标准,在全省率先实现城乡一体化。该标准统一后,厦门在全省率先实现了从幼儿园到中专整个基础教育阶段的公用经费定额标准统一化。2011年,继小升初招生改革之后,6所省一级高中达标校开始尝试按片区定向招生,2013年,4所省一级达标校招收定向生的比例占了总招生人数的50%,通过生源在各优质高中之间的均衡化,高中教育的均等化水平也在持续推进中。除此之外,厦门还采取合作办学、委托管理等方式,强化优质学校与薄弱学校、农村学校长期稳定的"校对校"对口支援关系,通过校长、教师双向交流等制度的探索,促进优质教育资源的共享,提升整体教育水平。

(2)促进公共医疗卫生服务均等化。2009年,厦门将医疗保险制度覆盖到城乡居民以及外来人口,建立起城乡一体化的全面医疗保障体系。2010年厦门出台了《关于完善城乡居民一体化基本医疗保险制度建设的意见》,将城镇居民、农村居民、未成年人和大学生的医保基金,归并成城乡居民医保基金;统一了城乡居民基本医疗保险的医疗待遇。2012年,《关于深化基本医疗保险制度城乡一体化建设的意见》正式出台。《意见》围绕城乡一体化的主题,调高了居民医保制度的筹资标准,全面提高了居民医保的医疗保障水平,进一步缩小了居民医保与职工医保之间的差距,通过提高居民医保的保障水平,充分发挥了居民医保制度保障社会弱势群体的重要作用。此外,厦门还积极推进卫生资源优化配置和城乡均衡发展,通过卫生资源布局的调整与整合,优质医疗资源延伸到岛外或新区,极大地改变了岛内外卫生资源分布不均、岛内东北部地区和岛外医疗资源匮乏的局面,卫生资源的公平性、可及性进一步体现,极大地提高了公共卫生处置能力与医疗救治水平。近年来的具体举措包括:实施了市第一医院兼并市杏林医院、思明医院,托管翔安同民医院;市中医院兼并江头医院并迁建到东部;市第二医院与集美医院合并,总部迁至集美;中山医院兼并厦门铁路医院、市第一门诊部、湖里医院、厦大医院;市妇幼保健医院整体迁建;市疾病预防控制中心、医疗紧急救援中心和卫生监督所整体搬迁至集美;完成同安、翔安、海沧、集美4个区的农村公共卫生体系建设;在思明区和湖里区组织实施"医疗重组计划",由三级综合性医院直接举办岛内社区医疗服务中心;至2011年年底,行政村卫生所覆盖率达到100%,社区卫生服务中心标准化建设全面完成,启动公立医院改革,完善公立三甲医院与基层医疗卫生机构对接机制。

(3)促进社会保障服务均等化。社会保障工作是政府提供基本公共服务的重要内容。厦门社会保障均等化工作走在全国前列,统一的社会保障体系已逐步形成。近年来厦门在社会保障方面的主要举措包括:一是加强社会保障体系建设。全面推行被征地人员基本养老保险,向征地人员发放养老补助金;为全市居民办理自然灾害保险,为农村居民办理住房保险,对就业困难群体实行就业援助和社保补贴,加大对贫困人群医保自付困难补助力度。二是完善城乡社会救助体系。健全最低生活保障制度、医疗救助制度、城市生活无着的流浪乞讨人员救助制度、精神病人救治制度和残疾人保障制度,同时建立了道路交通事故社会救助基金,出台了《厦门市城乡困难家庭临时救助实施办法》,将外来务工困难家庭和低收入家庭纳入临时救助范围,进一步缩小城乡低保标准差距。三是加大对再就业的投入力度,积极推进外来务工人员就业市民化。

(4)促进住房保障服务均等化。厦门是全国第一个提出建设保障房和开展住房保障工作的城市,第一个出台住房保障地方性法规的城市,第一个动工建设并交付使用保障性商品住房的城市,第一个建立低收入住房困难家庭认定体系的城市,第一个建设保障性商品住房的城市,出台第一部社会保障性住房地方法规的城市,被国家住建部高度赞誉为保障房建设的"厦门蓝本"。厦门依据2009年出台的《厦门市社会保障性住房管理条例》,实行了政府主导的梯级住房保障实施办法,不断加大保障房建设的力度,2012年,厦门市超额完成年内福建省下达的2.9万套保障性安居房建设任务。2013年4月,厦门市人民政府办公厅印发《关于本市贯彻〈国务院办公厅关于继续做好房地产市场调控工作的通知〉实施意见的通知》,首次明确提出将把外来务工人员纳入厦门住房保障范围。而此前,厦门的保障性住房的保障对象只针对本市户籍居民。

4.完善公共财政体制

完善的公共财政体系,是促进基本公共服务均等化,提升公共服务质量,不断改善民生的重要保障。2003年,厦门以区划调整为契机,初步完善了市对区财政体制,打破原有按照企业隶属关系和经济性质划分财政收入的方法,按照属地原则分享税源,进一步调整了市区两级的事权和财权,利益共享、风险共担的财政体制基本形成。在此基础上,厦门近年来持续推进公共财政体制的优化,通过完善财政转移支付制度,投资重心逐步向岛外转移,多渠道加大对岛外区的投入和转移支付力度,对岛外区予以倾斜和保障,支持岛外区加快发展,切实保障了"岛内外一体化"和"厦漳泉同城化"的战略实施。

在切实保障财政支出的同时,厦门着力完善财政支出绩效考评体系。早在1994年6月,厦门市就成立了全国第一家财政投资评审机构——工程预决算审核所(即厦门市财政审核中心前身);2005年,厦门制定出台《财政专项支出预算绩效考评试行办法》和相关实施细则,从事前绩效审核、事中绩效跟踪和事后绩效检查3个关键环节加强财政专项支出绩效管理。按照"稳妥推进"的原则,把财政支出绩效评价的入手点放在财政专项项目上,并规定纳入绩效评价范围的项目包括财政预算内外资金、土地基金和债务资金安排的总额200万元以上的专项项目。厦门市财政审核中心负责执行市财政项目支出绩效考评。几年来,在政府重大工程项目中,财政支出绩效考评为财政节约了不少开支。

2012年,财政部门共筹集270.3亿元资金保障重大项目建设需求。在加大公共服务投资力度的基础上,厦门继续着眼于公共财政管理的完善,落实绩效目标管理制度,加强重点项目评价和工程预决算审核,核减资金43.5亿元。[①] 2013年7月,福建省首个"政府投资项目信息管理系统"在湖里区正式上线运行。该系统由湖里区财政局设计开发,可实现对立项审批、动态监管、预警纠错、收支计划、绩效评估等进行管理和监督。这一财政管理体制创新的成效值得期待。

5.加快"厦漳泉大都市区同城化"进程

厦漳泉同城化,构建厦漳泉大都市区,是省委、省政府推动我省科学发展、跨越发展而作出的重大战略部署,对于三市共同拓展发展空间,扩大发展机遇,在更大的平台上集聚竞争优势,打造引领跨越发展的强大区域增长极,具有重要意义。

---

① 参见厦门市副市长、市财政局局长黄强2013年1月7日在厦门市第十四届人民代表大会第二次会议上所作的《关于厦门市2012年预算执行情况和2013年预算草案的报告》。

2011 年 9 月,厦门、漳州、泉州的三位市长在厦门签署《厦漳泉大都市区同城化合作框架协议》,同城化进程提速。2012 年,厦漳泉三地编制完成《厦漳泉大都市区同城化发展总体规划》和 9 个专项规划,持续推进 57 个同城化项目。龙厦铁路、厦安高速建成通车,九龙江北溪引水左干渠二期改造投入使用,完成厦漳港口一体化整合。除了重要基础设施建设之外,厦漳泉三地同城化的项目还包括产业项目和公共服务项目的实施。截至 2012 年 10 月,已有公共交通服务对接、电子小额支付应用、跨市人力资源管理服务合作、跨市人才管理服务合作、医学检验和影像检查结果互认制度、医疗事故医疗损害异地专家鉴定及医患纠纷异地专家调解制度、突发公共卫生事件协同处置、重大传染病联防联控机制等 10 个项目基本实现预定目标。2013 年,厦门加快实施跨岛发展战略和厦漳泉同城化,按照适度超前的原则,加大交通基础设施建设力度,重点向岛外倾斜,实现交通运输网络与同城化、一体化布局的有机衔接,最终实现客运零距离换乘和货运无缝衔接。2013 年 2 月,厦漳海底隧道工程被正式列入重点前期项目名单,预计总投资 162 亿元,即将进入实质性推进阶段。备受关注的厦漳泉城际一号线拟于 2015 年开工建设,前期工作已在推进中。2013 年 5 月 28 日,厦漳跨海大桥通车,厦漳城际公交同步开始运行。2013 年 9 月,厦漳泉大都市区同城化有关问题协调会在厦召开。省委常委、常务副省长张志南率省直有关部门莅厦,厦漳泉三市市长刘可清、吴洪芹、郑新聪也悉数参加。会议讨论了同城化总体规划编报、厦漳泉城际轨道交通、厦门海底隧道、南安市与翔安区路网规划建设衔接、枋样水利枢纽工程等同城化推进过程中需协调解决的主要问题,并达成基本共识。[①]

《总体规划》提出了同城化的发展目标:至 2015 年,初步实现同城化;至 2020 年,基本实现同城化。届时,同城化共建共享机制将较为完善,实现产业、空间和社会的高度融合。

(三)创新社会管理

1. 探索网络问政,培育公共空间[②]

进入互联网时代,网络问政已经成为厦门民众行使知情权、参与权、表达权、监督权的主要渠道之一。网络问政的主要形式包括:

构建网上受理平台。2000 年,厦门市政府网站开设"政府信箱",定期将网民来信整理上报市政府办公厅,同时将可公布的反馈意见在网上公开。

---

① 《厦漳泉接壤区将率先"同城化",三地市长再论同城话题》,厦门网,http://news. xmnn. cn/a/xmxw/201309/t20130907_3485990. htm,2013 年 11 月 4 日。

② 赖晶晶:《厦门市网络问政实践的现状与发展建议》,《厦门科技》2012 年第 3 期。

2004 年,政府信箱改为市长专线信箱,2007 年将"网上信访"与市长专线合并运行,初步实现网上公开受理和公开回复。同时市政府网站还开设了政府在线、市民论坛、热点评论、民意征集、网上调查等版块,各区政府和各部门也都在各自网站上开设政民互动平台,让公众有自由发表意见、阐述观点的公共空间。

开展在线访谈项目。2004 年,厦门首次开展人大代表与市民在线对话,此后在线访谈成为公众参与网络问政的一种有效方式。通过各部门领导轮值接听市长专线、"领导访谈"开展市委市政府以及各部门领导在线交流活动,取得了良好的社会效应。

开通政务微博。2009 年开始,厦门开通政务微博,到 2012 年年初,厦门在新浪和腾讯中经过认证的政务微博已有 184 个,涵盖了公安、司法、民政、教育、旅游、城管、文化、工商以及居委会等。微博问政进一步突破了公众参与的时空界限,成为扩大公众参与、培育公共空间的新路径。在政府微博中尤以警务微博的表现最为突出。其中"@厦门警方在线"的微博粉丝达到 145 万人,2011 年和 2012 年连续两年微博综合影响力保持第一,上榜 2012 年新浪华南区十大政务机构微博。与此同时,同样来自厦门警方的厦门亮灯警察"@交警陈清洲"荣获华南区十大政务个人微博。[1]

2. 优化社会组织管理与服务,发展多元主体

社会组织作为社会管理的重要主体,承担着沟通政府和社会关系、表达社会多元利益诉求、提供公共服务等角色。厦门在社会组织的管理与服务方面下了工夫,社会组织不断发展壮大,在社会管理中发挥着越来越大的作用。截至 2012 年年底,全市已登记的社会组织(含备案)共有 2 290 个,同比增长8.6%,每万人拥有社会组织 6.5 个,位居全省第一。其中:社会团体 1 007 个(市级 589 个,区级 418 个),民办非企业单位 890 个(市级 186 个,区级 704个),备案社区民间组织 390 个,台湾经贸社团在厦代表机构 3 个。[2] 厦门在大陆地区率先备案管理台湾经贸社团驻厦代表机构,至 2013 年 5 月,已有四家代表机构挂牌成立,33 家代表机构正在咨询或者筹办成立。2013 年出台的《关于加快推进社会组织登记管理体制改革的实施意见》,明确加快推进社会组织登记管理体制改革内容:一是实行直接登记。自 2013 年 7 月 1 日起,除依据法律法规需前置行政审批及政治法律类、宗教类、社科类的社会组织外,

---

① 《2012 年福建政务微博发展报告》,新浪网,http://fj.sina.com.cn/news/b/2013-01-19/163321826.html,2013 年 9 月 25 日。

② 社会组织数据来自厦门市人民政府官方网站,http://www.xm.gov.cn/sm/tbtt/201303/t20130321_620235.htm,2013 年 9 月 27 日。

其他社会组织的申请人均可直接向登记管理机关(即民政部门)申请登记,原承担归口管理职能的业务主管单位改为业务指导单位。二是放宽登记限制。探索"一业多会"机制,允许同一行政区域内成立两个以上业务范围相同或者相似的公益慈善类、社区服务类社会团体和行业协会商会;在厦、漳、泉同城化范围内,允许厦门市成立的社会组织依情况适当吸纳漳州市、泉州市的会员;经省民政厅授权,实施对非公募基金会和公募基金会的登记管理;扩大异地商会登记范围,县(市、区)以上同一籍贯自然人或法人在厦门市投资兴办并在厦门市工商注册的企业可以向厦门市、区两级登记管理机关申请成立登记异地商会。三是加强涉台社会组织管理。支持台湾经济、教育、科技、文化、卫生、环保、体育、慈善领域的民间非营利组织在厦设立代表机构,市民政部门负责代表机构的备案管理工作。代表机构的备案管理程序参照《厦门市台湾经贸社团在厦设立代表机构备案管理办法》执行。与此同时,有关社会团体、民办非企业单位、基金会的 27 项审批服务项目进驻市政务中心,其中 16 项行政审批服务项目办理时限压缩至法定时限 40% 以内,并建立厦门市社会组织网上服务平台,开展网上业务办理、政策咨询等便民活动,为社会组织办理行政审批事务提供便利。

3. 推行社区网格化管理,拓展社区服务项目

社区网格化建设是创新社区服务管理体制的一项重要举措,2012 年 3 月,厦门启动城市社区网格化建设试点工作。2012 年 8 月,市委办、市府办出台了《关于全面推进城市社区网格化建设的指导意见》,对全市社区网格化建设工作进行全面部署和安排。2012 年 8 月,率先开展网格化试点的海沧区被民政部确认为"全国社区管理和服务创新实验区",成为全国首批第九个国家级社区管理和服务创新实验区。

2013 年,厦门所有城市社区全部启动网格化建设,在巩固提升城市社区网格化建设水平的基础上,社区网格化建设将重点向农村社区延伸,向镇(街)和区级层面推进。此举旨在通过完善社区信息平台建设,细化建设责任,推进管理精细化,实现"责任网格化、平台信息化、管理精细化、服务人性化"的目标。

网格化建设的重点之一是社区服务项目的不断拓展。2012 年,全市共建立和完善 130 个社区综合服务站(中心),占全市社区的 40.4%,面向社区居民拓展新服务项目近 20 个,内容涵盖生活(饮食)、医疗、康复、心理辅导等领域。社区网格化建设积极适应居民需求,以"无缝隙服务"为目标,建立"易物小站"、"爱心餐桌"、"党员帮扶基金"等 303 个品牌项目,内容涵盖就业保障、民事调解、居家养老、社区矫治、扶贫济困、慈善救助、心理疏导等 50 多个事项,几乎涉及居民所有基本公共服务内容。

4.培养社工人才,着力社工服务社会化改革

构建"小政府、大社会、大服务"的发展格局,需要专业社工来承担从政府剥离出来的工作,满足公民多样性的需求。专业社工催生了社会力量的培育,使政府转移出来的职能由社会专门机构承接,由专业队伍实施。自从厦门2007年被列入全国社会工作人才队伍建设的试点以来,越来越多的人通过职业资格考试成为专业社工。2012年7月,厦门出台《厦门市关于加强社会工作专业人才队伍建设的实施意见》和《厦门市社会工作专业人才队伍建设中长期规划》,旨在加强社会工作专业人才队伍建设,积极培育民间社工组织,降低登记门槛,鼓励发展,加大对社会工作的财政支持。至2012年年底,全市共有1 056人取得全国社会工作者职业资格证,约占全省总数一半。为吸引更多的社会资源参与社会工作服务,厦门市自2010年起就已通过降低登记门槛、简化登记手续、奖励先进机构、推进政府购买服务等方式,扶持民办社工机构的发展。2013年3月份,厦门市民政局、厦门市财政局印发的《厦门市政府购买和资助社会工作服务实施办法(试行)》明确规定,政府购买社会工作主要包括购买服务岗位和购买服务项目的方式。

2012年,湖里区3个社区社会工作专业服务项目获评"首届全国优秀专业社会工作服务项目评选"二等奖。获奖的项目之一即"以社区为本的家庭病房养老综合服务"项目,是由湖里区老年福利协会向霞辉老年社会服务中心购买的,旨在为金尚、吕岭两个社区的老年人提供专业社会工作服务。

(四)促进依法行政

依法行政是推进服务型政府建设,保障公民权利,防止政府滥用权力,保障社会稳定的前提和基础。厦门以制度建设为基础,以先行先试为动力,重视提高依法行政意识和能力,在省政府对全省设区市政府绩效评估依法行政指标考评中,综合得分连续六年位居全省首位。

1.规范行政自由裁量权

2009年,出台《厦门市规范行政处罚自由裁量权规定》(市政府令第133号),自当年7月1日起,在全市全面开展规范行政自由裁量权工作,使之步入法制化、规范化、常态化轨道。市政府将规范行政裁量权纳入行政机关绩效评估考评范畴,每年对各区政府、市直各部门实施规范行政裁量权情况进行考评。

2.严把规范性文件合法关

2010年,制定《厦门市行政机关规范性文件管理办法》(市政府令第141号),将规范性文件管理由事后备案改为事前审查,形成了前置审查与备案审查相结合的新模式,严把规范性文件合法关。2012年年底,"厦门市规范性文

件机制管理创新"荣获第二届"中国法治政府提名奖"。

3. 改革行政复议体制

2011 年,厦门在全省率先开展相对集中行政复议审理和行政复议委员会试点工作。改革方案是将过去分散在全市范围各行政部门的行政复议案件实行相对集中审理,除市公安局外,30 多个市直部门不再承担行政复议任务,改由市政府行政复议委员会集中办理,有效整合了行政复议资源,增强政府依法解决行政争议的功能。实行行政复议受理、审理、决定"三统一",一个窗口对外、一支队伍办案、一个机关决定,提高行政复议的专业性与权威性。

行政复议委员会的运作模式得到上级机关和社会各界的认同,2011 年国务院法制办授予厦门市法制局"全国行政复议工作先进单位"荣誉称号;2012年全市相对集中行政复议案件较上一年增加了 50％以上,通过调解、和解方式结案的近 30％,实现了行政复议"定纷止争,案结事了人和"的效果,促进了社会的和谐稳定。

4. 建立健全行政法治化机制

2012 年 5 月,市政府研究通过了《厦门市依法行政示范单位创建工作考核办法》(下称《考核办法》),依法行政示范单位创建活动正式启动。《考核办法》的亮点之一就是明确规定建立健全八项行政决策法治化机制。

2013 年 4 月,出台了《厦门市 2013 年推进依法行政建设法治政府工作要点》。《要点》要求加强行政决策制度建设,进一步建立和完善重大行政决策公众参与制度、重大行政决策专家咨询论证制度、重大行政决策听证制度、重大行政决策风险评估制度、重大行政决策合法性审查制度、重大行政决策集体决定制度、重大行政决策实施后评估制度、行政决策跟踪反馈和纠错制度。《要点》明确规定市、区政府及政府各部门要将公众参与、专家论证、风险评估、合法性审查和集体讨论决定作为重大决策的必经程序,并要求年内都要选择 1～2 件重大行政决策开展实施情况后评价,依法公开决策过程和结果,接受社会监督。《要点》指出,要加强和改进行政执法方式,加快行政执法信息化建设,按照全省统一要求建立行政执法数字平台,实现执法资源共享。《要点》还就加强和完善立法工作、规范行政权力运行、强化规范性文件审查、做好行政复议和应诉工作、加强和创新社会管理、加强政府信息公开工作、推进依法行政示范单位创建工作、提升行政机关工作人员依法行政能力、强化推进依法行政的工作机制等方面做了具体部署。

5. 推动信息公开

信息公开是依法行政和阳光政府的必然要求,也是保障公民有效行使知情权、参与权、表达权、监督权的必要条件。2007 年《政府信息公开条例》颁布之后,厦门市政府即于 2008 年成立了政府信息公开领导小组,并陆续出台了相关的配套制度规定,平稳有序地推动政府信息公开工作。

2012年,厦门全市制作、获取的政府信息共113 852条,其中各级行政机关累计主动公开文件82 472条,全文电子化主动公开文件81 851条,全文电子化率99.25%,作为依申请公开文件10 307条,不予公开文件21 073条。政府信息公开的主要类别有:机构职能类信息2 709条,占3.28%;政策、规范性文件类信息4 419条,占5.35%;规划计划类信息2 457条,占2.97%;行政许可类信息9 184条,占11.13%;重大建设项目、为民办实事类信息2 998条,占3.63%;民政扶贫救灾社会社保就业类信息2 374条,占2.87%;国土资源城乡建设环保能源类信息3 308条,占4.01%;科教文体卫生类信息2 545条,占3.08%;安全生产、应急管理类信息2 764条,占3.35%。推进信息公开的重点领域主要包括财政预算决算、行政经费、保障性住房、食品安全、环境保护、招投标信息、生产安全事故、征地拆迁和行政收费。[①]

厦门市政府门户网站、政府公报、新闻发布会、市档案馆、市图书馆等政府信息公开查阅场所是政府信息公开的重要平台。此外,厦门日报、厦门晚报、厦门商报、海峡导报等各类新闻媒体以及厦门有线电视信息广场频道开设的"政府信息公开"专栏和厦门移动数字电视也承担发布政府信息的功能。

(五)提升政府效能

厦门市政府一贯重视政府效能建设。早在1995年,厦门就在全国率先出台了第一部效能建设规章《厦门市改进行政机关作风和提高行政效率规定》,并成立"厦门市行政机关办事效率投诉中心",以适应特区经济快速发展对政府机关的工作作风、行政效率、管理方式等提出的严峻挑战。2000年5月,又成立市机关效能建设领导小组,下设办公室,与投诉中心合署办公,在全市各级机关和承担社会行政管理职能的单位开展机关效能建设。2012年3月,厦门市委市政府发出通知,要求全市机关深入开展"深化效能建设年"活动。从2012年至今,厦门市在提升政府效能方面的努力主要体现在以下方面:

1.建设电子政务平台

从1999年厦门启动"政府上网工程"以来,经过十多年建设,厦门目前已经建成了集约化整合的电子政务平台。厦门电子政务建设主要包括以下成果:

其一,建设共享机房,构建统一的政府外网平台和内网平台。政务外网作

---

① 《厦门市2012年政府信息公开报告》,http://www.xm.gov.cn/zfxxgk/zfxxgknd-bg/201301/t20130128_612815.htm,2013年9月15日。

为全市电子政务的基础网络平台,实现了信息发布与报送、政务公开、项目报备与审批等服务,政务内网平台则大大促进了党政部门的信息共享和业务运用。截至2012年年底,金宏网络办公系统接入单位总数达到258家,以政务内网为依托运行的办公OA系统、电子公文系统运行良好,信息化基础设施的共建共享,既节约了财政资金,也提高了行政效能。

其二,实现政府网站群平台的统一建设与管理。厦门市基本建立了以市政府门户网站为主站的"政府门户网站群",形成了覆盖各区各部门的互联互通的统一网络体系,实现了厦门市政府的政务公开、在线办事、行政审批、公众参与的资源共享和协同管理,提升了公共服务质量和水平。2012年,初步建成全国领先的"电子政务云",此外,拟整合8家公立医院共10个院区信息资源的医疗云计算中心也在筹划中。① 根据《智慧厦门2015行动纲要》,到"十二五"末,将实现全市各部门计算资源、网络、存储、安全通用软件等软硬件信息资源整合,建成政务云计算中心。

其三,建成三大共享数据库,即市民基础数据库、法人基础数据库、城市地理共享数据库,实现各部门业务信息系统之间的互通互联和信息共享。

厦门电子政务平台的建设,获得了极大的经济效益和社会效益,据测算,从市政府网站1999年开通开始,已经带来超过10亿元的经济效益,此外,电子政务平台消除了"信息孤岛"和"信息割据"的障碍,为实现"整体性政府"创造了条件。② 2012年中国软件评测中心进行的中国政府网站绩效评估,在15家副省级城市政府网站绩效评估中,厦门市政府网站名列第三,在参评的454家区县政府网站中,厦门思明区政府网站也获得了第三名的好成绩。③

2. 启动政务服务中心

2012年5月24日,被誉为福建省规模最大、功能最新、智能化程度最高、进驻审批事项最全、配套服务最完善的厦门政务服务中心开始启用。除了车驾管办证大厅、口岸联检大厅、出入境办证大厅以外,市直部门和下属单位所有行政审批和配套的公共服务项目都进入市政务服务中心集中办理。

政务服务中心以"便民、高效、公开、廉洁"为服务理念,实行"一个窗口受理、一站式审批、一条龙服务、一个窗口收费"的运行模式;制定并推行预约服

---

① 孙杰贤:《厦门:电子政务"云中漫步"》,http://www.ichina.net.cn/Html/2012/SmarterGovernment/20994.html,2012年10月16日。

② 赖晶晶:《厦门市集约化推进电子政务,构建服务型政府》,《厦门科技》2013年第2期。

③ 张少彤、赵胜君:《2012年中国政府网站绩效评估及结果》,《电子政务》2013年第2期。

务、并联审批、服务承诺、重点项目代办等一系列便民、高效的工作制度。

至 2012 年年底,政务中心共受理行政审批事项和政务服务事项 815 210 件,其中,即办件 486 100 件,即时办结率达 61.34％,季节性审批事项 21 653 件。接受办事群众咨询 90 多万人次,政务服务热线咨询 1.6 万次,在触摸屏评议和语音评议中,办事群众对窗口工作满意率高达 95％以上。政务中心设有政府信息查阅点、咨询服务台、电子自助服务区及银行、商务、照相、邮政、餐厅、医务(育婴)室、市图书馆分馆等配套服务,体现了细致入微的人性化服务导向。

3. 创新政府绩效评估体系

其一,完善绩效评估指标体系。通过以公共责任为导向,设置了市政府绩效自评指标、区级政府绩效评估指标、市政府组成部门绩效评估指标,将科学发展观的丰富内涵落到了实处,并转化为各级各部门的指导思想和实际行动。各项指标必须有工作数量、工作质量、工作进度、预期效果、责任部门、具体措施和要求,各项指标的设定,根据全年的工作重点和特点进行适当调整,同时建立指标的权重审核机制。从三个方面对被评估单位年度绩效管理方案和评估指标进行审核把关:一是由被评估单位党组审核把关;二是报市政府分管领导审查备案;三是由市效能办组织评估小组成员进行审查确认。

其二,推行网上绩效评估管理系统。2003 年,厦门思明区率全国之先研制开发出一套公共部门绩效评估管理系统软件。它的应用改变了传统行政绩效考评组织多项大规模检查评比的评估方式,把绩效评估统一于日常的管理活动中,使被评估部门不再疲于应付多头考评,避免了行政资源的极大浪费,该项成果荣获"2003—2004 年度中国地方政府创新奖"。此后几年厦门持续探索创新,在 2006 年研究开发网上绩效评估管理系统的基础上,近年来升级改造并正式运行《厦门市政府网上绩效管理系统》,实现了绩效管理电子化、制度化、规范化,有力促进了全市机关作风转变和效能提升。目前,全市各区党委和政府、市直党群部门、政府部门、驻厦部省属单位,以及电业、邮政、水务、公交 4 个公共服务企业共五大系列、119 个部门(单位)已纳入考评系统,覆盖面达 100％。

其三,坚持内部评估与外部公众评议相结合。在开展绩效评估工作中,厦门坚持内部指标评估与外部公众评议相结合的原则,促进了评估、评议主体多元化发展趋势。在内部考核方面,建立了以市委办、政府办、监察局、法制局、统计局牵头,组织部、人事局等机关单位参与的考核小组,各考核组按照各自的分工,通过平时监督检查和年终各被评估单位上报的考核资料,进行定性和定量考核,体现指标考核的客观性、综合性和有效性,避免了绩效指标评估方式的简单化和标准不一的问题。另一方面建立了"顾客至上"的公众评议制度,公众评议分为网上评议、行风评议、调查测评等多种评议形式。民众可通过网络互动平台与政府部门对话,参与政府绩效管理。行风评议代表对政府部门的行风政风评议,提出改进政府工作的意见。人大代表、政协委员、企业经营者、城镇居民、农村居民对政府部门的满意度调查测评,在一定程度上体现了评议结果的社会性。

二、厦门服务型政府建设的绩效

要对厦门市的服务型政府建设做出一个全面客观的评价,仅仅列举出厦门市政府的主要举措显然不够,更重要的是这些举措的成效如何。多年来厦门获得的荣誉可以证明厦门服务型政府建设的成就:厦门曾先后荣获国家园林城市、首批"中国优秀旅游城市"、国际花园城市、中国人居环境奖、联合国人居环境奖、"中国十大自主创新城市"、"中国十大低碳城市"、全国文明城市"三连冠"、中国城市服务型政府十强、城市基本公共服务力满意度十强等诸多殊荣。2012 年,厦门继 2011 年之后在中国城市服务型政府调查中蝉联第 1 名,跃升中国城市基本公共服务力满意度评价第 2 名。2013 年,厦门又荣膺"公共文化服务创建示范城市"、"对外开放金牌城市"、"中国品牌会展城市"、"国家森林城市"、"国家知识产权示范城市"、"全国法治城市创建活动先进单位"、"中国最美会议城市"、"全国综治长安杯"等称号。① 在这里,我们简要介绍下述两个被广泛引用的权威机构的评估项目调查结果,以便对厦门服务型政府建设的绩效有一个概括性的认识。

377

---

① 2013 年 11 月 1 日,《厦门日报》发表文章称,华盛顿中国研究中心近日发布首个政府年度表现排行榜——《2014 年中国 100 大最佳市政府》,其中厦门排在第 2 位。http://www.xmnn.cn/dzbk/xmrb/20131101/01.pdf。厦门市政府网站转载了这一消息,http://www.xm.gov.cn/ttxw/201311/t20131101_748846.htm,2013 年 11 月 4 日。但笔者搜索了相关资料,发现该中心的网站信息极其简略,也未提供相关具体数据,从网络信息搜索来看,亦无从判断其机构性质、资料来源和可信程度,因此未在正文列出。华盛顿中国研究中心网站,http://www.guolai.com/support.html,2013 年 11 月 4 日。

(一)连氏中国服务型政府调查[①]

从 2010 年开始,在新加坡连氏基金的支持下,新加坡南洋理工大学先后与厦门大学公共事务学院、上海交通大学国际与公共事务学院合作,对中国主要城市的公共服务质量和服务型政府建设情况进行测评和比较(2010、2011年进行评估的城市是 32 个,2012 年增加到 34 个)。依据连氏服务性政府调查报告,厦门市在三次调查中均名列前茅,2010 年厦门市获得公众视角的公共服务总体评价第 3 名,企业视角的公共服务总体评价第 8 名;2011 年和2012 年连续两年,厦门总得分均荣登中国十佳城市服务型政府榜首(2011 年评价指标体系与 2010 年相比有所修改,但与 2012 年相同)。2011 年和 2012年的指标体系分为三个维度:公众视角的公共服务满意度(包括公共服务满意度、公众参与、信息公开、政府效能、政府信任五个子维度)、企业视角的公共服务满意度(包括公共服务满意度、经商环境、企业参与、政府效能四个子维度)以及基本公共服务(这一维度是评估政府在公共服务提供上的投入和产出,涵盖 10 个公共服务领域:就业服务、住房、公共安全、公共教育、医疗卫生、环境保护、社会保障、基础设施、公共交通、文体休闲,数据来自政府统计年鉴和统计公报)。表 1-4 分别列出了 2012 连氏调查报告中厦门在各维度的得分及其名次(各维度的满分均为 10 分)。

表 1　　　　　　2012 年连氏调查报告:各维度得分以及名次

公众视角		企业视角		基本公共服务		服务型政府总评	
总得分	名次	总得分	名次	得分	名次	得分	名次
5.74	1	6.49	2	5.4	4	5.67	1

表 2　　　　　　2012 年连氏调查报告:公众视角以及各子维度得分

公众视角		公共服务满意度		公众参与		信息公开		政府效能		政府信任	
总得分	名次	得分	名次	得分	名次	得分	名次	得分	名次	得分	名次
5.74	1	8.23	1	6.1	5	5.75	8	4.47	1	4.98	6

---

① 数据来自:吴伟、于文轩等:《提升城市公共服务质量,打造服务型政府——2010连氏中国城市公共服务质量调查》,《城市观察》,2011 年第 1 期;课题组:《提升政府治理水平,打造服务型政府——2011 连氏中国服务型政府指数及中国城市服务型政府调查报告》,《华东经济管理》2012 年第 7 期;课题组:《完善服务型政府体系,实现全面均衡发展——2012 年连氏中国服务型政府调查报告》,《经济研究参考》2013 年第 10 期。

表3 2012 年连氏调查报告:企业视角以及各子维度得分

企业视角		公共服务满意度		经商环境		企业参与		政府效能	
总得分	名次	得分	名次	得分	名次	得分	名次	得分	名次
6.49	2	8.09	1	7.94	2	5.2	8	4.32	2

表4 2012 连氏调查报告:基本公共服务维度十佳城市

名次	城市	得分	名次	城市	得分
1	深圳	5.96	6	上海	5.38
2	北京	5.58	7	杭州	5.37
3	广州	5.5.	8	海口	5.35
4	厦门	5.40	9	南京	5.35
5	昆明	5.39	10	青岛	5.35

上述调查结果表明,从排名的横向比较来看,在 34 个城市中,厦门服务型政府建设名列榜首,成就骄人,从排名的纵向比较来看,对比 2010 年,2011 和 2012 年的名次跃升榜首,体现了厦门市政府的不懈努力。但是如果从得分情况来看,名列第一的厦门,总评也仅得到 5.67 分,这一结果提示我们,中国城市服务型政府建设的水准还远远没有达到公众的期望。

在各子维度得分中,公众和企业对政府效能的满意度得分是最低的,厦门仅为 4.47 分和 4.32 分,但仍分列第一和第二名,说明政府效能是参与调查的所有城市的弱项。对于厦门而言,其他得分和名次较低的维度分别是政府信任、信息公开、企业参与和公众参与。而在基本公共服务的客观投入和输出方面,厦门名列第四,仅次于深圳、北京和广州这三个 GDP 总量远超厦门的城市,说明厦门在"民生财政"方面的确表现不俗。

(二)公共服务蓝皮书——中国城市基本公共服务力评价①

中国社科院的《公共服务蓝皮书》——中国城市公共服务力评价项目也是在我国影响广泛的一项调查。该项目由中国社会科学院马克思主义研究院经济与社会建设研究室与华图政信公共管理研究院组成的联合课题组完成。该课题组从 2010 年开始对全国 38 个主要城市的基本公共服务力进行研究,在全国广泛调研的基础上出版《公共服务蓝皮书》,每年一本,引起各地政府和公

---

① 侯惠勤、辛向阳等:《中国城市基本公共服务力评价》,社会科学文献出版社 2012 年 12 月版。

共管理学界的广泛关注。该项目的评价指标体系分为主观评价体系和客观评价体系两个部分，意在从公众的主观感受和客观投入两个维度，对城市基本公共服务水平进行全面系统的评估。但由于数据收集问题，2012年未对公共服务投入的客观数值进行评估。[①]

表4详细列出了2011年和2012年厦门基本公共服务九项指标满意度排名变化。从表4可以看出，对比2011年，2012年厦门总体排名从第9名跃升到第2名，且在九项指标的排行中，2012年有五项指标进入前五名，而在2011年，只有"城市环境"一项进入前五名，在住房保障、公共安全、公共交通、基础交通、社会保障和就业、城市环境六个指标的得分均名列三甲。满意度的城市上升指数为0.18，即表示厦门的基本公共服务满意度得分相对2011年增加了18%。这一结果体现了厦门市这一年来在服务型政府建设上较高的回应性和努力成效。但在2012年，也有三个指标的满意度名次相比2011年有所降低，即医疗卫生、文化体育和公职服务。

课题组在2012年还提出了GDP对满意度的杠杆指数的概念，这一杠杆指数是通过模型"满意度得分/ln（GDP值）"得出的。这一模型衡量的是GDP与公共服务满意度之间的关系，所代表的是GDP对于公共服务满意度的杠杆作用。其值越高，表明在一定的GDP水平下，城市公共服务满意度越高，同时，该指数也在一定程度上反映了经济发展水平与社会发展的协调性，指数越高，两者的协调性越好。厦门市的GDP在38个城市中排名第25名，满意度却是第1；杠杆指数得分3.906，排名第2。课题组指出，这一分值说明GDP发展质量优良，GDP中用于基本公共服务建设的投入产出质量较高，基本公共服务发展质量上乘，较小的GDP却撬动社会服务满意度的大幅上升。[②]

依据该调查报告，表5列出了厦门在民众最关心的九个热点问题上的分值和名次。从表5中也可以看出，2012年，厦门在解决民众最为关心的民生问题上的回应性是比较高的。其中民众满意度最高的是食品安全、房价调控、孩子入学、空气质量、交通拥堵问题的解决，而满意度相对较低的是城市打车难和看病难问题的解决。

---

① 上述连氏服务型政府调查里计算了基本公共服务这一客观维度，在34个城市中厦门的排名是第4名，可资参考。

② 侯惠勤、辛向阳等：《中国城市基本公共服务力评价》，社会科学文献出版社2012年12月版，第229页。

表4　　　　　2011年和2012年厦门九项指标满意度排名变化

指　标	2012年得分	2012年排名	2011年排名	进步幅度
总满意度	66.59	2	9	7
各指标满意度				
公共交通	63.76	3	8	5
公共安全	63.58	2	16	14
住房保障	68.05	1	16	15
基础教育	76.93	1	26	25
社会保障和就业	66.34	2	7	5
医疗卫生	64.21	17	16	—1
城市环境	77.90	2	3	1
文化体育	63.34	24	8	—16
公职服务	63.59	11	8	—3
GDP对满意度的杠杆指数	3.906	2	—	—

表5　　　　　　2012年民众最关心的九个核心问题

序号	问　题	分值	名次
1	堵车情况(分值越高,名次越前,感受到的堵车情况越低)	59.89	2
2	打车难(分值越高,名次越前,表明打车越方便)	58.50	24
3	人身和财产安全感(分值越高,名次越前,表明对生命和财产安全越放心)	63.03	3
4	食品安全感(分值越高,名次越前,表明对食品安全越放心)	61.78	1
5	房价调控(分值越高,名次越前,表明对房价调控的效果越满意)	62.07	1
6	入学难(分值越高,名次越前,表明小升初入学越容易,即入学找关系交赞助费的情况越少)	60.25	2
7	看病难(分值越高,名次越前,表明对到公立医院等待就诊的时间越短)	65.69	9
8	空气质量(分值越高,名次越前,表明对空气质量越满意)	78.05	2
9	小微企业政策扶持	76.64	3

　　上述深度研究报告对厦门市数年来服务型政府建设的绩效做了权威性的总结,其结论与厦门的实际相当吻合。一年来,厦门在继续保持和发展既有优势的基础之上,充分利用先试先行的政策机遇,大胆创新,针对不足的放矢

地解决问题,进一步推动政府经济职能转变,提高基本公共服务投入的质和量,在促进依法行政的前提下提升政府效能,创新社会管理,使得公众、企业的满意度都有较大提升,成就可圈可点。

三、厦门市服务型政府建设面临的问题和挑战

从服务型政府的内涵来看,政府首先要是转变职能,明确自身角色定位。体现在政府与市场关系上,就是以宏观调控代替微观干预,淡化政府投资主体角色,强调公共服务和市场监管角色;体现在政府与社会关系上,就是以协同治理代替政府对社会的一元控制;体现在行政文化的变革上,就是从"官本位"转向"公民本位",从"人治"转向"法治"。正如上述两项调查结果所揭示的,尽管相对而言,厦门的服务型政府建设走在全国各主要城市的前列,但是因为总体水平不高,仍有很多机会点和提升空间,也面临诸多问题和挑战。

(一)政府和市场的边界有待厘清

政府和市场的边界并未完全厘清,主要体现在如下几个方面:一是行政审批许可项目仍有待进一步清理。行政审批改革越到后面越难改已成共识,大家普遍关注、觉得需要改革的项目,比如垄断行业的市场准入、放开竞争、政府对要素市场的干预等,并不在中央政府给出的第六轮审批制度改革清单之列,除了经济领域比较关注的垄断行业,社会领域的事前审批太多,也亟待改革。① 厦门是否可能利用"综改区"的政策空间,在行政审批制度改革中啃硬骨头,开风气之先? 2012年,中央批准广东先行先试推进行政审批制度改革,作为特区和综改实验区的厦门,应可借鉴广东经验,争取更大的改革空间。二是国企和事业单位改革有待继续推进,公共服务市场化和社会化水准较低,公共服务提供的多元化主体格局还未形成,由政府主导投资的"发展型政府"有待转型。购买公共服务,向社会力量和企业开放公共领域服务市场,能为社会资本开辟更大的投资空间,对促进市场竞争、激发市场主体活力、推进简政放权、转变政府职能意义重大。厦门尽管在委托社会组织承担政府分离出或新增的社会管理和公共服务事项方面,开展了有益的探索,但从总体上看,政府

---

① 陈中小路:《"行政审批制度就是虎口拔牙"——访原国务院行政审批制度改革专家咨询组成员周汉华》,南方周末官网,http://www.infzm.com/content/82254,2013-9-26。

购买公共服务的范围过窄,财政投入有限,运作机制也不够完善。①

（二）陈旧的行政文化和机构设置影响行政作风和效能

政府效能,特别是政府工作人员的服务态度和工作效率,仍是服务型政府建设中的弱项。上述连氏城市服务型政府调查和中国城市基本公共服务力评价调查报告均证实了这一观点:2012 年,在公共服务力评价"公职服务"一项中厦门得分仅 63.59 分,名次从 2011 年的第 8 名跌至第 11 名。在连氏城市服务型政府调查中,企业和个人视角中的政府效能虽排名分列第 1、2 名,得分也是所有维度中最低的,在满分为 10 分的基础上只获得 4.47 和 4.32 分。原因包括三个方面:一是"官本位"的传统行政文化依旧具备影响力,与服务型政府相匹配的、强调公共服务的公共性和回应性的行政文化仍然根基薄弱;二是公务人员的专业素质和行政能力不足,影响行政效能;三是政府机构和编制设置不够合理,职责不明确,导致问责不力和人浮于事的现象;四是自上而下的政绩考核机制也使得公务人员缺乏服务意识,社会监督机制难以发生作用。

（三）政府信息公开不到位,公众和企业参与制度化机制欠缺

尽管政府在信息公开方面做了不少工作,但是离阳光政府还有较大差距。例如预算公开是阳光政府的关键要件,但在厦门市政府网站上虽能查询到各部门和市政府的预决算报告,可是无一不是"大类"预算、笼统预算、原则性预算,没有细化到具体项目和具体支出用途,公众关心的"三公消费"支出在公开信息中并未单独列出。从近年推出的民生支出统计项目来看,按照规定的统计口径,民生投入包括教育、文化体育与传媒、社会保障与就业、医疗卫生、环境保护、城乡社区事务、农林水事务、住房保障和交通运输,统计时把上述各个职能部门的行政管理成本也包括在内,计算出了高达 67.8% 的比重,虽然数字很漂亮,但公众根本无法得知其中的行政成本和真正用于民生的比例。其次是公众和企业参与的制度化机制仍有欠缺,导致公共政策制定透明度和公众参与度不足。依据 2012 年连氏调查报告,厦门的公众参与和企业参与维度的得分较低(分列第 5 和第 8),而公众的政府信任得分仅 4.98 分,名列第 6。尽管政府在促进经济发展和提高公共服务水平上的能力是影响政府信任的重要因素,但政府信息公开不到位和公众参与感不强,也是导致公众对政府信任度不高的主要原因之一。②

---

① 郑洁瑜:《公共资源市场化配置改革初探》,《特区财会》2012 年第 4 期。
② 于文轩:《政府透明度与政治信任:基于 2011 中国城市服务型政府调查的分析》,《中国行政管理》2013 年第 2 期。

(四)协同治理理念的阙如和公共安全的隐忧

厦门一直致力于平安城市的创建,在 2011—2012 年的城市公共服务力调查中,厦门市民的人身和财产安全感在 38 个城市中排名第 2,同时 2013 年度还荣获"全国综治长安杯"称号,都说明了厦门在公共安全治理方面的成绩。但是 2013 年 6 月 8 日的 BRT 纵火事件之后,给市民所带来的不安全感显然短期内难以消除。在谴责陈水总的犯罪行为之余,这一事件应促使我们对当前的公共安全隐患和社会管理模式进行反思。有关部门采取有效措施消除公交消防安全隐患自是责无旁贷,我们也要从消除社会排斥现象的角度去考虑问题。当一个社会中出现"被社会排斥者"[①]时,产生极端的反社会行为的概率就会增加,社会和谐和公共安全将难以得到保障。消除和减少社会排斥现象,固然需要政府实施各种积极的社会政策,但仅仅依靠政府的力量是不够的,要更多地依赖于协同治理模式和社会自治空间的存在,依赖于多元行动主体的开放互动参与。

协同治理需要培育大量的社会组织包括中介机构、社团组织、基层自治组织。如各种非政府组织和公益组织的存在,常常能够在政府力所不逮之处,起到关注边缘和底层人群,减少社会排斥现象的作用。各种社会组织在表达多元利益诉求、参与政策协商、促进社会公平、达成社会整合方面也承担着关键角色。厦门近年来在推动社会组织的发展方面有所建树,但是只要政府对社会的一元控制思维尚未彻底扭转为协同治理理念,"政社分开"贯彻不到位,社会组织的地位和独立性未能得到提升,多元主体和社区自治仍将缺少成长空间,一个多元化的、多中心的社会治理结构终究难以形成。

社区网格化治理体现出的服务导向备受赞誉,这一举措也使得社区管理的内容大大拓宽,但在肯定其成就的同时,必须指出,完全依赖行政资源将治理问题一揽子解决的方法,在应对多元社会的复杂性问题时难免捉襟见肘。网格化治理以党政主导、细化管理单元的方式给居民提供公共服务的同时,是否可能带来社区空间区隔化、科层化、行政化、"麦当劳化"的后果,从而限制公民参与和社区自治能力的发展?[②] 在城市基层社会秩序的维护中,政府自上而下的管理维度和社区自下而上的自治维度的良性互动关系如何达成? 这是值得我们深思的问题。

---

① 关于社会排斥,参见熊光清:《欧洲的社会排斥理论与反社会排斥实践》,《国际论坛》2008 年第 1 期。

② 田毅鹏、孙文龙:《城市"网格化"治理模式与社区自治刍议》,《学海》2012 年第 3 期。

（五）公共服务需求提高与供给不足的矛盾仍较突出

厦门一直致力于加大对公共服务的财政投入，重视基本公共服务在"质"和"量"上的供给。按照连氏调查报告，厦门 2012 年的基本公共服务的客观投入和产出指标维度得分从原先的第 8 名跃居第 4 名，紧随深圳、北京和广州之后，与其他城市相比可谓成绩骄人。但是公民和企业满意度调查的得分并不高，在公共服务力评价项目中得分是 66.59 分（满分为 100 分），在连氏服务型政府调查中则是 5.74 分（个人维度满意度，满分为 10 分）和 6.29 分（企业维度满意度，满分为 10 分），由此可见尽管名次领先，但公共服务的提供与公众的需求之间仍有差距。另外如上所述，调查发现一些公众关注的打车难和看病难等具体民生问题，远未得到及时有效的解决。同时相关研究表明，随着经济发展水平的持续提高，公众对公共服务水平的期望值也将越来越高。[1] 依据 2012 年的基本公共服务力调查，厦门公众对文化体育的满意度排名从 2011 年的第 8 名跌至第 24 名，除了公共服务投入的客观因素外，是否也从一个侧面反映了公众需求的提高？在这种情况下，只有自加压力，才能更上一层楼，切实提高市民对公共服务的满意度。

加大公共服务供给的必要性还体现在其与经济发展的互动均衡关系上。厦门大学陈振明教授等人在测度 1981—2010 年厦门市公共服务发展水平的基础上，研究了厦门公共服务水平与经济发展水平的关系，指出公共服务财政支出与经济发展水平呈现正相关关系，公共服务水平的提升对经济发展有显著的推动作用。从这一角度出发，提升公共服务领域的投入，也是保障厦门经济可持续发展不可或缺的条件。[2]

从财政支出结构来看，需要关注两个方面的问题：一是如何提高行政效率，降低行政成本。而降低行政成本之重点是降低"三公消费"。自十八大以来，厦门响应习总书记的指示，厉行节约，廉政亲民，反对浪费，"三公消费"金额明显减少。但从长远来看，运动式整风无法彻底解决问题，根治痼疾只能通过预算公开和问责制等行政程序的制度化建设来实现。二是如何合理确定各项公共服务领域财政支出的均衡占比。例如城市基础设施在公共服务支出的合理占比应是多少？而就业服务、住房、公共安全、公共教育、医疗卫生、环境保护、社会保障、公共交通、文体休闲等其他领域的支出比例是否存在一个最

---

① 课题组：《完善服务型政府体系，实现全面均衡发展——2012 年连氏中国服务型政府调查报告》，《经济研究参考》2013 年第 10 期。

② 陈振明等：《公共服务于经济发展的动态适应机制》，《马克思主义与现实》2012 年第 6 期。

优值?[1]

(六)公共服务均等化任重道远

首先,如前所述,近几年在市政府的高度重视和推动下,厦门的公共服务均等化水平有了较大提高,但是由于户籍制度、土地体制改革滞后,厦门市城乡二元结构还未打破,城乡发展失衡长期存在,岛内外差距仍旧明显,特别是在基础设施、公共教育、医疗卫生、环境保护、社会保障、公共交通、文体休闲等方面,岛内外居民仍然无法享受一样的服务;其次,厦门的良好治理吸引了许多外来务工人员来到厦门务工就业,他们的到来一方面促进了厦门的繁荣发展,另一方面也使得外来务工人员的"市民化"问题成为厦门面临的一个现实挑战;再次,不论是岛内外一体化还是农民工市民化问题的解决,都需要有相应的财力保障,如何进一步完善现有的市对区财政转移支付和其他专项转移支付制度,是实现公共服务均等化的关键。总的来说,公共服务均等化仍应是未来重点关注和着力推动的民生问题。

课 题 组 长:朱仁显
课题组主要成员:刘建义　黄雀莺　丁世林
主 要 执 笔 人:黄雀莺　朱仁显

---

① 关于厦门公共服务支出的最优供给模型,是一个很有意义的研究课题。参见陈振明等:《公共服务水平与经济发展水平相适应机制建设的本土探索——厦门市的案例研究》,《东南学术》2012年第1期。

深化厦门市服务型政府建设的对策

深化厦门市服务型政府建设,是适应我市经济社会转型、产业升级、科学发展的现实需要,也是新一轮政府行政体制改革、降低行政成本、提高行政效能、增强政府能力的理论旨归。近年来,厦门市在转变政府职能、优化公共服务、创新社会管理、促进依法行政、提升政府效能方面成效显著,如在"2014 年中国 100 大最佳城市"[①]中排名第二,又如在"连氏中国服务型政府调查报告"中已连续三年(2010—2012)进入前三。然而,在具体实践过程中,仍然存在诸多不足,如行政干预依然普遍、行政审批事项依然过多、官僚主义作风依然严重、政府行政效能依然较低、政府信息公开依然有限、公共参与依然不足、公共安全隐患依然较多、公共服务供需关系依然紧张、公共资源分配依然不均等。因此,必须在科学性、开放性、本土化、持续性、均衡性原则的指导之下,以"突出重点,加强保障"的形式,加快推进厦门市服务型政府建设。

一、厦门市服务型政府建设的基本原则

第一,科学性原则。服务型政府概念的提出与建设实践,既是对新公共服务、治理理论的回应,也是对新公共管理运动的实践。因此,不论是服务型政府建设的宏观理论叙事,还是厦门市服务型政府建设的微观个案实践,均是在已有理论、实践量变累积基础上的质变与创新,代表着一种新的行政理念、新的行政方式和新的政府体制,需要做到实质理性与程序理性的有机契合:遵

---

① 该排行榜由位于华盛顿的中国研究中心推出,涉及的评估指标及其比例包括:经济表现满意度,15%;文化教育表现满意度,10%;社会福利表现满意度,10%;治安满意度,10%;政府清廉满意度,15%;便民性与效率性满意度,15% 等。评估的方式为问卷调查,调查对象则包括在华投资者与工作者、国内金领与高级白领、旅游人士、政府公务员和普通市民等。详见:《2014 中国 100 大最佳市政府》,http://www.guolai.com/bestcity-halls.html。

循政治、经济、文化、社会的客观发展规律,遵守厦门市服务型政府建设的顶层设计,积极、稳妥、有步骤地推进;坚持中国特色社会主义的理论指导,围绕"为人民服务"的建设核心,理性、合理、有效地深化;坚守资源节约型、环境友好型社会建设的基本要求,突出可持续的战略选择,科学、和谐、有目的地发展。

第二,开放性原则。一方面,经济基础决定上层建筑,决定了厦门的服务型政府建设要适应本市经济发展的现实,也要关照与其他县市的合作;另一方面,服务型政府建设的理论架构突出了服务主体的多元化、服务对象的扩大化选择,要求政府、企业、非营利组织、公民之间的协同合作。表现为:理念的超前性,服务型政府建设是一个可持续工程,要求顶层设计的包容性和前瞻性;手段的包容性,虽然不同国家、地区、城市的服务型政府建设模式存在差异,但建设的目标、手段具有共通性,从而需要重视与台湾地区、发达国家在服务型政府建设方面的经验交流;主体的多元性,作为新公共服务、治理理论的社会实践,要明确公民参与在服务型政府建设中的重要定位。

第三,本土化原则。马克思主义认为,任何事物均是共性与个性的统一,从而,在理论联系实际的过程中,要具体问题具体分析。理论上,新公共服务、治理理论的提出相异于社会主义的意识形态语境;实践中,各地的服务型政府建设有其地理、文化、经济特色与优势。因此,在保持共性的同时,要突出服务型政府建设的厦门特色:充分借鉴他者的先进经验,但在移植过程中要进行本土化改在,实现他者经验与本土环境的有机契合;保留和巩固厦门特色,不全盘否定已有经验,也不完全遵循他者路径,而是去粗取精、去伪存真,两者兼用;走出有厦门特色的服务型政府建设道路,创新是历史的质变,也是共性的本土彰显,要从战略层面出发,兼顾继承与引进。

第四,持续性原则。服务型政府建设时间较长,可能10年、20年甚至更长。已有实践表明,没有主管领导的一以贯之,没有政策制度的硬性规定,项目"烂尾"的可能性将大大增加。因此,厦门市服务型政府建设必须坚守持续性原则:保持建设规划、政策制度的连续性,包括行政审批制度改革、公共财政投入、社会志愿者组织培育、政府绩效评估等;保持服务型政府建设目标的嵌套性,可以在允许大方向不变前提下进行微观调整;保持服务型政府建设工程的连贯性,坚持以制度、法律肯定企业参与、市民参与、领导下访等便民、利民举措,不搞运动式治理;保持服务型政府建设同政治、经济、文化、社会等内外变量之间的和谐关系,并适时调整服务型政府建设的规划与进度。

第五,均衡性原则。服务型政府建设的本质是正义与民主的实践,服务是核心,服务对象的扩大化将导致服务需求的多元化、服务内容的多样化,也就需要坚守底线公平。然而,公平不是搞平均主义和吃"大锅饭",而是要做到底线公共服务法制化、基本公共服务均等化、一般公共服务专业化、高端公共服务市场化①实现有限公共服务资源的均衡配置：一方面，底线公共服务、基本公共服务的供给要一视同仁，不搞特权主义，不搞区别对待，坚持城乡之间、阶层之间、群体之间、岛内外的一体化发展。另一方面，又要有一定程度的倾斜，以发展为纲，向有利于民主、有利于民生、有利于经济发展的项目倾斜，尤其是向弱势群体、高新技术、民生保障领域倾斜。

二、厦门市服务型政府建设的重点突破

（一）加快政府职能转变

作为上层建筑，政府是经济活动的产物，也是为了保障公民人身安全、财产安全的契约产物。从执政合法性的角度来看，法理型权威显然更倾向于从正式法律规范的立场解读和建构现代政府的合法性，则基于政府形成的初衷，提供包括公共秩序、财产保护、社会保障等在内的公共产品或服务，显然是获得、巩固和维持其权威的首要选择。而作为服务型政府建设的题中之意，公益、公正、透明、责任的建设理念要求政府厘清与市场、与社会、与非营利组织、与个人之间的关系，即严格依循"公域"与"私域"的边界行使公权力，实现从管理型职能向服务型职能的转变。

1. 厘清政社、政企、政事关系

作为公意的代理人和执行者，权力的扩张特性往往将政府打上"恶"的标签，行政力量对市场运行、企业运作、组织生存、个人生活的过度干预，会扰乱正常的社会秩序，本质即公权力与私权利关系紧张，要求重新厘定"公域"与"私域"的边界。

第一，要重新界定政府与社会之间的关系，对后者而言，社会主要是指公民社会即公民个体、社会组织等，志愿组织是厦门市社会治理力量体系的重要组成部分，要求独立的决策权、管理权和财务权，政府要向基层自治主体、NGO 等社会组织分权、放权，减少行政干预，特别是减少行政力量对私人生活的介入，更加重视保障市民的隐私权。

第二，要重新界定政府与企业之间的关系，这是社会主义市场经济发展的

389

---

① 徐凌：《以公共需求为导向创新政府公共服务》，《光明日报》2013 年 6 月 30 日，第 7 版。

基本要求。市场经济的本质和内在规律是有条件的自由竞争,虽然强调政府干预的重要性,但这种干预是有限度的。作为市场经济的主体,企业寻求一个宽松、自由、公平、公开的竞争环境,但政府通过税收制度、行政审批制度等对企业管理活动、经营活动的干预,妨碍了企业的自由发展。因此,政府需要转变管理方式,变微观管理为宏观引导,变直接干预为间接指导,转变财税征收内容、征收手段、征收额度,减少行政审批数目、审批环节等,为企业的发展创造一个宽松、自由的环境。

第三,要重新界定政府与国企、事业单位之间的关系。站在市场经济的立场,要求"小政府,大社会",即更少的干预,更多的自由,而以国家行政力量为后盾的国企、事业单位,一定程度上扰乱了当前我国的市场经济秩序。因此,以完善社会主义市场经济体系为目标,缩小政府规模,增强国企、事业单位的市场竞争力,要求切断政府与国企尤其是与事业单位之间的直属联系,赋予事业单位的市场主体身份,以竞争为筛选机制,优胜劣汰,为厦门市经济结构转型、经济发展质量提升创造条件。

2. 深化大部制改革

政府职能转变的目的,不仅在于从管理型职能转向服务型职能,更在于通过转型,提高行政效率,降低行政成本,增加公共福利。因此,作为政府职能转变的重要内容之一,大部制改革能够有效提高行政效率,降低行政成本。大部制即大部门体制,是为推进政府事务综合管理与协调,按政府综合管理职能合并政府部门,组成大部的政府组织体制,其特点在于扩大一个部所管理的业务范围,把多种内容有联系的事务交由一个部管辖,从而最大限度地避免政府职能交叉、政出多门、多头管理。

2013年3月10日,国务院发布《国务院机构改革和职能转变方案》,开启了新一轮大部制改革。从而,作为地方政府的厦门市,既要落实上级政府的指导意见,配套成立本级相关职能局、委员会;又要合并专属于本市的职能部门,如整理分散于各个部门、机构的涉台职能等。既要加强厦门市大部制改革的理论研究和顶层设计,科学规划、周密设计、统筹协调、合理布局、稳步推进;又要加强具体实施方案、步骤、程序的设计,明确合并的职能内容,明确需要撤销的职能部门、机构,明确新成立部门、组织、机构的职责、编制、人员、财政来源等细节,明确大部门体制改革的步骤、程序、领导小组、时间表等;还要建立健全相关制度,撤销旧有的、不合时宜的制度、政策,制定新的、适应社会现实的制度、规范,为大部制改革提供政策指引与制度保障。

3. 加快推进事业单位分类改革

事业单位是我国计划经济体制的历史遗留物,现代化背景下,对政府而言,庞大的事业单位数量,众多的事业单位从业人员,已经成为政府提高行政效率、降低行政成本的重要阻碍；对企业而言，事业单位的官方背景导致了不正当竞争行为的发生，不利于良好市场经济秩序的建立。然而，对公民群体而言，事业单位却是当前我国提供基本公共产品或服务的主要组织，对满足公民需求、维持社会稳定具有重要作用。因此，基于事业单位功能的差异性考虑，需要深化推进事业单位的分类改革进程。

首先，要重新划分事业单位类型，按照社会功能将现有事业单位划分为承担行政职能、从事生产经营活动和从事公益服务三个类别。其次，实行公益分类，根据职责任务、服务对象和资源配置等情况，将从事公益服务的事业单位划分为两类，其中承担义务教育、基础性科研、公共文化、公共卫生及基层的基本医疗服务等基本公益服务，不能或不宜由市场配置资源的，划入公益一类；承担高等教育、非营利性医疗等公益服务，可部分由市场配置资源的，划入公益二类。再次，制定相应的改革准则，对承担行政职能的，逐步将其行政职能划分为行政机构或转为行政机构；对从事生产经营活动的，逐步将其转为企业，如实现政府机关与所属宾馆、招待所、培训中心等单位的逐步脱钩；对从事公益服务的，继续将其保留在事业单位序列，强化其公益属性，如各类行业协会、中介机构和技术鉴定、评定、检验机构逐步与行政机关剥离。最后，改革的内容方面，包括改革管理体制、建立健全法人治理结构、深化人事制度改革和收入分配制度改革、推进社会保险制度改革、加强监督等。

（二）深化行政审批制度改革

根据统计，我国现有150多个法律、行政法规和规章对行政审批作出了规定，涉及国防、外交、公安、经济、城市管理等20多个领域、50多个行业。而随着我国社会主义市场经济的建立与完善，行政审批又缺乏有效的法律规范，在行政审批过程中长期存在的问题越来越突出，有些甚至成为了生产力发展的体制性障碍。因此，十八大报告明确提出，要"推动政府职能向创造良好发展环境、提供优质公共服务、维护社会公平正义转变"，要继续"深化推进政企分开、政资分开、政事分开、政社分开，建设职能科学、结构优化、廉洁高效、人民满意的服务型政府"。作为行政管理体制改革的重要内容，行政审批制度改革也是政府职能转变的关键环节。

1.进一步减少审批事项

行政审批的目的在于维护政府对经济发展的宏观调控，要适应社会主义市场经济的发展要求。因而，以《行政许可法》等法律、规范为标准，坚持合法性、合理性原则，由市监察局牵头，市公务员局、市行政审批制度改革办公室、市行政服务中心管理委员会、市法制办等联合参与、组织实施，按照"部门先行清理、清理组集中审核、市政府研究决定、统一公布施行"的程序，大力清理行政审批事项。凡是通过市场机制能够解决的,公民、法人及其他社会组织能够自主决定的,行业组织或者中介机构能够自律管理的,政府都要退出。凡是可以采用事后监管和间接管理方式的,一律不设前置审批。凡是政府调解起来成本过高的,都应交由市场、公民、社会组织和行业自律等解决。凡是以部门规章、文件等形式违反行政许可法规定设定的行政许可,要限期改正。

认真落实《厦门市2013年推进依法行政建设法治政府工作要点》提出的"实现审批事项总数再减少20%"目标,上级政府、部门取消的审批事项一概取消,并向区、县级政府下放审批权。清理、减少和调整行政审批事项的重心向投资领域、社会事业领域、非行政许可审批领域倾斜,有关经营性土地使用权出让、建设工程招标投标、政府采购和产权交易等事项,必须通过市场机制来运作;对不再实施审批,转由行业组织或社会中介组织管理的事项,积极稳妥地做好移交工作;缺乏法律依据的、涉及公民、企业和其他社会组织的"红头文件"一律取消;编制全市保留实施的项目目录,经市政府批准后向社会公布施行。并利用厦门市对台"先行先试"契机,实现在垄断行业市场准入、政府对要素市场的干预、社会领域的事前审批、放开竞争等行政审批方面的试水。

2. 进一步优化审批流程

优化审批流程,是提高政府效能,规范权力运行,推进法治政府建设的重要选择。2012年,厦门市市级审批事项减少了22.7%,审批办结时限压缩至35.37%,审批制度改革成效显著。对此,《厦门市2013年推进依法行政建设法治政府工作要点》要求"审批时限压缩在原定时限40%以内",这就需要理顺部门职责分工,坚持一件事情原则上由一个部门负责,确需多个部门管理的事项,要明确牵头部门,分清主次责任,健全部门间协调配合机制。

第一,压缩审批环节,对保留的项目,各部门、单位要按照受理、审核、决定、发证的程序实行流程再造,大幅精简内部审批环节。第二,简化审批手续,能减则减、能合则合,坚决取消重复提交审批申请材料的要求,坚决取消无法律、法规和章程依据的环节。第三,压缩审批时限,市直各部门、单位要在40%的基础上"挖潜",并对重大项目、重大工程、涉台项目进行审批提速。第四,创新行政审批方式,实施集中审批、网上审批、联动审批等审批流程再造工程,特别加大网上审批力度,加大电子政府建设,扩展网上审批范围,提高网络回复效率。第五,加强行政审批绩效管理,加强政府监管,对取消和调整的行政审批事项,要明确监管责任,制定后续监管措施;要加强依法监管和日常动态监管。第六,对应由统一的管理规范和强制性标准取代个案审批的事项,制定并组织实施相应的管理规范和标准。

3. 进一步规范行政服务中心

2012年5月,厦门市行政服务中心启用,当年95个行政事业单位、公共服务部门进驻,市级审批事项进驻率 94.3％,其中审批事项 314 项,配套服务事项 298 项。行政审批服务中心建立的首要出发点是"减少审批项目、简化审批手续、减轻企业负担、提高办事效率",因此,为了进一步发挥市政务服务中心的功能:第一,提高行政审批事项进驻率,加快车驾管办证大厅、口岸联检大厅、出入境办证大厅等窗口的创建与职能迁入,真正做到凡政府确定应进入大厅集中办理的审批项目,必须无条件进厅集中办理。第二,加大对窗口授权力度,窗口负责人至少要有本部门中层正职的审批权限。第三,选优配强窗口人员,加大对政务服务中心工作人员技能、职业道德培训,提升服务技能,树立服务意识。第四,创新运行模式,逐步实行"一个窗口受理、一站式审批、一条龙服务、一个窗口收费"的运行模式,并对同一个行政审批事项涉及两个以上部门的,逐步实行联合办理或并联审批。第五,在有条件的地方要依托城乡社区综合服务设施设立便民服务中心,将劳动就业、社会保险、社会救助、社会福利、计划生育、农用地审批、新型农村合作医疗及涉农补贴等纳入其中公开规范办理;在城乡社区(村)设立便民代办点,将便民服务向城乡社区(村)延伸。

(三)完善基本公共服务体系

基本公共服务,是指建立在一定社会共识基础上,由政府主导提供的,与经济社会发展水平和阶段相适应,旨在保障全体公民生存和发展基本需求的公共服务。一般包括保障基本民生需求的教育、就业、社会保障、医疗卫生、计划生育、住房保障、文化体育等领域的公共服务,广义上还包括与人民生活环境紧密关联的交通、通信、公用设施、环境保护等领域的公共服务,以及保障安全需要的公共安全、消费安全和国防安全等领域的公共服务。对服务型政府而言,提供公共服务或产品是其基本职责,完善基本公共服务体系,也就成为建设服务型政府的关键内容之一。就厦门言,依据"中国城市基本公共服务力评价",其在基础设施建设、医疗卫生、住房保障、公共安全、文体休闲、就业保障、社会保障、环境保护等等方面还有巨大的改善空间。

1. 完善基础设施建设

完善的基础设施是服务型政府建设的基本保障,也是提升政府服务能力的物质保障。一方面,要加强基本交通设施特别是公共交通建设,在增加交通道路营运里程的同时,提升公共交通质量;增加公共交通工具投放量,提升公交车、BRT 等交通工具的质量和服务水平;增加与市外、邻市/地区的交通联系,升级轨道交通、高速公路、地铁等快速交通工具,压缩单位运行时间,提高运行效率和质量。另一方面,要加强工业园区建设,特别是高新技术开发区、科技孵化园、科技创业园、非政府组织孵化园等园区建设,完善配套的交通设施、供电设备、供水设备、煤气供给设施、文体休闲设施建设,为企业、高技术人才创造良好的生存、创业环境,为招商引资栽好"梧桐树",为厦门市经济结构调整、经济跨越式发展打下良好基础。再者,要加大园林绿化建设和维护力度,文明城市不仅体现在经济文明、政治文明、文化文明等方面,还体现在生活文明方面,即建设一个适合人居住的城市,这既是厦门市服务型政府建设的题中之意,也是"幸福厦门"、"宜居厦门"建设的重要内容。而且,高新技术人才、高精尖人才、高级金融企业人才以及新兴技术企业等,均对创业环境、发展环境、生存环境有着非常高的要求,从而,一个园林绿化工作做得好,绿化面积比例高的城市,显然更能吸引高新技术人才、高精尖人才和新兴技术产业的落户。此外,还要重视对包括交通、邮电、供水供电、环境保护、文化教育等市政公用工程和公共生活服务基础设施的合理布局,顶层设计。

2. 完善医疗卫生服务体系

以《国家基本公共服务体系"十二五"规划》为指导,完善以社区卫生服务为基础,社区卫生服务机构、医院和预防保健机构分工协作的厦门城市医疗卫生服务体系。依托村卫生所、乡(镇)卫生院,完善农村医疗卫生服务体系。完善卫生监督体系和突发公共卫生事件防控体系,建立食品安全标准及风险评估、监测预警、应急处置体系和饮用水卫生监督监测体系。完善重大疾病防控、计划生育、妇幼保健等专业公共卫生服务网络,加强对传染病、慢性病、地方病、职业病等疾病的监测、预防和控制能力。完善基本药物价格形成机制和调整机制,切实落实国家基本药物制度,基本药物全部纳入基本医疗保障药物报销目录,并完善基本药物报销办法,逐步提高实际报销水平。

3. 完善社会保障服务体系

社会保障是实现社会公平、进行二次分配的重要手段,也是为市民看病养老、生活学习、工作休闲提供的政府扶持,更是政府维持其合法性的重要举措,应该成为服务型政府建设的重要内容。因此,厦门市政府在深化服务型政府建设过程中,一要加强社会保障服务体系的岛内外"一体化"建设,如实现低保标准一体化、养老标准一体化、医保标准一体化、残疾人补助一体化等,缩小岛内外居民收入水平之间的差距,实现整体发展的战略目标。二要增加社会保障方面的财政投入,《2012年厦门市国民经济和社会发展统计公报》显示,2012年全年社会保障和就业支出32.05亿元,比上年增长17.2%,仅占全年财政总支出的6.9%和全年地区生产总值的1.1%,因此,要加强社会保障方面的财政支出,特别是民生财政支出,以满足日益多元化、扩大化的市民公共需求。三要完善相关制度规范、体制建设,制度的刚性特征保证了制度内容的稳定性和持续性,通过制度、规范的形式,肯定厦门市已有的社会保障改革成果,能够有效保障全市社会保障的工作秩序,也能够为其他县市提供经验借鉴,并为社会保障服务体系改革与创新提供历史借鉴与理论指导。四要完善养老保障体系建设,人口老龄化时代的来临,既创造机遇,也带来了挑战,对政府而言,在充分挖掘市场养老潜力的同时,也要充分重视养老负担过重带来的社会风险,可以充分鼓励社区力量,兴办社区养老事业,并提供适当的财政补助;充分扶持市场养老企业、产业的发展,通过市场化渠道分流部分养老压力;充分发展非政府组织、鼓励志愿力量的介入,通过社会力量缓解养老压力。

4. 完善公共安全服务体系

完善公共安全服务体系,要加快制定突发公共事件应急预案,增强应急能力的培育和提升,重视应急志愿服务力量的培育。要加强公共安全服务力量建设,提升行政执法人员素质,强化应对公共安全的能力。要完善突发公共事件监测防控体系,加快电子眼布局和时时监控网络建设,实现"早预报、早发现、早解决"。要完善 SARS、禽流感等恶性传染病的监控体系,建立健全疾病发现、预警、控制、治疗等程序体系,防治突发公共卫生安全问题。要完善群体性事件、抗争性事件的监控体系,及时疏导民情民意,妥善解决冲突、对抗。还要重视提升政府应对网络舆情、网络谣言、网络问政的能力。

5. 完善文化体育服务体系

一方面要加强公共文化体系建设,巩固完善九年义务教育制度,基本普及高中阶段教育和学前一年教育,实施义务教育学校标准化建设工程、义务教育师资队伍建设工程、农村学前教育推进工程等,完善城乡义务教育经费保障机制;要发展公益性文化事业,加快公共文化基础设施建设,实施文化惠民工程、数字图书馆推广工程、公共电子阅览室建设计划、农家书屋等工程,逐步实现公共文化场馆向全社会免费开放,构建覆盖城乡、布局合理的公共文化服务体系。

另一方面要加强基层公共体育设施建设,实施体育基本公共服务建设工程,加快建设一批面向群众、贴近基层的中小型全民健身中心和灯光球场,并大力推动公共体育设施向社会开放。全面实施全民健身计划,健全基层全民健身组织服务体系;改善农村公共体育设施条件,最终实现一区两馆(文化馆、图书馆)、一镇(街)一站(综合文化站)、一村(社区)一室(文化活动室)以及每个行政区配置"五个一"的体育设施。①

6. 完善住房保障服务体系

要在全国率先建立多层次、全覆盖的社会保障性住房体系,实现建设厦门市基本住房保障性城市的目标,需要加强廉租住房和公共租赁住房建设,健全廉租房住房保障方式,重点发展公共租赁住房,实行实物配租和租赁补贴相结合。需要加强和创新保障性住房管理,做好廉租住房、公共租赁住房和经济适

① 资料来源:厦门市国民经济和社会发展第十二个五年规划纲要。

用住房等各类保障性住房的政策衔接。需要建立健全多部门联动的收入（财产）和住房情况动态监管机制，制定公平合理、公开透明的保障性住房配租政策和监管程序，严格规范准入、退出管理和租费标准。需要加大土地、财政、金融方面的支持力度，土地出让收益用于保障性住房建设比例不低于10%；支持保险资金、信托资金、房地产信托投资基金等投资保障性安居工程建设和运营，多渠道筹集资金。

7. 完善就业保障服务体系

就业是当前我市所面临的重要社会问题之一，也是公共需求的重要内容之一，失业更是威胁社会秩序稳定的关键因素之一。站在市民的角度，生存是其基本需求，也是维持其厦门市民归属感、荣誉感的重要保证。因此，在厦门市深化服务型政府建设的过程中，要充分重视就业或失业问题。首先，要完善厦门市失业登记、统计体系，时刻掌握全市失业人口准确数字，对全市就业/失业情况有准确的认知。这就不仅需要鼓励失业市民主动到劳动就业部门进行失业登记，还需要相关行政机构、工作人员深入街道、社区等基层、群众中去，展开失业状况排查，进行失业人口登记。其次，要完善就业技能培训体系，失业分为没有就业、就业再失业等两种情形，对于前者，厦门市政府相关部门应该鼓励社会事业的发展，以提供初次就业的机会；对于后者，厦门市政府要通过举办再就业技能培训班的方式，提高失业人员的再就业技能水平，鼓励创业、再就业。再次，要完善失业救助体系，一方面要扩大失业救助规模，提高失业救助额度，以上一年度全市平均生活成本为基准，制定救助底线，解决失业人员的基本生活问题；另一方面要定期核查失业人员生活状况，对于找到工作的要适时停止失业救助，对于安于现状的失业人员要提出警告，并适当安排工作，对于新失业人员也要进行及时的登记和发放救助；此外，还要建立失业再就业扶持、奖励基金，通过创业基金、低息/免息贷款鼓励失业人员创业、再就业，对创业、再就业模范、典型事迹要进行宣传、奖励。

8. 完善环境保护服务体系

生态保护是服务型政府建设的时代主题，也是我国可持续发展战略的本质要求，还是我市经济结构调整、产业结构升级、招商引资环境改善的必然选择。加强厦门市环境保护服务体系建设：一是要加强环境保护工程的顶层设计，完善相关法律法规、制度机制，为环境保护提供政策引导、制度支撑，明确各主体的环境保护责任、义务，并通过严格的绩效考核、奖惩机制，强行推进环境保护事业的进程。二是要加大环境保护的宣传力度，环保不只是政府的事情，也是普通市民的事情，因此，政府要通过发放传单、悬挂横幅、宣传车、以环保为主体的文艺汇演、主题征文等途径，加强广大市民对环境保护的理性认知，提高他们的环保意识；同时还要以惩罚等强制性手段，打击乱倒垃圾等破坏环境的行为。三是要加大对企业减排任务的监管力度,企业排污是造成环境污染的重要原因,更是造成水资源污染的主要原因之一,因此,各级政府、相关职能部门要加大对企业偷排、乱排现象的打击力度,严格控制企业减排进程;要通过征收排污费、污染税等形式,增加企业排污成本;也要提供企业技术升级的资金、技术扶持,鼓励企业技术改造,减少污染。四是要搭建污染监控平台,打造网络举报热线、网站等,以奖励的方式激励广大市民举报、监管企业乱排乱放行为。

(四)建立健全公共参与机制

对服务型政府而言,公民、企业和社会组织是其主要的决策信息来源和服务终端,是建设服务型政府不可忽略的关键一环。在政社"二元"框架下,服务是一种互动,"服务型政府要求政府与公民之间的沟通渠道是'双向畅通'的,即政策的传达、执行以及反馈都要能够做到及时、准确、通达,政府的治理要兼顾'效率'与'回应'的双重要求"①。而在已有实践中,受制于参与渠道的缺乏和政府信息不透明等,公共参与程度还有待提高。

1. 完善市民参与机制

截止 2012 年底,厦门市全市户籍人口 190.92 万,其中,城镇人口 154.52 万,占总户籍数约 81%,②因此,厦门市公共参与的个体以城镇居民即市民为主。要完善市民参与机制,既要政府的主动,也要市民的主动。就前者来说,政府官员要增加基层调研和民生类听证会次数和频次,以上海市为例,其市政府职能部门平均 1 个月举行 3 次听证会,能够更快、更好、更全面地获取和了解居民需求。政府要进一步完善和落实政务信息公开制度,拓展信息内容,丰富公开手段,维护市民的知情权。政府还要进一步拓宽市民参与渠道,扩大公开听证、公民调查、咨询委员会、论坛、公私合作生产、协商和斡旋等模式的应用范围。

就后者而言,要转变思想观念,营造有利于市民参与的政治文化氛围,消除"政治冷漠"情绪,培育公民参与意识。要大力发展教育事业,提高市民参与的能力和水平,通过加强对市民相关政治知识和技能的传授,努力培养他们的政治参与能力。要努力完善城镇居民社区自治、农村村民自治等基层民主自治体制,充分发挥基层自治的功能。此外,还要大力发展电子政务,完善信息

---

① 岳世平:《完善厦门经济特区服务型政府建设的途径探析》,《厦门特区党校学报》2010 年第 2 期。

② 数据来源:《2012 年厦门市国民经济和社会发展统计公报》,http://www. stats-xm. gov. cn/tjzl/tjgb/ndgb/201303/t20130322_22082. htm。

网络,扩大网络覆盖范围,创新市民参与渠道和模式。

同时还要改善各级、各类选举制度,提高市民参与比例。在党政领导干部的选拔任用过程中,要引入竞争机制,增加市民参与环节和公开答辩、投票环节,强化市民意见的重要性。完善人大代表选举制度,不仅要完善基层人大代表的选举体制,还要健全上级人大代表的产生体制、机制,既保证广大市民的选举权与被选举权,又保证人大代表对真实民意的代表,更要充分发挥人大、政协等组织在参政、议政中的民意代表作用。

2. 完善企业参与机制

企业具有利己性和趋利性,但并不影响其参与公共事务,及其与政府间的合作。第一,要鼓励行业自治,企业的利己性决定了企业行为的趋利性,作为市场经济的主体,企业之间的竞争要求自由和平等,也就要求更少的政府干预,因此,在涉及市场经济运行方面,政府要尽量减少对微观经济行为的行政干预,突出政府对市场经济的宏观调控,并通过分权、放权的形式鼓励行业自治。

第二,要鼓励政企合作,虽然政府是公共服务的供给主体,但效率的损失、腐败的发生抵消了这一行为带来的合法性,而市场作为优化资源配置的基础手段,在提供某些公共服务方面具有无可比拟的优势,从而,政府要通过扩大服务外包、招标投标的适用范围,鼓励政府与企业在公共服务供给领域的合作。要进一步推进产学研一体化平台建设,完善相关制度规范。政府还要通过财政扶持、税收优惠、政策倾斜等多元化手段,支持企业开展自主研发与创新,推进政府与企业在科技创新方面的合作。

第三,要鼓励企业参政,企业是市场经济的主体,也是金融政策、财政政策、税收政策、劳工政策等一系列政策的体验者和实践者,对相关决策的作出、政策的制定和执行等有着重要的话语权。因此,政府要通过召开经济论坛、企业家座谈会、企业考察调研等形式,听取企业关于国家宏观经济政策调整的意见、建议,提供给企业利益表达的机会,维护其权益。

3. 完善社会组织参与机制

社会组织既包括企业等营利性组织,也包括政府、公办学校、公立医院、NGO、NPO 等非营利性组织,这里主要指后者即 NGO、NPO 等非政府组织。一般而言,非营利组织被认为是介于政府与市场之间的"第三部门",是公民社会的主要组成部分。近年来,随着国家政策的放宽、相关人才的培养和现代慈善文化的形成,志愿服务作为利益再分配的新形式盛行于厦门市公共服务供给、社会事务治理诸领域。因此,基于厦门市服务型政府建设的考虑,完善社会组织参与机制:

一是要培育和壮大社会组织力量,通过建立社会组织孵化中心、降低社会组织准入门槛、加大财政扶持等手段,鼓励社会组织发展。截至 2012 年底,厦门市已登记的社会组织(含备案)共有 2 290 个,每万人拥有 6.5 个,其中,社会团体 1 007 个(市级 589 个,区级 418 个),民办非企业单位 890 个(市级 186 个,区级 704 个),备案社区民间组织 390 个,包括台湾经贸社团在厦代表机构 4 个。① 但相较于厦门市庞大的公共产品或服务需求与供给任务来讲,还需要更多 NGO 等志愿服务力量的参与,不仅要增加志愿服务组织的数量,实现社会组织力量的绝对增强;还要提升志愿服务组织实力,扩大单位组织规模,实现单一组织的管理独立、财政独立、决策独立,提升社会组织的质量,推动社会组织力量的相对增强。

二是要拓展社会组织参与渠道,除前文所述的分权放权、行业自治、服务外包之外,政府还可以课题、项目的形式增强政社合作。继续深化分类事业单位改革,创新红十字会、工会、妇联、工商联等半行政组织的管理模式,实行行业自治。

(五)提高服务型政府的效能

服务型政府是兼顾公平与效率的政府,在提升政府效能的同时,既要追求效率,也要考虑成本。政府效能低下一直是我国各级政府的通病,在 2012 年连氏中国服务型政府调查报告"政府效能"维度排名中,即便高居榜首的厦门市也仅得 4.47 分,②远没及格。从而,提高政府效能,也就成为了厦门市服务型政府建设的题中之意。

1. 加强服务型人才队伍建设

归根结底,人才是根本。不论是政府决策的制定,还是行政决策的执行,抑或民生政策的落实,均离不开人的能动作用。因此,提高政府效能,要加强公务员队伍建设,着力打造一支政治立场坚定,勇于创新,敢于负责,具有世界眼光、战略思维的队伍。

首先,要实现人才培养和引进相结合,通过"人才＋项目"的培养、引才模式,既依托高校、研究院等平台培育专业的、对口的、高素质人才;又通过挂职、借调、平调等人才交流渠道磨砺人才;还要加快实施"双百计划"、九大人才引

---

① 数据来源:《厦门每万人拥有社会组织 6.5 万个》,http://www.dnkb.com.cn/ar-chive/info/20130606/224235491.shtml。

② 课题组:《完善服务型政府体系,实现全面均衡发展——2012 年连氏中国服务型政府调查报告》,《经济研究参考》,2013 年第 10 期。

进工程①,落实五大人才发展战略②,强化人才服务保障,解决引进人才的后顾之忧。其次,要加强人才选拔任用的科学性、民主性、匹适性和开放性,创新人才评价、选拔任用、流动配置、激励保障机制,创造良好的人才培育、人才流动、人才升迁环境,真正做到人尽其才、才尽其用。特别是加强厦门市行政服务中心工作人员的任用与配备,提高行政审批的效率和质量。再次,要加强行政工作人员服务意识、工作技能、回应能力的培训,通过举办任前培训班、在职人员培训班、进修班等形式,牢固树立"为人民服务"的观念;通过挂职锻炼、异地平调、跨行业实习等方式,切实践行"为人民服务"的理念,并提高认识问题、分析问题、解决问题的能力;通过举办专题培训班、专题讲座,鼓励在职人员接受MPA、MBA 等在职专业教育,提高工作人员接受新事物如网络、微博的能力和运用电脑、网络等从事行政工作的能力,强化应对网络突发性事件、网络问政的能力。

2. 进一步创新政府管理模式

政府管理模式是行政理念的具体化、规范化,是践行行政理念、维持执政地位、落实公共决策的客观保障。管理模式的科学与否、合理与否、与社会现实的匹配程度如何,均会直接影响到政府的行政效率。因此,作为服务型政府的终极目标,政府管理模式应该体现以人为本、服务社会的基本价值取向。

第一,要进一步完善政府机构设置,2001—2002 年厦门市进行的为期一年的机构改革,市级政府设机构精简为 41 个,全市行政编制精简 22%,全市党政机关内设机构精简 20.9%,直党政机关领导职数精简 10.3%,较好实现了精简机构、精干队伍、提高效率、增强活力的目的。而除了通过大部制改革整合行政职能,减少职能交叉,消减行政支出之外,还要撤销一些过时的、多余的行政机构、部门,并通过分权、放权的形式压缩行政规模,减少行政职能,提高下级政府、基层政府的自主性。

第二,要进一步增强政府的回应能力。回应性是民主政治的本质属性,是多中心治理的基本选择,也是服务型政府建设的内在要求。要增强厦门市行政工作人员的工作积极性、主动性和回应性,提高政府主动回应公共需求、公共事务的能力。要提高厦门市政府被动回应公共需求、公共事务的能力和效率,压缩解决问题的时限。要将回应性纳入绩效考评体系,以评促转,提升行

---

① 包括岛内外一体化人才推进工程、产业人才支撑工程、两岸人才特区建设工程、青年英才培育工程、社会事业人才优化工程、企业经营管理人才素质提升工程、社会工作人才开放工程。

② 包括人才投资优先保证的财税金融政策、人才创业创新扶持政策、人才流动政策等。

政人员的回应意识、回应能力。

第三,要进一步加强市政管理。多中心治理框架的设计和服务型政府概念的提出,决定了政府管理模式的转变,要求:减少具体的、微观的行政干预,突出指导性的、宏观的政策指导,并扩大网络等高新技术的运用,完成市、区(县)两级城市管理数字化系统平台建设,完善重大公共设施项目运营机制,压缩各级政府规模,降低行政成本,提高服务型厦门市政府运行效能。

3. 推进公共服务标准化工程

无规矩不成方圆!缺乏统一的标准与规范,公共服务供给将各自为政,毫无章法,为以权谋私、权力滥用、贪污腐败等寻租行为创造条件,进而降低行政效能。首先,要明确供给主体。依据公共服务内容,政府是基本公共服务、一般公共服务的供给主体,非营利性社会组织、企业等是专业性公共服务的供给主体,相互之间协作配合。其次,要明确供给对象。以法律、法规的形式,设定某个标准,严格限定某类公共服务的消费对象,如以财产规模、收入水平、消费水平等限定廉租房、公共租赁房的消费对象;又如以家庭经济条件、家庭成员健康状况等为标准,严格限定享受居民最低生活保障的群体。再次,要明确供给方式。哪些公共服务由政府直接提供,哪些公共服务由政府外包给非营利性社会组织、企业间接提供,哪些公共服务由政府、企业、非营利性社会组织共同提供,哪些公共服务由公民个体自我提供等,均要通过法律、规范等制度确定下来。最后,要明确供给程序。公共服务的内容不是凭空捏造,公共服务的数量也不是无中生有,而是要以公民的实际需求为依据,因此,要以制度的形式,严肃厦门市公共服务"摸底——决策——执行"的供给步骤,缩小供需间的绝对性、相对性差异。

(六)完善公共服务绩效考评体系

评估的目的在于纠偏,服务型厦门的建设要适应本土要求,也要推进经济、社会的发展与进步。通过建构公共服务绩效评估体系,既要发现当前存在的问题,找出导致问题产生的原因;又要明确现实与目标之间的差距,及其差距的大小;还要提出解决问题的可能举措,纠正不合法的决策、不正当的行为、不合理的目标,使服务型政府建设朝着既定的目标前进。

1. 创新考评主体

就服务型政府绩效考评体系建设而言,政府及其行政官员既是裁判员,又是运动员,在个人德行存在缺陷的前提下,也就无法保证考评结果的公平、公正性。在这样一种现实面前,要创新考评主体的构成,从单一的政府主体向多元化的政府、企业、公民个人、非营利组织等多元主体迈进。

首先,要继续加强体制内考评主体建设。这里主要是指加强考评官员的选拔、任用和职业道德、专业技能培训,从专业化层面来讲,行政官员确实是最适合的考评主体,他们对相关工作的熟知、对行政运作逻辑的了解、对测评对象情况的了解等,赋予了测评工作的专业性。

其次,要加强非营利组织、公民等考评主体的培育。不论是公民,还是非营利组织,均是一系列人为活动的产物。公民除了是具有一个国家的国籍,并依据宪法或法律规定,享有权利和承担义务的个人外,还是具有理性思辨能力、自主行动能力、职业道德、综合素养的政治概念。非营利组织则是对政府失灵、市场失灵的弥补,是区别于政府的公共组织和企业等私人组织之外的第三种组织形态,同样是人工制品。因此,要从教育、培训、制度、平台、财政、资源等方面提供支持,为公民、企业、非营利组织等的成长创造良善的社会环境,培育公民群体、社会组织力量。

再次,要加强多元主体间的协作。通过研讨会、听证会、视频会议、电话会议、考察团等形式,为政府、公民、企业、非营利组织间的合作提供平台。通过制度安排等渠道,肯定多元主体间的平等协作关系,并肯定不同主体享有相等的投票权和表决权,从而提高合作的公平性。

2. 创新考评标准

指标是衡量服务型政府建设水平的标尺,指标设置不科学、不合理都有可能导致绩效评估的失败,因此,评估指标的设计要严格按照代表性、科学性、合理性的原则设计。一方面,指标的设计应该具有系统性,能够完全涵盖所要考核的内容。服务型政府具有廉政效能、透明公开、民主参与、制度良善、质量服务等特征,包括职能转变、观念转变、结构优化、管理科学、坚持法治、制度完善、提供服务等内容。因此,服务型政府绩效评估指标的设计,应该能够有效测量上述内容,包括廉政、公益、法治、公正、透明、责任等二级指标,包括腐败率、信息公开率、法律总数、制度规范数、服务规模、服务质量、服务效率、服务效能、公民参与率等三级指标。

另一方面,评估指标应该可量化、可测量。基于比较研究的立场,定量研究比定性研究更能清晰地、精确地证明论点,也更容易发现两者间的差距,因而,作为统计学知识的针对性应用,绩效评估需要更具量化的指标设计。如相关法律、制度、规范的数量、公民参与的比例、民生财政投入、公共产品供需差、腐败率、公共资源的城乡配比、信息公开内容覆盖面、信息公开条数等,便于直观、精确地判断厦门市服务型政府建设水平。又如可以通过"非常好、好、一般、坏、非常坏",或"经常、偶尔、很少、非常少"等描述性词汇,衡量服务型政府建设某一方面的发展水平和成就。

3. 创新考评方式

一方面要在改善的基础上继承传统的上级评估下级、领导评估下属、同事之间互评的评估形式。从专业性角度考量，这种自上而下、从左至右的考评手段，能够更精确、系统、科学地评估考察对象及其工作。但从另一个角度来看，这种上下级之间、同事之间、朋友之间的评估方式，又容易受到评估主体与客体间利益关联性的制约，从而难以做到真正的公平、公正、公开，屡发的腐败窝案便是明证。因此，在思想观念层面，要加强行政官员的意识形态教育，加强公务员队伍自身素质的养成；在制度规范层面，要完善与评估相关的规章条例，力行回避原则、公开原则；在实际操作层面，要打破定期考评机制，实施不定期考评策略，并通过抽签的形式确定测评主体，特别是发挥人大、政协等老党员、老干部在测评中的作用，因为后者更具原则性。

另一方面，要建立第三方测评机制。第三方测评即是测评主体将测评业务整体外包给第三方机构，并赋予他们测评的权限，对政府而言，承接评估业务的必然是体制外的企业、非营利组织、市民群体等。从专业性角度来讲，企业、非营利组织等均是由专业人员组成，在知识储备、技能掌握、手段运用方面更加专业，在指标设计方面也更具针对性、精确性和适用性；在人情关系层面，因为企业、非营利组织、市民群体等本身便与被评估对象缺乏直接的利益联系，从而能够更有效地预防人际关系等社会资本对测评过程、测评结果的影响。因此，要建立健全第三方测评体制机制；提供第三方参与的平台、渠道；为方便第三方测评创造条件，如落实财政申报制度、加强信息公开、提供测评对象的日常工作记录等；还要完善第三方测评制度体系，如明确外包责任与义务、明晰评估范围等，并签订外包合同。

4. 规范考评程序

这就好比程序正义与结果正义的关系，为了目标结果而不择手段极有可能导致更大的不正义。因此，在保证结果公平、公正、公开、真实的同时，更要保证程序的规范，因为，不透明的考评环节、不公开的考评内容和考评结果、不被监督的考评过程，均有可能引致不良后果，如引发同事之间的猜疑、激化同事之间的矛盾、扰乱正常的工作秩序等。而要规范考评程序，需要从规范考评主体、考评方式、考评手段、考评内容、考评标准、考评步骤、考评环节等方面入手，其中考评主体、考评方式、考评标准、考评内容等创新，上文已有论述，此处不再赘述。

与考评方式不同，考评手段是落实考评内容的具体操作，也可以说是采集被考评对象信息的方式、渠道，如问卷调查、个人访谈、群众走访、实证调研、参与观察等。传统的考评方式是问卷调查、个人访谈，一定程度上能够保证考评的真实性，但更多时候则无法保证信息的真实性，从而可以在此基础上，增加实证调研、群众走访、参与观察的方式，近距离观察考评对象及其工作。

考评环节，也是考评过程的重要组成部分，是保证考评信息真实性、准确性、系统性的有效举措。传统的考评环节包括发布考评通告、发放考评表格、领导评语、公示结果等,相较于整个季度或年度的工作时限、内容而言,显然很难获得真正的信息,也很难真正了解考评对象。为此,需要改革考评环节,在保留定期考评的基础上,增加不定期考评次数,并增加体验式考评环节和群众测评环节,突出企业、市民等服务对象的意见在考评结果中的比重。

考评步骤,是对不同环节、内容的整合,是确保考评过程能够顺利、有序推进的机制设计。一要明确考评的时间、考评的对象、考评的实施等,不定期考评除外;二要针对不同的考评对象、考评内容设计不同的考评步骤,实施弹性考评程序;三要针对突发事件设计应急策略,特殊情况特殊对待,并完善补充评估机制。

5.严格行政问责

除了纠偏,评估的目的还在于以评促改、以评促转,即通过奖惩的形式推动服务型政府建设的进程。也就需要严肃对待考评结果,坚决落实奖惩措施。一方面,要合理展现评估结果,以百分制为基准,科学设定不合格、合格、比较优秀、优秀等多个等级。另一方面,要明确奖惩内容,评估只是手段,不是目的,因而要通过奖惩工具达到纠偏的目的,厦门市服务型政府建设属于创新工程,没有路径依赖,也没有现成的模版可以复制,需要突出厦门的本土特色,从而需要特别重视奖励的作用。而且,可以考评结果为标准,实行末位淘汰制,落实"能上能下"原则,对评分靠后的一名或数名人员进行警告、通报批评、留职查看、开除等处分。

三、厦门市服务型政府建设的保障措施

经济基础决定上层建筑,经济发展水平越高、政府财政能力越强,服务型政府的建设才越有底气。因此,在保证经济发展的前提下,厦门市服务型政府建设的保障措施包括:

(一)培育服务观念,加强文化保障

马克思主义认为,主观对客观具有能动的指导作用。正如中国行政体制改革研究会副会长汪玉凯教授所说,"促进政府职能转变,如果不能从价值层面和观念层面有所突破,很难从根本上解决问题"。因此,深化厦门市服务型政府建设,也就需要转变各级政府官员、公务员的行政理念,从管理转向服务。要认真落实和改进工作作风的"八项规定",坚持调查研究,深入基层,深入群众,着力政治慵懒散奢等不良风气,讲求实际,注重实效,不搞短期行为,不做表面文章,致力于打基础、利长远、惠民生,多办人民满意的好事实事。要加强机关作风建设,以治庸强素质,以治懒增效率,以治散正风气,健全干部问责追究制度,着力整治不作为、不出力、不落实等问题,把更多的时间、精力用于研究思考大事、谋划长远发展、解决热点难点重点问题。要坚持走群众路线,把人民群众的根本利益放在首位,严厉打击官僚主义、吃拿卡要等不良作风,牢固树立"为人民服务"的工作理念。要养成"全域厦门"的理念①,服务型厦门市政府不是某个县(区)的政府,也不是某个阶层的政府,更不是某个人的政府,而是所有厦门人民的政府,从而,要坚持岛内外一体化的发展战略。

(二)注重顶层设计,加强政策引导

深化厦门市服务型政府建设是一个系统工程,纷繁复杂,涉及市、区(县)、镇(乡)等多个层级,思明区、湖里区等多个行政单位,党委、政府、人大、政协等多个部门,没有一定的程序规范,清晰的建设路线,整个工程将有可能陷入混乱。因此,要注重顶层设计,加强政策引导,如制定《厦门市服务型政府建设规划纲要》,总揽全局,指导服务型厦门建设的实践;又如制定《厦门市公共服务"十二五"发展规划纲要》,指导厦门市公共服务体系建设;制定《厦门是中长期社会组织发展规划》,指导厦门市社会组织的培育与发展。

同时,厦门作为我国整个行政体系中一个层级,上面还有中央人民政府、福建省人民政府。从而,有关厦门市服务型政府建设的顶层设计既要确保中央方针政策和国家法律法规有效实施的同时,又要加强对本地区经济社会事务的统筹协调,强化执行和执法监管职责,做好面向基层和群众的服务与管理,维护市场秩序和社会安定,促进经济和社会事业发展。按照财力与事权相匹配的原则,科学配置各级政府的财力,增强地方特别是基层政府提供公共服务的能力。

(三)加大财政投入,加强物质保障

"巧妇难为无米之炊!"深化厦门市服务型政府建设,必然需要巨大的财政和物质支撑。据统计,2013年上半年,社会事业完成投资32.59亿元,同比下降了10.3%。② 因此:第一,要加大财政支持力度,建立服务型厦门建设专项资金,并通过完善厦门市预决算机制,强化专项资金的专款专用。第二,要优

---

① 资料来源:厦门市国民经济和社会发展第十二个五年规划纲要。

② 数据来源:2013年上半年厦门国民经济运行情况,厦门统计信息网 http://www.stats-xm.gov.cn/tjzl/tjgb/xwfb/201308/t20130815_22893.htm。

化投融资体制机制,厦门市服务型政府建设是一个巨大的工程,光靠政府的财政投入显然不能满足资金需求,需要以服务型政府建设为突破口,深化投融资体制机制改革,进一步开放投资领域,降低准入门槛,完善和落实鼓励社会资本投资、创业投资的政策措施,切实扩大社会资本投资。要进一步加大对内对外招商力度,吸引中央企业、省属企业和知名民营企业来厦投资,积极引导和促进闽南回归,大力提高社会资本投资比重,推动形成政府投资引导、市场主导、企业投资为主体的多元化投资格局。第三,要优化投资结构,财政投入的稀缺性决定了政府投资的谨慎性,要杜绝重复投资,以项目带动的方式,将投资的重心转向民生、社会事业、科技创新、环境保护等公共服务基础设施建设领域,并进一步提高岛外投资、产业投资、民生投资比重。第四,要改革公共财政体制,建立健全预算决算机制,完善财政转移支付制度,明晰预算公开、"三公消费"明细,促推公共财政透明度。

（四）推进政府上网,加强技术保障

近年来,以互联网络为代表的高新技术的运用,改变和创新了政府行政行为。四川省德阳市纪委通过开通全国首个直接受理、公开回复网友投诉的官方微博"德阳效能"微博,建立了网络信息交流、沟通、处理、反馈工作机制,实行网络办件全程监督、处理结果全部公开,在全市范围内掀起了一场效能革命"大风暴",[①]有效提升了政府行政效能。因此,要在重点发展宽带、移动通信、互联网以及三网融合的应用开发的基础上,通过电子政务建立三个机制:察觉机制(即能够敏锐、及时、准确地察觉潜在的或已初现的社会公共问题)、沟通机制和参与机制(即对一些重大事项、重要决定、有关法规正式出台前,通过政务网公开征求意见,使公众参与政府决策)。要继续深化和推进厦门市网上行政审批服务中心项目,提高行政审批效能,强化政务中心布局的便民性。还要重视电子政务在政务信息公开中的关键角色,突出行政审批信息、财政预算决算和"三公"经费、保障性住房信息、食品药品安全信息、环境保护信息、安全生产信息、价格和收费信息、征地拆迁信息、以教育为重点的公共企事业单位信息等信息在信息公开中的比重。[②]

（五）完善法制建设,加强制度保障

制度是衡量行为的准绳,也是决策的依据,且通过制度能够将先进经验固定与传承下去。因此,针对厦门市服务型政府建设缺乏制度规范与保障的事

---

①　资料来源:《小微博掀起"效能革命"》,《人民日报》2013年6月27日第20版。

②　资料来源:《政府信息公开锁定九大领域》,《人民日报》2013年7月11日第1版。

实:第一,要改革旧有的制度规范,对于那些滞后的、不适应的法律法规、制度规范、办法章程要彻底废除,减少服务型政府建设的制度掣肘。第二,要制定新的反映社会现实的制度规范,制度具有稳定性、周期性,也就决定了制度的制定要有前瞻性,要在遵循一定规律的基础上制定相关制度规范、办法条例。第三,要加强相关法律法规的落实与执行,做到"有法必依、执法必严",严格按照法律法规行事,最大限度地消除权力、人治对服务型政府运转的影响,提高服务型政府的清廉度和效能。第四,要完善相关行政监督制度体系,加强对服务型政府运作的监督,并创新监督形式,扩大社会监督的范围和比重,打造体制内监督与体制外监督并重的局面。第五,要完善公共参与制度体系,为公民、社会组织参与公共事务提供制度支撑和合法"身份",维护公民的参与权、利益表达权等基本权利。第六,要重视非正式制度即价值、意识形态和习惯的作用,加强对行政官员职业道德规范和"为人民服务"观念的培育,提升自身素养,加强正式制度与非正式制度的协调、合作。

(六)推进政府购买,发展社会事业,加强组织保障

非营利组织是承接政府职能转移的有效载体,也是参与公共事务治理的重要主体。厦门的志愿服务事业发展迅猛,NGO、NPO 等非营利性社会组织、机构在提供公共服务、公共事务治理中的作用也非常显著,因此,基于本土化原则的考量,要充分发挥志愿力量在服务型厦门建设中的作用。第一,要建立和完善非营利组织孵化平台、中心,降低非营利组织成立门槛,放宽非营利组织作用范围,发展和壮大厦门市非营利组织力量。第二,要加强非营利组织与政府之间的合作,创新公共服务供给模式,拓展非营利组织公共参与渠道,通过完善政府购买体制机制、服务外包体制机制、项目发包体制机制,实现政府与非营利组织在民生、环保、安全、养老等领域的合作。第三,政府要加大财政、物资投入,我国的非营利组织资金主要来源于政府的财政支持,因此,厦门市政府应该加大对该类组织的财政投入,并创新投入形式。第四,要大力发展法律、会计、咨询、评估、认证等中介服务业和服务组织、机构,鼓励行业自治,承接政府职能,提高行政效能。

(七)加强对台合作,充分利用对台资源

台湾是厦门市的独特地理优势,也是厦门获得"先行先试"政策优势的根本所在,从而,要充分利用厦门的对台优势,促进和保障厦门市服务型政府建设。一是要加强厦台两地的相互交流与合作,通过举办交流会、洽谈会、互派考察团等形式,学习台湾服务型政府建设的先进经验和有效做法,特别学习台湾地区志愿服务力量的管理模式、运作模式、捐赠模式、监管模式等,助推厦门

市社会组织管理体制机制创新。二是要加大台资的引资、利用力度,在创造良好招商引资环境的基础上,吸引台湾的风投资金、投资公司、实体企业等参与厦门市新兴行业、产业的开发、经营,特别是吸收风投资金介入环境保护、绿色产业等行业的发展。还要注重引进台湾先进的环保技术、治污技术等,实现厦门市部分行业的技术升级换代。三是要充分利用好厦门市享有的对台"先行先试"优势、政策优势、财税优惠等,在最大范围内充分发掘本市的创新潜能。

课　题　组　长:朱仁显
课题组主要成员:刘建义　黄雀莺　丁世林
主　要　执　笔　人:刘建义　朱仁显

后 记

　　本书在编辑出版过程中,得到了厦门市有关部门、高校、研究机构以及各社科学会、协会和研究会的大力支持。厦门市社科院顾问杨华基同志担任本书首席顾问,本书顾问孙延风、吴子东、陈灿煌、郑金沐、柯志敏、陈顺龙等同志对蓝皮书的编纂工作给予了有力指导。市社科联老领导陈家传,厦门大学李文溥、朱仁显、朱冬亮老师,集美大学李友华老师,以及市委政研室钟前线、蒋小林,市发展研究中心戴松若等同志认真审稿并提出了很好的修改意见。厦门大学出版社为编辑出版本书密切配合有力协助。本书凝结了各方的智慧与劳动,在此一并表示诚挚的感谢!

409

　　本书各篇文章的观点是独立研究成果,仅代表作者本人的见解。本书涉及的大量统计和调查数据自 2012 年 10 月起截至 2013 年第三季度,并在此基础上预测全年的数据,2013 年全年的实际数据仍以厦门市统计局正式公布的数据为准。

　　由于时间和水平所限,本书难免存在疏漏和差错之处,敬请读者指正并见谅。

编　者

2013 年 12 月

图书在版编目(CIP)数据

2013—2014年厦门市经济社会发展与预测蓝皮书/厦门市社会科学界联合会，厦门市社会科学院编著.—厦门:厦门大学出版社,2013.12
ISBN 978-7-5615-4858-5

Ⅰ.①2… Ⅱ.①厦…②厦… Ⅲ.①区域经济发展济-经济分析-厦门市-2013—2014②区域经济-经济预测-厦门市-2013—2014③社会发展-社会分析-厦门市-2013—2014④社会预测-厦门市-2013—2014 Ⅳ.①F127.573

中国版本图书馆CIP数据核字(2013)第281103号

厦门大学出版社出版发行

(地址:厦门市软件园二期望海路39号   邮编:361008)

http://www.xmupress.com

xmup @ xmupress.com

厦门集大印刷厂印刷

2013年12月第1版 2013年12月第1次印刷

开本:720×1000 1/16 印张:26 插页:2

字数:480千字 印数:1～2 100册

定价:55.00元

本书如有印装质量问题请直接寄承印厂调换